Studien zur
Internationalen Schulbuchforschung
Band 61

STUDIEN ZUR INTERNATIONALEN SCHULBUCHFORSCHUNG

Schriftenreihe des Georg-Eckert-Instituts

Herausgegeben von
Prof. Dr. Ernst Hinrichs
Direktor des Georg-Eckert-Instituts
für Internationale Schulbuchforschung
in Braunschweig

Band 61

Elfriede Hillers (Hrsg.)

Die Bundesrepublik Deutschland und die Volksrepublik Polen

Schulbuchgespräche in Geographie
1987/1988

Frankfurt 1989

Redaktion: Bibiana Bubel

Verlag Moritz Diesterweg Frankfurt 1989
Postfach 11 06 51 · D-6000 Frankfurt 1
Telefon (0 69) 1 30 10 · Telex 413234 md d

© 1989 Georg-Eckert-Institut für Internationale Schulbuchforschung
Celler Straße 3, 3300 Braunschweig, Telefon (05 31) 5 51 03

Herstellung: poppdruck, 3012 Langenhagen

ISBN 3-88 304-261-7

Inhalt

Vorwort 9

I. Deutsch-polnische Schulbuchgespräche in Geographie

Elfriede Hillers
Einführung 13

II. Sechstes deutsch-polnisches Geographie-Symposium
Krakau/Mogilany, 25—30. Mai 1987

Die Umsetzung der deutsch-polnischen Empfehlungen in den Geographielehrbüchern beider Länder

Fachthema:
Die Agrargeographische Entwicklung Polens nach 1945

Deutsche Beiträge

Ekkehard Buchhofer
Die Bundesrepublik Deutschland in den neuesten polnischen Geographielehrbüchern 19

Helmut Kistler
Die Realisierung der deutsch-polnischen Schulbuchempfehlungen für Geographie in der Bundesrepublik Deutschland — Bericht über den Sach- und Diskussionsstand 29

Elfriede Hillers
Internationale Schulbucharbeit im Fach Geographie 35

Dieter Richter
Zur Situation des Geographieunterrichts in der Bundesrepublik Deutschland 51

Walter Sperling
Dimensionen geographischer Betrachtung 57

Polnische Beiträge

Andrzej Mizgajski
Die Inhalte über die Volksrepublik Polen in den neueren Geographielehrbüchern und Atlanten der Bundesrepublik Deutschland auf dem Hintergrund der Schulbuchempfehlungen 65

Wieslawa Tyszkiewicz und Jan Falkowski
Die Agrarstruktur der Volksrepublik Polen 81

Roman Kulikowski
Die räumliche Differenzierung der landwirtschaftlichen Entwicklung Polens 93

Tadeusz Olszewski
Formen und Funktionen des sozialistischen und privaten Sektors in der polnischen Landwirtschaft 101

Roman Szczęsny
Die polnische Landwirtschaft in den Jahren 1945—1985 107

Bronisław Gòrz und Jan Rajman
Die Gebirgslandschaft in den Karpaten — ausgewählte Themen 119

Czesław Guzik
Der Obstanbau in den Karpaten — ein Beispiel aus der Agrargeographie Polens 127

Bericht
Geographische Fachexkursion in den Karpaten 135

III. Siebtes deutsch-polnisches Geographie-Symposium
 Oldenburg, 23.—29. Mai 1988

Bilanzierung der bisherigen Zusammenarbeit

Fachthema:
Umwelterziehung im Geographieunterricht beider Länder

Deutsche Beiträge

Walter Sperling
Deutsch-polnische Schulbuchkonferenz. Bilanz der geographischen Schulbucharbeit 141

Karlheinz Lau
Die Umsetzung der deutsch-polnischen Schulbuchempfehlungen im Lande Berlin unter besonderer Berücksichtigung des Faches Erdkunde 155

Horst Förster
Umweltbewußtsein in der Bundesrepublik Deutschland 161

Wulf Habrich
Umwelterziehung im Geographieunterricht der Bundesrepublik Deutschland 179

Polnische Beiträge

Irena Dynowska
Bilanz der bisherigen deutsch-polnischen Zusammenarbeit in Geographie 189

Andrzej Mizgajski
Veränderungen der Inhalte über Polen in den Geographielehrbüchern der Bundesrepublik Deutschland aufgrund der Zusammenarbeit der deutsch-polnischen Schulbuchkommission 195

Jerzy Szukalski
Veränderungen der Inhalte über die Bundesrepublik Deutschland in polnischen Geographieschulbüchern und Atlanten aufgrund der Tätigkeit der Gemeinsamen deutsch-polnischen Schulbuchkommission 205

Bronisław Kortus
Das Umweltbewußtsein in Polen 211

Anna Dylikowa
Der Umweltschutz im Geographieunterricht der Volksrepublik Polen 217

Henryk Górski
Die kartographische Darstellung von Umweltschutzproblemen in der polnischen Schulpraxis 231

Jerzy Szukalski
Ein Vergleich der physisch-geographischen und wirtschaftsgeographischen Gegebenheiten der polnischen Ostseeküste und der deutschen Nordseeküste 237

IV. Konferenzprotokolle, Teilnehmerlisten, Tagungsprogramme

Konferenzen:

Krakau/Mogilany 1987 259
Oldenburg 1988 265

Anhang 270
Verzeichnis der Autoren 275

Vorwort

Seit 1972 bemüht sich die Gemeinsame Schulbuchkommission der Bundesrepublik Deutschland und der Volksrepublik Polen um die Verbesserung der beiderseitigen Schulbücher, soweit es um die Darstellung der deutsch-polnischen Beziehungen in einem umfassenden Sinne geht. Daß diese Arbeit im Fach Geschichte zu wichtigen Ergebnissen geführt hat, ist in der Öffentlichkeit durch die Diskussion über die deutsch-polnischen Schulbuchempfehlungen bekannt geworden. Von Anfang an hat die Kommission jedoch nicht nur über historische, sondern auch über geographische Gegenstände und Fragestellungen beraten. Neben dem Geschichtsbuch spielte das Geographiebuch bei ihrer Analyse- und Empfehlungsarbeit eine bedeutende Rolle. Empfehlungen zum Fach Geographie sind ein integraler Bestandteil der Empfehlungstexte, die 1976 verabschiedet und 1977 publiziert wurden. Auch die Bilanzkonferenzen, die von der Gemeinsamen Schulbuchkommission in den beiden vergangenen Jahren in Krakau/Mogilany (1987) und Oldenburg i.O. (1988) abgehalten wurden, haben gezeigt, daß die deutsch-polnische Schulbucharbeit im Fach Geographie, wenn sie auch immer ein wenig im Schatten der Diskussion um die deutsch-polnische Beziehungsgeschichte stand, darum nicht weniger wichtige Ergebnisse gezeitigt hat, die sich, gelegentlich sogar in direkter Übernahme der von der Kommission erarbeiteten Empfehlungen, an den deutschen und polnischen Geographiebüchern der Gegenwart ablesen lassen.

Mit dem vorliegenden Band werden nun zum ersten Mal Materialien aus den Konferenzen der Geographen im Rahmen der Gemeinsamen Schulbuchkommission vorgelegt. Sie belegen die Bandbreite der wissenschaftlichen Forschung und der Schulbucharbeit im Fach Geographie in beiden Ländern. Daß in den beiden hier zusammengefaßten Konferenzen so aktuelle und zentrale Themen wie „Die agrargeographische Entwicklung der Volksrepublik Polen seit 1945" oder „Die Umwelterziehung im Geographieunterricht beider Länder" ausgewählt wurden, zeigt darüber hinaus, welch wichtige Informationsfunktion die gemeinsame Schulbucharbeit für die Geographen beider Länder gewonnen hat. In diesem Sinne eines kontinuierlichen Erfahrungs- und Gedankenaustausches soll sie auch in den nächsten Jahren fortgesetzt werden.

Braunschweig, im April 1989   Ernst Hinrichs

I. Deutsch-polnische Schulbuchgespräche in Geographie

Elfriede Hillers

Einführung

Dieser Band dokumentiert die Arbeit deutscher und polnischer Wissenschaftler, Pädagogen und Autoren im Rahmen der deutsch-polnischen Schulbuchgespräche in Geographie.

Die Zusammenarbeit zwischen den Geographen beider Länder erfolgte seit 1972 entsprechend der zwischen den UNESCO-Kommissionen beider Länder getroffenen Vereinbarung vom 12. Oktober 1972.[1]

Die Zusammenarbeit zwischen den polnischen und den deutschen Geographen wurde in einem breiten Rahmen fachwissenschaftlicher, pädagogischer und didaktischer Themenstellungen angesiedelt.

Die Themen können wie folgt klassifiziert werden:
1. Bestandsaufnahme der jetzigen Schulbücher und Kommentieren der Inhalte (Schulbuchanalysen).
2. Informationen zum Bildungssystem und zum Geographieunterricht in beiden Ländern.
3. Behandlung fachwissenschaftlicher Fragen.
4. Erarbeitung von Vorschlägen für eine Verbesserung der Inhalte in den Schulbüchern beider Länder.
5. Bilanzierung der Arbeit im Hinblick auf die Umsetzung in den Schulbüchern.

Seit 1972 fanden vier Konferenzen und sieben Symposia statt. Zunächst wurden die Geographieveranstaltungen gemeinsam mit den Historikern durchgeführt.

In der Anfangsphase ging es um eine Bestandsaufnahme der Inhalte über die Volksrepublik Polen und die Bundesrepublik Deutschland in den Geographielehrbüchern und -lehrplänen beider Länder. Hierzu wurden Gutachten angefertigt, die die Stellungnahmen der Experten zu den Inhalten über das eigene Land in den Schulbüchern des jeweils anderen Landes bringen. Sie wurden auf den Konferenzen diskutiert und waren eine Ausgangsbasis für Verbesserungsvorschläge.

Zum besseren Verständnis der Schulbücher gab es einen Informations- und Erfahrungsaustausch über die Bildungssysteme und den Geographieunterricht in beiden Ländern sowie — zur didaktischen Veranschaulichung — Schulbesuche mit Unterrichtshospitation in beiden Ländern. Diese gegenseitige Information war für die Beurteilung der Schulbücher des jeweils anderen Landes insofern von großer Bedeutung, als Lehrbuchkonzeptionen und Lernziele des Geographieunterrichts in beiden Ländern sehr unterschiedlich sind. So steht dem Konzept des exemplarischen und problemorientierten Lehrbuchs in der Bundesrepublik Deutschland der Wunsch nach größerer Vollständigkeit der Darstellung auf polnischer Seite gegenüber. Ebenso erfordert die Frage der Themenselektion und Themengewichtung eine gründliche Kenntnis der didaktischen Prinzipien.

Als Abschluß der ersten Arbeitsphase wurde 1976 im Rahmen der deutsch-polnischen Empfehlungen die Empfehlung 7. für Geographie ausgesprochen, die zugleich programmatisch für die weitere Zusammenarbeit war:

„Zur Behandlung der Geographie der Volksrepublik Polen in den Lehrbüchern der Bundesrepublik Deutschland werden für die altersgemäße Behandlung in den Sekundarstufen I und II folgende Problemfelder und Themen empfohlen:

a) Bevölkerungsbewegungen und ihre Ursachen — regionale und soziale Mobilität:
„Demographische Veränderungen in Polen nach dem Zweiten Weltkrieg — Kriegsverluste, Migrationen, Veränderungen der ethnischen Struktur, Berufsstruktur."

b) Grenzen in ihrer politischen, ökonomischen und sozialen Wirksamkeit:
„Polen in seinen neuen Grenzen — Veränderung des Potentials als eine der Grundlagen ökonomischen Aufbaus."

c) Sozio-ökonomische Systeme in ihrer spezifischen Raumwirksamkeit:
„Die ‚sozialistische Industrialisierung' — naturräumliche, historische und ökonomische Aspekte (Instrumente, Etappen, Trends, Standortentscheidungen) am Beispiel Polen."

d) Raumordnung und Landesplanung:
„Raumplanung in den sozialistischen Ländern — Grundlagen und Instrumente des Abbaus räumlicher Disproportionen in Polen."

e) Die sozialistische Stadt:
„Grundlagen und Instrumente des Städtebaus und der Stadterneuerung in Polen — Funktion des Stadtzentrums, typische Elemente im Grund- und Aufriß, Ausmaß des Städtewachstums, Konzeptionen und Realisierungsmöglichkeiten der Stadtplanung."

f) Probleme der Landwirtschaft:
„Formen und Funktionen des sozialistischen und privaten Sektors der Landwirtschaft in Polen."

g) Rohstoffpotential und Weltwirtschaft:
„Die Verteilung der Ressourcen und ihre Bedeutung für Arbeitsteilung bzw. wirtschaftliche Kooperation am Beispiel Polen — Kohle, Kupfer, Schwefel."

„Ebenso wird empfohlen, Problemfelder und Themen zur Geographie der Bundesrepublik Deutschland für die Darstellung in Lehrbüchern in Polen zu erarbeiten."

Die hier vorgeschlagenen Inhalte wurden im weiteren auf Symposia behandelt und diskutiert. So fanden seit 1976 folgende Fachsymposia statt:

Erstes deutsch-polnisches Geographie-Symposium:
Strukturwandel der Landwirtschaft und soziale Erosion im Raum Eschwege, Braunschweig/Eschwege, 22.—27. Oktober 1974.

Zweites deutsch-polnisches Geographie-Symposium:
Natürliches Milieu und ökonomische Entwicklung der Küstenregion am Beispiel der Dreistadt und ihrer Umgebung, Zoppot, 5.—11. Oktober 1976.

Drittes deutsch-polnisches Geographie-Symposium:
Kultur- und wirtschaftsgeographische Probleme in Grenzräumen. Münstereifel, 1977.

Viertes deutsch-polnisches Geographie-Symposium:
Die südwestliche Region Polens, Krakau, 12.–17. Mai 1980.

Fünftes deutsch-polnisches Geographie-Symposium:
Beispiel einer Region mit Wachstumsindustrien in der Bundesrepublik Deutschland – Baden-Württemberg, Stuttgart, 14.–18. November 1983.

Sechstes deutsch-polnisches Geographie-Symposium:
Die Entwicklung der polnischen Landwirtschaft 1945–1985, Krakau/Mogilany, 25.–30. Mai 1987.

Siebtes deutsch-polnisches Geographie-Symposium:
Bilanzierung der bisherigen Zusammenarbeit in Geographie; Umwelterziehung im Geographieunterricht beider Länder, Oldenburg, 23.–29. Mai 1988.

Die fachwissenschaftlichen Symposia stellten eine spezifische und wichtige Aufgabe der Zusammenarbeit dar.

Die Themen wurden aufgrund ihres fachwissenschaftlichen und fachdidaktischen Interesses und ihrer Unterrichtsrelevanz gewählt. Dabei zählten die Lehrplanvorgaben und die in den Schulbüchern festgestellten Defizite zu den Kriterien für die Themenwahl.

Die Veranstaltungen fanden jeweils an verschiedenen Orten statt. Durch die wechselnden Standorte war die Möglichkeit gegeben, unterschiedliche Themen und Regionen auch exkursionsmäßig zu erschließen.

Die fachwissenschaftlichen Diskussionen und die Vorträge hatten die doppelte Funktion, dem Austausch der Fachwissenschaftler zu dienen und zugleich dem Fachdidaktiker Anregungen für die Unterrichtspraxis zu liefern. Es war das Ziel, wissenschaftliche Erkenntnisse und Diskussionen von der Fachdidaktik zu rezipieren, für die Schulgeographie fruchtbar zu machen und so den Eingang in Lehrpläne und Curricula zu ermöglichen. Die fachwissenschaftlichen Beiträge erwiesen sich darüber hinaus als ein wesentlicher Baustein für die Entwicklung gegenseitigen Vertrauens, das die Basis für jede internationale oder bilaterale Konferenz ist. Im Fall der Schulbuchkonferenzen erwächst daraus die zusätzliche Aufgabe und die Möglichkeit, diese Basis des Vertrauens auch auf alle nachgelagerten Bereiche des allgemeinen Bildungswesens und speziell der geographischen Wissensvermittlung zu übertragen.

Die Geographie-Symposia von Krakau/Mogilany und Oldenburg, die dieser Band dokumentiert, waren neben den fachwissenschaftlichen Themen „Landwirtschaft" und „Umwelt" der Bilanzierung der bisherigen Umsetzung der Arbeit in den Geographielehrbüchern und -atlanten und Unterrichtsmaterialien gewidmet.

Gutachten über die Geographielehrbücher beider Länder belegen, daß seit Beginn der Arbeit erhebliche inhaltliche Verbesserungen erfolgt sind. So stellt der polnische Gutachter für die deutschen Geographielehrbücher fest:

„Als Zusammenfassung der vorgelegten Analyse kann man feststellen, daß die Tätigkeit der Gemeinsamen UNESCO-Kommission für Geographie zu manchen positiven, wenn auch in ihrem Umfang differenzierten Änderungen in den Schulbüchern der Bundesrepublik Deutschland geführt hat. Die Inhalte der meisten im Geographieunterricht benutzten Bücher berücksichtigen die Gemeinsamen Empfehlungen für Geographie."

Der deutsche Gutachter äußert sich wie folgt:

„Die entsprechenden Schulbuchkapitel sind didaktisch so konzipiert, daß sich bei aller Beschränkung auf wenige Seiten ein Bild der Volksrepublik Polen ergeben kann, das sowohl natur- als auch humangeographische Grundtatsachen darlegt, das aber vor allem die Volksrepublik Polen als einen Staat vorstellt, der auf dem Weg zum hochmodernen Industriestaat weit vorangekommen ist, der allerdings auch mit Problemen konfrontiert ist, die sich aus lagebedingten, wirtschaftlichen und historisch-politischen Ursachen erklären lassen."

Verbesserungen gibt es auch auf polnischer Seite. So stellt der deutsche Gutachter fest, daß, im Gegensatz zum Beginn der 70er Jahre, heute bei der Behandlung der Bundesrepublik Deutschland in polnischen Geographielehrbüchern „ein sachlich-objektiver Grundton dominiert".

Es ist festzustellen, daß sich die bisherige Art und Methode der Zusammenarbeit vollauf bewährt hat. Ein Zitat aus einem polnischen Arbeitspapier möge als abschließende Würdigung der Zusammenarbeit dienen, die es in diesem Sinne fortzusetzen gilt:

„Unermeßlich — und doch so wichtig! — ist auch der Vorteil, den die unmittelbaren gegenseitigen Kontakte mit sich bringen. Die Möglichkeit, während der Symposien über die strittigen Probleme zu diskutieren, leistet einen nennenswerten Beitrag zum gegenseitigen Kennenlernen und zum besseren Verständnis der geographischen Gegebenheiten beider Länder. Das ermöglicht die Auswahl der richtigen Inhalte, die zum Abbau von Vorurteilen und zum besseren Verständnis der beiden Nationen beitragen kann."

II. Sechstes deutsch-polnisches Geographie-Symposium

Krakau/Mogilany, 25.–30. Mai 1987

Die Umsetzung der deutsch-polnischen
Empfehlungen in den
Geographielehrbüchern beider Länder

Fachthema:
Die Agrargeographische Entwicklung
Polens nach 1945

Deutsche Beiträge

Ekkehard Buchhofer

Die Bundesrepublik Deutschland in den neuesten polnischen Geographielehrbüchern

Im Rahmen der deutsch-polnischen Schulbuchrevision im Fach Erdkunde wird hiermit das vierte Gutachten polnischer Erdkundebücher vorgelegt. Vorausgegangen sind die drei Gutachten von W. Wöhlke aus den Jahren 1972, 1974 und 1976. Diese sind im „Internationalen Jahrbuch für Geschichts- und Geographie-Unterricht" (Bde: XV/1974, XVI/1975, XVII/1976) publiziert worden. Seit dem letzten Gutachten ist über ein Jahrzehnt vergangen, in dem in der VR Polen tiefgreifende politische Veränderungen eingetreten sind und in dem in der Bundesrepublik ein Wechsel der Regierungskoalition stattfand. Beide Vorgänge stehen nicht in direkter Beziehung zueinander, aber sie haben einigen Einfluß auf die zwischenstaatlichen Beziehungen in den 80er Jahren gehabt. So ist es gewiß interessant zu untersuchen, wieweit sich gewisse Irritationen auf hoher politischer Ebene möglicherweise in der Darstellung der Bundesrepublik in den neuesten polnischen Erdkundebüchern und Schulatlanten niederschlagen, ob der Zug zu einer zunehmend sachlichen Behandlung, wie ihn das letzte Gutachten von 1976 bereits feststellen konnte, etwa aufgehalten wurde.

Um das Hauptergebnis der Analyse gleich vorwegzunehmen: Glücklicherweise hat sich die positive Tendenz im ganzen erhalten, ein Zeichen für die inzwischen erreichte Stabilität der gewonnenen Einsichten und Urteile. Da der Reiseverkehr zwischen beiden Staaten seit 1976 erfreulich zugenommen hat, hat sich die praktische Bedeutung der Informationen in den Erdkundebüchern über das jeweilige Nachbarland erhöht. Gleichzeitig müssen sich die Inhalte der Lehrbücher zunehmend an den konkreten Reiseerfahrungen einer wachsenden Zahl junger Menschen beider Länder messen lassen. Das kann sich nur positiv auf die Gestaltung der Lehrbücher auf beiden Seiten auswirken.

Zur Begutachtung wurden von polnischer Seite folgende Bücher zur Verfügung gestellt:

1. BARBAG, JÓZEF: Geografia gospodarcza świata dla klasy II liceum ogólnokształcącego. Wydanie siódme (7. Auflage). Warszawa 1984.
2. CZEKAŃSKA, MARIA und RADLICZ-RÜHLOWA, HALINA: Geografia 6. Europa-Azja. Warszawa 1983.
3. PISKORZ, SŁAWOMIR und ZAJĄC, STANISŁAW: Geografia 5. Krajobrazy ziemi. Wydanie drugie (2. Auflage). Warszawa 1985.
4. Atlas geograficzny dla klasy V. Warszawa, Wrocław 1985.

Einige weitere übersandte Bücher behandeln die Bundesrepublik nicht und bleiben hier unberücksichtigt. Dafür wird ergänzend eine neue Deutschlandkarte der Reihe Mapa przeglądowa Europy (Übersichtskarte Europas) des Staatlichen Kartographischen Verlagsunternehmens (PPWK) mit umfangreichem länderkundlichen Textkommentar mit in die Betrachtung einbezogen:

5. Niemiecka Republika Demokratyczna. Republika Federalna Niemiec. Mapa przeglądowa Europy. Wydanie drugie. Skala 1 : 1 000 000. Warszawa, Wrocław 1984 (Kommentar: Wiesław Królikowski).

Alle genannten Publikationen sind viele Jahre nach Veröffentlichung des letzten Gutachtens von 1976 erschienen und können daher dessen Anregungen ggf. reflektieren. Um auch hier das Hauptergebnis gleich vorwegzunehmen: Die in dem Gutachten enthaltenen Anregungen wurden in den neuen Auflagen der Titel 1. (Barbag) und 2. (Czekańska/Radlicz-Rühlowa) kaum noch aufgegriffen. Einige aus bundesdeutscher Sicht wünschbare Tendenzen, wie sie vom Gutachten angedeutet wurden, haben statt dessen in den anderen hier zu besprechenden Titeln einen gewissen Niederschlag gefunden. Dies soll im folgenden näher belegt werden.

Der nachfolgenden Mängelanalyse sei eine generelle Feststellung zum allgemeinen Eindruck der untersuchten Lehrmittel vorangeschickt: alle geprüften Publikationen sind durch eine sachlich-zurückhaltende Diktion gekennzeichnet, die geeignet erscheint, den polnischen Schülern ein von negativen Vorurteilen weitgehend freies Bild der Bundesrepublik zu vermitteln. Verglichen mit den neueren Erdkundebüchern der Bundesrepublik Deutschland sind die polnischen Lehrbücher stärker auf die Vermittlung erdkundlicher Daten und Fakten gerichtet, während z. B. die vertiefende Darstellung regionaler Strukturprobleme in den Hintergrund tritt.

Im folgenden soll zunächst die Behandlung einiger der in den früheren Gutachten besonders beanstandeten Themenkomplexe von politischer Bedeutung in den neuen Lehrmitteln untersucht werden. Danach folgen Hinweise auf einige objektive Fehler in den Texten und Karten.

1. Bislang strittige Problemfelder

Bei der Untersuchung der früher besonders kritischen Themenkomplexe mit einem politischen Hintergrund können wir uns auf drei Stichworte beschränken: 1. die Darstellung der Bundesrepublik und West-Berlins, 2. die Tendenz zur Tilgung des Begriffs „deutsch", 3. die Konservierung des Stereotyps „Ruhr-Rüstung".

1.1 Die Darstellung der Bundesrepublik Deutschland und West-Berlins

Den realen politischen Verhältnissen in Europa Rechnung tragend werden die beiden deutschen Staaten zumindest seit den 60er Jahren in den polnischen Erdkunde-Lehrbüchern stets getrennt und jeweils im Zusammenhang der beiden großen politisch-militärischen Blöcke behandelt. Dabei wurde noch in dem Lehrbuch von Czekańska/Radlicz-Rühlowa in der Auflage von 1965 der historische bzw. wirtschaftsgeschichtliche Zusammenhang Deutschlands wenigstens indirekt angedeutet. So wurden die Schüler noch aufgefordert, Fragen der folgenden Art zu beantworten (S. 145):

– „Lerne auf der Karte folgende deutsche Provinzen zu zeigen: Bayern, Thüringen, Sachsen, Brandenburg, Mecklenburg, Westfalen, Rheinland. Bestimme bei jeder, ob sie in der BRD oder in der DDR liegt."
– „Wie sind die wirtschaftlichen und politischen Beziehungen Polens zur DDR und zur BRD?"

In der Auflage von 1983 finden sich derartige Aufgaben, die im Schüler eine gedankliche Brücke nicht nur über die deutsch-deutsche Grenze, sondern auch über die westöstliche Blockgrenze hinweg schaffen, nicht mehr. Gleiches gilt für die neue Auflage (1984) von Barbag, wo sich lediglich die Aufforderung findet, die Quoten der nichtlandwirtschaftlich Beschäftigten „in der BRD, in Frankreich und in der DDR" (man beachte die Reihenfolge), zu vergleichen. Das ist nicht nur von einem spezifisch deutschen Standpunkt aus zu bedauern. Die neuen Ausgaben der genannten Lehrbücher begeben sich darüber hinaus der Chance, am Beispiel einer vergleichenden Betrachtung der beiden deutschen Staaten politische Systemunterschiede, aber auch historisch angelegte wirtschaftsräumliche Zusammenhänge im europäischen Rahmen zu verdeutlichen. Autoren und Herausgeber künftiger Auflagen seien somit zu einer stärkeren Berücksichtigung blockübergreifender Sichtweisen ermuntert.

Eine Frage, die die vorangegangenen deutschen Gutachten besonders beschäftigt, ist die Behandlung West-Berlins in den Lehrbüchern. Hier stehen die polnischen Schulbuchautoren, die beide deutsche Staaten getrennt im Rahmen der jeweiligen Bündnisse behandeln, vor einer komplizierten Aufgabe. Die neue Ausgabe (1983) von Czekańska/Radlicz-Rühlowa umgeht das Problem, indem sie West-Berlin gar nicht erwähnt. Lediglich in einer Ländertabelle (S. 213) erscheint die Halbstadt als selbständiger europäischer Staat zwischen Belgien und Bulgarien. Barbag (1984) beschreibt West-Berlin mit seinem Sonderstatus kurz, aber lediglich im Abschnitt über die DDR (S. 114). Die realen ökonomischen und konstitutionellen Bindungen an die Bundesrepublik werden dagegen nicht erwähnt. Bekanntlich wird der rechtliche Status West-Berlins in Ost und West unterschiedlich definiert, und es kann natürlich nicht erwartet werden, daß in polnischen Erdkundebüchern die Sicht der Bundesrepublik Deutschland geteilt wird. Es läge aber gewiß im Sinne einer objektiven Information der polnischen Schüler, wenn die beiden unterschiedlichen Positionen im Hinblick auf Berlin sachlich dargestellt und die gewachsenen Realitäten (z. B. daß in West-Berlin die Währung und die Jurisdiktion der Bundesrepublik Deutschland Geltung haben) nicht verschwiegen werden.

Eine gewisse Annäherung an die politischen Realitäten zeigt der ausführliche Kommentar von W. Królikowski zur Handkarte der beiden deutschen Staaten (Deutschlandkarte des PPWK-Verlags). Hier wird zunächst die DDR behandelt, darauf die Bundesrepublik und im Anschluß an diese West-Berlin, dessen wirtschaftliche Verbundenheit mit der Bundesrepublik betont wird. So werden im Text und durch die beschriebene Anordnung der regionalen Kapitel die geschilderten engen Beziehungen West-Berlins zur Bundesrepublik bis zu einem gewissen Grade verdeutlicht. Auf der Umschlagkarte der Neuauflage der PPWK-Karte (1984) allerdings ist West-Berlin völlig in der DDR aufgegangen.

Fazit: Es wäre zu wünschen, daß in künftigen Publikationen für den Schulgebrauch die besonderen realen Bindungen West-Berlins an die Bundesrepublik nicht verschwiegen werden. Daneben sollten bei der Behandlung der beiden deutschen Staaten neben der Betonung ihrer Einbindung in die beiden großen Machtsphären auch die historisch gewachsenen Verklammerungen etwa bei der Infrastruktur (Stichworte: Eisenbahn- und Autobahnnetze, Mittellandkanal, Elbe-Schiffahrtsweg) Berücksichtigung finden.

1.2 Tendenz zur Tilgung des Begriffs „deutsch"

Die Grenze zwischen beiden deutschen Staaten verläuft quer zur großen Landschaftszonierung Mitteleuropas. So werden durch sie das Norddeutsche Tiefland und die Deutschen Mittelgebirge durchschnitten. Das westdeutsche Gutachten von 1976 stellte bereits kritisch fest, daß etwa seit 1974 in polnischen Erdkunde-Lehrbüchern nur noch vom „Nördlichen Tiefland" und vom „Mittelgebirge" die Rede ist, und dies jeweils bei der Behandlung der DDR wie der Bundesrepublik. An diesem Brauch wird bis heute in den Lehrbüchern von Barbag (1984) und Czekańska/Radlicz-Rühlowa (1983) festgehalten.

In kartographischen Publikationen wurde diese Wende, die sich vermutlich an eine entsprechende neu eingeführte Sprachregelung in der DDR anschließt, freilich nicht mitvollzogen. Im Kommentar zur erwähnten PPWK-Deutschlandkarte (1984) wird (wie schon in der Erstauflage von 1972/73) festgestellt, daß sowohl die DDR als auch die Bundesrepublik am „Deutschen Mittelgebirge" und am „Deutschen Tiefland" teilhaben. Der geographische Atlas für die Klasse V (1985) unterscheidet auf den physisch-geographischen Europa- und Eurasien-Karten (S. 2/3, 8) im europäischen Raum grundsätzlich das „Osteuropäische Tiefland" vom „Westeuropäischen Tiefland". Ersteres bedeckt ausschließlich sowjetisches Territorium. Das „Deutsche Tiefland" umfaßt die Niederungen zwischen Ems- und Odermündung, übergreift also das Territorium beider deutscher Staaten. Es wäre sehr zu wünschen, wenn auch die genannten Lehrbücher künftig zu dieser Terminologie zurückfinden würden. Übrigens fällt auf, daß in dem genannten Atlas neben dem „Französischen" und dem „Deutschen Tiefland" auch das „Polnische Tiefland" dem größeren „Westeuropäischen Tiefland" zugerechnet wird. Die möglichen Hintergründe für diese interessante Zuordnung seien hier nicht weiter diskutiert.

Fazit: Die Lehrbücher von Barbag und Czekańska/Radlicz-Rühlowa erscheinen in den neuen Auflagen mit nahezu unverändertem Text und reflektieren daher auch nicht die Anregungen des Gutachtens von 1976 im Hinblick auf den Gebrauch der Landschaftsnamen „Deutsche Mittelgebirge" und „Norddeutsches Tiefland". Es wäre zu begrüßen, wenn sie sich der Terminologie im geographischen Atlas für die Klasse V (1985) und im Begleittext zur PPWK-Deutschlandkarte (1984) anschließen würden.

1.3 Das Stereotyp „Ruhr und Rüstung"

Nicht erst seit dem Zweiten Weltkrieg gilt das Ruhrgebiet in den Augen einer breiten internationalen Öffentlichkeit oft als verräuchertes Land der „Schlotbarone" und „Kanonenkönige". Die heutige industriegeographische Wirklichkeit hat jedoch nur noch wenig mit diesem vertrauten Stereotyp gemein, das in seiner Einfachheit zweifellos als didaktisch besonders wirksam gelten konnte und manchen ausländischen Schulbuchautoren offenbar auch als geeignet erschien, die traditionelle Furcht vor der düsteren deutschen Kriegsschmiede und der von ihr ausgehenden latenten Bedrohung bei den Schülern wachzuhalten.

Heute ist das Ruhrgebiet, das in polnischen Erdkundebüchern gelegentlich fälschlicherweise mit dem Synonym „Westfalen" belegt wird (vgl. Barbag 1984, S. 149, 151), vor allem durch eine Strukturkrise gekennzeichnet, durch Kapazitätsstillegungen in den einst grundlegenden Branchen des Steinkohlebergbaus und des Eisenhüttenwesens: in Bochum, Essen und Dortmund gibt es heute keine einzige fördernde Steinkohlenzeche mehr! Starke neuartige Widersprüche kennzeichnen die Region, die sich gewiß im Erdkundeunterricht effektvoll zur Geltung bringen ließen: so die Existenz einer starken Arbeitslosigkeit, deren soziale Härten bislang durch vielfältige staatliche Sozialleistungen abgemildert werden, die große Zahl türkischer Gastarbeiter, langfristige Abwanderungsverluste, die unübersehbare Verbesserung der strapazierten natürlichen Umwelt, die Einrichtung zahlreicher sogenannter „Revierparke" für die Massenerholung usw.

Von all diesen neuen Erscheinungen, insbesondere auch von der spektakulären Schwerpunktverlagerung des Industriewachstums weg vom Ruhrgebiet in den Süden (Großräume Stuttgart, München, Frankfurt a. M.), ist in den untersuchten polnischen Erdkundebüchern kaum etwas zu bemerken (am ehesten noch im Begleittext zur PPWK-Deutschlandkarte). Vielleicht ist es der bisherigen deutsch-polnischen Schulbuchkooperation zu verdanken, daß sich in der neuen Ausgabe von Czekańska/Radlicz-Rühlowa der frühere Hinweis auf die Rüstungsindustrie im Ruhrgebiet nicht mehr findet. Dies ist nicht nur als Beitrag zu einer Entdämonisierung des Ruhrgebiets, zu einer Gleichbehandlung der Bundesrepublik mit anderen Ländern hinsichtlich der Erwähnung der vorhandenen Rüstungsindustrien zu begrüßen. Es entspricht darüber hinaus auch den industriegeographischen Tatsachen: die massive Konzentration der Rüstungsgüterproduktion im Ruhrgebiet wurde nach dem Kriege hier nicht mehr reaktiviert.

Während Barbag und Czekańska/Radlicz-Rühlowa dem Ruhrgebiet jeweils nur wenige Zeilen widmen, findet sich in der zweiten Auflage (1985) des Lehrbuchs von Piskorz/Zając (Geographie 5. Landschaften der Erde) eine verhältnismäßig detaillierte Reisebeschreibung einer Fahrt auf der Autobahn von Köln über Duisburg nach Dortmund (S. 51—55). Trotz mancher Bemühungen, das vielseitige wirtschaftliche Spektrum des Verdichtungsraumes Rhein-Ruhr zu verdeutlichen, lassen sich im Text noch Reste der oben genannten traditionellen Stereotype finden. So wird nicht nur Duisburg als Stahlindustriestadt unter einem „grauen Vorhang aus Staub und Rauch" (S. 53) vorgestellt, sondern auch die moderne Verwaltungs-, Dienstleistungs- und Kunstmetropole Düsseldorf wird fälschlich einseitig als Stadt der Eisenhütten (!), der Schwermaschinen- und Röhrenindustrie (S. 53) charakterisiert. Der tatsächliche Charakter dieser Stadt wird viel treffender im Begleittext der PPWK-Deutschlandkarte umrissen. Auch die Kennzeichnung Dortmunds als Zentrum des Steinkohlenbergbaus, der Rüstungsindustrie und der chemischen Industrie (S. 55) ist in allen drei Punkten irreführend. In kuriosem Kontrast zum Text wird das Rhein-Ruhr-Kapitel bei Piskorz/Zając von drei farbigen Landschaftsbildern illustriert, von denen zwei den Kölner Dom und eines die Loreley zeigen.

Fazit: Bei der Darstellung des heutigen Ruhrgebiets spiegeln die untersuchten Schulbücher noch zu sehr die inzwischen z. T. überholten Strukturen von gestern wider. Die Heraushebung der Rüstungsindustrie in einem Falle muß erneut beanstandet werden, sollte aber als (einmaliger?) Ausrutscher nicht zu schwer bewertet werden.

2. Hinweis auf sachliche Fehler

Gemäß den Empfehlungen für Schulbücher der Geschichte und Geographie in der Bundesrepublik Deutschland und in der Volksrepublik Polen (abgedruckt im Internat. Jahrbuch für Geschichts- und Geographieunterricht Bd. XVII. Braunschweig 1977) gehört die Korrektur von sachlichen Fehlern nicht zu den Kernaufgaben der Schulbuchrevision. So sollen im folgenden nur einige ausgewählte Hinweise auf verschiedene Fehler in Text und Karten der analysierten Publikationen gegeben werden in der Hoffnung, daß diese vor einer Neuauflage vor allem hinsichtlich des statistischen Materials gründlich anhand der neuesten Ausgabe des Statistischen Jahrbuchs für die Bundesrepublik Deutschland aktualisiert werden. So können hier die zahlreich verwendeten statistischen Daten nicht im einzelnen auf ihre Richtigkeit überprüft werden. Dies muß ständige Aufgabe der polnischen Schulbuchautoren sein.

1. J. BARBAG (1984): Die jüngste Auflage ist im Text ein nahezu unveränderter Nachdruck der Auflage von 1977 und enthält daher auch wieder alle Fehler, die z. T. bereits im Gutachten von 1976 moniert wurden. Hier seien nur folgende Punkte genannt. Bei der Aufzählung der Bundesländer (S. 147) fehlt ein Hinweis auf West-Berlin, das mit seinem Sonderstatus hier mitaufgeführt werden sollte (Begründung: West-Berlin ist viel stärker mit der Bundesrepublik verbunden als mit der DDR, in deren Zusammenhang es bisher ausschließlich erwähnt wird; vgl. 1.1). — Die Zahl der ausländischen Gastarbeiter im Bundesge-

biet liegt nicht bei 3 Mio. (S. 149), sondern bei über 4 Mio. (auch ohne West-Berlin). Bei der Aufzählung der Nationalitäten sollten die Türken zuerst (und nicht erst an vierter Stelle) genannt werden (vgl. dazu Statist. Jahrb.). — Auf Seite 150 wird von der Förderung von Eisenerzen gesprochen, die „nicht den ganzen Bedarf des inländischen Hüttenwesens befriedigen". Tatsächlich stellte am 11. 5. 1987 die letzte bundesdeutsche Eisenerzgrube (in der Oberpfalz) den Betrieb ein. Damit sind die Hüttenwerke hundertprozentig auf Erzimporte angewiesen. — Bei der Bewältigung des westdeutschen Verkehrs spielt bei Barbag die Bahn wie in der Auflage von 1977 immer noch die „Hauptrolle" (S. 152). Tatsächlich ist die führende Rolle inzwischen auf den Straßenverkehr übergegangen (vgl. Statist. Jahrb.). Hinsichtlich der Dichte des Autobahnnetzes steht die Bundesrepublik Frankreich nicht etwa nach (S. 153), im Gegenteil. Hinsichtlich des Außenhandelsvolumens nimmt die Bundesrepublik gegenwärtig Platz 1 in der Welt ein (vor den USA, vgl. S. 153).

Die Industriekarte (S. 151) ist ebenfalls ein unveränderter Nachdruck aus der Auflage von 1977. Hier sind die eingezeichneten Steinkohlelager bei Hannover zu löschen, diejenigen östlich von Osnabrück in den Westen der Stadt zu verlegen. Der Main-Donau-Kanal ist in seinem Südabschnitt noch nicht fertiggestellt. Dafür sollte der neue Elbe-Seitenkanal (etwa: Lüneburg-Salzgitter) nachgetragen werden. Die Schiffbau-Signatur bei Wilhelmshaven sollte gelöscht und stattdessen bei Emden eingetragen werden, Signaturen für den Kraftfahrzeugbau sollten die Standorte Köln (Ford), Emden, Ingolstadt, Kassel und Hannover (VW) sowie Bremen (Daimler-Benz) erhalten. (Die dort angesiedelten Betriebe haben immerhin jeweils etwa 10 000 oder mehr Beschäftigte). Die bedeutende chemische Industrie im Raum Frankfurt a. M. (Hoechst, Kalle u. a.) sollte auch eingetragen werden. Die eingezeichneten Eisenerzlager sind heute ohne jede wirtschaftliche Bedeutung (s. o.).

2. CZEKAŃSKA, RADLICZ-RÜHLOWA (1983): Auf Seite 120 wird der Hafen Lübeck durch einen Kanal mit der Nordsee verbunden (richtig: mit der Elbe). — Die Erwähnung von Eisenerzlagern im Süden des Ruhrgebiets (S. 210) weckt falsche Assoziationen, da sie seit langer Zeit nicht mehr abgebaut werden. — Zu den „wichtigsten Industriezentren" des Ruhrgebietes werden außer Essen auch Solingen, Düsseldorf und Köln gezählt, welchletztere keineswegs im Ruhrgebiet liegen (S. 120). — Als Grundlage der Metallindustrie von Hannover, Braunschweig und Salzgitter werden fälschlicherweise immer noch Eisenerzlager im Harz genannt (S. 120). — Die Industriekarte (S. 119) enthält z. T. dieselben Fehler wie die bei Barbag (vgl. die dort erwähnten Mängel). Außerdem sollten Signaturen für Eisenhütten wenigstens bei Hamburg, Bremen und Sulzbach-Rosenberg (östl. von Nürnberg) nachgetragen werden.

3. PISKORZ, ZAJĄC (1985): Der beschriebene Ausflug berührt nicht nur das „nördliche Rheinland" (S. 51), sondern auch Teile Westfalens (Dortmund!). — Autobahnen sind in Westdeutschland nicht nur internationale Verkehrswege (S. 52), sondern zwischenstädtische Verbindungen von regionaler Bedeutung. Ihr Netz im Ruhrgebiet ist viel dichter als auf der Karte (S. 53) dargestellt (emp-

fohlene Korrekturvorlage z. B. die Karte auf S. 5 im geograph. Atlas für die Klasse V, 1985). Bei einer Fahrt über die deutschen Autobahnen passiert man keine Autoreparaturwerkstätten (S. 52), dafür Tankstellen mit ausgedehnten „Raststätten" sowie in der Nähe von Siedlungen lange monotone Schallschutzwände. — Der Kölner Dom wurde nicht im 13.—14. Jh. (S. 52), sondern im 13.—19. Jh. errichtet. — Düsseldorf hat nicht etwa eine Million Einwohner (S. 53), sondern nur etwa 600 000. — Eine Zementfabrik bei Essen (S. 55) ist unbekannt.

4. Atlas geograficzny dla klasy V. (1985): Köln wird fälschlich stets als Stadt mit über 1 Mio. Einwohner verzeichnet.

5. Niemiecka Republika Demokratyczna. Republika Federalna Niemiec. Mapa przeglądowa Europy (Deutschlandkarte 1984): Die Karte erschien in der Reihe der Länder-Handkarten des Verlages PPWK und ist nicht speziell für den Schulgebrauch bestimmt, dürfte jedoch im Schulunterricht neben den Schulatlanten ergänzend Verwendung finden. Der auf ihrer Rückseite abgedruckte Kommentar von W. Królikowski ist reich an Fakten und Daten von geographischem Interesse. Besonders hilfreich ist ein ausführliches Städtelexikon, das die Gewichte und Akzente (trotz mancher Druckfehler) ganz überwiegend richtig setzt und auf einem aktuellen Stand ist. Der Text Królikowskis kann bei der Überarbeitung der Erdkundebücher durchaus als eine Orientierungshilfe empfohlen werden. Hier seien nur einige wenige Anmerkungen erlaubt: Zu den „wichtigsten Wassermagistralen" wird fälschlich der historische Ludwigskanal im Raum zwischen Main und Donau gezählt, der tatsächlich allenfalls als technisches Denkmal gelten kann. — Bei Bremen sollte der Hinweis auf das neue Daimler-Benz-Werk, den derzeit größten Industriebetrieb der Stadt, nicht fehlen. — Der Steinkohlenbergbau in Essen ist 1986 eingestellt worden. — Unter dem Stichwort Trier findet sich noch in der früheren Auflage der Karte von 1972/73 der Hinweis: „Geburtsort von Karl Marx". In der neuen Auflage wurde diese Information getilgt; stattdessen findet sich nun der Hinweis auf das Bischöfliche Museum in der Stadt.

Zusammenfassung

Bei der Darstellung der Bundesrepublik Deutschland in polnischen geographischen Unterrichtsmitteln dominiert inzwischen ein sachlich-objektiver Grundton. Kritische Entwicklungen in den Beziehungen zwischen der Bundesrepublik und Polen in den 80er Jahren haben diese langfristig zunehmend positive Tendenz offensichtlich nicht beeinträchtigt. Inhaltliche Beanstandungen sind von deutscher Seite im wesentlichen nur noch dort vorzutragen, wo es um prinzipielle, schwer zu beeinflussende politische Einschätzungen geht (z. B. hinsichtlich der Berlinfrage).

Einwände fachlicher Art richten sich gegen eine Tendenz zur Konservierung überholter Vorstellungen zur Industrie- und Verkehrsgeographie der Bundesrepublik. Hier tut eine grundlegende Aktualisierung der von Auflage zu Auflage oft unkritisch weitergeschleppten Inhalte in Text und Karten not. Im Detail sei eine gründliche Fehlerbereinigungsaktion in den Unterrichtsmedien angeregt. Zu diesem Zweck wäre der Kontakt zwischen den Herausgebern der polnischen erdkundlichen Unterrichtsmittel und dem Georg-Eckert-Institut für internationale Schulbuchforschung zu intensivieren, wie es die „Empfehlungen für Schulbücher der Geschichte und Geographie..." vorsehen.

Helmut Kistler

Die Realisierung der deutsch-polnischen Schulbuchempfehlungen für Geographie in der Bundesrepublik Deutschland

Bericht über den Sach- und Diskussionsstand

1. Auf dem IV. deutsch-polnischen Geographiesymposium im September 1979 war in dem seinerzeitigen Bericht über diese Thematik die Bemerkung angezeigt,
   - es sei zu unterscheiden zwischen den in der Öffentlichkeit mehr oder weniger heftig ausgetragenen Kontroversen um die deutsch—polnischen Schulbuchempfehlungen für Geschichte
   - und der im Erdkundeunterricht der einzelnen Schularten und auf den verschiedenen Jahrgangsstufen tatsächlich geleisteten Arbeit, um den Schülern ein aktuelles und zutreffendes Bild von der Volksrepublik Polen zu vermitteln.

   In diesem Zusammenhang war damals zu bemerken, daß diese Vermittlungsarbeit nicht unwesentlich belastet sei eben durch die auf politischer Ebene ausgetragene Auseinandersetzung um einige Zeitgeschichte-Empfehlungen. Diese Beeinträchtigung braucht heute nicht mehr beklagt zu werden: Lehrer und Schüler können sich heute, von keiner Kontroverse belastet, der Behandlung der fachlich-geographischen Sachverhalte uneingeschränkt widmen.

   Zwei Tatbestandskomplexe sind allerdings nahezu unverändert geblieben:
   - Die Grenzdarstellung und die Bezeichnung der geographischen Objekte in Schulbüchern und kartographischen Werken.

   1979 hatte eine Äußerung des damaligen bayerischen Kultusministers die Situation treffend charakterisiert: Er bezeichnete die deutsch-polnischen Schulbuchempfehlungen für Geographie als sehr positiv und hob hervor, er begrüße es, daß die Konferenz keine Empfehlung bezüglich der Grenzeintragung formuliert habe; es sei angesichts der gegensätzlichen Rechtsauffassungen allein sinnvoll, jeder Seite das Recht zuzugestehen, in ihrem Verantwortungsbereich ihre Überzeugung zu vertreten. Auf dem V. Geographiesymposium in Stuttgart im November 1983 trugen dementsprechend beide Seiten ihre Standpunkte vor. Die deutsche Delegation war zu diesem Zeitpunkt bereits an die „Grundsätze für die Darstellung Deutschlands in Schulbüchern und kartographischen Werken für den Schulunterricht" gebunden, die die Ständige Konferenz der Kultusminister der Länder in der Bundesrepublik Deutschland am 12. Februar 1981 bekannt gegeben hatte. Diese Bestimmungen basieren bekanntlich auf den Urteilen des Bundesverfassungsgerichts von 1973 und

1975, die im Anschluß an die Gewaltverzichtsverträge von Moskau und Warschau und den Grundlagenvertrag zwischen der Bundesrepublik Deutschland und der DDR ergangen waren.
— Der zweite unverändert gebliebene Tatbestandskomplex ist die föderalistische Schulorganisation und die lernzielorientierte Lehrplanstruktur; darüber informiert das Referat von Dr. Richter — Hannover.

2. In welcher Weise die deutsch-polnischen Schulbuchempfehlungen in den neuesten schulbezogenen Publikationen berücksichtigt sind, läßt sich anhand folgender Beispiele verdeutlichen:
   a) Zwei Schulbücher, — Terra 9/10 für die Gymnasien in Niedersachsen (Klett-Verlag Stuttgart) (Schüler- und Lehrerband) und Seydlitz 9/10 für die Gymnasien in Niedersachsen (CVK-Schroedel-Verlag Hannover) — beziehen sich auf einen Lehrplan, der auf einer Kombination von regionaler und thematischer Betrachtungsweise basiert, die zunehmend bei der Lehrplangestaltung maßgeblich wird.
   Bei der Beurteilung der methodischen Gestaltung der in der Bundesrepublik Deutschland erscheinenden Schulbücher sollte beachtet werden, daß die Lernzielorientierung der Lehrpläne einem komplexen System folgt, das verschiedene Lernzielbereiche und unterschiedliche Lernziel-Intensitätsstufen berücksichtigt. Als Beispiel soll die vom bayerischen Staatsinstitut für Schulpädagogik und Bildungsforschung erarbeitete und für die Lehrpläne aller Fächer maßgebliche Matrix dienen:

Übersicht über die Lernzielbeschreibungen

Didaktische Schwerpunkte	WISSEN Kenntnisse	KÖNNEN Handlungen	ERKENNEN Probleme	WERTEN Einstellungen
Anforderungsstufen	**Einblick** (in Ausschnitte eines Wissensgebiets)			(ohne Anforderungsstufung)
		Fähigkeit bezeichnet allgemein das Können, das ein Handeln nach Regeln ermöglicht	**Bewußtsein** bedeutet: Die Problemlage wird in ihren wichtigen Aspekten erfaßt	**Offenheit, Neigung. Interesse, Bereitschaft**
	Überblick über den Zusammenhang wichtiger Teile	eine erste Begegnung mit einem Wissensgebiet		
	Kenntnis verlangt stärkere Differenzierung der Inhalte und Betonung der Zusammenhänge	**Fertigkeit** verlangt eingeschliffenes, fast müheloses Können	**Einsicht** bedeutet: Eine Lösung des Problems wird erfaßt bzw. ausgearbeitet	
	Vertrautheit bedeutet sicheres und selbständiges Verfügen über möglichst viele Teilinformationen und Zusammenhänge	**Beherrschung** bedeutet sicheres und selbständiges Verfügen über die eingeübten Handlungsweisen	**Verständnis** bedeutet: Eine Lösung des Problems wird überprüft und ggf. anerkannt	

Die Texte und Materialien der beiden Schulbücher zeigen in den Polen-Kapiteln, in welcher Weise die vielfältigen kognitiven, instrumentalen und affektiven Intentionen verfolgt werden.

Der Gliederung der Darstellung liegt die Absicht zugrunde, sowohl natur- als auch humangeographische Grundtatsachen zu vermitteln, einerseits einen Gesamtüberblick zu liefern, andererseits aber auch an speziellen, im Detail dargestellten Kapiteln eine hinreichende Konkretisierung von Sachverhalten bzw. Problemen zu leisten.

b) Als Beispiel für ein Schulbuch, das sich auf einen Lehrplan bezieht, in dem Polen nicht als eigenständige Einheit vorgesehen ist, kann der Band Seydlitz-Bauer 6 für die Gymnasien in Bayern dienen. Im Rahmen der Behandlung der Küste als vielfältig genutztem Lebensraum werden u. a. auch die Häfen Stettin und Danzig-Zoppot-Gdingen besprochen. Dies kann als eine besondere positive Reaktion auf die Schulbuchempfehlungen gewertet werden, denn in anderen Bänden zum gleichen Leitthema haben die Autoren kein Beispiel aus der Volksrepublik Polen herangezogen.

c) Bei den für den Lehrer bzw. für den Schulunterricht konzipierten geographischen Zeitschriften gibt es zwei Formen der Darbietung, die auf die Volksrepublik Polen bezogen sind.

- Der eine Typ sind Themenhefte, d. h. Hefte, die ausschließlich Polen zum Inhalt haben.
  Ein Beispiel hierfür ist das Heft 8 vom Dezember 1981 der Zeitschrift „Geographie heute" aus dem Friedrich-Verlag mit dem Titel „Polen in der Krise". Dem Charakter dieser Publikation entsprechend ist die Thematik folgendermaßen gegliedert: Zunächst umreißt ein Basisartikel den Sachverhalt grundsätzlich, dann folgt eine Artikelserie, in der für die verschiedenen Altersstufen Unterrichtskonzepte oder Unterrichtsvorschläge aufbereitet sind. Als besonders wertvoll kann in diesem Heft der kleine Strukturatlas Polen bewertet werden, der auf relativ schmalem Raum sehr aussagekräftige Karten zu verschiedenen natur- und humangeographischen Phänomenen bietet.

- Der andere Typ sind einzeln stehende Aufsätze in bestimmten Ausgaben einer Zeitschrift. Dabei kann es vorkommen, daß das Heft einem Rahmenthema gewidmet ist und Polen dann als eines von mehreren Beispielen bearbeitet wird. Dies ist etwa der Fall beim Heft 2 vom Februar 1987 der Zeitschrift „Praxis Geographie" aus dem Westermann-Verlag mit dem Titel „Zur wirtschaftlichen Situation in Polen, in der Tschechoslowakei und in Ungarn". Polnische Belange kommen dabei entweder im Vergleich mit solchen der CSSR und Ungarns oder in Einzeldarstellungen zum Ausdruck. In anderen Fällen enthält eine Ausgabe einer Zeitschrift ein Konglomerat von Aufsätzen zu diversen Themen aus verschiedenen Ländern; ein Einzelaufsatz behandelt einen Teilaspekt aus der Volksrepublik Polen. Beispiele hierfür sind die Hefte 3 vom März 1981 und vom März 1986 der „Geographischen Rundschau" aus dem Westermann-Verlag oder das Heft 43 von „Geographie und Schule" vom Oktober 1986 aus dem Aulis-Verlag.

Die Titel lauten: „Polen streikt"; „Die Staaten des COMECON"; „Spätaussiedler aus Polen als Neubürger in unserer Stadt".
d) Eine vierte Form der für die Schüler bzw. Lehrer und Schüler gedachten Polen-Darstellungen sind Einzelhefte aus Publikationsreihen.
Charakteristisch sind z.B. die beiden Hefte aus der Reihe „Fragenkreise" aus dem Schöningh Verlag mit den Titeln: „Die privaten Landwirtschaften in den Ländern Ostmitteleuropas"; und: „Zur Raumwirksamkeit der Integration in Osteuropa im Rahmen des COMECON".
Ein weiteres Beispiel entstammt der Reihe „Exempel", ebenfalls aus dem Schöningh Verlag, mit dem Titel „Polen. Mobilität der Bevölkerung".
In diesem Fall handelt es sich um zwei Teilhefte; in einem wird das Thema fachlich von kompetenten Autoren dargestellt, im anderen sind Quellen aus verschiedenen Zeitungen zusammengestellt.
Die Schrift „Deutsche und Polen" aus der Reihe „Informationen zur politischen Bildung", herausgegeben von der Bundeszentrale für politische Bildung in Bonn, liefert in dichter Form ein Gesamtbild von Geschichte und Wirtschaft. Dieses Heft ist bereits in mehreren Auflagen erschienen; eine detaillierte Besprechung in „Zycie Warscawy" kam schon vor Jahren zu einem positiven Urteil.
e) Beispiele für geographische Gesamtdarstellungen der Volksrepublik Polen, die Lehrern und Schülern der Oberstufe als umfassende Informationsquelle dienen, sind die Bände „Polen" von Ekkehard Buchhofer aus der Reihe „Studienbücher Geographie" aus dem Diesterweg Verlag und der Band „Polen" von Karl Eckart aus der Reihe UTB-Geographie des Schöningh Verlags.
Beides sind landeskundliche Monographien, in klassischer Weise gegliedert: politische Geschichte; Landesnatur und regionale Struktur; Landwirtschaft und Industrie; Verkehrsnetz/Verkehrswesen; Schwerpunkträume.
Selbstverständlich ergeben sich im Detail charakteristische Unterschiede, je nach der Intention des Autors; so widmet Buchhofer zum Beispiel einen umfangreichen Abschnitt der Darstellung der großen städtischen Agglomerationen.

Die abschließende Wertung der exemplarisch vorgestellten schulbezogenen Publikationen soll folgendermaßen formuliert werden:
Den Lehrern steht heute in Erdkundeschulbüchern, Fachzeitschriften und wissenschaftlichen Publikationen ein Angebot zur Verfügung, das es ihnen erlaubt,
– eine Gesamtdarstellung Polens in Überblicksform,
– aber auch eine Behandlung von Spezialproblemen der polnischen Gegenwartssituation vorzunehmen.
Die entsprechenden Schulbuchkapitel sind didaktisch so konzipiert, daß sich, bei aller Beschränkung auf wenige Seiten, ein Bild der Volksrepu-

blik Polen ergeben kann, das sowohl natur- als auch humangeographische Grundtatsachen darlegt, das aber vor allem die Volksrepublik Polen als einen Staat vorstellt, der auf dem Weg zum hochmodernen Industriestaat weit vorangekommen ist, der allerdings auch mit Problemen konfrontiert ist, die sich aus lagebedingten, wirtschaftlichen und historisch-politischen Ursachen erklären lassen.

Legt man als Maßstab für die Beurteilung die gemeinsamen Schulbuchempfehlungen von 1976 zugrunde, so ist eine gewissenhafte Beachtung nach Wortlaut und Geist offensichtlich.

3. Es sei noch auf einen Sachverhalt hingewiesen, der zunehmend Bedeutung gewinnt und der für das Anliegen der Völkerverständigung möglicherweise von noch größerem Gewicht ist als die Revision der Schulbücher: Es ist festzustellen, daß die Zahl der Exkursionen nach Polen in letzter Zeit stark ansteigt. Unter Geographen ist sicher ganz unumstritten, daß die originale Begegnung mit dem Untersuchungsobjekt die optimale Form der Betrachtung ist. Und wenn nun zunehmend mehr Universitätsprofessoren mit ihren Studenten, Lehrer mit ihren Schülern, Ausbildungsleiter mit ihren Studienreferendaren und überdies Einzelreisende sowie Familien aus der Bundesrepublik Deutschland in die Volksrepublik Polen reisen, dann liegt allein schon in der Tatsache des Aufenthalts in Polen ein hoher Wert. Er wird in aller Regel vertieft durch die gründliche Vorbereitung, die sich auf die Wahl der Route und die zu besichtigenden Teilräume bezieht.

Wie konstruktiv derartige Exkursionen für die Förderung des Verständnisses sein können, läßt sich etwa an der Veröffentlichung von Lothar Nettelmann und Gerhard Voigt ablesen. Diese beiden Lehrer aus Niedersachsen haben mit ihren Schülern Polen mehrmals bereist; ihr Buch bereitet die Schüler auf Geschichte, Politik, Gesellschaft, Geographie, Wirtschaft und Kultur der Volksrepublik Polen vor.

Von allen Exkursionen geht aufgrund der Berichte der Teilnehmer ein beachtlicher Multiplikationseffekt aus, der wiederum andere zu einer Reise motiviert, ihnen zumindest aber ein sowohl aktuelles als auch erlebnishaft-anschauliches Bild der Volksrepublik Polen bietet. Es sollte alles getan werden, um diese Reiseaktivität und Reiselust zu fördern.

Welche Motive dabei im einzelnen auch maßgeblich sein mögen: Uns Mitgliedern der deutsch-polnischen Schulbuchkommission für Geographie kann dies nur recht sein, — wobei als selbstverständlich vorausgesetzt wird, daß die Fahrten sorgfältig geplant und vorbereitet und von kompetenten Begleitern geführt werden. Es geschieht dabei dann dasselbe, was wir ja auch an uns selbst erleben, Sie bei den Exkursionen in unserem Land, wir hier als Gäste bei Ihnen: Bei jedem Aufenthalt bereichert man sein Wissen, wächst das Verständnis, klärt sich das Bild. Und weil dies nur positiv sein kann, sollten wir alles tun,

— um einerseits uns selbst auf unseren wechselseitigen Konferenzen möglichst viele Informationen vor Ort zu beschaffen;

— um möglichst viele Kollegen anzuregen, Exkursionen zu unternehmen; das wird nach Lage der Dinge keine Massenbewegung werden können, — aber jeder, der tatsächlich die Volksrepublik Polen bereist, wird die gewonnenen Erkenntnisse weitergeben.

Vielleicht kommt die Zeit, in der diese Reisen in beiden Richtungen leichter als heute durchführbar werden und damit an Zahl zunehmen können. Es würde das eintreten, was dem zentralen Anliegen unserer Empfehlungen und unserer gesamten Arbeit ganz enorm nützen könnte, — noch mehr als die Revision der Schulbücher.

Ich formuliere diese Erwartung gemäß dem Aufsatzthema, das ich vor nunmehr genau 39 Jahren in meiner Abiturprüfung zu bearbeiten hatte und das seither nicht das Geringste an Gültigkeit verloren hat.

Es lautete: „Laßt die Völker wie Individuen einander kennen lernen und das gegenseitige Mißtrauen wird sich in Freundschaft und Hilfsbereitschaft verwandeln."

Ich weiß noch sehr gut: Ich habe mich damals mit großem Engagement zu dieser Ansicht bekannt, habe sie mein Leben lang bestätigt bekommen. Ich würde mich sehr darüber freuen, wenn wir, die Teilnehmer dieser Konferenz, durch unsere Arbeit und durch unser Handeln weiterhin mit der Beachtung dieser völkerversöhnenden These Erfolg hätten.

Elfriede Hillers

Internationale Schulbucharbeit im Fach Geographie*

1. Die Geschichte und Entwicklung der internationalen Schulbucharbeit

Die heutige internationale Schulbuchforschung hat ihre Wurzeln im späten 19. Jahrhundert. Schon damals wurde als Mißstand erkannt, daß die Schulbücher oft voller Fehler steckten, daß sie Verzerrungen enthielten, Verherrlichungen des eigenen oder Herabsetzungen des anderen Volkes, daß sie nationalistischen Vorurteilen Vorschub leisteten und sogar offen Feindbilder kreierten. Erste Bemühungen um objektivere Darstellungen gingen Mitte des 19. Jahrhunderts von den Friedensbewegungen aus. Paralle hierzu, aber aus anderen politischen Beweggründen, förderte die sozialistische Arbeiterbewegung Europas die Bereinigung vor allem der Geschichtslehrbücher.

Im ganzen gesehen tritt in dieser Zeit die Verbesserung von Schulbüchern noch hinter den anderen Bemühungen um Frieden und Völkerverständigung zurück.

Verstärkte Bemühungen zur Verbesserung von Schulbüchern gab es vor allem nach den Kriegen. Nach dem Ersten Weltkrieg schuf der Völkerbund nationale und internationale Komitees, die sich dieser Aufgabe widmeten — jedoch mit nur geringem Erfolg, da hier viele staatliche Empfindlichkeiten wachgerufen wurden. In Frankreich und vor allem in den Nordischen Ländern setzte man sich ebenfalls für eine Bereinigung der Schulbücher von Feindbildern und eine Objektivierung der Inhalte ein — mit mehr Erfolg. In Deutschland wurde besonders nach dem Zweiten Weltkrieg die Notwendigkeit einer Neubearbeitung bzw. Neukonzipierung der Lehrbücher deutlich. Eine starke Initiative ging hier von Prof. Dr. G. Eckert aus, Hochschullehrer für Geschichte in Braunschweig. Durch eigene Kriegserfahrungen geprägt, setzte er sich für eine Verbesserung der internationalen Verständigung und Friedenssicherung durch Schulbucharbeit und Unterricht ein, eine Initiative, die beispielhaft war.

Schon frühzeitig konnte Georg Eckert für seine Arbeit eine institutionelle Grundlage schaffen. 1953 wurde das „Internationale Schulbuchinstitut" als Teil der damals noch selbständigen Pädagogischen Hochschule Braunschweig (Kant-Hochschule) gegründet.

Neben der Privatinitiative Georg Eckerts waren für die Entwicklung der Arbeit zwei Faktoren von Bedeutung:
1. Die Zusammenarbeit und Unterstützung der Arbeit durch die UNESCO (seit 1945),

---
* Überarbeitete Fassung meines Vortrages gehalten auf dem 20. Deutschen Schulgeographentag, Braunschweig, 22. 5. 1986.

2. Die Zusammenarbeit mit dem Europarat (seit 1949).

Im Bereich des Grundanliegens einer Erziehung zu internationaler Verständigung, zu Vorurteilsfreiheit und zur Bereitschaft für friedliche Zusammenarbeit und damit einer Verminderung von Konfliktpotential zwischen den Nationen nahm die Verbesserung von Schulbüchern in der Arbeit der UNESCO von Anfang an einen bedeutenden Platz ein. Die Folgerung, daß „... da Kriege im Geiste der Menschen entstehen, auch die Bollwerke des Friedens im Geiste der Menschen errichtet werden müssen ...", bedeutete zugleich grundsätzlichen moralischen Auftrag und damit Legitimation für die Förderung dieser Arbeit.

Das Braunschweiger Institut hat unter der Schirmherrschaft oder auch in direkter Zusammenarbeit mit der UNESCO eine Vielzahl gemeinsamer Projekte durchgeführt, auf die ich später noch zurück kommen werden (Prof. Eckert war 12 Jahre in Personalunion Präsident der Deutschen UNESCO-Kommission und Direktor des Internationalen Schulbuchinstituts).

Neben der UNESCO bezog als weitere internationale Organisation der EUROPARAT die internationale Schulbucharbeit früh in seinen Aufgabenbereich mit ein. Der 1949 in London gegründete EUROPARAT beschloß im Dezember 1954 eine „European Cultural Convention", die die Ergreifung gemeinsamer Maßnahmen im kulturellen Bereich zum Ziel hatte.

Eine kulturelle Angelegenheit von besonderer Bedeutung in diesem Zusammenhang wurde die Schulbuchverbesserung.

Ab 1953 fand eine Reihe von Schulbuchkonferenzen statt, die sich im wesentlichen mit Geschichtslehrbüchern befaßten.

Ab 1961 wurden systematisch die Lehrbücher und der Unterricht für Geographie in die Arbeit mit einbezogen, um zu einer Verständigung über eine sachliche, den nationalen wie übernationalen Belangen gerecht werdende, von Vorurteilen frei, den aktuellen Stand berücksichtigende Darstellung der geographischen Wirklichkeit zu gelangen.

Umfang und Bedeutung der von Georg Eckert begonnenen Schulbucharbeit legten es nahe, nach seinem Tode das Institut zu verselbständigen. Der Niedersächsische Landtag verabschiedete 1975 einstimmig das Gründungsgesetz für das „Georg-Eckert-Institut für internationale Schulbuchforschung" als Anstalt des öffentlichen Rechts. Gegenwärtig haben mit Berlin, Bremen, Hamburg, Hessen, Nordrhein-Westfalen und Rheinland-Pfalz sechs weitere Bundesländer – neben Niedersachsen – die Trägerschaft des Instituts übernommen. Ein Kuratorium wurde gebildet, dem außer den sieben Trägerländern auch Vertreter des Auswärtigen Amtes, des Bundesministeriums für Bildung und Wissenschaft, der Deutschen UNESCO-Kommission und der Universität Braunschweig sowie unabhängige Wissenschaftler angehören.

2. Die heutige Aufgabenstellung

Die internationale Schulbuchforschung, wie sie heute im Georg-Eckert-Institut mit Hilfe vieler Fachleute von deutschen und ausländischen Universitäten betrieben wird, geht über die reine Schulbuchrevisionsarbeit der frühen Jahre hinaus. Die Aufgabe umfaßt nicht mehr nur das Aufdecken von sachlichen Fehlern und das Ausmerzen von Feindbildern.

Das Institut will mit der internationalen Schulbuchforschung Vorstellungen, Urteile und Wahrnehmungsmuster aufdecken, in denen im Schulbuch andere Völker erscheinen. Sie will in den Darstellungen Wahrnehmungen prüfen im Hinblick auf ihre faktische Richtigkeit, die Art und Angemessenheit der Auswahl, die Perspektive und den Kontext der Darstellung, der Urteile und der Wertungen. Dies geschieht mit dem Ziel der Berichtigung falscher, der Entzerrung verschobener, der Entgiftung böswilliger oder feindseliger Darstellungen. Das politische Ziel dieser Arbeit ist die Vermehrung der Verständigungspotentiale zwischen den Völkern; das pädagogische die Befähigung der Heranwachsenden zum Verständnis der eigenen wie der fremden Umwelt; das wissenschaftliche die Vermehrung der Fähigkeit zur kritischen, rationalen Urteilsbildung durch vielseitige und geprüfte Wahrnehmung.

Arbeitsgegenstand sind Lehrbücher der Fächer, in denen Fragen der Wahrnehmung und Vorurteilsstrukturen die größte Rolle spielen:
− Geschichte
− Geographie
− Politische Bildung
− Fremdsprachen

Didaktische Konzeptionen können und sollten am Rande der Schulbuchgespräche reflektiert und diskutiert werden, sind jedoch nicht selbst Gegenstand der Gespräche oder gar Verbesserungsbemühungen. Das Institut hält sich im Streit um die richtigen Methoden, die didaktischen Grundentscheidungen zurück. Das ist notwendig so, weil in jedem Land andere nationale Traditionen des Unterrichts, der didaktischen und methodischen Zugriffe bestehen, die zwar bisweilen in enger Wechselwirkung miteinander stehen, häufig aber doch deutliche nationale Prägungen zeigen, die zu respektieren, aber auch zu reflektieren sind.

Zur Umsetzung der Arbeit in den Schulbüchern

Wie werden Autoren, Verlage und Lehrer mit der Zumutung fertig, vor die sie die internationale Schulbuchforschung stellt? Um die Antwort auf diese Frage zu erleichtern, kann man nicht nachdrücklich genug betonen, daß die Ergebnisse der Schulbuchforschung, die in Empfehlungen oder in zusammenfassenden Aufsätzen veröffentlicht werden, keine Richtlinien oder gar Vorschriften für Schulbuchautoren oder Lehrer darstellen. Sie sind vielmehr geprüfte Ansicht zur Sache, die den Vorzug haben, daß sie im internationalen Diskurs entwickelt wurden. Sie erheben, wie jede wissenschaftliche Veröffentlichung, den Anspruch, wahrgenommen und diskutiert zu werden. Sie wollen anregen und überzeugen; sie können das nur kraft der eigenen, wissenschaftlichen Dignität. Sie greifen nicht in die Befugnisse und Recht der Kultusministerien der Länder ein, haben von sich aus nichts mit Zulassungsverfahren zu tun, sondern verstehen sich vornehmlich als Hilfen und Anregungen für Autoren und Lehrer. Natürlich begrüßen wir es, wenn Unterrichtsverwaltungen zur Verbreitung der Ergebnisse beitragen. Ein Wahrnehmungsmonopol, durchgesetzt mit staatlicher Macht, beanspruchen diese Vorschläge und Empfehlungen nicht. Dies würde ihrem eigenen Selbstverständnis von der Diskursivität wissenschaftlicher Auseinandersetzungen widersprechen und möglicherweise zu neuen Stereotypen führen. Aber sie wollen Fehler, perspektivisch schiefe Wahrnehmungen und Verzerrungen beim Namen nennen und so korrigierbar machen. Keineswegs sind die Veröffentlichungen des Institut, sei es in der Form von Empfehlungen, sei es in der Form von Aufsätzen, selber schon Schulbuchtexte. Die Umsetzung solcher Ergebnisse in den Schulbuchtexten kann dem Schulbuchautor niemand abnehmen. Dies ist schon wegen des oben angesprochenen Charakters der Empfehlungen, die nur einen Teilaspekt der Aufgabe des Schulbuchautors erfassen, selbstverständlich; es würde sich auch nicht mit der Internationalität der Empfehlungen vertragen.

3. Rahmenbedingungen und Arbeismethode

Seit Mitte der 50er Jahre haben eine Anzahl von Regierungen — so auch die in der Bundesrepublik Deutschland — beim Abschluß von Kulturabkommen *Schulbuchklauseln* in den Vertragstext aufgenommen mit der Zielvorstellung, durch Verbesserung von Schulbüchern neben programmatischen Zielen wie
— Achtung der Grundrechte eines jeden Menschen
— Verständigungsbereitschaft
— allgemeine Humanität
ein besseres Verständnis für andere Völker und deren Lebensformen und Kulturen zu erreichen. Beispiel für Schulbuchklauseln im Kulturabkommen zwischen der Bundesrepublik Deutschland und der Republik Senegal, Bonn, 23. 9. 1968:

„Die Vertragsparteien werden bestrebt sein, dafür zu sorgen, daß die Lehrbücher ihrer Anstalten nichts enthalten, was dem Lernenden eine falsche Vorstellung vom Lebensstil und von der Kultur des anderen Volkes vermitteln könnte."

Ähnliche Zielsetzungen sind in Kulturabkommen mit anderen Staaten enthalten.

Zur Arbeitsmethode

Ausgangspunkt für die internationale Schulbucharbeit sind Vereinbarungen, die zwischen den Gesprächspartnern über die geplante Zusammenarbeit getroffen werden. Bei den Gesprächspartnern kann es sich um die Regierungen selbst, um internationale Organisationen, Institutionen, um Lehrer- und Fachverbände oder auch private Gremien handeln.

In den meisten Fällen wurde und wird die Schulbucharbeit durch mündliche oder schriftliche Absprachen vereinbart. Zum Teil ist sie Gegenstand offizieller Verträge/Abkommen. Der Abschluß offizieller Schulbuchabkommen wird — besonders bei multilateralen Projekten — von den internationalen Organisationen empfohlen und praktiziert.

Sie haben sich als sinnvoll erwiesen in der Zusammenarbeit mit Ländern, deren Unterrichtswesen einschließlich der Herstellung von Schulbüchern in der Hand der Regierungen liegt. Offizielle Abkommen können insofern von Nutzen sein, als die offiziellen Stellen hierdurch ihre Befürwortung und Förderung der Arbeit zu erkennen geben und moralische und faktische Unterstützung bei der Umsetzung zusichern.

In einer gewissen Vereinfachung kann gesagt werden, daß die internationale Konferenzarbeit folgende Phasen umfaßt:
1. Treffen von Absprachen,
   Schließung von Vereinbarungen/Abkommen zwischen den Gesprächspartnern;
2. Gegenseitige Information über das „Schulbuchumfeld" (Schulsystem, Fachkonzeption, Lehrplan, didaktische Methoden, Genehmigungsverfahren, Verlagssituation);
3. Austausch von Schulbüchern und deren Begutachtung;
4. Durchführung von Konferenzen, auf denen die Ergebnisse (aus 3.) diskutiert und Empfehlungen für verbesserte Darstellungen ausgesprochen werden;
5. Information der Verlage, Autoren und der zuständigen Behörden über die Ergebnisse;
6. Publikation der Ergebnisse;
7. Einbringen der Ergebnisse in die Schulbücher.

4. Beispiele geographischer Arbeitsprojekte — ihre besonderen Fragestellungen und Probleme

Regional entwickelte sich die Arbeit des Instituts in verschiedenen Phasen mit unterschiedlicher Schwerpunktsetzung. Am Anfang stand die Zusammenarbeit mit den westeuropäischen Staaten, so Großbritannien, Frankreich, Belgien, den Niederlanden, Dänemark, Norwegen, Schweden, Island, Italien und Österreich. Sie wurde Mitte der 50er Jahre durch Schulbuchgespräche mit den USA, Japan, Indonesien und Indien ergänzt. Seit etwa 1960 gab es Kontakte und Konferenzen mit den Ostblockstaaten wie der Tschechoslowakei, Jugoslawien, Polen und Ungarn sowie Rumänien. Die deutsch-französischen, deutsch-englischen, deutsch-amerikanischen und deutsch-polnischen Schulbuchgespräche stellten Höhepunkte in dem Bemühen um internationale Schulbuchrevision dar und erarbeiteten teils anerkannte, teils vieldiskutierte Empfehlungen.

Ich komme jetzt auf einzelne geographische Arbeitsprojekte zu sprechen, wobei ich jeweils die fachspezifischen Fragestellungen und Probleme hervorhebe.

Bilaterale Arbeitsprojekte

Ein Arbeitsmodell in Geographie ist das *bilaterale Modell,* d. h. zwei Länder sind Gesprächspartner. Gegenstand der Diskussion ist hier in erster Linie das Bild des eigenen Landes sowie des Partnerlandes in ihren jeweiligen Geographielehrbüchern. Dieses Arbeitsvorgehen war so lange ein einfaches Unterfangen, als die vorherrschende Lehrbuchkonzeption das *länderkundliche* war.

Mit der Veränderung und Weiterentwicklung der didaktischen Prinzipien und der Einführung von Lehrbüchern mit Problem- bzw. themenorientierter Konzeption, vor allem in den westlichen Ländern, mußte diese Fragestellung neu reflektiert werden. Während früher das Hauptaugenmerk auf sachliche Korrektheit, Vollständigkeit, Angemessenheit der Länderdarstellungen gelegt wurde, rückt heute die Frage der Themenselektion und -gewichtung immer mehr in den Mittelpunkt der Betrachtung.

Die Überlegungen zu einer Reduktion der Komplexität von Fakten, beinhalten besondere Problematiken. Da ist zum einen das Problem der wissenschaftlichen und didaktischen Angemessenheit der Behandlung von Themen und Räumen; zum anderen stellt sich das neue Problem und die Gefahr einer Stereotypenbildung aufgrund einseitiger Themenselektion.

Stereotypenbildung aufgrund der Themenselektion stellt ein neues Problem der internationalen Schulbucharbeit in Geographie dar. Mißverständnisse über andere Völker entstehen nicht länger nur durch Feindbilder, sondern vor allem auch durch unangemessene Schwerpunktsetzung und Lücken in der Wahrnehmung. Es seien hier einige Beispiele aus der jüngsten Arbeit der internationalen Schulbuchrevision angeführt:

1. Deutsch-schwedische Schulbuchgespräche zur Geographie, Hamburg, 24.–26. 11. 1978
   Es heißt im Kommuniqué:

„Beide Seiten stellten mit Besorgnis fest, daß die Schulbücher für Geographie in beiden Ländern ... eine begrenzte und oft willkürliche Auswahl von Beispielen enthalten. So wurden z. B. von schwedischer Seite die in den deutschen Schulbüchern behandelten Themen als unausgewogen und ‚exotisch' bewertet ... Die deutsche Kritik richtete sich gegen die Auswahl der Themen über die Bundesrepublik Deutschland sowie deren Behandlung. So wird z. B. das Ruhrgebiet einseitig und negativ aus der Perspektive der Umweltprobleme dargestellt. Dadurch wird auf beiden Seiten ein falsches Bild vermittelt, werden überkommene Klischees bestätigt und konserviert sowie unzureichende Grundlagen für die politische Bildung gelegt ..."

2. Deutsch-israelische Schulbuchkonferenz,
Jerusalem, 7.–11. 12. 1981

Das offizielle Arbeitspapier bringt die israelische Stellungnahme zu deutschen Geographielehrbüchern in bezug auf ihre Behandlung israelischer Themen:

„... Die Inhalte wurden weitgehend als sachlich und anschaulich empfunden. Eine überwiegend positive Grundhaltung gegenüber Israel ist in den meisten Lehrbüchern erkennbar. Die Auswahl der Themeneinheiten birgt jedoch die Gefahr, beim Schüler das Bild eines Israels der Besonderheiten hervorzurufen ..."

3. Die Beanstandungen der japanischen Geographen betreffen ebenfalls vor allem die Auswahl der Themen. Die problem- und lernzielorientierten Lehrbücher bringen, so die Japaner, durch ihre Themenselektion dem Schüler das Bild eines Japaners der Extreme und Katastrophen nahe durch die ausführliche Behandlung von Themen wie Umwelt- und Verkehrsprobleme, Erdbeben usw.

Wie werden wir in der internationalen Schulbucharbeit nun mit dem Prinzip des Exemplarischen und der Themenselektion fertig?

Das Ziel der Zusammenarbeit kann wie gesagt nicht mehr nur die Korrektur des Bestehenden sein, sondern es müssen darüber hinaus Überlegungen für die Vermittlung eines ausgewogeneren Bildes angestellt werden.

Beispiele aus der Zusammenarbeit in Geographie zwischen der Bundesrepublik Deutschland und Israel

Aus den Konferenzpapieren:

Zur Verbreiterung des Themenspektrums in den Geographielehrbüchern der Bundesrepublik Deutschland im Sinne einer ausgewogeneren Darstellung wird von israelischen Geographen empfohlen, folgende Themen ergänzungs- oder ersatzweise zu behandeln:
1. Die Entwicklung des Staatsgebiets (Grenzen) und der Bevölkerung (Einwanderung und ethnisch-religiöse Zusammensetzung)
2. Die israelische Landwirtschaft
3. Die Nutzung der Sonnenenergie

„Es sollten die einzelnen Themen und Fragestellungen zu Israel nicht isoliert behandelt werden, sondern zur Verbesserung des Gesamtverständnisses jeweils in den breiteren räumlichen, kulturellen und historischen Hintergrund einzubetten. Dies sollte in Form einer kurzen Gesamtdarstellung von Israel erfolgen."

Der Vorschlag einer etwas generelleren Einbettung von einzelnen Themeneinheiten wird uns von vielen Gesprächspartnern als wünschenswert dargestellt.

Da die israelischen Geographielehrbücher die Bundesrepublik Deutschland kaum oder gar nicht berücksichtigen, war es unser Bemühen, Themen überhaupt erst einzubringen, die das Interesse israelischer Geographielehrer und

Schüler finden würden. Es wurde für eine Behandlung vorgeschlagen:
1. Das Ruhrgebiet (neueste Entwicklungen)
2. Der Wirtschaftsraum Stuttgart als junge Wachstumsregion Süddeutschlands
3. Berlin, die geteilte Stadt (als Parallele zu Jerusalem)

Nichtbehandlung

Beim Problem der Themenselektion und des Exemplarischen stoßen wir in der internationalen Schulbucharbeit natürlich auf das Faktum der Nichtbehandlung ganzer Länder und Regionen auf die Lücken.

Ein Partnerland stellt fest, daß es kaum oder gar nicht in unseren Lehrbüchern vorkommt.

Kommentar Ungarns zu unseren Lehrbüchern

„Aufgrund der themen- und problemorientierten Konzeption der überwiegenden Zahl der Lehrbücher kommen ungarische Themen nur noch vereinzelt vor. Die wenigen vorhandenen Schulbuchdarstellungen zeigen neben sachlichen Fehlern eine Tendenz zu Stereotypen und Klischees (Puszta), die durch ein Angebot geeigneter neuer Themen abgebaut werden sollten. Es wäre wünschenswert, diese in eine kurze Hintergrundinformation über das Land einzubauen."

Diese Erarbeitung neuer Themen über einzelne Länder und deren Umsetzung in die Schulbücher stößt natürlich auch wieder sehr bald auf Grenzen des quantitativ Realisierbaren.

Ich fasse zusammen:

Das Anliegen bilateraler Arbeit ist schwerpunktmäßit die gegenseitige geographische Darstellung in den Schulbüchern beider Länder, d. h. das Bild der Bundesrepublik Deutschland im Ausland, Bild des ausländischen Partnerlandes bei uns. Arbeitsziele sind neben Fehlerkorrekturen, der Abbau von Klischees und Stereotypen, die Untersuchung von Wahrnehmungen und Perspektiven, die Betrachtung der Themenselektion im Hinblick auf Stereotypenbildung, die Erarbeitung von Themenvorschlägen für ausgewogenere Darstellungen.

Das multilaterale Arbeitsmodell

Bei multilateralen Projekten kann es sich konzeptionell zum einen um erweiterte bilaterale Projekte des im voraus beschriebenen Typs handeln. Zum anderen kann es sich auch um Konferenzen mit übergreifenden Fragestellungen und Problemen handeln, die im Kreis mehrerer Länder, Regionen und auch verschiedener Fächer diskutiert werden.

Hierzu zählen Themen wie:
— Völkerverständigung

- Entwicklungsproblematik
- Minoritäten
- Umweltfragen
- multikulturelles Zusammenleben.

Ein Projekt dieser Kategorie, das 1972—1974 vom Institut als Pilot-Projekt der UNESCO durchgeführt wurde, hatte zum Thema:

Völkerverständigung und Vorurteile in Schulbüchern Kenias, Japans, Venezuelas, Englands, Frankreichs, Bundesrepublik Deutschland

Bei diesem interkontinentalen Projekt standen neben sachlicher Richtigkeit, veralteten Darstellungen vor allem Fragen der Wahrnehmung, eurozentrischer Perspektiven und Vorurteile im Vordergrund.

Aus Kommentaren zu deutschen Geographielehrbüchern:

Kenya: 1. „Ein ausgesprochener ‚colonial bias' ist zu bemerken."
         2. „Der Fortschritt seit der Unabhängigkeit wird nicht gewürdigt."
Indien: „Indien wird dargestellt als ‚fancy land'".

Der Vorwurf eurozentrischer Sichtweisen bei der Behandlung geographischer Themen außereuropäischer Gebiete wird von nichteuropäischen Geographie-Kollegen immer wieder geäußert, zum Teil zu Recht, zum Teil aus einer besonderen Empfindlichkeit und eines Mißverständnisses unserer didaktischen Prinzipien, auf die ich noch zurückkomme.

In diesem Zusammenhang möchte ich auf ein Geographieprojekt eingehen, das Fragen des Eurozentrismus, der Wahrnehmung und Perspektiven ausleuchtet, eingehen. Es handelt sich hier nicht um ein Konferenzprojekt, sondern um eine Forschungsarbeit im Rahmen der internationalen Schulbuchforschung, die ggfs. zu einer Konferenz ausgebaut wird.

Das Thema ist das Afrikabild in westeuropäischen Geographielehrbüchern aus fünf Staaten.

Mit der ausführlicheren Behandlung dieses Projektes möchte ich beispielhaft geographische Fragestellungen und Schwerpunkt bei interkontinentaler, interkultureller Zusammenarbeit aufzeigen.

Die Fragestellung der Untersuchung berücksichtigt vier verschiedene Ebenen:
- fachwissenschaftliche, geographisch-ethnologische Fragen
- didaktische Aspekte
- Vorurteilsstrukturen
- Völkerverständigungspostulate

Die Untersuchung zeigte, daß bei der Behandlung außereuropäischer Gebiete in europäischen Schulbüchern folgende Themen besonders berücksichtigt werden: Wirtschaftsformen, Siedlungsformen, Entdeckungs- und Kolonialgeschichte, Entwicklungsproblematik. Diese Feststellung gilt mit einigen Nuancierungen — für alle untersuchten westeuropäischen Schulbuchgruppen. Themen der „kulturellen Dimension", die für ein Verständnis fremder Völker

ebenfalls wichtig sind, wie z. B. Kulturwandel, autochthone Geschichte, afrikanische Religionen, Sozialstruktur, treten dagegen stark in den Hintergrund. Zu den Schulbuchinhalten können generell folgende Aussagen gemacht werden
– Es gibt viele sachliche Fehler, bes. in der Terminologie wie z. B. bei Stammes- und Ortsbezeichnungen;
– Es gibt viele veraltete Darstellungen im Himblick auf neuere Entwicklungen in Afrika (afrikanische Städte, Migration, Kultur-Wandel);
– Das Bildmaterial wird häufig nach Gesichtspunkten der Attraktivität für Europäer, des Pittoresken und Exotischen gewählt. Das zeigt die Auswahl der Abbildungen.
Stämme, die als besonders malerisch empfunden werden, werden am häufigsten abgebildet (Massai, Pygmäen, Buschmänner).
Eurozentrische Perspektiven zeigten sich in der Terminologie (dunkles Afrika, schwarzer Erdteil), in der Themenauswahl und Themengewichtung.
Ein Textbeispiel für eurozentrische Perspektiven und Betonung von Pittoresken und Exotismen.
Aus einem niederländischen Lehrbuch:

„Der Afrikaner liebt ganz besonders den Tanz, der durch ein ‚tamtam' begleitet wird. In Nächten, in denen der Mond scheint, tanzt ganz Afrika begleitet von einem ‚trommeltaal'. Mit Hilfe eines einfachen Instruments – einem ausgehöhlten Basumstamm – werden Nachrichten von einem Dorf ins andere gesandt."

Das Vorurteilsmuster beinhaltet vorwiegend negative Vorurteile. Eine Ausnahme bildet lediglich die Bewertung der nomadischen Lebensform, deren Darstellung in den Schulbüchern z. T. heroisierenden und glorifizierenden Charakter hat. Als Maßeinheiten für afrikanische Gegebenheiten gelten häufig europäische Normen wie Industriealisierung, technologischer Fortschritt, Demokratie, Einheit, Gesetz und Ordnung, Monotheismus, Seßhaftigkeit.
Innerhalb der europäischen Ländergruppen wurden in Art und Ausdrucksform der Vorurteile keine generellen Unterschiede festgestellt. Unterschiede gibt es lediglich in der Nuancierung, die jedoch durchaus Rückschlüsse auf frühere kolonialpolitische Konzeptionen zuläßt.
Eine rückblickende Gesamtschau läßt mich als Untersuchungsergebnis folgende Thesen formulieren:
1. Die Lehrbücher beinhalten ethnozentrische und eurozentrische Perspektiven und Vorurteilsstrukturen.
2. Die Lehrbuchinhalte spiegeln nationale Perspektiven und Interessen wider.
3. Die Lehrbuchinhalte werden durch methodisch-didaktische Prinzipien maßgeblich bestimmt.
Ich möchte hier auf These 3. „Die Lehrbuchinhalte werden durch methodisch-didaktische Prinzipien maßgeblich bestimmt" näher eingehen.

Zur Bedeutung des didaktischen Prinzps für die Wahrnehmung geographischer Sachverhalte

Mit der Abwendung vom länderkundlichen Schema und der Hinwendung zu themen- und lernzielorientierten Lehrbüchern geht eine wachsende Bedeutung des didaktischen Prinzips für die Inhalte der Lehrbücher einher. Didaktische Prinzipien bestimmen sowohl die Selektion als auch die Präsentation, d. h. die „didaktische Aufbereitung" der Inhalte.

Die Selektionswirkung des didaktischen Prinzps auf Inhalte wird besonders deutlich am Beispiel der englischen „new geography", bei der quantitativ nicht greifbare Inhalte weitgehend durch das Erfassungsnetz fallen. Selektionswirkung auf Inhalte besteht zu einem gewissen Grad auch beim lernziel- und problemorientierten Zugang, und zwar insofern, als Themen der geistigen Kultur weniger Attraktivität und Affinität für Problemdarstellungen haben.

Zu der Bedeutung des didaktischen Prinzps für die Selektion von Themen tritt seine Bedeutung für die Präsentation, d. h. die didaktische Aufbereitung der Themen. Sie ist nicht nur für die Vermittlung der sachlichen Inhalte wesentlich, sondern auch für die Darstellungsperspektiven und Wahrnehmungen.

Beispiele für die Bedeutung des didaktischen Prinzips auf Inhalt und Perspektiven von Schulbuchtexten:
— Die Touristenperspektive
— die personifizierende Darstellung
— die Problemlösungsaufgabe
— der Vergleich.

Die Touristenperspektive

Die Planung und/oder Durchführung einer Reise in Afrika steht vor allem in einer Anzahl neuer lernzielorientierter Lehrbücher im Mittelpunkt:
Beispiele für Titel von Themeneinheiten:

„Mit dem Flugzeug in die afrikanische Schweiz"
„Mit dem Auto durch die Sahara"
„Sahara-Safari — gelenktes Abenteuer im Tourismus"
„Ferntourismus in Ostafrika".

Anhand einer „Safari" werden die Vorteile des Tourismus aus der Sicht des Reisenden und des Gastlandes (hier: Devisen) dargestellt. Die Perspektive ist europäisch. Mit Ausnahme des Hinweises auf die Devisen werden geographische Angaben zu Afrika nicht gemacht.

Bei Erwähnung der einheimischen Bevölkerung in Texten dieser Art liegt ein Hauptaugenmerk — der Touristenperspektive entsprechend — auf pittoresken Szenen.

Die Betonung des Fremdartigen, Unheimlichen dient der Verfestigung von Klischees, da relativierende Angaben zur Bevölkerung und deren Kultur nicht gegeben werden. Diese Art Beispiel läßt sich mühelos ergänzen. Bezeichnend für diesen Darstellungstyp ist, daß vielfach das von den europäischen Reisenden benutzte Verkehrsmittel nicht nur Erwähnung finden, sondern auch abgebildet wird, wie z. B. Geländewagen und Flugzeuge der Lufthansa.

Die Tourismusperspektive hat ganz sicher aus didaktischer Sicht ihre gute Berechtigung, sie gibt jedoch in der internationalen Arbeit durchaus Anlaß zu Mißverständnissen, und ist gerade auch in der Zusammenarbeit mit außereuropäischen Gesprächspartnern ein immer wiederkehrender Diskussionsgegenstand.

Personifizierte Darstellungen

Ein spezielles Darstellungs- und Interpretationsmuster von Lehrbüchern ist die Personalisierung geographischer Sachverhalte und Vorgänge. Objektive Prozesse werden ins Geographische aufgelöst, geographische Fragestellungen auf die „persönliche Ebene" verschoben, geographische Probleme in „rein menschliche" Entscheidungen verwandelt.

Hier soll nicht das grundsätzliche didaktische Problem der personalisierenden Reduktion komplexer geographischer Vorgänge im Mittelpunkt der Betrachtung stehen, sondern die Tendenz dieser Textsorte zur Vermittlung ethnozentrischer und eurozentrischer Wertmaßstäbe und Normen.

In den untersuchten Texten ist dem Europäer fast immer die Gesprächs-(Handlungs-)leitung zugeordnet. Der Afrikaner ist u. a. sein Fahrer, Gastgeber, meist passiv.

Diese Textkategorie zeigt darüber hinaus eine besondere Tendenz zur Betonung von Exotismus, Pittoresken und zu verniedlichenden Situationsbeschreibungen.

Beispiel:

„... Wir waren überrascht, als am nächsten Morgen ein älterer Buschmann sich der Wasserstelle näherte und uns eine Tsama-Melone anbot, eine begehrte ‚Buschkost' und ein Friedenszeichen zugleich. Als Kleidung hatte er ein altes Antilopenfell kunstvoll um seine Hüften gewunden. An den Füßen trug er noch die vorne etwas nach unten gebogenen ‚Rennsandalen' aus Tierhaut" ... usw.

Zusammenfassend kann festgestellt werden, daß den personifizierenden Darstellungen eine besonders ausgeprägte Tendenz zur Vorurteilsbildung innewohnt und eine Enschränkung dieser Darstellungsform im Sinne einer besseren internationalen Verständigung wünschenswert wäre.

Die „Problemlösung"-Aufgaben

Ein eurozentrischer Blickwinkel manifestiert sich ebenfalls in der Konzeption einiger den Lehrbuchtext ergänzenden Schüleraufgaben zur „Lösung von Problemen". Diese didaktische Aufgabenform ist vor allem in englischen Lehrbüchern als „problem-solving-method" verbreitet. Die Grunddisposition der

Aufgabenstellung bringt direkt oder indirekt den Europäer in die Position des „Ratgebers und Lösers afrikanischer Probleme".

Diese Textgattung, die für uns durchaus Plausibilität enthält, wird von afrikanischen Kollegen sehr häufig mißverstanden.

Der Vergleich

Im Gefolge kontrastiver Textkonzeptionen wird insbesondere in englischen Lehrbüchern der Vergleich als didaktisches Mittel eingesetzt. Das Strukturmuster Entwicklung–Unterentwicklung wird anhand von Vergleichen besonders deutlich herausgestellt, so z. B. bei der Behandlung von Wirtschaftsformen.

Hierzu der englische Geograph D. R. Wright:

„Wenn auch der Vergleich eine ausgezeichnete pädagogische Methode sein kann, so scheinen sich doch manche Autoren nicht der Gefahren bewußt zu sein, die diese in sich bergen. Rice (der Autor) zum Beispiel hebt Unterschiede in einer Weise hervor, die dazu angetan ist, in den Schülern eine Entfremdung gegenüber Afrika und den Afrikanern wachzurufen."

Die soeben aufgeführten Aspekte zeigten die Bedeutung des didaktischen Zugangs für die zu übermittelnden Inhalte aus dem Blickwinkel von Wahrnehmung, Vorurteilen und Perspektiven. Sie haben auf Darstellungsformen hingewiesen, die per se eurozentrische Betrachtungsweisen implizieren und das Entstehen von Vorurteilen und Klischees begünstigen.

Dem hier dargestellten Untersuchungsprojekt schließt sich ein Projekt an, das die umgekehrte Sicht untersucht: Das Bild der Bundesrepublik Deutschland und der EG in den Lehrbüchern der assoziierten afrikanischen Staaten. Die Untersuchung ist von umso größerer Bedeutung, als seit Mitte der 70er Jahre in einer Vielzahl afrikanischer Staaten in bewußter Abkehr von früheren kolonialen Traditionen eigene Bildungssysteme, Lehrpläne mit neuen Lernzielen und Inhalten und eigene Schulbuchproduktionen aufgebaut werden. Dabei ist uns das heutige Verständnis und Bild der Bundesrepublik Deutschland und der EG, so wie es der jungen Generation in den afrikanischen Schulen nahegebracht wird, weitgehend unbekannt. Die Ergebnisse dieses Untersuchungsansatzes versprechen im fachwissenschaftlichen und pädagogischen Bereich interessante Ergebnisse.

Es können für die internationale Schulbuchforschung in Geographie zu Aspekten der interkulturellen Wahrnehmung, Vorurteile und Perspektiven neue Erkenntnisse erwartet werden. Nicht zuletzt ist auch die speziell politische Bedeutung dieses geographischen Untersuchungsprojektes hervorzuheben und sein Beitrag zur internationalen Verständigung.

Nach der Behandlung spezieller geographischer Arbeitsprojekte und ihrer fachspezifischen Fragestellungen komme ich auf ein Forschungsgebiet zu sprechen, das eine der Grundlagen und Voraussetzungen für die international vergleichende Schulbuchforschung darstellt, zu der die Geographie einen nennenswerten Beitrag geleistet hat.

Zur Methodik der Schulbuchanalyse

Für die Auswertung und Vergleichbarkeit der Ergebnisse von Schulbuchuntersuchungen aus verschiedenen Ländern mit z. T. häufig unterschiedlichem politischen und gesellschaftlichem Hintergrund, unterschiedlicher fachlicher und methodisch-didaktischer Lehrbuch-Konzeption, ist die Anwendung einer speziellen Methode der Schulbuchanalyse von besonderer Wichtigkeit über das bisher zur Verfügung stehende Instrumentarium zur Erstellung von Schulbuchanalysen, dieses auch besonders im internationalen Vergleich.

Unzufriedenheit weshalb?

Das Problem gerade im Bereich der internationalen Schulbuchanalysen ist der Mangel an Vergleichbarkeit, ist die Subjektivität der meisten Analysen. Schulbücher, die unter gleicher Fragestellung von Autoren untersucht werden, können völlig unterschiedliche Beurteilungen erfahren, je nach Herkunft des Gutachters.

Ein Instrumentarium zur Schulbuchanalyse sollte eine intersubjektive Vergleichbarkeit gewährleisten und nach Möglichkeit folgende Themenbereiche erfassen:
— Die Stellung des Faches im Lehrplan;
— die didaktisch-methodische Situation;
— die Form der Darstellung im Lehrbuch (Textsorten);
— der Versuch einer Abschätzung der Wirkung;
— Beanstandungen und ihre Begründungen;
— Revisionsvorschläge.

Unter methodologischen Aspekten lassen sich heute im wesentlichen drei Verfahrensweisen für Schulbuchanalysen unterscheiden:
1. die deskriptiv-analytische, traditionell-historische oder auch hermeneutische Methode,
2. die quantitative Inhaltsanalyse („content analysis"),
3. die qualitative Inhaltsanalyse, auch Aussagenanalyse genannt.

Ich kann in diesem Rahmen nicht im einzelnen auf Vor- und Nachteil dieser Methoden eingehen. Nur soviel:

Die Anwendung einer einzigen Verfahrensweise führt meist nicht zu den gewünschten Ergebnissen, sondern eher eine Kombination von verschiedenen Verfahrensweisen je nach Themenstellung. Dies ist meine persönliche Erkenntnis aus den Untersuchungen von 250 Lehrbüchern in vier verschiedenen Sprachen.

Zum gleichen Ergebnis kamen die Historiker und Schulbuchforscher W. Marienfeld und Ch. Kleßmann.

Der besondere Beitrag des Faches Geographie in der Methodendiskussion ist, daß man inzwischen ein Instrumentarium entwickelt hat, das bei der Schulbuchuntersuchung unter kombinierter Anwendung quantitativer und qualitativer Methoden folgende Dimensionen mit erfaßt:

- Fachwissenschaft
- Didaktik
- Vorurteilsproblematik
- Schulbuchumfeld
und befriedigende Ergebnisse zeigt.

Ich verweise hier besonders auf die Arbeiten aus der Universität Trier.

Zusammenfassung und Ergebnisse

Ich komme zum Schluß meiner Ausführungen. Ich habe aufgezeigt:
- Geschichte, Entwicklung und heutige Aufgabenstellung der internationalen Schulbucharbeit
- die besonderen Fragestellungen und Probleme der Geographie in der internationalen Schulbucharbeit
  Hier wurde eingegangen auf:
  1. Das Arbeitsmodell der bilateralen Projekte mit Problemen von Länderimages, Themenselektion und Stereotypen;
  2. Das multilaterale interkulturelle Arbeitsmodell an dem Fragen der Wahrnehmung von Vorurteilen, Ethno- und Eurozentrismus dargelegt wurden.
  3. Die besondere Bedeutung und Verantwortung didaktischer Prinzipien für die Inhalte und somit für die internationale Verständigung.
  4. Methodenfragen der Analyse von Geographielehrbüchern.

Ich möchte meine Ausführungen schließen mit einem Wort von Professor Karl-Ernst Jeismann, früherer Direktor des Georg-Eckert-Instituts:

„... Die abstrakte Forderung nach Entwicklung der Friedensfähigkeit heißt in der täglichen Arbeit, die Möglichkeiten zu mehren, andere Menschen, Völker oder Kulturen in ihren Besonderheiten, ihren Bedingtheiten, ihren Interessen, ihren Vorstellungen verstehen zu lehren, am je besonderen Fall fremde ‚Wahrnehmungsmuster' begreifbar und vermittelbar zu machen.
Der Wille, den anderen und sein Selbst- und Fremdverständnis zu begreifen, zu respektieren und dann erst mit divergierenden Vorstellungen und Urteilen zu vergleichen auf der Suche nach dem zugleich Richtigen und Verträglichen — das ist das positive Konkret internationaler Schulbuchforschung."

Im Rahmen dieses Spektrums nehmen die Geographie und die Geographenlehrbücher einen immer wichtiger werdenden Platz ein.

Dieter Richter

Zur Situation des Geographieunterrichts in der Bundesrepublik Deutschland

1. Kulturhoheit der Länder

Geographie gehört in den Ländern der Bundesrepublik Deutschland zum verbindlichen Fächerkanon der allgemeinbildenden Schulen. Entsprechend der föderalistischen Struktur des Bildungswesens in der Bundesrepublik Deutschland sind die Stundenanteile und die Lehrpläne in den einzelnen Ländern und Schulformen (Hauptschule, Realschule, Gymnasium) sehr unterschiedlich.

Gemäß der pluralistischen Herrschaftsordnung der Bundesrepublik Deutschland sind an den Entscheidungen über Stundenanteile und Unterrichtsziele der einzelnen Fächer mehrere Entscheidungsträger auf unterschiedlichen Ebenen beteiligt. Fragen des Unterrichts sind Länderangelegenheit; denn das Grundgesetz verleiht den Bundesorganen auf diesem Gebiet keine Gesetzgebungsbefugnis. Die ständige Konferenz der Kultusminister vertritt die Stelle eines Bundesministers. Sie hat aber keinerlei Weisungsrecht gegenüber den Ländern; sie kann nur Empfehlungen aussprechen. Landtage und Landesregierungen der 11 Länder, einschließlich Berlin (West), entscheiden letztendlich über die Schulpolitik. An der Meinungs- und Willensbildung sind neben den politischen Parteien weitere gesellschaftliche Gruppierungen und Interessenverbände, insbesondere Elternvertretungen, Fachverbände (Verband Deutscher Schulgeographen), Lehrergewerkschaften (Gewerkschaft Erziehung und Wissenschaft, Deutscher Beamtenbund, Deutscher Philologenverband) und auch Industrieverbände beteiligt.

2. Basislehrplan „Geographie"

Der Basislehrplan „Geographie" (Zentralverband der Deutschen Geographen 1980) geht von zwei Wochenstunden für alle Schularten und Schuljahre der Klassen 5–10 aus. Den für das Bildungswesen in der Bundesrepublik Deutschland verantwortlichen Institutionen wurde damit eine Entscheidungshilfe an die Hand gegeben, um die Vereinheitlichung der Lehrpläne in den 11 Ländern zu fördern.

Nach dem Basislehrplan sollen die geographischen Qualifikationen nach dem didaktischen Prinzip von Simplex nach Komplex in drei Lernzielstufen erreicht werden (Abb. 1). Jede Stufe erhält durch regulative Lernziele und die Anbindung der Themen und Inhalte an festgelegte Räume ihr eigenes Profil.

Lernzielstufen	Themen	Staaten	Orientierung	
			globale Raster	Topographie
Klassen 5/6 Grundlegende Einsichten in Mensch-Raum-Beziehungen	– Versorgen mit Nahrung in unterschiedlichen Lebensräumen – Versorgen mit Rohstoffen und Herstellen von Gütern – Wohnen und Siedlungsräume		Kontinente und Ozeane Gradnetz der Erde	Deutschland Kontinente Ozeane
Klassen 7/8 Analyse von Raumstrukturen nach ihren räumlichen Faktoren	– Bedeutung der zonalen Gliederung für den Menschen – Bedeutung von Oberflächenformen für den Menschen – Wirtschafts- und sozialgeographische Faktoren in ihrer Raumwirksamkeit		Klimazonen Großrelief der Erde Wirtschaftsformen der Erde Kulturerdteile	Deutschland Europa Afrika südliches Asien Südamerika
Klassen 9/10 Auseinandersetzung mit Gegenwartsfragen und -aufgaben in ihren räumlichen Dimensionen	– Umweltschutz – Raumplanung – Länderkunde	Deutschland (Bundesrepublik Deutschland/DDR) in Europa, Frankreich, Polen, USA, UdSSR, Japan, China, Indien, Peru, Brasilien	Europäische Zusammenschlüsse Staaten der Erde Welthandel	Topographie der Staaten

Abb. 1: *Vereinfachte Übersicht über das Gesamtkonzept des Basislehrplans Geographie*

In den Klassen 5 und 6 stehen das Erkennen einfacher geographischer Muster sowie grundlegende Einsichten in Mensch – Raum – Beziehungen im Mittelpunkt.

Themenbereiche sind Versorgen mit Nahrung in unterschiedlichen Lebensräumen, Versorgen mit Rohstoffen und Herstellung von Gütern, Wohnen und Siedlungsräume sowie Freizeit- und Erholungsräume. Die Raumbeispiele sind vorwiegend aus Deutschland, aber auch aus allen Kontinenten zu wählen. Somit wird eine weltweite Orientierung im globalen Raster der Kontinente und Ozeane erreicht. In den Klassen 7 und 8 setzt verstärkt eine analytische Betrachtungsweise ein. Unter dem thematischen Zugriff der Bedeutung der zonalen Gliederung für den Menschen werden an einem Profil von Nordeuropa nach Äquatorialafrika die Klima- und Vegetationszonen und unter dem Thema Bedeutung von Oberflächenformen für den Menschen an Beispielen aus Deutschland, Afrika und Südamerika Kenntnisse zum Großrelief der Erde erarbeitet. Darauf folgt die Untersuchung wirtschafts- und sozialgeographischer Faktoren in ihrer Raumwirksamkeit an Beispielen aus Europa, Südamerika und dem südlichen Asien. In den Klassen 9 und 10 rücken politisch-gesellschaftliche Fragen wie Umweltschutz und Raumplanung in den Vordergrund. Den Schwerpunkt dieser Stufe bildet die Betrachtung von ausgewählten Staaten.

Das didaktische Konzept des Basislehrplans konnte aus unterschiedlichen Gründen nur in den Ländern Niedersachsen, Rheinland-Pfalz und Saarland verwirklicht werden. Einige andere Länder wie Hamburg, Bremen, Nordrhein-Westfalen und Berlin (West) übernahmen den Plan annäherungsweise. Bayern entwickelt ein eigenständiges Konzept.

3. Revision in den 1980er Jahren

Der Streit um fachdidaktische Grundentscheidungen über den Geographieunterricht in der Bundesrepublik Deutschland war in den 1970er Jahren nicht bereinigt, er ist indessen zu Beginn der 1980er Jahre neu aufgebrochen. Von einem Konsens konnte solange nicht ausgegangen werden, wie namhafte Fachdidaktiker Gegenpositionen vertraten. K.E.Fick (1978/1979) lastete dem neuen Geographieunterricht zufällige und gewagte Entscheidungen an, wenn er abwertend von „aleatorischer Geographie" spricht und vor „gefährlichen Konsequenzen globaler Rösselsprünge" warnt. Neben dieser „Tupfengeographie" wurden vor allem Defizite in der Topographie angeführt, eine Vernachlässigung Europas bemängelt und unterstellt, auf eine Zusammenhängende Betrachtung von Staaten würde verzichtet.

Beim länderkundlichen Durchgang (Abb. 2) liefern die Staaten der Erde die Lerngegenstände. Die Zuordnung von Staaten zu den Klassenstufen erfolgt nach dem topographischen Raster der Kontinente in konzentrischen Kreisen von räumlich Nahen zum räumlich Fernen in der falschen Annahme, das die didaktischen Kategorien der „Nähe" und „Ferne" mit den räumlichen Kategorien identisch wären. Die Verfechter eines neuen, länderkundlich orientierten Lehrplans wissen selbstverständlich, daß man allein aus Zeitgründen zur „Land-für-Land-Betrachtung" nicht zurückkehren kann. Sie fordern eine „repräsentative Auswahl" (Dwars 1987) von Staaten. I. Newig u. a. (1983) setzen als Gliederungsprinzip wieder die „konzentrischen Kreise": Heimat – Europa – Welt. Angestrebt wird nicht die Behandlung aller Staaten, wohl aber die repräsentativer Staaten der Kulturerdteile. Wegen des Schwierigkeitsgrades wird das Jahresthema „Industrieländer" in die Klassenstufe 9 transferiert. Diesem Gliederungsprinzip einer Länderkunde in Auswahl nach Kulturerdteilen entspricht der neue Lehrplan des Landes Schleswig-Holstein.

Einem ähnlichen Konzept der Länderkunde in Auswahl vom Nahen zum Fernen folgt der revidierte Lehrplan in Baden-Württemberg (Abb. 2).

Kl.	Länderkundlicher Durchgang bis 1970 Land für Land	Lehrplan Baden-Württemberg Gymnasium Erdkunde (1983) vom Nahen zum Fernen	Lehrplan Schleswig-Holstein Gymnasium Erdkunde (1986) Staaten in Auswahl
5	Deutschland	− Baden-Württemberg − Bundesrepublik Deutschland − Topographie Deutschland	− Deutschland: Bundesrepublik Deutschland/DDR (Einzelbilder)

6	Europa	− Naturräumliche Orientierung in Mitteleuropa
		− Die Alpen
		− Europa: Nordeuropa
		  Westeuropa
		  Mitteleuropa
			− Europa: Einheit Vielfalt
			  Nordeuropa
			  Westeuropa
			  Ost- und Südosteuropa

7	Afrika
	Asien
		− Natur- und Wirtschaftsräume Trockengürtel Afrika/Asien Tropischer Regenwald Afrika, Südamerika, Südostasien Polargebiete
		− Klima- und Vegetationszonen der Erde
			− Die Alte Welt
			  Europäischer Mittelmeerraum
			  Orient
			  Afrika südlich der Sahara

8	Amerika
	Australien
	Ozeanien
	Arktis
	Antarktis
		− Indien
		− China
		− Japan
		− USA − Sowjetunion
		− Orientierung: Staaten, Bevölkerung, Kontinente, Kulturerdteile
			− Entwicklungs- und Schwellenländer
			  Indischer Subkontinent
			  VR China
			  Südostasien
			  Lateinamerika

9	Europa	kein Erdkundeunterricht	− Industrieländer
			  Großbritannien
			  USA − UdSSR
			  Japan
			  Australien

10	Deutschland	kein Erdkundeunterricht	− Deutschland in Europa Bundesrepublik Deutschland/DDR

Abb. 2: Lehrplanvergleich in Auswahl (Übersicht)

4. Ausblick

Staaten sind immer geographische Raumindividuen. Deshalb führt länderkundlicher Unterricht „in die Sackgasse des Singulären" (Schulze 1970, S. 2). Allgemeine Erkenntnisse und übertragbare Einsichten können so kaum gewonnen werden. Es kann auch keine „repräsentative" Länderkunde geben; denn die exemplarische Länderkunde ist „ein Widerspruch in sich" (Schulze 1970, S. 2). Eine Länderkunde nach dominanten Faktoren hingegen muß zu Verkürzungen führen. Dänemark ist eben nicht durch die Dominante „Landbrücke zwischen Nord- und Mitteleuropa" (Der Kultusminister des Landes Schleswig-Holstein 1986, S. 7) zu kennzeichnen.

Es bleibt abzuwarten, ob weitere Länder den Rückgriff auf den länderkundlichen Durchgang nachvollziehen werden.

Literatur

DER KULTUSMINISTER DES LANDES SCHLESWIG-HOLSTEIN: Lehrplan Gymnasium Erdkunde. Klassenstufen 5—10. Kiel 1986.

DWARS, F.W.: Lehrplan Erdkunde/Gymnasium. Erläuterungen, Literaturangaben, Hinweise zur Topographie. Kronshagen 1987.

FICK, K. E.: Kategoriale Länderkunde statt aleatorischer Geographie. Frankfurter Beiträge zur Didaktik der Geographie, Bd. 2, Frankfurt 1978, S. 7-25.

MINISTERIUM FÜR KULTUS UND SPORT BADEN-WÜRTTEMBERG: Lehrplanrevision in Baden-Württemberg. Die revidierten Lehrpläne, Gymnasium Erdkunde. Stuttgart 1983.

RICHTER, D.: Geographische Bildung durch lernzielthematisch-orientierten Geographieunterricht in der Bundesrepublik Deutschland und Intensivierung der Behandlung Polens. Internationale Schulbuchforschung 2 (1980) H. 3, S. 26-45.

SCHULZE, A.: Allgemeine Geographie statt Länderkunde. Geographische Rundschau 22 (1970), H. 1, S. 1-10.

ZENTRALVERBAND DER DEUTSCHEN GEOGRAPHEN: Basislehrplan. „Geographie". Empfehlungen für die Sekundarstufe I. Würzburg 1980.

Walter Sperling

Dimensionen räumlicher Erfahrung
Ein Beitrag zum Prinzip
des Maßstabswechsels (1986)

Der geographische Schulatlas ist ein Weltatlas für die Jugend und zum Schulgebrauch, heute meist ein thematischer Atlas, dessen Themen so ausgewählt, strukturiert und gestaltet werden, daß der Inhalt des Atlas den allgemeinen Zielen des Bildungssystems, den Vorgaben der Lehrpläne und dem Fassungsvermögen der Schüler gerecht wird. Ein Blick in die Geschichte der Schulgeographie zeigt, daß die Atlasmacher zu allen Zeiten in der Lage waren, neue Themen zu erschließen, kartographisch und didaktisch umzusetzen und damit auch der Lehrplanentwicklung Impulse zu geben. Lehrplanentwicklung und Atlasgestaltung stehen in einem Wechselverhältnis, das stets die Fortschritte der Schulkartographie und damit auch der geographischen Erziehung in entscheidender Weise bestimmt hat.

Der geographische Raum, vieldeutig auch „Landschaft" genannt, tritt uns entgegen als Areal (area), als Region (regio), als Gebiet (territorium), als Schauplatz (theatrum) und als Bezugsraum der Selbstverwirklichung (patria). Raum wird erfahren durch den unmittelbaren Umgang, durch die geordnete Darbietung im pädagogischen Akt und durch eine Vielfalt von Unterrichtsmitteln, die Vorstellungen von Entfernung, Lage, Größe, Gestalt, dinglicher Erfüllung und Mannigfaltigkeit der Erdräume vermitteln. Bei der Gewinnung und Konkretisierung von Vorstellungen über einen Raum wirken die sinnliche Wahrnehmung, die Reflexion und die Anschauung (im Sinne Pestalozzis als „Einbildungskraft") zusammen. Schon im frühen Kindesalter und im Kreis der familiären, vertrauten Umgebung entstehen beim Heranwachsenden die ersten Wahrnehmungen, Eindrücke und Erfahrungen vom Räumen, jedenfalls von dem Raum, der in der deutschen Sprache die bedeutungsschwere Bezeichnung „Heimat" trägt. Hier wird die menschliche Territorialität im Umgang, also in der unreflektierten Begegnung erlebt. Die Schulgeographie hingegen vermittelt das administrativ verordnete Weltbild gesellschaftlicher Instanzen, die dafür Lehrpläne oder Curricula entworfen haben. Diese zweckrational geordnete geographische Welt ist gegliedert nach Ländern, Landschaften, Territorien oder auch nach den Grundfunktionen des menschlichen Daseins. Die komplexe Welt als Ganzes schließlich wird uns vermittelt durch Informationsträger und Medien, von denen unsere Schulweisheit nur träumen kann.

Carl Ritter (1779–1859) verstand seine Wissenschaft stets als eine pädagogische Aufgabe; unter dem Einfluß von Johann Heinrich Pestalozzi, dem er mehrfach begegnet war, sah er die Erde als das Wohn- und Erziehungshaus der Menschheit an. Es verwundert nicht, daß er lebhaft zu allen methodischen Fragen des geographischen Unterrichts Stellung nahm. Er gab selbst Kartenwerke heraus, für die er entsprechende Texte schrieb. 1810 rezensierte er den im Jahr zuvor im Gothaer Verlagshaus Justus Perthes erschienenen „Handatlas über alle bekannten Teile des Erdbodens" von Johann Heinrich Gottlieb Heusinger, den er mit erheblicher Kritik bedachte. Da heißt es: „Der Maßstab also, nach dem der geographische Unterricht sich richten müsse, ist nun, ganz klar, nicht im Wesen der Wissenschaft selbst begründet, sondern muß aus außerwesentlich liegenden Zufälligkeiten abgenommen werden" (Ritter 1810/1959, S. 85). Mit Maßstab ist hier keine mathematische Größe gemeint, sondern eine Betrachtungsdimension, die den anzuwendenden Begriffen, Typen und der Einbildungskraft, also dem Anschauungsvermögen der Schüler, angemessen ist. Noch deutlicher wurde Ritter 1828 in seinem Akademievortrag über Veranschaulichungsmittel räumlicher Verhältnisse bei geographischen Darstellungen durch Wort und Zahl: „Eine dritte Aufgabe würde es nach solcher wissenschaftlicher Vorarbeit sein, hierdurch einmal der Form und Einrichtung eines Elementar-Schul-Atlasses seine verbesserte Gestalt zu geben, und dabei den wesentlichen Unterschied von Generalkarten oder der Abstraction, wo das Bild des kleinen Maaßstaabes wegen nothwendig in das Zeichen eines Abbildes verwandelt werden muß, von der Spezialcarte oder dem wirklich verkleinerten Abbilde, den Bezeichnungs- und Darstellungsarten nach festzustellen, wodurch dem elementaren Schulunterrichte in der Geographie eine neue Bahn eröffnet werden könnte, indem er aus der Beschreibung sich zur, das reiche Material ordnenden, Verhältnislehre erhöbe und zur Construction führte" (Ritter 1852, S. 50 f.). Ritter sah hier ganz klar die Spannung zwischen Konkretion und Abstraktion, die besondere Stellung des Details in bezug auf die große Weltansicht. Was Ritter letztlich vorschwebte, war ein thematischer Typenatlas mit „Charaktercharten" im Sinne seiner allgemeinen vergleichenden Erdkunde (Plewe 1959, S. 108).

Auch *Albrecht Penck* (1858–1945) beherzigte diese Erkenntnis aus der Sicht der Geomorphologie, wenn er mit aller Deutlichkeit darauf hingewiesen hat, daß jede geographisch relevante Betrachtung „maßstabsbezogen" durchgeführt werden muß. Eine Düne, eine Schichtstufe oder ein Faltengebirgssystem könne nicht ohne einen Verlust an Anschaulichkeit und Begrifflichkeit in eine andere als die ihr angemessene Dimension übertragen werden. Das trifft übrigens mehr oder weniger auf alle den Geographen interessierenden Themenbereiche zu. Standort, Region oder Zone unterscheiden sich nicht nur durch die Konkretheit und Dichtigkeit der gebotenen Informationen, sondern auch durch den Begriffsapparat und die Zeichensprache, die jeweils anzuwenden ist. Schon ein kurzer Blick in ein terminologisches Wörterbuch der Geographie zeigt, daß vielen der genannten Termini eine Maßstabsdimension eigen ist, die nicht geändert werden kann, ohne daß auch der Begriff in die Ebene eines qualitativ anderen Allgemein- oder Spezialbegriffs transponiert werden muß.

Ernst Neef (1908–1984) hat im Rahmen der von ihm vertretenen Maßstabslehre drei Maßstabsdimensionen formuliert: die topologische, die chorologische und die geosphäre Dimension, denen der mikrogeographische, der mesogeographische und der megageographische Maßstab entsprechen. Im geographischen Kontinuum sind die Übergänge zwar fließend und erlauben den Einschub weiterer Zwischenstufen, wie beispielsweise die von *Günter Haase* erkannte „regionische" Stufe, doch gibt es auch deutliche „Sprünge", wo die Quantitäten in neue Qualitäten umschlagen. Die topologische oder mikrogeographische Betrachtungsweise ist nicht nur der Heimatkunde oder den „local studies" angemessen, vielmehr ist sie wegen ihrer Konkretheit in jeder Distanz zum Betrachter anwendbar, weil sie die beste Vorstellung von der dinglichen Erfüllung von Arealen vermittelt. Auf der anderen Seite steht die geosphärische planetarische oder megageographische Betrachtungsweise der Erdoberfläche als Ganzes. Der hohe Generalisierungs- und Abstraktionsgrad dieser Dimension bewirkt, daß mehr als nur die Summe der generalisierten Quantitäten der mittleren und unteren Ebenen zur Darstellung kommt. Am schwierigsten zu klassifizieren ist jedoch die mittlere, die chorologische oder mesogeographische Dimension, denn ihr Spielraum ist sehr breit, und die Mannigfaltigkeit der Erscheinungen widerstrebt der eindeutigen Klassifizierung, so daß viele Begriffe vage bleiben müssen. Diese „regionalgeographische Mitte" war in der Disziplingeschichte der Geographie und nicht zuletzt auch der Schulgeographie der Länderkunde eigen und wurde demnach als die eigentlich geographische Dimension eingeschätzt. Die Krise der Länderkunde, die in den vergangenen Jahren häufig beschworen wurde, hat nicht zuletzt ihre Ursache in der einseitigen Bezugnahme auf Räume in der chorologischen Dimension. Die anhaltende Kritik hat jedoch neuerdings zu einem neuen Bewußtsein des chorologischen Ansatzes geführt und läßt hoffen, daß die Regionalgeographie den ihr gebührenden Stellenwert bald wieder behaupten kann.

Die Dimensionalität ist also, wie *Ernst Neef* in seinem postum erschienenen Aufsatz resümiert, ein geographisches Prinzip, das besagt, „daß in der Abhängigkeit vom Maßstab jede Dimension geographischer Betrachtung nur bestimmte konkrete geographische Inhalte vermittelt, andere jedoch nicht ausreichend oder gar nicht erkennen läßt" (Neef 1985, S. 142). Die Frage nach dem angemessenen Maßstab ist so zu einer „Philosophie der Geographie" geworden. Dafür wurde die sogenannte G-Skala entwickelt, die von 10^3 cm bis 4,01 x 10^9 cm reicht, also vom Maßstab 1 : 1000 bis zur Weltkarte im Taschenbuchformat, vom Standort bis zur Ökumene.

Die Maßstabs- und Dimensionenlehre hat damit nicht nur für die geographische Landschaftslehre der Physischen Geographie und Geologie große Bedeutung gewonnen, sondern auch für die Theorie der Wirtschafts- und Sozialgeographie und nicht zuletzt auch für die theoretische Grundlegung der Didaktik der Geographie und der Methodik des geographischen Unterrichts. Die praktische Schulgeographie hat den Maßstabswechsel schon früh als methodisches Stimulans erkannt, denn der Raum wird vom heranwachsenden Schüler in vielerlei Form erfahren — als Umgebung, als Fernraum und als „die weite Welt", in der die Kugelgestalt der Erde erkannt wird. Im modernem Geographieunterricht in Ost und West hat das Prinzip der gleichmäßigen Abdeckung des geographischen Kontinuums im Sinne der konzentrischen Kreise aufgegeben oder zumindest relativiert, dagegen aber das Prinzip der Thematisierung, der Akzentuierung und damit des Maßstabswechsels zum didaktischen Grundsatz erhoben. In den curricularen Vorgaben der Lehrpläne in den Ländern der Bundesrepublik Deutschland, aber auch anderer Staaten bemerken wir, daß neben die chorologische, also die „länderkundliche" Dimension, gleichberechtigt zwei weitere Dimensionen getreten sind: das thematische Fallbeispiel im großen Maßstab und die globale oder planetarische Dimension als Überblick und Zusammenschau im kleinen Maßstab. Die Anwendung des Maßstabswechsels beruht auf allgemeinpädagogischen und didaktischen Einsichten, daß der Wechsel von Schwerpunkt und Überblick dem Unterricht lebhafte und gewinnbringende Impulse zu verleihen vermag. Das heißt: Territoriale Einheiten verschiedener Größe, Ausdehnung und Ausstattung wechseln einander ab, wobei sich Konkretisierung und Generalisierung wechselseitig ergänzen. In den Geographielehrplänen der DDR ist das Prinzip des Maßstabswechsels besonders überzeugend bei der Behandlung der Sowjetunion in Klasse 7 herausgearbeitet worden.

Unsere Experimente mit kindlichen „Phantasielandkarten" und Phantasiegloben, die im Rahmen der geographiedidaktischen Forschungen der Universität Trier durchgeführt worden sind, bestätigen die Vermutung, daß auch Kinder in Maßstabskategorien denken, die eine qualitative Stufung aufweisen: Örtlichkeiten, Räume und die Welt werden deutlich voneinander abgesetzt, unabhängig vom Alter und der Klassenstufe der Schüler. Das fehlende Bewußtsein des geographischen Kontinuums wird in vielen der Kinderbilder durch Inseldarstellungen überspielt.

Das ist auch das Maßstabsspektrum, das die Schulkartographie heute anzubieten hat. Die traditionellen, länderkundlichen Schulatlanten boten überwiegend chorographische Karten an, deren Maßstäbe mit zunehmender Distanz abfielen, also Karten von Mitteleuropa, von den europäischen Ländern und von den Kontinenten, meist ergänzt durch Nebenkarten typischer Landschaftsausschnitte in einem größeren Maßstab sowie durch eine Gruppe thematischer Karten. Die neuen Schulatlanten, die im geographischen Unterricht an den Schulen der Bundesrepublik Deutschland jetzt eingeführt sind, zeigen ein deutliches Überwiegen thematischer Karten in wechselnden Maßstäben, angefangen von sehr speziellen „Fallbeispielen" bis zu dem Versuch, globale Probleme in breitester Fächerung zu thematisieren. Als Beispiel möge das Thema „Vulkanismus und Tektonik" genannt werden. In der traditionellen Schulgeographie wurde der Vulkanismus im länderkundlichen Kontinuum erwähnt und beschrieben; gelegentlich erschienen auch schon einzelne, besonders bekannte Vulkanberge wie etwa der Vesuv in Nebenkarten. Der moderne Geographieunterricht ist durch das Spiralcurriculum und den Maßstabswechsel in die Lage gesetzt, vom Fallbeispiel bis zu globalen Erklärungszusammenhängen vorzustoßen und durch Verknüpfung und Systematisierung komplexe Einsichten zu erzielen. So finden wir beispielswiese im 1982 erschienenen „Alexander Weltatlas — Neue Gesamtausgabe" folgendes Angebot: „Tektonischer Bau und Großgliederung der Erde" 1 : 120 000 000, „Erdbeben und Vulkanismus, Plattentektonik" 1 : 120 000 000, „Tektonischer Bau Eropas" 1 : 30 000 000, „Vesuv" 1 : 150 000, „Tektonik und Geologie der Alpen" 1 : 5 000 000,

„Geologie Deutschlands" 1 : 3 000 000 sowie zahlreiche andere Karten, die eine Einordnung dieses Themas ermöglichen. Die anderen gebräuchlichen Schulatlanten wie etwa der „Diercke Weltatlas – Neubearbeitung", „List Großer Weltatlas", „Seydlitz Weltatlas" und weitere stehen diesem Angebot nicht nach.

In der Wirtschafts- und Sozialgeographie ist die Maßstabsfrage noch nicht in der Weise angesprochen worden wie in der physisch-geographischen Landschaftsforschung und Geoökologie. Standort, Territorium und Welt sind hier solche Raumkategorien, nach denen die Geographie der Bevölkerung, der Siedlungen, der Produktion, der Verteilung und Kommunikation maßstabsgerecht thematisiert werden kann. Analyse des Fallbeispiels, Interpretation des chorischen Ausschnittes und Synthese im globalen Zusammenspiel ergänzen sich nicht nur wechselseitig, sondern kommen ohneeinander gar nicht aus. Auch Verwaltungskarten und politische Karten zeigen eine Hierarchie der Territorien, angefangen von der politischen Gemeinde über den Bezirk und Staat bis hinauf zu Staatengemeinschaften und Weltsystemen. In der Politischen Geographie werden „local conflicts", „regional conflicts" und „global conflicts" betrachtet, deren Entstehung und Folgen sich nicht nur quantitativ, sondern vor allem qualitativ unterschieden.

Der Referent zeigt Diapositive von Karten und Kartenausschnitten aus Schulatlanten, besonders aus dem neuen „Seydlitz Weltatlas". Siedlungsgeographie: Wohnplätze, Siedlungsgrundrisse, Stadtgrundrisse, Siedlungsnetze, Systeme zentraler Orte, Stadtlandschaften, die Verstädterung der Welt. Bevölkerungs- und Sozialgeographie: Flächenwachstum von Siedlungen, Bevölkerungsverdichtungen, Wohnstandorte von Gastarbeitern in einer Stadt, Verteilung der Gastarbeiter in der Bundesrepublik Deutschland, Handels- und Verkehrssprachen der Welt, Alphabetisierung, Lebensstandard und Armut in der Welt. Agrargeographie: Beispiele für Bodennutzung, Getreidewirtschaft, Grünlandwirtschaft, Weinbau, Intensivkulturen, Bewässerungswirtschaft, Wanderfeldbau, Plantagenwirtschaft, agrargeographische Karten im Ländermaßstab, globale Agrarproduktion. Industriegeographie: einzelne Industriestandorte und ihre spezifische Flächenbeanspruchung, Standortgruppen der Industrie, Industrielandschaften, Industrieproduktionen auf der Ebene der Staaten, globale Industrieproduktion. Umweltprobleme: Luftverschmutzung und Lärmbelastung in einzelnen Städten, Gewässerverschmutzung und Waldbeschädigung im Ländermaßstab, Umweltprobleme auf globaler Ebene.

Die zahlreichen, gutgelungenen Fallbeispiele können nicht darüber hinwegtäuschen, daß in der mittleren Maßstabsdimension einige Darstellungsprobleme noch nicht gelöst sind. Die größten Schwierigkeiten bestehen bei der Thematisierung globaler Sachverhalte und Probleme, nicht nur wegen der schwierigen Datenlage, sondern auch im Hinblick auf eine angemessene Generalisierung. Der Wunsch, über eine größere Zahl thematischer Globen zu verfügen, dürfte aus verschiedenen Gründen noch nicht realisierbar sein.

Eine Betrachtung zu den Dimensionen geographischer Erfahrung und Wahrnehmung am Beispiel von Schulatlanten sollte nicht abschließen ohne einen Blick auf die Dimensionalität geographischer Namen. Immer wieder ist geklagt worden über den Schwund der Beherrschung des „topographischen Grundwissens". Es wurden Listen des topographischen Merkstoffes erstellt, denen jedoch die logische Begründung und die Überzeugungskraft fehlt. Das

Register eines Schulatlasses enthält, je nach dessen Umfang, 10 000 bis 30 000 Individualbegriffe, ein großer Weltatlas enthält in der Regel weit über 100 000 Nachweise; die Zahl der place names auf der Erde geht in die Billionen und vergrößert sich täglich und stündlich. Viele Namen existieren dazu in mehreren Sprachen, die Regeln für die angemessene Wiedergabe sind umstritten. Unser Gedächtnis kann aber nur eine begrenzte Menge von Namen speichern, je nach Situation dürfte der gleiche Mensch ganz andere Namen parat haben.

Listen des topographischen und raumkundlichen Merkstoffes zeigen in der Tat mit zunehmender Distanz eine Ausdünnung, die keineswegs einer Generalisierung gleichkommt, sondern auch Qualitätssprünge zeigt. Fallbeispiele lassen den Schüler ahnen, daß es auch in der fernen Welt viele Namen geben muß, auch wenn sie in der kleinmaßstäbigen Übersichtskarte nicht aufscheinen. Brasilien beispielsweise ist größer als Frankreich und hat mehr Einwohner, doch im Schulatlas wird es in kleinerem Maßstab und auch auf einem kleineren Ausschnitt abgebildet, der den Vergleich verbietet. Ein Atlasregister wiederholt diese Verzerrung, denn es wird nichts darüber ausgesagt, welche Qualität, welchen Gültigkeitsbereich und welches Gewicht die in der Liste gleichförmig wiedergegebenen Namen beinhalten. Erst im geographischen Kontinuum des Erdraums, dessen Teile in einem gesamtirdischen Zusammenhang stehen, gewinnt der Orts- oder Raumname die ihm zustehende Bedeutung. Wir sollten deshalb sorgfältiger zwischen topographischen, chorographischen und geographischen Namen unterscheiden, denn nur so gewinnt der ausgewählte Merkstoff Bedeutung für die geographische Bildung und Erziehung.

Die landschaftliche Ordnung unterliegt Gesetzmäßigkeiten, die auf den Ebenen maßstabsgebundener Betrachtung qualitativ unterschiedlich ausgeprägt sind. Das Ganze ist nicht die generalisierte Summe seiner Teile, der Teilraum nicht das verkleinerte Abbild des Ganzen. In der vergleichenden Erdkunde müssen Dimensionen und Schichten in ihrer Eigengesetzlichkeit jeweils maßstabsbezogen betrachtet werden. Nicht das chorographische Nebeneinander von Land und Land, sondern das zoomartige Ineinander unterschiedlich dimensionierter und damit auch thematisierter Erdausschnitte macht die Zielstellung einer modernen Regionalgeographie aus, die ein geographisches Curriculum und damit auch der Schulatlas zu repräsentieren hat.

Literatur

BARTELS, D.: Ausgangsbegriffe chorischer Analytik. — In: Geographie und Schule 3, 1981, H. 11, S. 1—10.

BEHRMANN, W.: Die Bedeutung von *Albrecht Penck* für die Kartographie. — Leipzig 1938 (= Blätter der Deutschen Kartographischen Gesellschaft. 2).

BIRKENHAUER, J.: Überlegungen zum Aufbau eines räumlichen Kontinuums in der Sekundarstufe I. — In: Curriculumkonzepte in der Geographie, hrsg. von H. HENDINGER und H. SCHRAND, Köln 1981, S. 55—72.

BIRKENHAUER, J./SPERLING, W. u. a.: Länderkunde — Regionale Geographie. — München 1980 (= Harms Pädagogische Reihe).

BOEKE, K.: Zoom — in vierzig Schritten durch den Kosmos. — Hamburg 1982.

BOLLMANN, J.: Aspekte kartographischer Zeichenwahrnehmung. Eine empirische Untersuchung. Bad Godesberg, Berlin 1981.

BREETZ, E.: Gestaltungsprobleme ökonomisch-geographischer Atlas- und Wandkarten für den Geographieunterricht. — In: Wissenschaftliche Zeitschrift der Pädagogischen Hochschule Potsdam 22, 1978, H. 2, S. 371—390.

FÖRSTER, H.: Das Vermitteln und Aneignen topographischen Wissens. Ein Beitrag zum Erdkundeunterricht unserer sozialistischen Schule. — Berlin 1963 (= Methodische Beiträge zum Unterricht im Fach Erdkunde).

FUCHS, G.: Das Topographische Problem im heutigen Geographieunterricht als Folge des fachdidaktischen „Maßstabswechsels". Aspekte und Vorschläge. — In: Studia geographica, hrsg. von W. ERIKSEN (= Colloquium Geographicum. 16). Bonn 1983, S. 377—392.

GROTELÜSCHEN, W.: Die Stufen des Heimatkunde- und Erdkundeunterrichts in der Volksschule. — In: Die Deutsche Schule 57, 1965, S. 366—370.

HAGGETT, P.: Geographie. Eine moderne Synthese. — New York 1983 (= UTB-Große Reihe).

HAUBRICH, H.: Das erdräumliche Kontinuum — eine ideologische Weltperspektive des Geographieunterrichts? — In: Geographie und Schule 6, 1984, H. 31, S. 10—17.

HÜTTERMANN, A.: Die Karte als geographischer Informationsträger. — In: Geographie und Schule 1, 1979, H. 2, S. 4—13.

KIRCHBERG, G.: Topographie als Gegenstand und Ziel des geographischen Unterrichts. — In: Praxis Geographie 10, 1980, S. 322—329.

KÖCK, H.: Konzepte zum Aufbau des erdräumlichen Kontinuums. — In: Geographie und Schule 6, 1984, H. 31, S. 24—29.

NEEF, E.: Dimensionen geographischer Betrachtung. — In: Forschungen und Betrachung. 37, 1963, S. 361—363.

NEEF, E.: Die theoretischen Grundlagen der Landschaftslehre. — Gotha, Leipzig, 1967.

NEEF, E.: Der Ensemble-Charakter der Landschaft. — In: Wissenschaftliche Mitteilungen, Institut für Geographie und Geoökologie AdW der DDR 11, 1984, S. 155—160.

Plewe, E.: Carl Ritter. Hinweise und Versuche zu einer Deutung seiner Entwicklung. — In: Die Erde 90, 1959, S. 98—166.
Rennau, G.: Register von Karten und Atlanten. — Gotha, Leipzig, 1976.
Schlimme, W.: Topographisches Wissen und Können im Geographieunterricht. — Berlin 1983.
Ritter, C.: Einige Bemerkungen bey Betrachtung des Handatlas über alle bekannten Länder des Erdbodens. Hrsg. von Herrn Prof. Heusinger im Herbst 1809 (mit einem Vorwort von Ernst Plewe). — In: Erdkunde 13, 1959, S. 83—88.
Ritter, C.: Bemerkungen über Veranschaulichungsmittel räumlicher Verhältnisse bei graphischen Darstellungen durch Form und Zahl (vorgetragen am 17. Januar 1828). — In: Einleitung zur Begründung einer mehr wissenschaftlichen Behandlung der Erdkunde. — Berlin 1852, S. 129—151.
Sperling, W.: Typenbildung und Typendarstellung der Schulkartographie. — In: Untersuchungen zur thematischen Kartographie, Teil 3 (= Veröffentlichungen der Akademie für Raumforschung und Landesplanung, Forschungs- und Sitzungsberichte 64) Hannover 1973, S. 179—194.
Sperling, W.: Kindliche Phantasiegloben. — In: Der Globusfreund 25/27, 1977/1979, S. 291—296.
Sperling, W.: Kartographische Didaktik und Kommunikation. — In: Kartographische Nachrichten 32, 1982, S. 5—15.
Sperling, W.: Dimensionen räumlicher Erfahrung — Gedanken zum Seydlitz Weltatlas. — Seydlitz Weltatlas Handbuch, hrsg. von H. M. Closs, Berlin 1985, S. 11—34.
Thauer, W.: Atlasredaktion im Zusammenspiel von Kartographie, Geographie und Regionalstatistik. — In: Internationales Jahrbuch für Kartographie, 20, 1980, S. 180—204.

Polnische Beiträge

Andrzej Mizgajski

Die Inhalte über die Volksrepublik Polen in den neueren Geographielehrbüchern und Atlanten der Bundesrepublik Deutschland auf dem Hintergrund der Schulbuchempfehlungen

Aufgabe des Verfassers ist die Untersuchung der Schulbücher und Atlanten im Hinblick auf die Realisierung der Empfehlungen der UNESCO-Schulbuchkommission der Bundesrepublik Deutschland und der Volksrepublik Polen. Die Kommssion formulierte für die Geographie wie folgt: „Der Geographieunterricht soll objektive Informationen vermitteln. Er soll ein wohlwollendes Interesse im Sinne eines friedlichen Zusammenlebens der Völker wecken sowie Fehlinformationen, Mißverständnisse und Vorurteile abbauen helfen."

Auf dem Hintergrund dieser Aussage wurde ein Satz von Schulbüchern, Lehrerbänden und Atlanten für den Geographieunterricht analysiert.

Untersuchte Materialien

Klett Verlag, Stuttgart

Terra Geographie 9/10 für Realschulen in Niedersachsen, Teil II, 1984
Terra Erdkunde Europa, 1986
Terra Geographie 9 für Gymnasien in Nordrhein-Westfalen, 1982, 1985
Alexander Weltatlas, Neue Gesamtausgabe, 1982, 1986

Ludwig Auer Verlag, Donauwörth

Die Erde — Lebensraum des Menschen, Unterrichtswerk für den Erdkundeunterricht in Realschulen, Jahrgangsstufe 7

Oldenbourg Verlag, München

Unsere Erde, Erdkunde 8 für Realschulen in Bayern, 1985

Paul List Verlag, München

List Geographie 3 Mensch und Erde

CVK und Schroedel Geographische Verlagsgesellschaft, Berlin

Seydlitz, Mensch und Raum, Ausgabe für Gymnasien 9/10, 1985
Seydlitz Weltatlas, 1984

Westermann Verlag, Braunschweig
Diercke Weltatlas, 1974, 1986

Hier wird vor allem auf solche Inhalte Bezug genommen, die nicht mit der polnischen Wirklichkeit und mit den Empfehlungen der Gemeinsamen Kommission übereinstimmen. Zu Beginn muß hervorgehoben werden, daß die analysierten Schulbücher und Atlanten durch ein hohes editorisches Niveau gekennzeichnet sind und hochinteressante methodische und redaktionelle Lösungen enthalten. Dies alles steigert sicherlich ihre Attraktivität für Schüler und vergrößert die Wirksamkeit des Inhalts.

Das umfangreichste Kapitel über Polen enthält das Schulbuch „Terra Geographie" 9/10 für Realschulen in Niedersachsen, Teil II, mit dem beigefügten Lehrerheft. Das dreizehnseitige Kapitel hat den Titel: „Polen auf dem Weg zum Industriestaat". Am Anfang des Kapitels wird Polen als Deutschlands Nachbar in einem kurzen historischen Abriß vorgestellt. Dieser wird durch eine Kartenserie ergänzt, die die Veränderungen der Grenzen Polens seit dem 18. Jahrhundert zeigt.

Die Kommentare zu diesen Fragen im Lehrerheft enthalten z. T. nicht exakte Angaben und falsche Schlußfolgerungen, die Polen während der Zwischenkriegszeit betreffen. Folgendes wird festgestellt: „Im Süden ist das ehemals österreichische Galizien an Polen gekommen". Man sollte hier das Wort „zurückgekommen" benutzen, weil es um das österreichische Teilungsgebiet Polens geht.

Der große Anteil der nationalen Minderheiten innerhalb der Grenzen des polnischen Staates nach 1918 wird erwähnt und folgende erstaunliche Folgerung daraus gezogen: „So war der neue polnische Staat ein ausgesprochen künstliches Gebilde, dessen Territorium sich keineswegs mit dem geschlossenen Siedlungsraum des polnischen Volkes deckte." Berechtigt das mehrere Jahrhunderte dauernde Zusammenleben verschiedener Nationen in diesem Staat mit — im Vergleich zu den Nachbarstaaten — großer religiöser und nationaler Toleranz (Empfehlung 7 zur Geschichte) zu der Feststellung, daß dieser Staat ein ausgesprochen künstliches Gebilde sei? Gab und gibt es doch mehrere Vielvölkerstaaten in Europa und in der Welt. Ist dies nicht ein Versuch, das Geschehen vom September 1939 zu begründen?

Diese Geschehnisse werden folgendermaßen betrachtet: „. . . die deutschen Soldaten überrannten das Land in 18 Tagen." Dies folgt direkt der Nazipropaganda, die den Feldzug gegen Polen „Feldzug der 18 Tage" nannte (Brockhaus, 1942). Tatsächlich kapitulierte Warszawa erst am 27. September, und die Verteidigungskämpfe dauerten bis zum 4. Oktober (Gruppe von General Kleeberg).

Die fast eine ganze Seite einnehmende Karte Polens ist sehr arm an Inhalten. Die Karte zeigt nur drei geographische Regionen: Riesengebirge, Hohe Tatra und Beskiden. Die hervorgehobenen historischen Namen: Schlesien, Pommern und Ostpreußen sowie die Grenzen des Deutschen Reiches von 1937 bezeugen, daß das Aufzeigen der deutschen territorialen Verluste im Osten der eigentliche

Inhalt der Karte ist und nicht die Information über das gegenwärtige Polen. Auf die Frage der Ortsnamen und der Grenzdarstellung werde ich im weiteren bei der Behandlung der Kartographie ausführlicher eingehen.

Der Abschnitt über die Landwirtschaft kann insgesamt als ausführlich und angemessen bezeichnet werden. Dennoch sind Ungenauigkeiten bei der Behandlung der einzelnen Betriebstypen festzustellen. Die durchschnittliche Größe der staatlichen Betriebe im Jahre 1970 war nicht, wie angegeben, etwa 100 ha, sondern über 1000 ha (Rosznik Statystyczny 1986, S. 290—291). Nachdem man in den 70er Jahren benachbarte Betriebe zu Kombinaten zusammengeschlossen hatte, erhöhte sich die durchschnittliche Betriebsgröße im Jahre 1980 bis auf fast 4500 ha. Während der nächsten fünf Jahre ist sie aber wieder bis auf 3200 ha zurückgegangen. Darüber hinaus ist in den 80er Jahren der Einfluß von Kombinatverwaltungen auf die Wirtschaft der einzelnen Güter begrenzt worden.

In der Beschreibung der Ursachen des höheren Anteils staatlicher Betriebe in den südöstlichen Wojewodschaften finden sich Andeutungen über die Vertreibung der ukrainischen Bevölkerung. Um den Tatsachen gerecht zu werden, sollte man dies als die Zwangsumsiedlung des größten Teils dieser Bevölkerung in andere Gebiete Polens bezeichnen. Über die „Landwirtschaftskooperativen" wird geschrieben, daß sie nach der mißlungenen Kollektivierung gegründet worden seien, weil es darum ging, die Bauern zur kollektiven Arbeit zu zwingen. Indessen haben solche Verbände auf dem polnischen Territorium eine schon 120jährige Geschichte. Nach 1956 sind sie reaktiviert worden und ihre späteren Arbeitsbereiche unterlagen mehreren Veränderungen.

Zur Industrie sind keine wesentlichen Bemerkungen zu machen, obwohl diese viel weniger gründlich als die Landwirtschaft behandelt wurde. Im Text hat man sich auf das Górnośląski Okręg Przemysłowy (Oberschlesisches Industriegebiet) konzentriert, das man als „Ruhrgebiet des Ostens" bezeichnete, obwohl richtiger und präziser „Ruhrgebiet Polens" wäre.

Auf mehreren Seiten werden Kraków und Nowa Huta als Beispiele zweier verschiedener, historisch bedingter stadtplanerischer Lösungen vorgestellt. Nowa Huta kann nicht ohne Bedenken als Beispiel urbaner und architektonischer Lösungen im heutigen Polen betrachtet werden. Die Stadt ist mit Sicherheit vollständig durch den in der ersten Hälfte der 50er Jahre herrschenden Stil geprägt. Seit dieser Zeit haben sich die Konzepte in der Architektur und Stadtplanung grundsätzlich verändert, obwohl sie nicht unbedingt ästhetischere und angenehmere Bedingungen für die Einwohner schufen.

Das Kapitel über Polen schließt mit Überlegungen zur Position Polens im RGW, die durch Daten zum Handelsumsatz mit den RGW-Mitgliedsländern und anderen Partnern illustriert wird.

Ein Teil des o. g. Kapitels ist auch im zweiten Schulbuch vom Klett Verlag Terra Geographie 9/10 für Gymnasien in Niedersachsen enthalten. Somit betreffen die vorgetragenen Bemerkungen auch dieses Buch.

Viel kürzer und redaktionell auf ganz andere Art und Weise ist das Kapitel über Polen im Lehrbuch Terra Erdkunde Europa des Klett Verlages abgehandelt. Die Hälfte des vierseitigen Kapitels bilden sozial-geographische Beobachtungen und historisch-regionale Betrachtungen. Der zweite Teil enthält die problemorientierte Behandlung von Wirtschaftsfragen unter besonderer Berücksichtigung der Landwirtschaft.

Im regionalen Teil hat man sehr deutlich die Gebiete hervorgehoben, die vor dem II. Weltkrieg zum Deutschen Reich gehörten. Sie sind in Form eines Reiseberichts geschrieben. Der Reisebericht beginnt mit dem schon in den deutschen und polnischen Zeitungen zitierten Satz: „Während meiner Fahrt über Köslin und Stolp nach Danzig muß ich daran denken, daß Pommern vor dem II. Weltkrieg eine der Korn- und Fleischkammern Deutschlands war. Wie schade, daß so viel Land nicht mehr genutzt wird!" Auf die Polemik der letzten Feststellung kann man verzichten. Es sollte die Frage nach dem didaktischen Ziel dieser Sätze gestellt werden. Man muß befürchten, daß hier die Herausbildung revisionistischer Tendenzen durch die Lieferung wirtschaftlicher „Argumente" bezweckt wird.

Im letzten Nordpolen betreffenden Abschnitt hat man folgende historische Bemerkung über Malbork (Marienburg) eingerückt: „Die riesige Burg war lange Zeit Sitz des Deutschen Ritterordens. Von Polens Königen ins Land gerufen, hat er von hier aus Ostpreußen kolonisiert." Der letzte Satz enthält eine historische Ungenauigkeit, weil der Orden durch den Fürsten von Masowien Konrad II. eingeführt worden ist. Wichtiger ist aber die didaktische Bedeutung dieser Sätze. Sie bringen nämlich keine geographischen Informationen. Das Einrücken solcher Abschnitte kann die Absicht enthalten, bei der jungen Generation Vorbehalte gegenüber dem Grenzverlauf zu erzeugen.

Auch bei der Besprechung Südpolens sind die Gebiete hervorgehoben worden, die vor dem II. Weltkrieg zu Deutschland gehörten. Man unterstreicht vor allem die kulturellen Verbindungen mit Deutschland. Zum Beispiel Karkonosze (Riesengebirge) wird „Rübezahls Berge" genannt, obwohl diese Gestalt im Bewußtsein der heutigen Bewohner dieser Gegend nicht vorkommt.

Dieses Lehrbuch enthält mehrere Ungenauigkeiten und Fehler, die das gegenwärtige Bild Polens entstellen. Über Gdańsk und die benachbarten Städte schreibt man, daß nach städtebaulicher Planung Gdańsk, Sopot und Gdynia zu einer „Dreistadt" vereint werden sollen und man beabsichtigt, zusätzlich eine halbe Million Menschen anzusiedeln. In der Tat ist das Problem Teil des natürlichen Urbanisierungsprozesses. Die räumliche Entwicklung der benachbarten Städte Gdańsk, Sopot und Gdynia bringt ein Zusammenwachsen, vor allem durch die gemeinsamen infrastrukturellen Einrichtungen mit sich. Daher bilden die städtebaulichen Pläne einen Versuch, die spontanen Prozesse zu lenken.

Der Bericht über Warszawa nimmt fast den ganzen Abschnitt über die Mittelpolnische Ebene ein. Nach den Informationen über die Kriegszerstörungen, die Zahl der Getöteten und über den Aufbau der Stadt malt man das Bild der heutigen Altstadt: „Bauern der Umgebung, die dort schon am frühen Morgen ihre Marktstände voll mit Gemüse und Eiern, Obst und Blumen packen". Es ist schade, aber es gab keine solchen Bilder auf dem Warschauer Altmarkt nach seinem Wiederaufbau. Die Angabe, daß Warszawa im Vergleich mit der Zeit vor dem Krieg seine Einwohnerzahl verdoppelt hat, ist falsch. Im Jahre 1939 wohnten dort 1 310 000 Einwohner (Encyklopedia Powszechna PWN, 1976) und im Jahre 1985 1 660 000 (Rocznik Statystyczny 1986, S. LXVIII).

In den die wirtschaftlichen Fragen betreffenden Kapiteln gibt es viele sachliche Fehler, die der Fixierung von Vorurteilen dienen und die dem Schüler nicht die polnische Realität näher bringen. Schon der Titel „Polen in der Dauerkrise" lenkt die Aufmerksamkeit auf negative Aspekte in der Entwicklung Polens. Die Bezeichnung „Zustand der Dauerkrise" hat man mit einigen Schlagzeilen aus Zeitungen illustriert, die vermutlich 5—6 Jahre alt waren. Der folgende Satz erläutert: „Wie diese Schlagzeilen aus verschiedenen Zeitungen bezeugen, kommt es immer wieder zu Unruhen und Streiks in Polen". Es ist problematisch, Schlagzeilen von Zeitungen als Beweismaterial für die Faktenbewertung anzuführen. Darüber hinaus kann beim Schüler der Eindruck entstehen, daß in den Staaten, in denen es keine Unruhen und Streiks gibt, auch keine Krisen auftreten.

Eine Inkonsequenz begehen die Verfasser noch im gleichen Abschnitt, wenn sie über Leistungen der polnischen Industrie schreiben. Es kommt hier zu einem deutlichen Widerspruch.

Der Erläuterung der sozialen und politischen Spannungen soll das Bild mit dem Titel „Demonstration" dienen, das Polizeiabsperrungen auf der Straße zeigt. Die Besonderheit der sozialen und politischen Spannungen in Polen ist, daß sie offen zum Ausdruck kommen können, und daß keine repressiven Gegenmaßnahmen ergriffen werden. Somit ist das Bild nicht zutreffend.

Die Darstellung der polnischen Industrie spricht fälschlicherweise von westlicher Finanzhilfe für den Bau von Hüttenwerken bei Kraków und in Warszawa sowie für den Ausbau der Hütte von Częstochowa. Diese Objekte sind zu Beginn der 50er Jahre, also während der Isolation Polens von den westeuropäischen Staaten, entstanden. Die westlichen Kredite dienten aber zum Teil der Ausstattung der Hütte Katowice, die in den 70er Jahren gebaut worden ist.

Ein Abschnitt, der die wirtschaftlichen und sozialpolitischen Fragen des heutigen Polens zusammenfassend wertet, gibt ein entstelltes und unwahres Bild wieder. Mit der Feststellung, daß Polen ein kommunistischer Staat ist, wollten sich die Autoren, so kann man annehmen, auf bestimmte in Westeuropa vorherrschende stereotype Vorstellungen berufen. Tatsächlich kann Polen nicht, weder im Westen noch im Osten, als Prototyp eines kommunistischen Staates gesehen werden. Das gilt zumindest für die spezifischen Merkmale der polnischen Landwirtschaft und die Bedeutung der katholischen Kirche. Die gegenwärtig durchgeführte Wirtschaftsreform zielt auf eine stufenweise Veränderung des Wirtschaftssystems in Richtung auf die Marktwirtschaft ab. Zwar kann man in dieser Phase noch nicht über ein vollständiges Aufgeben von Positionen der zentralistischen, administrativen Wirtschaftsform sprechen, doch kommen immer mehr marktwirtschaftliche Aspekte hinzu.

Unwahr ist auch der Satz über allgemein fehlende Facharbeiter und Fabrikhallen. Unter den Experten herrscht die entgegengesetzte Meinung vor, daß das intellektuelle Potential in Gestalt von qualifizierten Arbeitern, ausgebildeten Technikern und Wissenschaftlern das größte Potential Polens ist. Auch die Kapazität der Produktionsanlagen bleibt noch weit hinter der vollen Auslastung zurück. Die Hauptschwierigkeit der polnischen Wirtschaft liegt in der niedrigen Effektivität der Arbeitskräfte und Produktionsanlagen. Infolgedessen entsteht der falsche Eindruck ihres generellen Mangels.

Zu den Maßnahmen der Reduzierung der hohen Verschuldung Polens wurde folgendes ausgeführt: „Um diese Schulden zurückzuzahlen, versucht die Regierung die Preise immer wieder zu erhöhen". Diese Beurteilung vermittelt falsche Vorstellungen und es soll an dieser Stelle nur darauf hingewiesen werden, daß die Möglichkeit des Exportwachstums nur durch die Reduzierung der inneren Nachfrage begrenzt ist. Das wird durch die oft niedrige Qualität der in Polen erzeugten Waren bei gleichzeitig großem Warenmangel auf dem Inlandmarkt begründet. Somit besteht das Hauptproblem des Exports in der Erzeugung einer entsprechend großen Menge von Waren, die für die Märkte der Kreditgeberländer attraktiv sind.

Der letzte Teil des Kapitels betrifft die Landwirtschaft. Schon der Inhalt des ersten Satzes ist nicht mehr aktuell, da man die Butterrationierung 1985 aufgehoben hat. Zunächst wird ein dramatisches Bild der Rückständigkeit und der Zersplitterung der Landwirtschaft gezeichnet. Man hat aber die großen regionalen Unterschiede in der polnischen Landwirtschaft, die zugleich die Betriebsgrößen sowie die technischen Ausstattungen und Produktionsleistungen betreffen, nicht berücksichtigt. Die Probleme der Landwirtschaft sind anhand der schwächsten Regionen behandelt und beurteilt worden. Das zeigen auch die Abbildungen zum Text.

Die Feststellung, daß ein den Bauern zugesagter Landverkauf von der Regierung nicht durchgeführt wurde und daß dies die Ursache des fallenden Interesses der Bauern an der Produktionssteigerung sei, zeugt vom Unverständnis für die tatsächlichen Probleme. Entscheidend für die Motivation zur Erzeugung landwirtschaftlicher Produkte unter spezifisch polnischen Bedingungen sind die Preisverhältnisse und der Zugang zu den Produktionsmitteln und den Konsumgütern. In den Jahren 1980—1985 wuchs die gesamte Fläche der privat-bäuerlichen Betriebe um rd. 400 000 ha, gleichzeitig sank die Fläche der staatlichen Betriebe um etwa 200 000 ha (Rocznik Statystyczny, 1986, S. 290). Das bedeutet, daß der Staat Land an die Bauern verkauft. Allerdings kommt es dabei zu großen regionalen Schwankungen im Verhältnis von Landangebot und Nachfrage.

Das Kapitel schließt mit einer Tabelle, die die Abnahme der Fläche und der Berufstätigen in den privaten Betrieben und gleichzeitig deren Zunahme in staatlichen Betrieben zeigt. Diese Tendenz hat sich in den 80er Jahren umgekehrt und die Daten in der Tabelle führen zu falschen Schlüssen.

Die obigen Kommentare treffen auch auf das zweite Schulbuch vom Klett Verlag, Terra Erdkunde 5/6 Schleswig-Holstein, zu.

Die Inhalte der beiden besprochenen Kapitel über Polen waren Gegenstand eines Symposiums der Evangelischen Akademie in West-Berlin. Die Vertreter der Organisatoren, Wirtschaftsexperten, Vertreter des Klett Verlages und eingeladene Gäste aus Polen haben diese Inhalte ausführlich diskutiert. Alle Teilnehmer haben sich geeinigt, das Polen-Kapitel im Lehrbuch „Terra Erdkunde Europa" neu abzufassen. Gleichzeitig wurde vereinbart, das beanstandete Kapitel über Polen im Lehrbuch „Terra Geographie 9/10" für Gymnasien in Niedersachsen unter Berücksichtigung der gemeinsam ausgearbeiteten Korrekturen vorläufig durch eine Broschüre im Unterricht zu ersetzen. Der sachliche Diskussionsverlauf und die Ausarbeitung einer gemeinsamen Stellungnahme könnten als Modell für eventuelle künftige Kontakte auch mit anderen Verlagen dienen.

Als erstes wurde das 1982 erschienene Lehrbuch „Terra Geographie 9" für Gymnasien in Nordrhein-Westfalen analysiert. Der Inhalt ist problemorientiert und Polen wird in einem zweiseitigen Kapitel mit dem Titel „Industrieplanung in Polen" behandelt. Man kann es als im wesentlichen korrekt und objektiv in der Behandlung der Wirtschaft und Raumplanung bis zum Jahr 1980 ansehen. Eine Aktualisierung der statistischen Daten und eine Bearbeitung der Einführung ist jedoch notwendig, um die aktuellen Ziele der Wirtschaftsplanung zu zeigen. Es besteht gegenwärtig keine Tendenz zur gleichmäßigen Industrialisierung aller Landesteile. Auch der Bereich der zentralen Verwaltung der Wirtschaft ist rückläufig. Negativ ist in diesem Kapitel die Darstellung der Grenzen von 1937 auf den Karten „Industrieplanung in Südpolen 1950—70 und seit 1970".

Das folgende Buch ist für die Realschulen in Bayern bestimmt und trägt den Titel: „Die Erde — Lebensraum des Menschen". Das Kapitel über Polen beginnt mit einer kurzen historischen Einführung. Dort findet man Feststellungen, die mit den Empfehlungen der Gemeinsamen Kommission (Geschichte 8. und 9.) nicht übereinstimmen. Ganz entgegen dem derzeitigen historischen Kenntnisstand lautet der folgende Abschnitt, der die Ursache der Teilung Polens zeigt: „Durch innnere Wirren und Kriege zerfiel seine Macht, die Nachbarstaaten teilten seine Gebiete unter sich auf". Der beste Kommentar zu dieser These ist der letzte Satz von Punkt 8 der Empfehlungen: „Jedenfalls haben die durch russisch-preußisch-österreichische Gewaltpolitik erstickten Reformen als große politische Leistung der polnischen Aufklärung auf das politische Denken und auf liberale reformerische Ansätze in Deutschland und Europa gewirkt". Obwohl man abschätzig bemerkt, daß nach 1918 ein Drittel der Bevölkerung Polens von nationalen Minderheiten gebildet wurde, verschweigt man, daß Polen mindestens seit dem 15. Jahrhundert ein multinationaler Staat mit nationaler und religiöser Toleranz war (Empfehlung zur Geschichte 7.).

Der Zugang zum Problem der territorialen Veränderungen nach dem II. Weltkrieg ist in diesem Buch bezeichnend: „Diese Oder/Neiße-Linie wurde von Polen zur endgültigen Staatsgrenze erklärt". Mit Schweigen übergeht man den Vertrag vom 7. 12. 1970 und dessen Feststellungen über die Grenzen. Der letzte Satz des historischen Abrisses betrifft die Bevölkerungsverschiebungen. Auch hier fehlt die Umsetzung der Empfehlung zur Geschichte 22. In diesem Zusammenhang kann man das Verschweigen der Kriegs- und Okkupationsvorkommnisse in Polen nicht als zufällig betrachten. Das Wort „Krieg" kommt nur einmal im Text vor, und zwar im Zusammenhang mit den Grenzveränderungen nach dem II. Weltkrieg. Es entsteht der Eindruck, daß solche selektive und nicht objektive Darstellung historischer Fakten keineswegs der Verwirklichung der in den Empfehlungen enthaltenen Ziele dient. Im Gegenteil, es kann bei den Schülern ein positives Verhältnis zu revisionistischen Tendenzen hervorgerufen werden.

Das Leitthema des geographischen Teiles sind die Naturgegebenheiten und ihre Bedeutung für den Menschen. Man muß die klaren, durch interessante Abbildungen ergänzten Ausführungen unterstreichen. Nur ein Foto, das ein Industriegelände in der Gegend von Katowice darstellt, ist zu bemängeln. Eine übermäßige Vereinfachung bildet der folgende Satz: „Vor allem die Tieflandgebiete beherbergen auf ihren kargen Sandböden nur Kiefern- und Fichtenwälder". Der polnische Teil des Mitteleuropäischen Tieflands ist deutlich differenzierter und der zitierte Satz entspricht lediglich allgemein der Randzone der letzten Vergletscherung nördlich des Toruń — Eberswalder — Urstromtals. Allerdings bleiben die Tieflandgebiete südlich dieses Urstromtals unberücksichtigt, die sich im Westen bis zum Przedgórze Sudeckie (Sudetische Vorgebirge) und im Osten bis zur Wyżyna Małopolska (Kleinpolnisches Hochland) und Wyżyna Lubelska (Lubliner Hochland) erstrecken. In diesem weit ausgedehnten Territorium kommt neben der jungglazialen Landschaft auch altglaziale Landschaft vor. Neben den in der Tat kargen Sandböden gibt es fruchtbare, anmoorige Böden in Kujawy, neben Gebieten mit großem Waldanteil in Pomorze solche, die fast total entwaldet sind wie z. B. Kujawy, westliche Mazowsze und Nizina Slaska (Niederschlesien).

Im Text benutzt man die Bezeichnung „Polnisches Tiefland", die keine Entsprechung unter den polnischen geographischen Namen hat. An dieser Stelle muß man bemerken, daß im ganzen Kapitel die polnischen geographischen Namen konsequent übergangen werden.

Die beigegebene Tabelle der Veränderung der Beschäftigungsstruktur in den Jahren 1960—1979 illustriert die abnehmende Bedeutung des Privatsektors in Polen. In den 80er Jahren beobachtet man die entgegengesetzte Tendenz, die schon bezüglich der Landwirtschaft in diesem Text dokumentiert wurde. Auch in der nichtstaatlichen Industrie hat sich die Beschäftigungszahl in den Jahren 1980—85 fast verdoppelt (Rocznik Statystyczny 1986, S. 61).

Allgemein kann man feststellen, daß im besprochenen Lehrbuch am meisten Bedenken jene Inhalte hervorgerufen haben, die über den Bereich der Geographie hinausgehen.

Das nächste der vorliegenden Schulbücher ist ebenfalls für Schüler in Bayern bestimmt. Es trägt den Titel „Unsere Erde". Der Titel des Kapitels über Polen „Wirtschaftsstruktur eines Ostblocklandes", suggeriert, daß man auf dieser Grundlage die wirtschaftlichen Verhältnisse anderer RGW-Staaten beurteilen kann. Die Analogien sind aber sehr begrenzt, was auch aus dem Kapitelinhalt zu folgern ist.

Der Text beginnt mit einem Brief einer polnischen an eine deutsche Familie. Sie bedankt sich für ein Paket mit Lebensmitteln und Bekleidung. Tatsächlich läßt es sich nicht bestreiten, obwohl das zu bedauern ist, daß es Familien in Polen gab und gibt, für die solche Pakete eine Bedeutung wie im zitierten Brief haben. Die durchschnittliche Familie in Polen ist von den materiellen, manchmal sogar mit den Artikeln des Grundbedarfs verbundenen Sorgen nicht befreit. Man sollte aber nicht annehmen, daß das vorliegende Bild der polnischen Familie und ihrer Versorgungslage der Mitte der 80er Jahre entspricht.

Der Brief soll das Problem erläutern, das der folgende Satz anspricht: Warum kann Polen seine Bevölkerung nicht ernähren? Diese Frage hat ihre Aktualität verloren, weil im Jahre 1985 der Überschuß des Lebensmittelimports gegenüber dem Lebensmittelexport lediglich 1% betrug (Rocznik Statystyczny 1986, S. 293).

In diesem Buch stellt man dem Schüler einen speziellen Sachverhalt der polnischen und deutschen Geschichte vor. Man hält Polen vor, daß es „. . . nach 1945 mit den deutschen Ostgebieten bedeutende Kornkammern erhielt". Auf einer Karte wird ein Teil der gegenwärtigen polnischen Gebiete als „Deutsche Ostgebiete jetzt unter polnischer Verwaltung" bezeichnet. In den Bemerkungen über die Vergangenheit Polens findet man die Feststellung: „. . . nach 1945 wurden deutsche Gebiete zur Verwaltung an die Sowjetunion und Polen übertragen. In diesem Gebiet lebten (mit Danzig) vor dem Krieg etwa 10 Millionen Deutsche. Der überwiegende Teil wurde vertrieben." Der Vertrag vom 7. 12. 1970 und die Bevölkerungsverschiebung betreffenden Fakten (Empfehlung 22. zur Geschichte) bleiben unberücksichtigt.

Das Wichtigste ist die didaktische Bedeutung des besprochenen Abschnitts. Polen wird in Zusammenhang mit den territorialen Verlusten und mit dem dramatischen Schicksal von Millionen Deutschen gebracht. Man verschweigt die Ursache dafür und erwähnt mit keinem Wort die Schicksale der polnischen Bevölkerung. Wenn bei solcher Darstellung der neuesten Geschichte Polens und Deutschlands Revisionismus nicht hervorgerufen werden kann, so bereitet sie doch den Boden dafür bei der nächsten Generation.

Die Darstellung der Landwirtschaft entspricht deutlich den noch bestehenden Stereotypen über die Beziehungen zwischen dem Staat und den Privatbauern. Es heißt z. B. wie folgt: „Der Staat gewährt eine finanzielle und technische Unterstützung nur den genossenschaftlichen und staatlichen Betrieben. Damit versucht die sozialistische Regierung das private Bauerntum abzuschaffen." Die genossenschaftlichen und staatlichen Betriebe haben tatsächlich leichteren Zugang zu den Produktionsmitteln, doch auch die privaten Betriebe erhalten eine gewisse staatliche Unterstützung, die vor allem in Form von Preisdotierung und billigen Investitionskrediten erfolgt. Der heutigen Regierung Maßnahmen zur Abschaffung des Bauerntums vorzuwerfen, zeugt von der unzureichenden Kenntnis der aktuellen Lage in Polen. In diesem Text wurde bereits auf die Flächenvergrößerungen der Bauernbetriebe nach 1980 hingewiesen. Dieses Wachstum erfolgt durch den Ankauf staatlichen Landes. Unrichtig sind auch die Aussagen über den Zwangsverkauf landwirtschaftlicher Produkte an den

Staat und über die Weigerung vieler Bauern, sich diesem Zwang zu beugen.

Man schreibt, daß dadurch „eine gesunde Entwicklung der Landwirtschaft Polens stark gehemmt wird". In Polen gibt es keinen Zwangsverkauf für landwirtschaftliche Produkte. Gewisse Begrenzungen ergeben sich aus dem staatlichen Großhandelsmonopol. Daneben existiert noch der Einzelverkauf und der Handel unter den landwirtschaftlichen Betrieben. Die Ursachen der Unterentwicklung der polnischen Landwirtschaft muß man hauptsächlich in der ungünstigen Struktur der Betriebsgrößen sowie der unzureichenden Ausstattung der Betriebe mit Produktionsmitteln sehen. Man kann aber nicht von Entwicklungshemmung sprechen, da unter der schwierigen Bedingung der Wirtschaftskrise in den Jahren 1980—85 die landwirtschaftliche Produktion um fast 11 % bei festen Preisen wuchs (Rocznik Statystyczny 1986, S. 296).

In dem Abschnitt „Vom Agrarstaat zum Industriestaat" ist die Auswahl der Industrieschwerpunkte willkürlich getroffen worden. Auf der Karte der industriellen Ballungsräume ist die Hütte in Lódz falsch eingezeichnet, gleichzeitig fehlt eine Hüttensignatur in Warszawa. Die räumliche Verteilung des hohen und mittleren Anteils an Industriebeschäftigten auf dieser Karte enthält ebenfalls Ungenauigkeiten.

Allgemein muß man feststellen, daß die vielen Beiträge dieses Buches nicht helfen, ein wohlwollendes Interesse an der Nachbarnation zu wecken, sie verstärken im Gegenteil stereotype Vorstellungen.

Das Schulbuch List Geographie 3 „Mensch und Erde" ist problemorientiert konzipiert. Der Hauptteil des Inhalts über Polen findet sich im Kapitel „Raumordnung und Landesplanung" mit dem Unterabschnitt „Planungsraum Oberschlesien". Das Hauptthema lautet: „Welche Folgen haben die unterschiedlichen Interessen politischer Gruppen für ein Industriegebiet?" In diesem Zusammenhang schreibt man, daß seit 1945 Górnóslaski Okreg Przemysłowy (Oberschlesisches Industriegebiet) zwischen Polen und der Tschechoslowakei aufgeteilt ist. Diese Feststellung suggeriert, daß das Ostrava-Industriegebiet zum GOP gehört. Die die Hütte „Katowice" betreffenden sehr optimistischen Daten sind leider nicht zutreffend, weder im Bereich der Produktionszahlen noch bei der Behandlung umweltfreundlicher Technologien.

In einem weiteren Abschnitt: „Versorgung, Entsorgung und Umweltschutz" ist eine Karte „Rohstoffvorkommen in Europa" enthalten. Auf dieser Karte fehlt die Kennzeichnung für Braunkohle in Bełchatów, die Signatur „Aluminiumerzeugung" hat man in Górny Sląsk statt bei Konin (in Maliniec) eingetragen.

Durch Mißachtung historischer Fakten, die nach dem II. Weltkrieg geschaffen wurden, zeichnet sich der Abschnitt „Städte in Deutschland" mit den Schüleraufgaben aus. Unter den Städten, deren Namen man erraten soll, findet sich auch Wrocław, deren Name man in die Spalte „Ostgebiete" einschreiben soll. Die Gebiete, die sich seit dem II. Weltkrieg innerhalb Polens befinden, werden in der Tabelle als Gebiete unter polnischer Verwaltung bezeichnet. Dies ist eine offene Mißachtung der Vertragsinhalte vom 7. 12. 1970.

Das letzte der besprochenen Lehrbücher ist „Mensch und Raum" für Gymnasien 9/10. Polen wird dort neben Frankreich als ein Nachbar Deutschlands vorgestellt. Das Polen-Kapitel beginnt mit der Darstellung der Lage der Landwirtschaft, die man als objektiv beurteilen kann, obwohl nicht alle Angaben aktuell sind.

Eine grundsätzliche Veränderung hat im Bereich des Im- und Exports landwirtschaftlicher Produkte stattgefunden. Darüber schreibt man folgendes: „Seit 1975 wendet Polen für die Einfuhr von Nahrungsmitteln mehr Geld auf, als der Steinkohlenexport einbringt." Wie bereits erwähnt, betrug der Überschuß des Imports landwirtschaftlicher Produkte gegenüber dem Export etwa 1 % der Gesamterzeugung.

Das entsprach etwa 12 % der Einnahmen aus dem Steinkohlenexport (Rocznik Statystyczny 1986, S. 293). Deshalb sollte man die Frage, warum Polen sich nicht selbst ernähren kann, durch die Frage nach den Ursachen der noch zu niedrigen Leistungsfähigkeit der polnischen Landwirtschaft ersetzen.

Im Text wird die Landwirtschaft der vor dem Krieg zum Deutschen Reich gehörigen Gebiete der Landwirtschaft im sog. „Altpolen" gegenübergestellt. Es fehlt jeglicher Hinweis auf die deutlichen Unterschiede in der landwirtschaftlichen Struktur der historischen Regionen wie Wielkopolska (Großpolen) und Małopolska (Kleinpolen). Die Bezeichnung „Altpolen" selbst ist sehr unklar und hat keine Entsprechung in der polnischen Sprache. Warum soll z. B. „Altpolen" ein Teilgebiet des gegenwärtigen Polens bezeichnen und nicht ganz Polen in einer bestimmten historischen Zeit?

Die nächste Seite nehmen eine Karte über die Oberflächengestalt von Polen und ein morphologisch-geologisches Profil ein. Die Karte enthält deutliche Inkonsequenzen in der Verwendung von Namen.

Für einige Gebiete werden Namen von historischen Regionen verwendet (Pommern, Ostpreußen, Masuren, Großpolen, Masowien, Schlesien), für andere die physisch-geographischen Regionen (Sudeten, Kleinpolnisches Hochland, Lubliner Hochland, Beskiden, Polnisches Karpatenhochland, Hohe Tatra). Die Einzeichnung der historischen Grenzen des Deutschen Reichs vom Jahre 1937 auf der physisch-geographischen Karte erfolgt ohne sachlichen Grund.

Wielkopolaka ist fälschlicherweise südlich von Masowsze und Łódź als eine Stadt in Wielkopolska eingezeichnet worden. Diese Irrtümer können durch die Gegenüberstellung der Karte auf der gleichen Seite erkannt werden.

In weiteren Abschnitten findet man Informationen über die Industrialisierung Polens. Neben einer Reihe wichtiger Mitteilungen treten dort auch einige Ungenauigkeiten auf, die vor allem die wirtschaftlichen Veränderungen der 80er Jahre betreffen. So betrug z. B. der Anteil der Beschäftigten in staatlichen Industriebetrieben im Jahre 1985 91 % der in der Industrie Beschäftigten insgesamt, das Lehrbuch gibt 95 % an. Demgegenüber verdoppelte sich die Beschäftigtenzahl in den nichtstaatlichen Industriebetrieben. Die allgemeine Bewertung der Wirtschaft in diesem Schulbuch war lediglich bis zum Beginn der 80er Jahre zutreffend. Aus gegenwärtiger Sicht bedarf der letzte Satz: „Seit Beginn der 80er Jahre stockt die wirtschaftliche Entwicklung in Polen" ergänzender Erläuterungen.

Sachliche Informationen über die polnischen Städte beenden das Kapitel. Insgesamt muß betont werden, daß in diesem Lehrbuch sachliche Mitteilungen überwiegen und Polen objektiv dargestellt wird. Die meisten Fehler sind auf Nichtberücksichtigung der Entwicklungen in den 80er Jahren zurückzuführen.

Neben den Schulbüchern sind drei Schulatlanten (Alexander, Seydlitz und Diercke) im Hinblick auf ihre Darstellung der VR Polen untersucht worden.

Die meisten Fakten über Polen gibt es in den allgemeingeographischen und wirtschaftsgeographischen Karten Mitteleuropas sowie in den thematischen Karten Europas. In Einzelkarten mit größeren Maßstäben werden der Górnośląski Okręg Przemysłowy (Oberschlesisches Industriegebiet) in den Seydlitz- und Diercke-Weltatlanten sowie die südliche Ostseeküste und die Tatra im Diercke Weltatlas dargestellt.

In allen untersuchten Atlanten kommt Polen in den Karten über politische Veränderungen in Mitteleuropa vor. Die Alexander- und Seydlitz-Weltatlanten zeigen die Veränderungen in der politischen Gliederung Europas seit 1937. Im Diercke Weltatlas dagegen bildet das Jahr 1915 den „Ausgangspunkt", dann folgen Karten von 1937 und von heute. Diese Zusammenstellung suggeriert dem Benutzer mit geringem historischen Wissen, daß Polen ein neuer, nach dem I. Weltkrieg entstandener Staat sei, dessen westlicher Teil die ehemaligen deutschen Gebiete bilden. Die Auffassung wird noch gestützt durch die Karte von 1937, wo der größte Teil des preußischen Teilungsgebietes, des territorial wiederentstandenen Polens, eingetragen ist und als von Deutschland abgetretenes Gebiet bezeichnet wird. Eine solche Darstellung ignoriert das Wiederentstehen Polens nach der Teilungszeit, deren Überreste der im Deutschen Reich verbleibende Teil des preußischen Teilungsgebietes unter der Bezeichnung Grenzmark Posen — Westpreußen bildet.

Auch auf einigen Karten des heutigen Polens zeichnet man die Grenzen des Deutschen Reiches vom Jahre 1937 ein. Auf diese Weise ist Polen das einzige europäische Land, dessen territoriale Integrität offiziell in Frage gestellt wird. Bei einigen Karten mit der „Perlenkette" fügt man einen Kommentar mit dem Beschluß der Ständigen Konferenz der Kultusminister der Länder in der Bundesrepublik vom 12. 2. 1981 ein. Im Grunde weist dieser Kommentar auf den provisorischen Charakter der polnischen Souveränität über einen Teil seines Gebietes hin. Dies widerspricht dem Vertrag vom 7. 12. 1970 und stimmt nicht mit den in den Empfehlungen der Gemeinsamen Kommission formulierten Zielsetzungen des Geographieunterrichts überein. Teilweise sind die Grenzen von 1937 breiter dargestellt worden, als es der genannte Beschluß der Konferenz der Kultusminister vorsieht. Als Beispiele können die folgenden Karten genannt werden: Industrieplanung in Südpolen, Oberflächengestalt von Polen und die Umrißkarte von Osteuropa.

Ein wichtiges Element der Karten stellen die geographischen Namen dar. Die untersuchten Atlanten verfahren hier ganz willkürlich. Beispielsweise verwendet man vor allem in den Karten mit kleinerem Maßstab für die Ortsnamen einsprachige Namen, sowohl polnische als auch deutsche. Auf Karten mit größerem Maßstab sind einige Ortsnamen zweisprachig, andere nur polnisch. Die Namen für Berge, Pässe und Kuppen sind ausschließlich deutsch.

In den Atlanten werden die Flüsse auf andere Art und Weise bezeichnet. Im Alexander Weltatlas gibt es entweder polnische oder deutsche Bezeichnungen. Im Diercke Weltatlas gibt es für einige Flüsse beide Namen, für andere wieder nur die polnischen. Der Seydlitz Weltatlas verwendet für die verschiedenen Flüsse sowohl deutsche, polnische als auch zweisprachige Namen.

Ein anderes Problem bilden die Landschaftsbezeichnungen, die man in den physisch-geographischen Karten Mitteleuropas der drei Atlanten findet. Man verwendet einsprachig entweder deutsche oder polnische Namen. Der Diercke Weltatlas verfährt als einziger konsequent bei der Verwendung physisch-geographischer Namen, doch fehlen die größten geographischen Regionen Polens wie Nizina Wielkopolsko-Kujawska (das Tiefland von Großpolen und Kujawien), Nizina Mazowiecko-Podlaska (das Tiefland von Masowien und Podlachien) und Wyżyna Małopolska (Kleinpolnisches Hügelland). Auf dieser Karte könnte man auch andere Regionen angeben, wie Nizina Śląska (Schlesisches Tiefland), Wyżyna Lubelska (Lubliner Hügelland) und Kotlina Sandomierska (Sandomir Becken).

In den Karten der beiden anderen Atlanten treten nebeneinander die physisch-geographischen und historischen Regionen auf. In der Regel verwendet man für das Tiefland die Namen von historischen Regionen und für Hügelland und Gebirge die Namen physisch-geographischen Raumeinheiten. Im Seydlitz Weltatlas kommen folgende historische Regionen vor: Pommern, Ostpreußen und Galizien, auf der Karte im Alexander Weltatlas zusätzlich Neumark, Werder, Pomesanien, Culmer Land, Ermland, Podlachien, Masowien und Kujawien. Somit sehen wir eine sehr feine regionale Differenzierung des nördlichen Teils, während die größten und wichtigsten historischen Regionen Polens Großpolen und Kleinpolen unberücksichtigt bleiben.

An dieser Stelle soll die Herkunft zweier historischer Namen, die in den besprochenen Atlanten benutzt werden, kritisch betrachtet werden; und zwar Ostpreußen und Galizien. Der Name „Ostpreußen" ist nach der ersten Teilung Polens entstanden, als man Preußen u. a. Pomorze Gdańskie (Danziger Pommern) einverleibte. Dieses Teilungsgebiet bekam den Namen Westpreußen und das historische Preußen wurde in Ostpreußen umbenannt. Galizien ist der übliche Begriff für das österreichische Teilungsgebiet, das offiziell Königreich von Galizien und Lodomerien genannt wurde. Österreich erhob aufgrund der aus dem 13. Jahrhundert stammenden ungarischen Rechte Ansprüche auf die mittelalterlichen Fürstentümer Halicz und Wladimir. Man muß zugeben, daß der überwiegende Teil dieser Gebiete außerhalb des gegenwärtigen Polen liegt. Wie gezeigt, sind beide Bezeichnungen aus einem historischen Prozeß, der Teilung Polens, hervorgegangen.

Zum besseren Kennenlernen des heutigen Polen, und um einer Namensverwirrung vorzubeugen, sollten sich die Bezeichnungen geographischer Gebiete auf eine Sprache, und zwar die polnische, beschränken.

Die wirtschaftsgeographischen Angaben werden in verschiedenen Maßstäben gebracht. Dies beeinflußt den Informationsgehalt der Karten und bestimmt infolgedessen auch den Inhalt. Der Atlas mit den meisten wirtschaftsgeographischen Informationen ist der Diercke Weltatlas. Den größten Teil Polens bringt die Karte: „Deutschland — Wirtschaft" im Maßstab 1:3 000 000. Der Titel weist darauf hin, daß es hier um das Deutschland der Vorkiegszeit geht. Das ganze Gebiet Polens wird auf den Europakarten (Wirtschaft, Bodennutzung, Bodenschätze, Energie und Industrien, Maßstab 1:6 000 000) gebracht. Darüber hinaus wird der Górnośląski Okreg Przemysłowy auf einer Einzelkarte im Maßstab von 1:500 000 dargestellt. Im Alexander Weltatlas findet man Wirtschaftsangaben auf der Mitteleuropa-Grundkarte 1:3 000 000. Der Seydlitz Weltatlas bringt das ganze Gebiet Polens auf der Karte „Osteuropa — Wirtschaft", 1:7 500 000. Górnośląski Okreg Przemysłowy erscheint gesondert im Maßstab von 1:1 250 000.

Auf allen Wirtschaftskarten fehlen der größte Braunkohle-Tagebau in Bełchatów und das dortige Kraftwerk. Auf keiner Karte wird die Silbergewinnung genannt, bei der Polen an siebter Stelle in der Welt steht (Rocznik Statystyczny 1986, S. 531). Auf der verhältnismäßig detaillierten Karte der Bodenschätze im Diercke Weltatlas hat man das Salzbergwerk in Bochnia nicht berücksichtigt, gleichzeitig jedoch kommt die Signatur des schon stillgelegten Salzberges in Wapno vor. Es fehlt auf dieser Karte die Kennzeichnung der Erdgasförderung im Kotlina Odolanowska (Odolanów Becken). In diesem Atlas wurde auf der Industriekarte das Gebiet mit Bevölkerungsdichten über 50 Personen pro km^2 auf polnischem Territorium viel zu klein dargestellt. Unter den Industrien, die in der Legende des Alexander Weltatlas aufgeführt sind, hat man folgende wichtige Bereiche der polnischen Industrie nicht berücksichtigt: Schwerindustrie, Schuhindustrie, Gummiindustrie, Holz- und Papierindustrie. Nahrungsmittelindustrie ist nur für Gdańsk genannt.

Zusätzlich sind auf dieser Wirtschaftskarte Schlösser/Burgen und Kirchen/Klöster aufgeführt. In Polen sind folgende genannt worden: Lidzbark Warm (Heilsberg), Malbork (Marienburg), Kwidzyń (Marienwerder), Wilanów, Nieborów, Baranów. Von den Kirchen und Klöstern brachte man Frombork (Frauenburg), Strzelno, Wachock und Trzebnica (Trebnitz). Es scheint, daß die Auswahlkriterien beliebig waren. Wie wäre sonst das Fehlen des Wawel-Schlosses in Kraków de Jasna Góra, des Klosters in Czestochowa und auch vieler anderer Objekte von außergewöhnlichem Wert und großer Schönheit zu erklären?

Auf der Wirtschaftskarte im Seydlitz Weltatlas ist die Förderung von Eisenerz bei Suwałki in Nordostpolen eingezeichnet worden, worüber gegenwärtig die wissenschaftlich-planerischen Untersuchungen noch andauern. Auf dieser Karte fehlen hingegen die Markierungen der größten polnischen Produktionsstandorte für Kraftfahrzeuge in Tychy und Bielsko-Biała, obwohl andere berücksichtigt wurden.

Im Diercke Weltatlas hat man die Bevölkerungsdichte Polens mit Ausnahme des östlichen Randgebiets auf der Drei-Karten-Serie „Deutschland: Bevölkerungsdichte/Verstädterung" dargestellt, die die Situation der Jahre 1900, 1937 und der Gegenwart zeigt. Diese Kartenserie dokumentiert die zunehmende Bevölkerungsdichte auf dem Territorium des Deutschen Reiches und nach dem II. Weltkrieg der Bundesrepublik. Gleichzeitig ist die starke Abnahme der Bevölkerung in Gebieten, die infolge des Kriegs zu Polen gelangten, dargestellt. Die Gegenüberstellung dieser Karten mit den danebenstehenden politischen Karten desselben Zeitraumes suggeriert, daß die einzige Ursache der Veränderungen der Bevölkerungsdichte in Polen die Zwangsumsiedlung der Deutschen war. An dieser Stelle muß man auch den Verlust von etwa 6 000 000 polnischen Bürgern infolge des Krieges angeben.

Die Kritik an dieser Karte gilt jedoch in erster Linie den unwichtigen Angaben über die Bevölkerungsdichte. Im ganzen nördlichen und westlichen Gebiet gibt man die Bevölkerungsdichte mit unter 50 Personen pro km^2 und teilweise sogar unter 25 Personen pro km^2 an. Die Signatur über 100 Personen pro km^2 gilt nur für den Gürtel Górny Slask — Podkarpacie (Oberschlesien — Karpaten Vorgebirge). Dabei betrug 1985 die durchschnittliche Bevölkerungsdichte Polens fast 120 Personen pro km^2 und nur in einer einzigen Suwałki-Wojewodschaft war sie unter 50 Personen (43 Personen pro km^2) (Rocznik Statystyczny 1986, S. LIV).

Unter den die Bevölkerung betreffenden thematischen Karten im Alexander Weltatlas erscheint Górny Slask (Oberschlesien) auf der Karte der Sprachen Europas als Gebiet mit überwiegend deutschsprachiger Bevölkerung. Man kann nicht leugnen, daß in diesem Gebiet ein größerer Bevölkerungsanteil deutschsprachig ist als in anderen Regionen. Doch dies heißt nicht, daß dort vorwiegend deutsch gesprochen wird. Weiterhin muß die Karte über Kirchen und Konfessionen aktualisiert werden. Auf polnischem Territorium sind die Diözesen in Gorzów (Landsberg) und in Koszalin-Kołobrzeg (Köslin-Kolberg) nicht berücksichtigt worden, und eine andere noch vorhandene Diözese, Szczecin-Kamień Pomorski (Stettin-Kammin i. P.), wird nicht mehr dargestellt.

Am Ende dieser Ausführungen sollen einige allgemeine Bemerkungen stehen. Es wurde schon zu Beginn darauf hingewiesen, daß vor allem Fragen, die strittig und diskussionswürdig sind oder eine andere Sichtweise erfordern, betrachtet werden. Dies stimmt mit dem Arbeitsziel überein, das vor allem in der Auseinandersetzung mit den Inhalten, die den Empfehlungen für den Geographieunterricht widersprechen, besteht. Sehr wichtig war es auch, die Informationen für eine Aktualisierung der Inhalte bereitzustellen. Die im vorliegenden Text vorgenommene Kritik soll nicht den falschen Eindruck erwecken, daß es in den analysierten Schulbüchern und Atlanten der Bundesrepublik wenig objektive Inhalte gibt, die die polnische Realität adäquat darstellen. Die positive Entwicklung der Inhalte der Geographieschulbücher in der Bundesrepublik Deutschland kann leicht durch den Vergleich mit den von polnischen Wissenschaftlern gehaltenen Referaten über dieses Thema seit Anfang der 70er Jahre aufgezeigt werden.

In ihrem Referat zu einem Symposium in West-Berlin im Jahre 1971 besprach Frau Prof. Czekańska die Schulbücher der 50er und 60er Jahre. In dieser

Zeit waren Informationen über Polen meist in den Kapiteln zur Geographie Deutschlands enthalten. Man schrieb damals, daß das Stammgebiet Polens das Land an der Wisła (Weichsel) sei. In späteren Referaten der Herren Barbag im Jahre 1976 und Rajman im Jahre 1983, die schon im Rahmen der Gemeinsamen Schulbuchkommission gehalten wurden, betonte man den ausgesprochenen Mangel an Informationen über Polen. Darüber hinaus wurde das Problem der Tradierung von Stereotypen über Polen angesprochen.

Die vorliegende Untersuchung zeigt deutlich die Zunahme von Informationen über Polen. In einigen Büchern ist das Streben nach objektiven und möglichst vertiefenden Darstellungen der VR Polen zu beobachten. Ein neues Problem bilden die Angaben in den besprochenen Schulbüchern, die inzwischen nicht mehr aktuell sind. Die positive Entwicklung in den Schulbüchern ist hauptsächlich auf die Tätigkeit der Gemeinsamen UNESCO-Schulbuchkommssion und die vor 11 Jahren herausgegebenen Empfehlungen zurückzuführen. Es ist jedoch unerläßlich, Sachfragen weiterhin zu diskutieren und ein gegenseitiges Einvernehmen stetig anzustreben.

Die Ergebnisse der vorliegenden Analyse weisen auf ein wesentliches Problem der Geographielehrbücher und -atlanten hin, das ist die Darstellung der Grenzen des Deutschen Reiches von 1937 auf aktuellen Karten der VR Polen. Damit wird die Integrität des polnischen Staates in Frage gestellt.

Ein weiterer Kritikpunkt, der sich auf die Gestaltung freundschaftlicher Beziehungen zwischen beiden Ländern auswirken kann, ist das Betonen der deutschen Geschichte einiger polnischer Gebiete. Als Beispiel seien hier Inhalte über deutsche Gebietsverluste in einigen Lehrbüchern genannt, ohne daß gleichzeitig auf Ursache und Abfolge territorialer Veränderungen in Europa nach dem II. Weltkrieg eingegangen wird. Diese auf historische Prozesse sich beziehenden Kapitel sind sachlich meist die schwächsten und weichen häufig von den Intentionen der Gemeinsamen Empfehlungen der Schulbuchkommission ab.

Auf Kritik stoßen darüber hinaus Ungenauigkeiten bei aktuellen Daten und Angaben. Dies ist sicherlich in erster Linie ein methodisches Problem. Wie kann man in Schulbüchern, die einige Jahre benutzt werden sollen, Gebiete und Staaten mit großer Dynamik darstellen? Bei zu detaillierter Betrachtung besteht die Gefahr des schnellen Veraltens der Informationen. Zu große Verallgemeinerung dagegen kann zu Oberflächlichkeit führen. Es scheint, daß die gegenseitige Information über die aktuellen sozialen und wirtschaftlichen Entwicklungen verstärkt und eine entsprechende Position in der Arbeit der Gemeinsamen Schulbuchkommission erhalten sollte.

Zum Schluß soll der Hoffnung Ausdruck gegeben werden, daß die hier vorliegende kritische Analyse und ihre Diskussion die gegenseitigen Standpunkte besser erkennen lassen und zu einer weiteren Annäherung führen werden.

Wieslawa Tyszkiewicz und Jan Falkowski

Die Agrarstruktur der Volksrepublik Polen

Die gegenwärtige Agrarstruktur Polens ergibt sich aus der Agrarreform der Jahre 1944 und 1945. Infolge der Reform wurden die privaten Bauernbetriebe, die über 50 ha (im Westteil des Landes über 100 ha) landwirtschaftlicher Nutzfläche umfaßten, als auch die ehemaligen deutschen Bauernbetriebe vom Staat übernommen und nachher verteilt. Insgesamt wurden damals etwa 9,8 Mill. ha Ackerland übernommen, wovon etwa 6,1 Mill. ha unter den Bauern verteilt wurden. Aus dem übrigen Ackerland wurden Staatsgüter gegründet. An die 300 000 ha bestimmte man zur Vergrößerung der über 254 000 Bauernbetriebe. Aus den ungefähr 1,9 Mill. ha wurden in den alten Gebieten fast 350 000 neue Bauernbetriebe gegründet und aus den fast 3,7 Mill. ha entstanden in den wiedergewonnenen Gebieten 467 000 Bauernbetriebe. Über 25 % der Gesamtzahl der Bauernbetriebe entfiel im Jahre 1950 auf die neuentstandenen und über 8 % auf die infolge der Reform vergrößerten Bauernbetriebe (J. Kostrowcki, R. Szczesny, 1971).

Die Ergebnisse der Agrarreform waren in den verschiedenen Landesteilen unterschiedlich. Im Süden, wo der Großgrundbesitz spärlich und die Parzellierung der Bauernbetriebe groß waren, wurde fasr das ganze aus der Bodenreform gewonnene Ackerland zur Vergrößerung der individuellen Bauernbetriebe (durchschnittliches Betriebsareal 3,2 ha) verwandt. Im Mittel- und Ostteil des Landes, wo der Großteil des Ackerlandes unter die ehemaligen Landarbeiter und Kleinbauern verteilt worden ist, wuchs der Anteil der kleinen und mittelgroßen Bauernbetriebe stark an (durchschnittliches Betriebsareal 4,9 ha). Im Westen des Landes, wo der Anteil des Großgrundbesitzes hoch und die Zahl der kleinen Bauernbetriebe niedrig waren, wurde der größte Teil des Ackerlandes unter die Landarbeiter verteilt, bedeutende Flächen sind aber auch den Staatsgütern zugewiesen worden.

In den nach dem Kriege wiedergewonnenen, nördlichen und westlichen Gebieten wurde der größere Teil des ehemaligen Großgrundbesitzes in Staatsgüter umgewandelt, der eingewanderten Bevölkerung dagegen sind hauptsächlich die alten Bauernbetriebe zugeteilt worden (durchschnittliches Betriebsareal 7,3 ha). Infolge dieser Reformen fielen im Jahre 1946 den individuellen Bauern 93,2 % des verfügbaren Ackerbodens zu, der Rest entfiel auf die Staatsgüter.

Seit 1948 begann sich in Polen eine neue Form der Landwirtschaft zu entwickeln, die landwirtschaftliche Produktionsgenossenschaft (LPG). Die Zahl der Genossenschaften nahm nach 1950 schnell zu und überschritt 10 000 im Jahre 1956. In den Genossenschaften vereinigten sich etwa 10 % der individuellen Bauernbetriebe (mit über 11 % der landwirtschaftlichen Nutzfläche). Gleichzeitig stieg der Anteil der staatlichen Wirtschaften bis auf 11,5 % des Gesamtareals der landwirtschaftlichen Nutzfläche. Schließlich nahm der Anteil der individuellen Bauernwirtschaften bis 77,3 % der landwirtschaftlichen Nutzfläche ein.

Eine Änderung der Agrarpolitik im Jahre 1956 hatte eine Auflösung der Mehrzahl der LPG's zur Folge. Im Jahre 1957 betrug ihre Zahl wenig über 1800 und das durch sie eingenommene Areal etwa 260 000 ha. In den Jahren 1950, 1960, 1970 und 1980 nahm der Anteil der Staatsgüter zu (entsprechend 9,6 %, 11,9 %, 14,8 % und 19,5 % des Ackerlandes). Der Anteil der LPG's stieg unbedeutend (von 1,2 % im Jahre 1960 bis 1,3 % im Jahre 1970 und 4,0 % im Jahre 1980), der Anteil der individuellen Wirtschaft nahm dagegen ab (Tabelle 1).

Die Verteilung dieser drei Eigentumsformen war in den einzelnen Regionen des Landes sehr verschieden, unterschiedlich war auch deren Entwicklungsdynamik.

Die individuelle Bauernwirtschaft

Zur herrschenden Eigentumsform gehört in Polen die individuelle Landwirtschaft. Anfangs, trotz Fortschritts in der Kollektivierung, nahm der Anteil der individuellen Bauernwirtschaft ab (von 89,6 % im Jahre 1950 bis 77,3 % im Jahre 1955), später dagegen, nach 1956, stieg er infolge der Auflösung von etwa 80 % der LPG's an (bis 86,9 % im Jahre 1960), um danach mit der Entwicklung der staatlichen Landwirtschaft sukzessiv bis auf 81,8 % im Jahre 1970 und 74, 5 % im Jahre 1980 zu sinken. Unter dem Einfluß der ökonomischen Krise der achtziger Jahre und der Milderung der Einschränkungen beim Kauf von Boden durch den Staatlichen Bodenfonds belebte sich der Bodenumsatz und der Anteil der individuellen Bauernbetriebe wuchs bis auf 76,6 % im Jahre 1985 (Abb. 1). Im Jahre 1985 befanden sich 14.384 ha in der Nutzung von 2844 individuellen Bauernbetrieben (vom Areal über 0,5 ha), durchschnittlich entfielen also auf eine Privatwirtschaft 5,0 ha Anbaufläche.

Nach 1950 traten im Lande bedeutende regionale Unterschiede hinsichtlich des Anteils der individuellen Bauernbetriebe zwischen Mittel- und Ostpolen auf, wo der Anteil der individuellen Bauernbetriebe bedeutend höher war und im allgemeinen über 90 % der landwirtschaftlichen Nutzfläche betrug, und dem Nord- und Westteil Polens, wo derselbe niedriger war (unter 90 %) und in großen Teilen Nordpolens sogar unter 60 % betragen hat.

Die Veränderungen in der räumlichen Verteilung der individuellen Bauernbetriebe verliefen langsam. In den Jahren 1950—1960 verringerte sich deren Anteil im Pomorze (Pommern), wo derselbe im Jahre 1960 auf großen Gebieten keine 50 % des Ackerlandes überschritten hat. Geringer wurde auch der Anteil der individuellen Bauernbetriebe in Wielkopolska (Großpolen) sowie in den östlichen Grenzteilen Polens, stieg dagegen in Slonyslask (Niederschlesien) und infolge der Bewirtschaftung der Gebiete des Beskid Niski und Bieszczady auch im südöstlichen Teil des Landes.

In weiten Gebieten Mittel- und Südpolens hat im Jahre 1985 der Anteil der individuellen Bauernbetriebe 90 % des Ackerlandes überschritten, sank dagegen unter diesen Prozentsatz (bis 80—90 % der Anbaufläche) in den östlichen

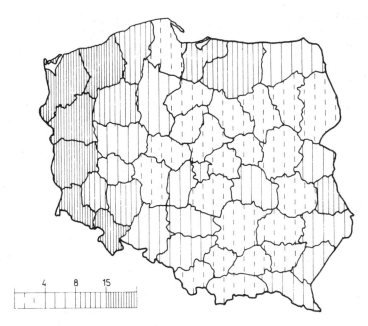

Abb. 1: Pachtböden in % des Gesamtareals der privaten Bauernwirtschaften (1983)

und besonders südöstlichen Grenzgebieten Polens (unter 70%), der Nizina Slaska (Schlesisches Tiefland) sowie in der mittleren Wielkopolska (Großpolen) und Pojezierze Mazurskie (Masurische Seenplatte) auf 50—70%. In umfangreichen Gebieten der nordwestlichen Teile des Landes, wie auch in der Nizina Pruska (Preußisches Tiefland) und Zulawy (Weichseldelta) umfaßten die individuellen Bauernbetriebe weniger als die Hälfte der landwirtschaftlichen Nutzfläche. Die Änderungen, die in den individuellen Bauernbetrieben in Polen in den vergangenen Jahrzehnten stattgefunden haben, bezogen sich sowohl auf den Übergang der individuellen Bauernwirtschaft in andere Eigentumsformen der Landwirtschaft als auch auf Änderungen des Anteils der einzelnen Arealgrößen der individuellen Bauernbetriebe.

Von 1950—1960 haben in der sozial-ökonomischen Struktur der individuellen Bauernbetriebe folgende Entwicklungen stattgefunden: Aufteilung eines Teils der bisherigen und Entstehung neuer, kleinerer Bauernbetriebe, seltener dagegen eine Vergrößerung der Areale, Umwandlung eines Teils der kleinen Wirtschaften in Arbeiter-Bauernwirtschaften sowie der Übergang einiger individueller Bauernbetriebe in den volkseigenen Sektor.

Bei der Entstehung von Nebenerwerbsbetrieben spielte die Verstädterung und Industrialisierung der in der Nähe der Stadt und Industriezentren gelegenen Gebiete eine entdscheidende Rolle. Mangels solcher nahegelegenen, industrialisierten Gebiete erfolgte eine Abwanderung der Arbeitskräfte aus der Landwirtschaft (J. Falkowski, 1981).

Tabelle 1: Landwirtschaftliche Nutzfläche nach Eigentumsformen in den Jahren 1960–1985

Jahr	Landwirtschaftliche Nutzfläche insgesamt in Tausend ha	davon in Prozenten:				
		Individuelle Bauernbetriebe	Staatsgüter	Produktionsgenossenschaften	Landwirtschaftliche Kooperative	nichtlandwirtschaftliche Böden
1960	20 402,8	86,9	11,9	1,2	–	–
1965	19 946,0	85,0	13,3	1,1	0,6	–
1970	19 543,2	81,8	14,8	1,3	0,5	1,6
1975	19 208,7	79,0	17,1	1,7	1,2	–
1980	18 947,0	74,5	19,5	4,0	1,5	0,5
1985	18 844,0	76,6	18,7	3,7	0,4	0,6

Quelle: Zentralamt für Statistik

Tabelle 2: Änderungen der Anzahl und Größe der individuellen Bauernbetriebe

Jahr	Betriebszahl insgesamt in Tausenden	Gesamtareal in Prozenten					
		0,50–2	2–5	5–7	7–10	10–15	15 und mehr ha
1970	3 224,0	26,9	32,0	14,4	14,1	9,8	2,8
1980	2 897,1	30,0	29,5	12,8	13,0	9,7	5,0
1982	2 842,0	29,0	28,9	12,6	12,9	10,1	5,7
1984	2 844,0	30,1	28,3	12,5	12,8	10,3	6,0

Quelle: Statistisches Jahrbuch des Zentralamtes für Statistik 1984, 1986.

Die Entwicklung von Nebenerwerbstätigkeit hat einen Einfluß auf die sozio-ökonomische Struktur der Dorfbewohner ausgeübt. Das Einkommen aus außerlandwirtschaftlichen Quellen ist in den Arbeiter-Bauernwirtschaften stark gestiegen, gleichzeitig ist deren Interesse an der landwirtschaftlichen Produktion kleiner geworden.

Neben der Entstehung von Arbeiter-Bauernwirtschaften gab es eine Verkleinerung der traditionellen Bauernbetriebe (Aufteilung einer größeren Wirtschaftsbetriebe in kleinere) und zwar als Folge des Steuersystems, d. h. einer Steuerprogression bei größerem Betriebsareal.

Die Jahre 1950—1960 sind durch eine Zunahme der Gesamtzahl der individuellen Bauernbetriebe gekennzeichnet, ebenso durch eine Verringerung der Zahl der größeren Bauernbetriebe und einen Anstieg der Zahl der kleinen Bauernbetriebe. Es erfolgte daher eine Abnahme der Mittelgrößen von 5,5 ha auf 5,1 ha (W. Tyszkiewicz, 1978).

In den Jahren 1960—1970 fanden weitere Strukturveränderungen bei den individuellen Bauernbetrieben statt. Die Gesamtzahl der Bauernbetriebe stagnierte, die Zahl der kleineren Betriebe nahm ab und die der größeren nahm zu.

Im Zusammenhang damit stieg auch die durchschnittliche Größe des Betriebsareals von 5,1 ha bis 5,4 ha. Zum sichtbarsten Prozeß der Änderungen in der Agrarstruktur gehörte in den Jahren 1970—1980 die Abnahme der Bauernbetriebe, deren Zahl sich im Laufe von 10 Jahren um 327 000, d. h. über 10 % vermindert hat (Tabelle 2).

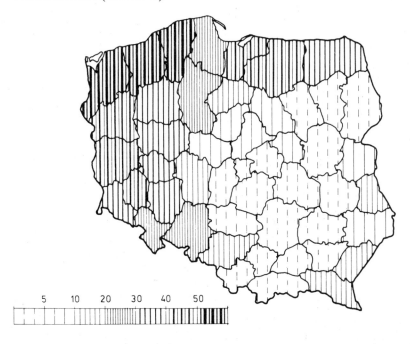

Abb. 2: Anteil der Staatsgüter in % des Gesamtareals des Ackerlandes (1983)

Zur größten Gruppe der aufgegebenen Bauernbetriebe gehörten die ohne Nachfolger, deren Eigentümer sich entschlossen haben, auf die Arbeit in der Landwirtschaft völlig zu verzichten. Die Zahl der Bauernbetriebe ohne Nachfolger betrug im Jahre 1976 14 % der Gesamtzahl der individuellen Bauernbetriebe (über 430 000). Wichtig war die Tatsache, daß der größte Nachfolgermangel in den ausschließlich landwirtschaftlichen Betrieben auftrat. Entsprechende Untersuchungen im Institut für Landwirtschaftsökonomik der Polnischen Akademie der Wissenschaften haben gezeigt, daß in dieser Gruppe jeder fünfte Betrieb keinen Nachfolger hatte.

Über 80 % der Bauern, die ihre Betriebe auflösen mußten, haben diese dem Staatlichen Bodenfond übergeben, durch dessen Vermittlung der Boden sowohl innerhalb der Landwirtschaft als auch an andere Zweige der Nationalwirtschaft weitergegeben wurde.

Das vergrößerte Angebot an Boden ermöglichte den individuellen Bauern einen billigeren Einkauf des Ackerbodens zur Arealvergrößerung ihrer Betriebe. Die Bedingungen des Bodenerwerbs durch den Staatlichen Bodenfond belasten die privaten Betriebe weniger als ein Erwerb auf dem Privatmarkt.

Diese beiden Prozesse, d. h. die Abnahme der Gesamtzahl der Bauernbetriebe als auch die Arealvergrößerung, wiesen bedeutende regionale Unterschiede auf. Im Westen und Norden des Landes nahm die Gesamtzahl der Bauernbetriebe langsamer ab, verhältnismäßig hoch war dagegen die Zahl derjeni-

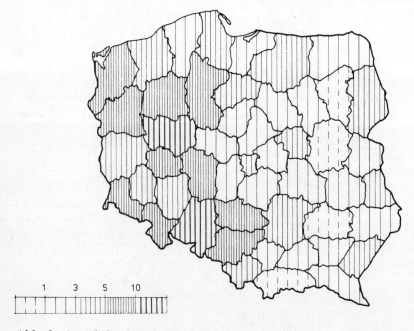

Abb. 3: Anteil der Landwirtschaftlichen Produktionsgenossenschaften in % des Gesamtareals des Ackerlandes (1983)

gen Betriebe, die ihre Anbaufläche vergrößerten. Langsamer verliefen die Agrarumwandlungen in Zentralpolen, am langsamsten waren sie im Osten und Südosten des Landes.

Trotz einer Abnahme der Zahl der Betriebe hat sich deren Struktur im Jahre 1984 wenig geändert. Es überwiegen weiterhin die Klein- und Mittelbetriebe. Die Kleinbetriebe (0,5—2 ha) betragen 30,1 % der Gesamtzahl der individuellen Bauernbetriebe. Dies sind im allgemeinen keine Haupterwerbsbetriebe, sondern in der Regel — außer den Gartenbaubetrieben — Nebenerwerbsbetriebe. Hiervon gibt es am meisten in Südpolen, besonders um das Zaglebie Slaskie (Oberschlesische Industriegebiete) und in der Nähe von großen Städten mit stark entwickelter Industrie, wie z. B. Warszawa, Katowice, Krakow usw. (Abb. 2).

Die Kleinbetriebe von 2—5 ha (28,3 %) waren besonders für Südostpolen charakteristisch, wo sie in weiten Gebieten über 30 % des Gesamtareals einnahmen. Ihr Anteil variierte in Mittel- und Südwestpolen von 10—20 %, im Nordteil des Landes betrug derselbe unter 10 % und im Norden sogar unter 5 % (Abb. 3). Die Mittelbetriebe von 5—7 ha (12,5 %) traten am zahlreichsten in Südostpolen auf, wo ihr Anteil 15 % und sogar 20 % betrug. Die geringste Zahl gab es in West- und Nordpolen (unter 10 und 5 %).

Bauernbetriebe von 7—10 ha (12,8 %) waren für Mittelpolen charakteristisch (über 20 und 25 %), am wenigsten zahlreich waren sie dagegen in Wielkopolska (Großpolen), Mazury (Masuren) und im Süden des Landes (unter 15 und 10 %). Der Anteil der Betriebe von 10—15 ha (10,3 %) war am niedrigsten in Südostpolen (unter 10 und 5 %) und variierte in den übrigen Gebieten zwischen 15—30 %. Betriebe über 15 ha (6,0 %) kamen am zahlreichsten in Nord-, Mittel- und Südwestpolen vor, wo sie über 40 % und sogar 50 % betrugen. Im Südostteil des Landes haben sie im allgemeinen einige wenige Prozent überschritten.

Die Verteilung der Gebietsstruktur wird im folgenden dargelegt. Die Bestimmung der Kategorien erfolgte anhand der aufeinanderfolgenden Quotienten (W. Tyszkiewicz, 1978). Wie aus der Karte ersichtlich, ist der größte Anteil der großen Betriebe (über 10 ha) und ein bedeutender Anteil der mittelgroßen Betriebe (5—10 ha) für Nordpolen und Wielkopolska (Großpolen) charakteristisch. Betriebe von 5—10 ha kommen häufig in Mittelpolen vor, Betriebe von 2—5 ha und solche von 5—10 ha und 0,5—2 ha überwiegen im Karpatenvorland. Im allgemeinen nimmt die Mittelgröße vom Norden zum Süden ab, gleichzeitig sinkt der Anteil der Großbetriebe, und es wächst der Anteil der Kleinbetriebe. In den nördlichen Gebieten liegt die Durchschnittsgröße bei über 7—9 ha, in Zentral- und Westpolen bei 5—7 ha, in den südöstlichen Gebieten bei 3—5 ha oder sogar unter 3 ha.

Neben der Verkleinerung der Betriebe ist die Bodenzerstückelung ein wichtiges Problem (A. Prochownikowa, 1975). Im Jahre 1960 setzte sich das Ackerland von fast 16 % der Betriebe in Polen aus fünf oder mehreren und über 6 % derselben aus neun und mehreren Teilen zusammen.

Die größte Parzellierung gab es in den Karpaten und im Karpatenvorland sowie in den südlichen Teilen der Woiwodschaften Bielsko und Nowy Sacz, wo der Anteil solcher Betriebe fast 70 % bis 80 % betrug. Wir besitzen keine Angaben über den Prozeß der Bodenparzellierung für das ganze Land nach 1960, es ist jedoch bekannt, daß dieser abgenommen hat.

Ein für Polen neues Phänomen war in den letzten Jahren das Ausmaß der Bodenverpachtung (A. Szemberg 1983). Diese war in Polen nie populär, aber infolge der Abwanderung der Dorfbewohner sowie deren Überalterung entstand die Tendenz einer Bodenübernahme in Form von Pacht. Die gepachtete Anbaufläche betrug im Jahre 1985 800 000 ha, d. i. 5,4 % der landwirtschaftlichen Nutzfläche. Die Pacht betrifft sowohl Böden des Staatlichen Bodenfonds (488 000 ha) der volkseigenen Betriebe als auch Privatböden (gewöhnlich sind dies Böden älterer Bauern oder Böden derjenigen Bauern, die ihre Betriebe verlassen haben und in die Stadt übersiedelten).

Die räumliche Verteilung der gepachteten Böden stellt sich wie folgt dar. Weit verbreitet war die Pacht in den westlichen und nördlichen (über 15 %), dann in den zentralen und am niedrigsten in den südlichen (unter 4 %) Teilen des Landes. Durchschnittlich hatte im Lande jeder zehnte und in den West- und Nordgebieten etwa 20 % der Landwirte den Boden vom Staatlichen Bodenfonds gepachtet (A. Szemberg 1983).

Die Staatsgüter

Im Jahre 1985 existierten 2629 Staatsgüter mit 3506 ha landwirtschaftlicher Nutzfläche. Der Anteil der Staatsgüter an der Anbaufläche des Landes nahm in den Jahren 1950—1985 von 9,6 % bis 18,7 % zu. Im Jahre 1970 beschäftigten die Staatsgüter 575 000 und im Jahre 1985 639 000 Personen.

Von den Staatsgütern gehörten im Jahre 1985 47,8 % (1258) der Betriebe dem Landwirtschaftsministerium. Die restlichen 52,2 % Staatsgüter waren kleine Betriebe mit nichtlandwirtschaftlicher Nutzung.

Die räumliche Verteilung der Staatsgüter ergibt sich aus der sozial-wirtschaftlichen Situation des Landes zur Zeit der Verstaatlichung und Aufteilung (Parzellierung) des Großgrundbesitzes. In Polen sind zwei Gebiete zu unterscheiden: das nordwestliche Gebiet, wo der Anteil der Staatsgüter über 20 % und in weiten Gebieten 40 % und 50 % der landwirtschaftlichen Nutzfläche überschreitet, und das südöstliche Gebiet, wo die Staatsgüter selten mehr als 5 % oder über 10 % der Anbaufläche umfassen.

Die Größe der Staatsgüter ist verschieden. Das durchschnittliche Gesamtareal der Betriebe des Landwirtschaftsministeriums betrug 3215 ha im Jahre 1985, wobei zur größten Gruppe (58,6 %) die Betriebe mit über 1000 ha sowie mit 400—800 ha (13,9 %), unter 200 ha (12,1 %), 200—400 ha (11,7 %) und von 800—1000 ha (3,7 %) gehörten.

Die Staatsgüter haben oft neben ihrer landwirtschaftlichen Produktion die Rolle von Versuchs- und Entwicklungsstationen, welche die Landwirtschaft mit ausgewähltem Saatgut oder Zuchttieren versorgen.

Landwirtschaftliche Produktionsgenossenschaften (LPG's)

Eine weitere volkseigene Eigentumsform sind die Produktionsgenossenschaften, deren Zahl im Jahre 1985 2340 mit einem Gesamtareal von 718 000 ha, darunter 667 000 ha Nutzfläche, betrug. Wie schon erwähnt, ist der Anteil der Produktionsgenossenschaften am Gesamtgebiet der landwirtschaftlichen Nutzfläche auf 2,3 % im Jahre 1950 und auf 11,2 % im Jahre 1955 gestiegen, aber später bis 1,2 % im Jahre 1960 gesunken. Ihr Anteil am Gesamtareal der landwirtschaftlichen Nutzfläche ist im ganzen Lande von 1978−1985 von 1,3 % auf 3,7 % gestiegen (Tabelle 1).

Zu dem durch die Produktionsgenossenschaften bewirtschafteten Gebiet gehören neben den Böden der Genossenschaftsmitglieder auch die des Staatlichen Bodenfonds. Von 1960−1985 haben die Genossenschaften auf diesem Wege über 300 000 ha übernommen. Somit hat die Bedeutung der durch die Genossenschaftsmitglieder eingebrachten Böden stark abgenommen. Im Jahre 1970 waren in den Produktionsgenossenschaften 145 000 und im Jahre 1985 172 000 Personen tätig.

Die Verteilung der Produktionsgenossenschaften ist ungleichmäßig. Sie konzentrieren sich vorwiegend in Wielkopolska (Großpolen), wo sie über 5 % bis 10 % des Gesamtareals umfassen, ferner in Gebieten des westlichen Landes (über 5 %), am wenigsten zahlreich sind sie im Süden des Landes (unter 0,5 % und von 1 %−3 %). Die Konzentration der Produktionsgenossenschaften in Wielkopolska (Großpolen) ist mit dem hohen Anteil des dort parzellierten und unter die ehemaligen Landarbeiter verteilten Großgrundbesitzes verbunden. Da diese Landarbeiter schon mit der kollektiven Arbeit vertraut waren, haben sie zur Organisation der Genossenschaften beigetragen und diese Wirtschaftsform beibehalten.

Die Produktionsgenossenschaften sind in Polen gewöhnlich nicht groß. Im Jahre 1985 haben 12,6 % davon 100 ha nicht überschritten, 23,1 % umfaßten 100−200 ha, 51,1 % 200−600 ha, 9,3 % 600−1000 ha und 3,9 % über 1000 ha. Ihre mittlere Größe betrug 326 ha, größere Genossenschaften mit über 500 ha kamen hauptsächlich in Wielkopolska (Großpolen) vor. Im Süden des Landes konzentrierten sich vorwiegend kleine Genossenschaften unter 100 ha.

Einfache Kooperationsformen (Landwirtschaftliche Kooperativen)

Die Tradition von verschiedenen Formen der Zusammenarbeit und gegenseitiger Hilfe war schon vor dem 1. Weltkrieg bei den Bauern bekannt, als in den durch Preußen und Österreich annektierten Landesteilen die ersten landwirtschaftlichen Kooperativen entstanden sind.

Nach 1951 gab es in Polen 11 600 landwirtschaftliche Kooperativen, die 390 000 Mitglieder besaßen. Im Jahre 1970 betrug ihre Zahl 35 000 mit etwa 2,6 Mill. Mitgliedern. Im Jahre 1972 entstanden die ersten „genossenschaftlichen landwirtschaftlichen Kooperativen", die im Jahre 1974 die Zahl 1000 erreichten.

Der Arbeitsbereich der landwirtschaftlichen Kooperativen umfaßte verschiedene Formen der Dienstleistung und Produktion, wie z. B. gemeinsame Nutzung der Landmaschinen, Landmeliorationen, Pflanzenschutz, landwirtschaftliche Ausbildung sowie die kollektive Bewirtschaftung der durch den Staatlichen Bodenfonds übernommenen Böden. Der Anbau dieser sehr verstreut liegenden Böden als auch die auf Importfuttermitteln basierende Zucht waren wenig rentabel. Infolge wachsender Kritik in den letzten Jahren wurde ihre Zahl eingeschränkt.

Im Jahre 1978 gab es in Polen 1787 landwirtschaftliche Kooperativen, die hauptsächlich im Norden und Westen des Landes über 351 000 ha bewirtschafteten. Im Jahre 1985 blieben 447 Betriebe übrig. Der Anteil der Genossenschaftlichen Landwirtschaftlichen Betriebe betrug im Jahre 1985 0,4 % bis 1,5 % des Gesamtareals landwirtschaftlicher Nutzfläche.

Der Staatliche Bodenfonds

Der Staatliche Bodenfonds nimmt eine besondere Stellung ein. Er übernimmt die aufgegebenen Betriebe, die Böden von den volkseigenen Einheiten sowie Bauernbetriebe, deren Eigentümer ihre Böden als Austausch gegen eine Rente dem Staat übereignen. Durch Vermittlung des Staatlichen Bodenfonds werden Wechsel von Besitzern und auch Nutzung der Böden durchgeführt.

Das Jahr 1982 war hinsichtlich des Ausmaßes von Besitzveränderungen, die mit Hilfe des Staatlichen Bodenfonds durchgeführt wurden, ungewöhnlich. Dieser betrug 240 000 ha (im Jahre 1978 91 000 ha), wovon 85 % zur Vergrößerung der Anbaufläche der individuellen Bauernbetriebe und 15 % zur Gründung neuer Betriebe ausgewiesen worden sind. Infolge der Krise belebte sich in den letzten Jahren der private Bodenumsatz, welcher eine wichtige Rolle bei der Vergrößerung des Betriebsareals gespielt hat.

Schlußfolgerungen

In den Gebieten mit einer zahlenmäßgen Überlegenheit der individuellen Bauernbetriebe besteht eine deutliche Tendenz zur Vergrößerung des durchschnittlichen Betriebsareals. Die Bodenkonzentration in den Betrieben ergibt sich aus dem Streben nach ähnlichen Einkommen wie in anderen Berufsgruppen, der

Einleitung eines technischen und technologischen Fortschritts, der eine größere Produktionsskala erfordert, als auch aus dem Bedarf an Arbeitskräften in den nichtlandwirtschaftlichen Bereichen.

Das durchschnittliche Gesamtareal eines individuellen Bauernbetriebes ist in Polen niedrig. Im Jahre 1950 betrug es 5,5 ha, im Jahre 1960 5,1 ha und in 1970 5,4 ha. Die Ursachen solcher Stagnation in der Arealstruktur liegen in den Preisrelationen zwischen den landwirtschaftlichen Erzeugnissen und den Produktionsmitteln, im Mangel an Mitteln, an der demographischen Lage auf dem Lande sowie einem Mangel an klarer Agrarpolitik des Staates. Eine Analyse der gegenwärtigen sozial-ökonomischen Lage des Landes zeigt, daß die Zunahme der größeren individuellen Betriebe in Polen als Notwendigkeit gesehen wird, aber auch, daß Voraussetzungen zur Beschleunigung dieses Prozesses geschaffen werden. Hierzu gehört eine Steigerung der Erträge durch Einführung moderner Agrartechnik und Herabsetzung der Erzeugerkosten.

Eine Verbesserung der Gebietsstruktur der individuellen Bauernbetriebe wird heutzutage durch neue juristische Verordnungen begünstigt, wie z. B. die rechtliche Sicherung der Bauernbetriebe, die Erhöhung der Gebietsnormen bis zur Verordnung über vorgesehene Größen, vorteilhaftes Kreditsystem beim Bodenkauf, ein Steuersystem ohne Progression sowie die Erhöhung der Lieferungen von Produktionsmitteln für die Landwirtschaft. Nicht ohne Bedeutung ist auch der Generationswechsel. Die Betriebe werden von jungen Leuten übernommen, die besser als ihre Eltern ausgebildet sind und mit größerem Elan nach einer Vergrößerung der Wirtschaftsfläche streben. Es bestehen Voraussetzungen für immer stärkere Entwicklungen zu Betriebsvergrößerungen.

Nach den Angaben des Zentralamtes für Statistik (GUS) war die Flächenvergrößerung bei Großbetrieben am stärksten. Im Jahre 1980 umfaßten die Betriebe von über 10 ha 14,7 % und im Jahre 1982 15,9 %.

Nach den Untersuchungen des Instituts für Landwirtschaftsökonomie (IER) haben die größten Betriebe die Böden hauptsächlich von Nachbarn, die etwas kleineren vom Staatlichen Bodenfonds gekauft, die kleinsten dagegen haben den Boden meistens gepachtet.

Literaturverzeichnis

FALKOWSKI, J.: Wplyw urbanizacji i uprzemyslowienia na przemiany w strukturze przestrzennej rolnictwa (Der Einfluß der Verstädterung und der Industrialisierung auf die Veränderungen der räumlichen Struktur der Landwirtschaft), Rozprawy UMK Torun, 1981

KLEPACKI, B.: Organizacja i wyniki produkcyjne gospodarstw indywidualnych powiekszajacych obszar (Organisation und Produktionsergebnisse der privaten landwirtschaftlichen Betriebe), Zagadnienia ekonomiki rolnej 3, 1984, z. 3, S. 37—52

KROSTROWICKI J., SZCZESNY R.: (in:) Struktura przestrzenna gospodarki narodowej Polski (Räumliche Struktur der Wirtschaft Polens), Warszawa, wyd. I (1969): S. 97—154, wyd. II (1971): S. 19—124

PROCHOWNIKOWA, A.: Rozdrobnienie gruntow w rolnictwie indywidualnym w Polsce w 1960 roku (Die Bodenzersplitterung in der privaten Landwirtschaft in Polen in 1960), Biuletyn Informacyjny Problemu Wezlowego „Podstawy Przestrzennego Zagospodarowania Kraju", (1975), z. 3, IGiPZ PAN

Statistisches Jahrbuch, BUS Warszawa, 1986

SZEMBERG, A.: Gospodarka ziemia, struktura agrarna i zatrudnienie (Bodenbewirtschaftung, Agrarstruktur und Beschäftigung), Zagadnienia Ekonomiki Rolnej (1983), z. 1, S. 6—21

TYSZKIWICZ W.: Przemiany struktury agrarnej rolnictwa Polski 1950—1970 (Veränderungen der Agrarstruktur der Landwirtschaft Polens), Prace Geograficzne nr 127 (1978), S. 15—44

Wos, A.: Rolnictwo i politykar olna lat siedemdziesiatych. Ocena i wnioski (Landwirtschaft und Agrarpolitik der 70er Jahre. Bewertung und Schlußfolgerungen), Warszawa 1982

Wyniki Spisu Rolniczego 1981 (Ergebnisse der landwirtschaftlichen Zählung 1981), Seria — Materialy Statystyczne 5, GUS Warszawa 1982

Roman Kulikowski

Die räumliche Differenzierung der landwirtschaftlichen Entwicklung Polens

Die Landwirtschaft und die landwirtschaftliche Produktion gehören zu den komplexesten Phänomenen der menschlichen Tätigkeit in der Natur. Dies bezieht sich sowohl auf die Produktionsprozesse selbst als auch auf die Verschiedenartigkeit der Bedingungen der landwirtschaftlichen Tätigkeit. Diese Bedingungen lassen sich in zwei Hauptgruppen einteilen: die äußeren, unter denen die Landwirtschaft sich entwickelt, und die inneren, die sich aus der räumlichen Differenzierung ergeben.

Die vorliegende Betrachtung setzt sich zum Ziel, eine räumliche Analyse dieser Entwicklungsbedingungen der Landwirtschaft vorzunehmen, die sich aus der geographischen Differenziertheit der landwirtschaftlichen Produktionsfläche, d. h. aus den natürlichen Bedingungen, ergeben.

In Anbetracht ihrer großen theoretischen und praktischen Bedeutung wurden in der Vergangenheit zahlreiche Versuche der Bewertung der natürlichen Bedingungen für die Landwirtschaft unternommen, sowohl in der ausländischen Literatur[1] als auch in der polnischen Literatur.[2]

Ziemlich oft sind die analytischen und synthetischen, qualitativen und quantitativen Bewertungen der natürlichen Bedingungen der Gebiete mit Hilfe von Pflanzenindexzahlen erfolgt (vgl. A. S. Kostrowicki, Z. Wojcik, 1972, S. 7-63). Vor allem in der landwirtschaftlichen und ökonomischen Praxis verwendet man die Methoden der Schätzung (Bonitierung) der Bodenqualität, die vor allem von Bodenkundlern erarbeitet worden ist (vgl. R. Truszkowska 1972, M. Strzemski 1974).

Eine der komplexen Methoden der quantitativen Bewertung landwirtschaftlicher Produktionsflächen ist die von Institut für Ackerbau, Düngung und Bodenkunde in Puławy erarbeitete Methode der Aufwertung der landwirtschaftlichen Produktionsflächen Polens nach den Gemeinden (1981). Diese Methode beruht auf der Bewertung einzelner Elemente der natürlichen Umwelt, der Böden, des Agroklimas, des Reliefs und der Wasserverhältnisse, ausgedrückt in Punktzahlen.

Die oben genannten Methoden wurden hauptsächlich bei der Bewertung der landwirtschaftlichen Nutzfläche (LN) angewendet. Das Areal der LN in Polen verringerte sich systematisch von 20,4 Mill. ha 1964 (65,6 % der Gesamtfläche des Landes) auf 19,5 Mill. ha 1970 und 18,4 Mill. ha 1985 (60,3 %). Dieser Prozeß vollzog sich besonders schnell in den Jahren 1960—1965 (766 000 ha) und 1970—1980 (600 000 ha). Es verringerte sich die LN pro Einwohner von

---

[1] In der polnischen wissenschaftlichen Literatur geben u. a. J. Ostrowski und S. Borowiec einen Überblick über die ausländische Literatur zu diesem Thema — vgl. Biuletyn KPZK PAN nr 71, 1972

[2] Vgl. Biuletyn KPZK PAN nr 50, 1968 und R. Truszkowska, W. Deja und J. Ostrowski, 1969

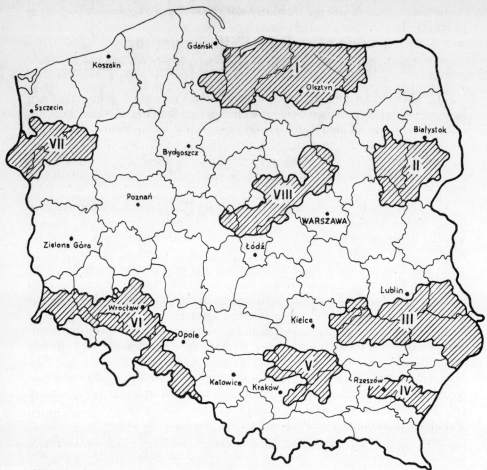

Abb. 1: Die Verteilung der Bodenqualitäten in Polen

0,86 ha 1950 auf 0,50 ha 1986. Dieser Prozeß vollzog sich mit großer Schnelligkeit. Die größte Verminderung des Anteils der LN an der Gesamtfläche erfolgte in der Nähe der Ballungsgebiete und Stadtagglomerationen, in Südpolen und auch in Pommern, im Ermland und in den Masuren. Der Verlust der LN im Norden des Landes ergab sich vor allem daraus, daß die unfruchtbaren Böden nun für die Forstwirtschaft genutzt wurden oder es waren die Ackerbodenverluste in den anderen Gebieten Ergebnisse der Expansion von Industrie und Städten.

Dagegen stieg in Polen die Fläche der degradierten Böden an: von 51 300 ha 1960 auf 103 700 ha 1985. Das war die Folge der industriellen Tätigkeit, vor allem der Entwicklung des Braunkohletagebaus. Die größten Gebiete der degradierten Böden liegen in den Wojewodschaften Katowice, Konin, Jelenia Góra, Opole, Piotrków.

Besonders negativ für die Landwirtschaft und zugleich schwer abzuschätzen sind die Folgen der Staub- und Gasemissionen, zumal es in Polen keine wirksamen Methoden zur Reduktion von SO_2 gibt.

Infolge der Anhäufung der giftigen Stoffe in der natürlichen Umwelt dringen die Giftstoffe in die Lebensmittel ein. S. Kozłowski gibt an (1986, S. 25), daß ungefähr 25 % der wichtigsten Lebensmittel (Milch, Fleisch, Butter, Pflanzenfette) z. Zt. eine Konzentration der Giftstoffe aufweisen, die die geltenden Normen überschreitet.

Die Fläche der von der Bodenerosion gefährdeten Gebiete schätzt man auf ungefähr 3 Mill. ha, davon haben ca. 1 Mill. ha eine beschleunigte Bodenerosion (S. Myczkowski, 1976). Die größten Gebiete mit beschleunigter Bodenerosion liegen in den Karpaten und Sudeten (insgesamt ungefähr 400 000 ha), auf der Krakau-Tschenstochauer Hochebene, im Heiligenkreuzgebirge und im Roztocze-Hügelland. Der Erosion sind auch die Böden des Karpaten- und Sudentenvorlands, der Seenplatten und der Lößgebiete der Lubliner- und Sandormierz-Hochebenen ausgesetzt.

Die morphologischen Beschränkungen der Landwirtschaft sind in Polen nicht sehr groß. Da die flachen (Tief- oder Hochebenen) oder leicht welligen Geländeformen überwiegen, erreicht die Bodenerosion kein sehr großes Ausmaß, sie erschwert auch die Mechanisierung der Feldarbeiten nicht.

Die durch Wassermangel gefährdeten Gebiete schätzt man auf ungefähr 5 Mill. ha, sie liegen vor allem in Zentralpolen.

Innerhalb der LN ging vor allem der Ackerflächenanteil von 16 Mill. ha 1946 (51,3 % der Gesamtfläche Polens) auf 14,5 Mill. ha 1985 (46,4 %) zurück. Durch den größten Anteil der Ackerböden an der Gesamtfläche zeichnete sich Großpolen mit den Gebieten von Kujawy und Chełmo sowie auch die Hochebenen Südpolens und das Schlesische Tiefland aus, durch den kleinsten Anteil der nordöstliche Teil des Landes, die Gebiete am Fluß Notec, Ziemia Lubuska-Gebiet, die Sudeten und die Karpaten. Von den Ländern West- und Mitteleuropas hat Polen den größten Anteil unfruchtbarer Sandböden. Die Böden in Polen sind vorwiegend auf den postglazialen Ablagerungen entstanden und zeichnen sich durch eine große Vielfalt aus. Die größten Gebiete nehmen bei uns mit ca. 50 % die Braunerdeböden, die sich auf Sand- und Lehmablagerungen gebildet haben, ein und Bleicherden, die auf lockeren Sandböden entstanden. 8 % des Landes nehmen Gebirgsböden ein, die für jegliche Art der landwirtschaftlichen Nutzung wenig geeignet sind und deshalb in der Forstwirtschaft genutzt werden.

Die lockeren Sandböden in Form der von den zurückgehenden Gletschern aufgeschütteten Kegeln sind meist mit Wald bedeckt. Hierzu zählen die großen Waldgebiete im Norden und im Nord-Osten Polens (Tucheler, Johannisburger, Kurpischer und Augustówer Heide).

Manche Gebiete mit leichten Sandböden weisen Lehmdecken verschiedener Größen auf. Große Gebiete der auf den Lettensedimenten entstandenen schweren Böden sind z. B. auf dem Ermland-Tiefland zu finden.

Einen relativ kleinen Anteil haben fruchtbare, aber schwer zu bewirtschaftende Kreidemergelerden, die sich auf der Kalkgrundlage gebildet haben und im Schlesischen, Krakauer und Lubliner Hochland auftreten.

Kleinere Flächen der auf der Lößgrundlage entstandenen fruchtbaren Böden kommen im Hochland von Lublin, Sandomierz und Miechów vor sowie im Sudetenvorland und im Schlesischen Tiefland in der Gegend von Wrocław.

In den Gebieten der ehemaligen Randseen haben sich die an organischen Stoffen reichen schwarzen Sumpfböden gebildet, so im Gebiet von Kujawy, bei Kutno und auf der Strecke von Błonie bis Sochaczew westlich von Warszawa.

In den Flußtälern kommen Marschböden vor, deren Fruchtbarkeit davon abhängt, ob es unfruchtbare Sandböden oder fruchtbare Humuslettenböden sind. Das größte Gebiet mit fruchtbaren Marschböden ist die Weichsel Werder.

Für die Bewertung der Böden für die Landwirtschaft wird in Polen die offizielle 8stufige Klassifikation angewendet, die aufgrund der systematischen Untersuchungen auf Ackerböden, Grünflächen und Waldgebieten erarbeitet worden ist (Abb. 1).[3]

Nach J. Falkowski (1986) haben sehr gute Böden, die für den Anbau von Pflanzen mit hohen Anforderungen (z. B. Weizen, Mais, Raps, Zuckerrüben, Klee, Gemüse) geeignet sind, lediglich einen Anteil von 3,5 %.

Die in Polen auftretenden leichten Böden sind dem Prozeß der Auswaschung der Mineralstoffe in den Untergrund und in das Grundwasser ausgesetzt. Parallel mit dem Verlust der kalkhaltigen Stoffe steigt der Säuregehalt der Böden. Sie sind in Polen vor allem der Einsäuerung durch Schwefel- und Fluorverbindungen ausgesetzt, die eine weitgehende Störung des Iongleichgewichtes verursacht. Zu einer besonders starken Störung kommt es in der Nähe der Industriebetriebe, die Stickstoff-, Kalzium-, Magnesium- und Kaliumverbindungen in die Atmosphäre emittieren. Ein extremes Beispiel einer solchen Störung ist die Umgebung der Stickstoffwerke in Puławy.

Neben der mittleren Bodenqualität zeichnet sich Polen durch die größte Veränderlichkeit des Klimas in Europa aus (K. Bis, 1981). In Polen herrscht Übergangsklima, mal überwiegen die kalten und feuchten Seeluftmassen und Luftmassen polaren Ursprungs, mal die sehr kalten, trockenen und heißen kontinentalen Luftmassen. Das ist u. a. die Ursache für große Ertragsschwankungen.

Die in unserer Klimazone angebauten Pflanzen ertragen die langen und kalten Winter besser als mehrmaliges Einfrieren und Auftauen. Die Höhe der Jahresniederschläge ist zu gering, gemessen am Bedarf der Pflanzen. W. Niewiadomski (1982) schätzt, daß über 50 % der Gebiete in Zentralpolen durch übermäßige Austrocknung gekennzeichnet sind. Das Wasserdefizit im Polnischen Tiefland schätzt man nach mehrjährigen Mittelwerten auf 300—350 mm jährlich. Die realen Unterschiede der Jahresniederschläge sind erheblich größer als die mehrjährigen Mittelwerte. Dabei ist die Niederschlagsverteilung im Jahr

---

[3] In Polen gibt es acht Bodenklassen, die mit den Ziffern I bis VI gekennzeichnet sind, die Klassen III und IV werden in Untergruppen „a" und „b" gegliedert.

ungünstig für die Landwirtschaft; die intensiven Platzregen im Sommer fließen schnell ab und können von den Pflanzen nur in geringem Maße genutzt werden.

Die Veränderlichkeit und der Übergangscharakter des Klimas bringen erhebliche Unterschiede in der Länge der Vegetationsperiode mit sich. Am frühesten beginnt sie auf dem Schlesischen Tiefland und im Sandomierz-Becken, am spätesten auf den Pommerschen- und Suwałki-Seenplatten. Nach dem 5. November endet die Vegetationsperiode in dem Gebiet zwischen Szczecin und dem Schlesischen Tiefland und im Oświęcim-Becken. Aufgrund dieser regionalen Unterschiede beträgt sie 230 Tage in den Gebieten an der Oder und im Karpatenvorland und 180-190 Tage im nordöstlichen Polen. Der extremste Unterschied beträgt also ca. 50 Tage. Die kurze Vegetationsperiode in den nordöstlichen Gebieten Polens schränkt die Auswahl der anzubauenden Pflanzen ein.

Beschwerlich sind für die polnische Landwirtschaft auch häufige Nachtfröste, Hagelschläge, starke Bewölkungen und die Tatsache, daß, besonders im nordöstlichen Teil Polens, die Schneedecke ziemlich lange liegt. Für die Landwirtschaft ist auch intensives Schneeabtauen gefährlich. Es kommt dann zu katastrophalen Überschwemmungen, die die Böden zerstören, die Saat verschlammen und die Gebäude zerstören.

Einen Versuch der Bewertung der natürlichen Bedingungen im Hinblick auf die Bedürfnisse der Landwirtschaft stellt die Abhandlung des Instituts für Akkerbau, Düngung und Bodenkunde in Puławy dar: Die Aufwertung der LN in Polen nach den Gemeinden (1981). Die Autoren dieser Arbeit haben nach Bewertung der Böden, des Agroklimas, des Reliefs und der Wasserverhältnisse den allgemeinen Index der Qualität der LN erarbeitet.

Nach dieser Darstellung beträgt der durchschnittliche Qualitäts-Index der LN in Polen 66,6 Punkte. Die höchsten Werte hat man in den Gemeinden des Schlesischen Tieflands und der Lubliner Hochebene (über 100 Punkte), sehr hohe (80—100 Punkte) auf dem Gebiet der Weichsel Werder, im Weichseltal bei Krakow und in der Wojewodschaft Opole.

Nach dieser Wertskala haben die Gebiete mit der Punktzahl über 80 die höchsten Werte. Diese zeichnen sich durch äußerst günstige Bedingungen für die landwirtschaftliche Produktion aus und liegen in den Wojewodschaften Krakow, Opole, Wrocław, Zamosc und Elblag.

Die Gebiete mit dem Index 70—80 zeichnen sich durch günstige Eigenschaften aus. Die Böden sind hier meistens Weizenböden, das Agroklima, das Relief und die Wasserverhältnisse bereiten keine wesentlichen Schwierigkeiten für den Anbau der meisten Pflanzen. Zu dieser Gruppe gehören die Gemeinden, die in folgenden Wojewodschaften liegen: Lublin, Legnica, Przemysi, Tarnow, Rzeszów, Toruń, Leszno, Płock, Wałbrzych, Tarnobrzeg und Szczecin.

Die Gebiete mit dem Index 60—70 werden als günstig bezeichnet. Sie zeichnen sich durch eine große Vielfalt der Böden aus, es überwiegen jedoch Weizen- und Roggenböden. In diesen Gebieten ist noch der Anbau von Pflanzen mit hohen Anforderungen an die Böden und an das Klima möglich. Manche dieser Gebiete weisen aber schon vorübergehenden Wassermangel oder auch Wasserüberfluß auf. Diese Gebiete liegen in 21 Wojewodschaften, vor allem in Olsztyn, Włosławek, Sieradz, Skierniewice, Radom, Kielce, Katowice, Bielsko-Biała, Chełm, Krosno.

Die Gebiete mit dem Index 50—60 haben mittlere Bedingungen für die landwirtschaftliche Produktion. Es sind meist gute und sehr gute Roggenböden und Hafer- und Kartoffelböden (im Gebirge). Diese Gruppe umfaßt auch solche Gebiete, deren Bedingungen für die Landwirtschaft günstig sind, die aber wegen der niedrigen Bodenkultur dieser Gruppe zugerechnet worden sind. Hierzu gehören sechs Wojewodschaften im nordöstlichen Teil Polens und die Wojewodschaften Konin, Łódź, Piotrków und Częstochowa.

Die Gebiete mit einem Index unter 50 zeichnen sich durch schlechte oder seltener mittelwertige Bedingungen aus; es überwiegen hier Roggenböden, die allerdings oft Wasserdefizit aufweisen. Es sind auch Gebiete, in denen die Klimabedingungen und das Relief ungünstig sind. Dieser Gruppe gehören die Wojewodschaften Nowy Sącz und Ostrołęka an.

Nach den Bewertungen des Instituts für Ackerbau, Düngung und Bodenkunde ist die Qualität der landwirtschaftlichen Produktionsfläche in den letzten fünf Jahren um 0,8 Punkte gestiegen. Dies ist noch kein bedeutender Anstieg. Nach den Autoren der hier besprochenen Werteskala besteht die Möglichkeit, die Qualität der landwirtschaftlichen Produktionsfläche um 0,3—0,4 Punkte im Jahr zu verbessern. Die Bedingungen dafür sind schnelleres Tempo bei der Regulierung der Wasserverhältnisse, die Entwässerung der Ackerböden, die Düngung der Böden mit Kalk, ein wirksamer Schutz der Ackerböden vor dem negativen Einfluß der Umweltverschmutzung seitens der Industrie und anderer Wirtschaftsbereiche.

Die Aufwertung der landwirtschaftlichen Produktionsfläche war eines der Ziele bei der Bestimmung der Nutzungskategorie der landwirtschaftlichen Produktionsfläche, die der Autor der vorliegenden Arbeit vorgenommen hat (vgl. R. Kulikowski 1986). Als Maßelemente wurden folgende Faktoren angenommen: die Werte der pflanzlichen Bodenproduktivität, die auf den allgemeinen Qualitäts-Index der landwirtschaftlichen Produktionsfläche entfallen und der Wert der Bodenproduktivität.

Die erste dieser Meßkategorien spiegelt den Grad der Ausnutzung der natürlichen Bedingungen durch die Landwirtschaft wider, die andere dagegen zeigt[4], wie die natürlichen Bedingungen von der gesamten landwirtschaftlichen Produktion genutzt werden.

Dann wurden aufgrund der räumlichen Differenzierung der beiden oben genannten Kriterien Gemeinden mit niedriger Effektivität der landwirtschaftlichen Produktion im Verhältnis zur Qualität der landwirtschaftlichen Produktionsfläche festgestellt.

Diese Methode wurde auch bei der Erarbeitung des Raumordnungsplanes von Polen angewandt, als man die Gebiete mit dem größten Entwicklungspotential im Hinblick auf die natürlichen Bedingungen feststellte.

---

[4] In der privaten Landwirtschaft stammen über 70 % des Tierfutters aus den eigenen landwirtschaftlichen Betrieben.

Literaturverzeichnis

BIS, K, 1981, Warunki wzrostu produkcji rolniczej (Die Bedingungen der Steigerung der landwirtschaftlichen Produktion), Wieś Współczesna 6, S. 62—66.

FALKOWSKI, J., 1986, Srodowisko geograficzne i użytkowanie ziemi a struktura własności rolnictwa Polski (Natürliche Bedingungen und Bodennutzung und die Eigentumsstruktur der polnischen Landwirtschaft), Acta Universitatis Nicolai Copernici 60, S. 89—108.

JAWORSKI, J., 1974, Ekonomiczna ocena naturalnych warunków produkcji rolnej w oparciu o mapy glebowo-rolnicze (Ökonomische Bewertung der natürlichen Bedingungen der landwirtschaftlichen Produktion anhand der Landwirtschafts- und Bodenkarten), Zag. Ekon. Roln. 5, S. 149—152.

KOSTROWICKI, A. S., WÓJCIK Z., 1972, Podstawy teoretyczne i metodyczne oceny warunków przyrodniczych przy pomocy wskaźników roślinnych (Die theoretischen und methodischen Grundlagen der Bewertung der natürlichen Bedingungen mit Hilfe des Pflanzenindexes), in: Metody oceny warunków przyrodniczych produkcji roślinnej (Methoden der Bewertung der natürlichen Bedingungen der Pflanzenproduktion), Biuletyn KPZK PAN, 71, S. 7—64.

KULIKOWSKI, R., 1986, Wykorzystanie rolniczej przestrzeni produkcyjnej w Polsce — próba analizy przestrzennej (Die Ausnutzung der landwirtschaftlichen Produktionsfläche in Polen — Versuch einer räumlichen Analyse), Przegląd Geograficzny t. 58 z. 1—2, S. 191—202.

NIEWIADOMSKI, W., 1982, Aussage, in: Postępy Nauk Rolniczych nr 6 S. 117—122.

STRZEMSKI, M., 1974, Przyrodniczo-rolnicza bonitacja gruntów ornych (Landwirtschaftliche Aufwertung der Ackerböden), Institut für Ackerbau, Düngung und Bodenkunde, R /80/, Puławy.

STRZEMSKI, M., und andere, 1973, Przydatność rolnicza gleb Polski (Der landwirtschaftliche Bodenbesitz in Polen), PWRiL Warszaw.

TRUSZKOWSKA, R., 1972, Metody liczbowej analizy produktywności gleb rolniczych (Methoden der zahlenmäßigen Analyse der landwirtschaftlichen Bodenproduktivität), in: Metody oceny warunków przyrodniczych produkcji roślinnej (Methoden der Bewertung der natürlichen Bedingungen der Pflanzenproduktion), Biuletyn KPZK PAN nr 71.

TRUSZKOWSKA, R., DEJA, W., OSTROWSKI, J., 1969, Porównanie różnych metod oceny warunków przyrodniczych produkcji rolnej (Vergleich verschiedener Methoden zur Bewertung der natürlichen Bedingungen der landwirtschaftlicher Produktion), Pamiętniki Puławskie, 27.

Waloryzacja rolniczej przestrzeni produkcyjnej Polski według gmin (Aufwertung der landwirtschaftlichen Produktionsfläche in Polen nach Gemeinden), 1982, Institut für Ackerbau, Düngung und Bodenkunde Puławy.

Witek, T., 1973, Mapy glebowo-rolnicze oraz kierunki ich wykorzystania (Landwirtschafts- und Bodenkarten und Möglichkeiten ihrer Verwendung), PWRiL Warszawa.

Tadeusz Olszewski

Formen und Funktionen des sozialistischen und privaten Sektors in der polnischen Landwirtschaft

Die polnische Landwirtschaft zeichnet sich durch Organisationsformen aus, wie sie anderswo in der Welt kaum zu finden sind. Sie ist multisektoral. Es bedeutet, daß verschiedene Sektoren nebeneinander wirken, die rechtlich seit Anfang der achtziger Jahre gleichberechtigt sind. Sie gruppieren sich in zwei Hauptkategorien: den vergesellschafteten Sektor und den nicht vergesellschafteten Sektor. In der Umgangssprache bezeichnet man sie als den sozialistischen und den individuellen Sektor. Die Benennung „private Landwirtschaft" wird vermieden, da der Begriff „privat" die Konotation der Arbeitsausbeutung trägt. In den letzten Jahren werden immer häufiger die Termini „Familienwirtschaft" und „Familienbetriebe" („Familienhöfe") gebraucht. In der ganzen nicht vergesellschafteten Landwirtschaft werden nur ca. 400 000 familienfremde Arbeiter beschäftigt, hauptsächlich im Obst- und Gemüseanbau, sowie in der Blumenzucht. Sie beträgt im allgemeinen ca. 10 % der Gesamtbeschäftigung in der Landwirtschaft und nur ca. 2,3 % der Gesamtbeschäftigten in der ganzen Volkswirtschaft (Stand von 1985). Um vieles höher ist die Beschäftigung in den Staatsgütern.

Der sozialistische Sektor setzt sich aus verschiedenen Kategorien zusammen, die sehr unterschiedliche Produktionsflächen umfassen. An erster Stelle stehen die Staatsgüter, die hauptsächlich dem Ministerium für Landwirtschaft, Forstwesen und Ernährung unterstehen. Um einiges kleiner ist die Produktionsfläche der landwirtschaftlichen Produktionsgenossenschaften, geringe Nutzfläche weisen die gemeinschaftlichen Betriebe der Bauernverbände auf.

Tabelle 1: Die landwirtschaftliche Nutzfläche nach den Organisationsformen der Betriebe in Polen 1985 und 1970

	1970		1985		
	1000 ha	%	1000 ha	%	1970 = 100
LFN insgesamt	19 543	100,0	18 844	100,0	96,4
Soz. Sektor	3 710	19,0	4 419	23,5	119,1
darunter Staatsgüter					
Min. f. Landwirtschaft	2 811	14,4	3 353	17,8	119,3
LPG	246	1,3	695	3,7	282,5
Bauernverbände	96	0,5	75	0,4	78,1
Individ. Sektor	15 833	81,0	14 425	76,5	91,1

Quelle: Bearbeitet nach dem Statistischen Jahrbuch 1986. Statistisches Hauptamt, Warschau (in polnischer Sprache)

Die flächenmäßige Struktur der polnischen Landwirtschaft nach dem Stand von 1985 wird in Tabelle 1 dargestellt.

Die Produktivität der einzelnen Sektoren unterscheidet sich stark voneinander sowohl in Bezug auf die Flächeneinheit als auch auf die Beschäftigtenzahl. Die großen Unterschiede aus der Vergangenheit nehmen unter dem Einfluß der Wirtschaftsreformen allmählich ab. Ende der siebziger Jahre bewirtschafteten die Staatsgüter des Ministeriums für Landwirtschaft ca. 19 % der landwirtschaftlichen Nutzfläche und lieferten weniger als 5 % des Reinertrages der Landwirtschaft. Ähnliche Disparitäten kennzeichneten auch die LPGs: 3,4 % und 0,9 %. Günstigere Werte erreichten in derselben Zeit die Familienwirtschaften, nämlich auf 75 % der landwirtschaftlichen Nutzfläche über 96 % des gesamten Reinertrages. Die Wirtschaftsreformen der achtziger Jahre glichen einigermaßen die Disproportionalität aus, nichstdestoweniger blieben sie weiterhin groß und keinesfalls objektiv begründet.

Die niedrige Effizienz der vergesellschafteten Betriebe ist um so weniger gerechtfertigt, als sie im allgemeinen auf besserem Boden wirtschaften und mit industriellen Produktionsmitteln reichlich ausgestattet sind. Die Bodenqualität der Staatsgüter wurde im Jahre 1985 mit der Richtzahl 0,88 bewertet, die der LPGs mit 0,80, die der Familienbetriebe mit 0,78 (als 1,00 wurde die Bodenklasse IV angenommen, wobei VI Klassen unterschieden werden: I — die besten Böden, VI — die schwächsten Böden). Kapitalauflagen pro 1 ha LN betrugen 1985 in Staatsgütern 15 900 Zl, in den LPGs 20 100 Zl, dagegen in der individuellen Wirtschaft 12 600 Zl. Noch stärkere Diskrepanz zeigten die Richtzahlen bezogen auf einen Beschäftigten: 110 200 Zl in den Staatsgütern, 81 400 Zl in den Familienbetrieben. Der verhältnismäßig niedrige Reinertrag des sozialistischen Sektors ist durch hohe Produktionskosten verursacht. Die Effizienz in physischen Einheiten gemessen ist hier viel größer als im Familiensektor, was die folgenden Zahlen eindeutig beweisen (1985).

Die verhältnismäßig hohen Resultate werden mit hohem Produktionsaufwand erreicht. Die staatlichen Güter verwenden auf 1 ha LN fast doppelt soviel Mineraldünger als die privaten Betriebe. Pro 1 Stück Großvieh ist mehr Anbaufläche für Futterpflanzen, Weiden und Wiesen erforderlich als in Familienbetrieben; außerdem werden noch viel Futtermittel hinzugekauft. Somit ist die Erzeugung im sozialistischen Sektor teurer als im privaten.

Die Staatsgüter, reichlich mit technischen Mitteln ausgestattet, beschäftigen verhältnismäßig wenig Arbeitskräfte, im Durchschnitt um die Hälfte weniger als die individuellen Betriebe oder die LPGs. Aus diesem Grunde wird arbeitsaufwendiger Anbau vermieden; solche Produktionszweige werden bevorzugt, die leicht zu mechanisieren sind. In der pflanzlichen Produktion gehören dazu Getreide, Ölfrüchte, Futterpflanzen, in der Tierzucht Rindvieh für die Fleischerzeugung. Aus den Staatsgütern stammen durchschnittlich über 20 % der Getreideernte des Landes, 60 % der Ölfrüchte, aber nur 15 % der Zuckerrüben und lediglich 7 % der Kartoffeln.

Obwohl die Produktivität der sozialistischen Betriebe durchaus nicht zufriedenstellend ist, werden sie von der Wirtschaftspolitik bevorzugt. Es spielen da-

Tabelle 2: *Der zentralisierte Einkauf der Hauptprodukte nach den ökonomischen Sektoren der polnischen Landwirtschaft (Prozente der Gesamtwerte für 1985)*

Produkte	Familienbetriebe		insgesamt		Sozialistische Sektoren					
					Staatsgüter		LPG		Bauernverbände	
	A	AF	A	AF	A	AF	A	AF	A	AF
Getreide	61,7	80,0	38,3	20,0	30,2	15,6	7,1	3,9	1,4	0,5
Kartoffeln	76,2	92,4	23,8	7,6	20,2	6,1	3,4	1,3	0,2	0,2
Zuckerrüben	81,5	80,3	18,5	19,7	15,2	16,3	3,3	3,4	0,0	0,0
Raps	31,4	31,7	68,6	68,3	59,7	59,3	8,5	8,6	0,4	0,4
Gemüse	92,8	91,3	7,2	8,7	6,5	7,1	0,7	1,2	0,0	0,4
Obst	93,2	76,5[a]	6,8	23,5[a]	0,6	17,8[a]	6,2	3,7[a]	0,0	0,4[a]
Schlachtvieh	71,2	76,5[a]	28,8	23,5[a]	22,8	17,8[a]	5,5	3,7[a]	0,5	0,4[a]
davon:										
Schweine	64,9	76,5[a]	35,1	23,5[a]	30,4	17,8[a]	4,4	3,7[a]	0,3	0,4[a]
Geflügel	71,3	76,5[a]	28,7	23,5[a]	4,3	18,7[a]	23,0	3,7[a]	1,4	0,4[a]

[a] = Anteil an der gesamten landwirtschaftlichen Nutzfläche des Landes
A = zentraler Einkauf
AF = Anbaufläche

Quelle: Eigene Bearbeitung nach dem Statistischen Jahrbuch 1986. Statistisches Hauptamt, Warschau (in polnischer Sprache)

Gesamte Landwirtschaft	58 060 Zloty = 100
Vergesellschaftete Landwirtschaft	35 900 Zloty = 62
davon LPG	37 300 Zloty = 64
Staatsgüter des Ministeriums f. Landwirtschaft	31 600 Zloty = 54
Bauernverbände	17 900 Zloty = 31
Familienbetriebe	65 100 Zloty = 112

	Staatsgüter	Familien-betriebe
Pro ha Erträge der Hauptfrucht in Getreideeinheiten dt/q/	33,5	27,2
Fleischerzeugung pro 1 ha LN/kg	167,7	142,2
Milchleistung pro Milchkuh	3 567	2 808

bei sowohl die ideologischen als auch die wirtschaftspolitischen Gründe eine Rolle. In ökonomischer Hinsicht sind die sozialistischen Betriebe in der Marktproduktion den Familienbetrieben überlegen, vor allem was den zentralisierten Einkauf betrifft. Die wichtigsten Daten über den zentralisierten Einkauf der landwirtschaftlichen Produkte zeigt Tabelle 2.

Die Marktproduktion der Staatsgüter und der landwirtschaftlichen Produktionsgenossenschaften auf 1 ha landwirtschaftlicher Nutzfläche betrug im Jahre 1985 ca. 64 000 Zl, während die der Familienbetriebe etwas über 53 000 Zl lag, d. i. beinahe um $1/5$ weniger. Gering ist nur die Marktproduktion der Betriebe, die in den Bauernverbänden zusammengeschlossen sind, 1985 betrug sie 47 000 Zl.

Die Staatsgüter üben vielfache Funktionen aus. Sie erzeugen landwirtschaftliche Produkte, die auf dem Verbrauchermarkt in Polen gefragt und seit Jahrzehnten knapp sind. Sie beliefern die Bauernbetriebe mit qualifiziertem Saatgut (Elite, Hochzucht) und erhöhen dadurch die Erträge in den Familienbetrieben, die durch ihre große Anzahl über die Gesamterzeugung der pflanzlichen Produkte im Lande entscheiden. Viele Staatsgüter befassen sich mit der Haltung hochwertiger Zuchttiere, die an die Bauernbetriebe (Familienbetriebe, LPGs) weiterverkauft werden. Auf diese Weise wirken sie an der graduellen Steigerung und Modernisierung der tierischen Produktion in der gesamten Landwirtschaft des Landes mit. Eine besonders wichtige Aufgabe erfüllen zahlreiche Staatsgüter, die eine verarbeitende Industrie der landwirtschaftlichen Produkte betreiben. Neben den Hauptprodukten wie z. B. Zucker, Obst- und Gemüsekonserven, Kartoffelflocken, Stärke, Kartoffelmehl, Trockenschnitzel der Zuckerrüben, Hefe, Alkohol u. a. m. werden viele Nebenprodukte erzeugt, die als Kraftfutter oder als Beimischung das Kraftfutterangebot für die Landwirtschaft wesentlich bereichern und vergrößern. Auf diese Weise bilden die Staatsgüter eine Stimulanz für die gesamte Viehzucht im Lande.

Die landwirtschaftlichen Produktionsgenossenschaften können die schwere Landarbeit erheblich erleichtern und effektiver gestalten. Gleichzeitig bilden sie ein wirksames Instrument des sozialen und kulturellen Fortschritts auf dem Lande. Als grundsätzliche Voraussetzung muß die Freiwilligkeit der Gründung und die volle Selbstverwaltung und Führung des gegründeten Betriebes erfüllt werden. Der Betrieb muß als ein Wirtschaftsunternehmen wirken, das unabhängig von jeglichen ideologischen und politischen Schwankungen ist. In dieser Hinsicht wurden gerade in der Vergangenheit schwerwiegende Fehler gemacht, die bis heute die LPGs belasten.

Die gemeinschaftlichen Betriebe der Bauernverbände wurden als eine Organisationsform für die Bewirtschaftung der Bauernbetriebe geschaffen, die von ihren Besitzern für die Alters- bzw. Invalidenrente abgegeben werden. Im allgemeinen funktionieren sie schlecht, da es kaum möglich ist, aus den verstreut liegenden Höfen einen gut organisierten Betrieb zu bilden. In den meisten Fällen sind die Böden und Wirtschaftsgebäude der abgegebenen Betriebe in schlechtem Zustand. Die ehemaligen Besitzer haben ihre Höfe häufig heruntergewirtschaftet, bevor sie sich entschieden, sie an den Staat abzugeben.

Die multisektorale Landwirtschaft Polens entspricht den soziopolitischen und ökonomischen Anforderungen des Landes. Sie fordert aber eine rationelle und konsequente Politik, die in der Vergangenheit sehr oft nicht geradlinig genug betrieben wurde.

*Roman Szcz*ęsny

Die polnische Landwirtschaft in den Jahren 1945—1985

Die gegenwärtige Lage der Landwirtschaft Polens und ihre räumliche Differenzierung resultieren aus den unterschiedlichen Entwicklungsgegebenheiten in den einzelnen Regionen im 19. Jahrhundert, in der Zeit zwischen den beiden Weltkriegen und schließlich aus den Umwandlungen, die sich in den letzten 40 Jahren vollzogen haben. Für die Situation der Landwirtschaft waren scharfe Gegegensätze charakteristisch, sowohl in der Sozialstruktur als auch in den Eigentumsverhältnissen. So gab es große Unterschiede in der Art der Bodenbewirtschaftung und der Höhe der Erträge.

Im Zweiten Weltkrieg erlitt die polnische Landwirtschaft große Verluste, etwa 7,5 Mio. ha Ackerland lagen 1946 brach. Die in den Jahren 1945—1949 durchgeführte Bodenreform und vor allem die Erschließung der Gebiete in West- und Nordpolen, die Ansiedlung von Menschen aus anderen Gebieten verursachten bedeutende Veränderungen in der Struktur der Landwirtschaft. Es entstanden 817 000 neue Bauernbetriebe und die Fläche von 254 000 ha bereits vorhandener Betriebe wurde vergrößert. Insgesamt wurden 9,8 Mio. ha Boden verteilt, darunter fast 70 % an Einzelbauern. Der Rest war für Staatsbetriebe, für Versuchsbetriebe, landwirtschaftliche Schulen u. ä. vorgesehen. Die Landbevölkerung, die in den West- und Nordgebieten siedelte, brachte ihre eigene Methode der Bodenbewirtschaftung mit. Die neue entstandenen Bauernbetriebe waren in der Regel kleiner als die bisherigen, was große Schwierigkeiten in ihrer Bewirtschaftung mit sich brachte und die Entwicklung der Landwirtschaft beeinträchtigte.

In der Zeit nach dem Zweiten Weltkrieg war die Entwicklung der Landwirtschaft und vor allem die der bäuerlichen Einzelbetriebe äußerst schwierig. Den Entwicklungsperioden folgten solche der Stagnation als Ergebnis einer ganzen Reihe von Ursachen. Hierzu zählten:
— Häufige und tiefgreifende Reformen der Agrarpolitik, die eine Veränderung des Agrarsystems anstrebten, wobei private und genossenschaftliche Betriebe unterschiedlich behandelt wurden.
— Eine wenig flexible Preispolitik, das Fehlen einer Abstimmung zwischen Absatzpreisen der Agrarprodukte und den Preisen der Produktionsmittel für die Landwirtschaft. Das vorhandene Kapital wurde für den Ausbau der Industrie verwendet, wobei die Erfordernisse der Landwirtschaft nur in geringem Maße berücksichtigt wurden.
— Die zentral gelenkte Versorgung der Landwirtschaft und der Absatz der Agrarprodukte, wobei die genossenschaftlichen Betriebe im Gegensatz zu den privaten voll mit landwirtschaftlichen Maschinen ausgestattet waren.
— Eine Reihe von psychologischen Ursachen, die mit der Zeit in den privaten

Betrieben als Folge der inkonsequent geführten Agrar- und Preispolitik immer krasser zu beobachten waren.
- Die alle paar Jahre auftretenden, ungünstigen Witterungsverhältnisse, die einen Rückgang des Anbaus sowie der Viehzucht zur Folge hatten.

Alle genannten Punkte wirkten sich in unterschiedlichem Maße vor allem auf die Privatbetriebe aus. Diese befanden sich in unterschiedlichen Entwicklungsstadien. Es gab die traditionelle Halbselbstversorgungslandwirtschaft, die Halbmarktlandwirtschaft mit gemischter oder mit vorwiegend tierischer Produktion sowie die Marktlandwirtschaft.

In den letzten 40 Jahren gab es in der Entwicklung der Landwirtschaft mehrere Stadien:

1945—1949: Die Zeit des Wiederaufbaus nach Kriegsverlusten. Die Durchführung der Bodenreform und die Erschließung der West- und Nordgebiete.

1949—1956: Die Umgestaltung der Agrarstruktur durch Schaffung von Genossenschaftsbetrieben, oft unter administrativem Zwang. Bis 1956 entstanden 10 510 Genossenschaftsbetriebe. In der Regel waren das kleine ökonomisch sehr schwache Betriebe, die eine traditionelle Bewirtschaftung pflegten. Der Anteil der privaten Betriebe verringerte sich und der Viehbestand ging zurück. Die landwirtschaftliche Produktion ging zurück und somit die Landwirtschaft. Die sozialen Spannungen verschärften sich infolge der Schwierigkeiten in der Nahrungsmittelversorgung.

1956—1970: Die Agrarpolitik wurde verändert. Gefördert wurden neue Formen der Kooperation in der Landwirtschaft, und zwar die landwirtschaftlichen Kooperativen, die die gesamte Organisation der privaten Betriebe übernehmen sollten. Sie galten als eine Art lokaler Selbstverwaltung, die der Kontrolle der Staatsadministration unterstellt war. Eine ganze Reihe von Hemmnissen und Barrieren in der Entwicklung der privaten Betriebe wurde abgeschafft. Man novellierte die Bodeneigentumsgesetze.

Es sind jedoch zahlreiche Entwicklungshemmnisse für die Landwirtschaft geblieben, z. B. die Pflichtablieferung der Erzeugnisse der landwirtschaftlichen Produktion, inkonsequente Preispolitik für Agrarprodukte u. ä. Die Ausstattung der privaten Betriebe mit landwirtschaftlichen Produktionsmitteln war weiterhin dürftig bei gleichzeitiger privilegierter Stellung der Genossenschaftsbetriebe. Das führte Ende der 70er Jahre erneut zu Hindernissen in der landwirtschaftlichen Entwicklung und verursachte einen Rückgang der landwirtschaftlichen Produktion und soziale Spannungen.

1971—1975: Veränderungen in der Agrar- und Preispolitik mit dem Ziel, die Entwicklung der Landwirtschaft zu beschleunigen und den Markt mit landwirtschaftlichen Produkten zu versorgen. Den Vorrang hatte die Steigerung der Viehzucht durch Verwendung von importiertem Kraftfutter und Getreide, weiterhin die Einrichtung großer Zuchtkombinate, die Abschaffung von Pflichtablieferungen und die Einführung eines Vertragssystems. Es erfolgte eine Steigerung der Aufwendungen für die Landwirtschaft und somit eine Steigerung der landwirtschaftlichen, vor allem der tierischen Produktion. Nach gleichlautenden Einschätzungen war dies in der ganzen Nachkriegszeit die längste Periode eines großen Aufschwungs der landwirtschaftlichen Produktion mit erheblichen Zuwachsraten.

1976—1982: Erneute Änderung der Agrarpolitik und Förderung der verstaatlichten Landwirtschaft (der Staatsbetriebe, der Genossenschaftsbetriebe und der landwirtschaftlichen Kooperativen). Von den Privatbetrieben unterstützte man nur gemeinschaftliche und spezialisierte Betriebe. Die begrenzte Versorgung der Privatbetriebe mit landwirtschaftlichen Produktionsmitteln und Kraftfutter verursachte Stagnation und dann den Rückgang der bisherigen Entwicklung in der tierischen Produktion. Zum Rückgang der Landwirtschaft kamen soziale Spannungen und Konflikte.

1983—1985: Neue Strategie der Entwicklung der Landwirtschaft und damit eine zusammenhängende neue Preispolitik mit dem Ziel, eine autarke Ernährungswirtschaft zu schaffen. Die Gleichberechtigung der privaten Betriebe und der vergesellschafteten Betriebe auf der Grundlage der Rentabilität und Selbstfinanzierung. Flexible Preispolitik für Agrarprodukte und für landwirtschaftliche Produktionsmittel.

Stagnation bzw. drastischen Rückgang der landwirtschaftlichen Produktion beobachtete man vor allem in den Privatbetrieben. Dies variierte je nach Region und spiegelte die regionalen Unterschiede wider. Je nach der Entwicklungsstufe, nach Investitionsmitteln, nach der Ausrüstung, nach der Bewirtschaftungsmethode oder dem Bildungsniveau der Bauern erfolgte eine schnellere oder langsamere Entwicklung.

In den genossenschaftlichen Betrieben verlief die Entwicklung nicht zuletzt wegen ihrer privilegierten Stellung anders. Sie war auch von anderen ökonomischen Maßnahmen beeinflußt. Erst im Laufe der siebziger Jahre ist es zu Stagnation und Rückgang im Rahmen der wirtschaftlichen Krise gekommen. Dieser Rückgang wies regionale Unterschiede auf.

In den Jahren 1945—1985 vollzogen sich in der Struktur der Landwirtschaft verschiedene Veränderungen:

1. In den gesamten vierzig Jahren wies man der Landwirtschaft die Aufgabe zu, die Ansammlung von Kapital für andere Wirtschaftszweige zu sichern. Infolge einer solchen Politik verringerte sich der relative Anteil der Landwirtschaft am Nationaleinkommen von 34 % im Jahre 1960 auf 22,7 % im Jahre 1970 und schließlich auf 12 % im Jahre 1980. In den darauffolgenden Jahren stieg der Anteil der Landwirtschaft am Nationaleinkommen bis auf knapp 15,8 % im Jahre 1985, was durch die Senkung des Nationaleinkommens verursacht und während der Wirtschaftskrise sichtbar wurde, die ihre Ursachen in der Industrie, im Bauwesen und im Handel hatte.

2. In den Jahren 1950—1985 schrumpfte die landwirtschaftliche Nutzfläche um 1 569 000 ha Ackerland. Diese wurde der Industrie und dem Bau- und Verkehrswesen zur Verfügung gestellt und zur Aufforstung von landwirtschaftlich ertragsschwachen Ackerböden genutzt. Der Anteil der landwirtschaftlichen Nutzfläche an der gesamten Oberfläche verringerte sich von 63,3 % auf 60,2 %. In den Jahren 1960—1970 notierte man den größten Verlust an landwirtschaftlicher Nutzfläche von fast 860 000 ha Ackerland, in den Jahren 1970—1980 von

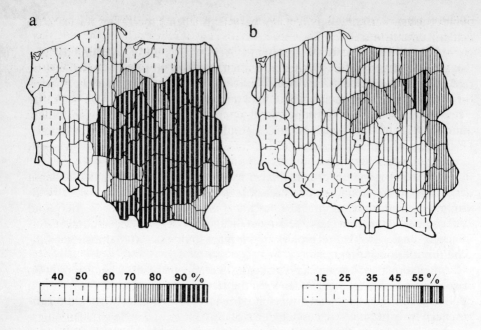
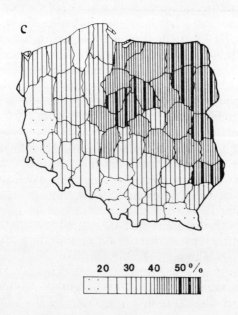

Strukturveränderungen in der polnischen Landwirtschaft 1945—1985. Anteil der Landwirtschaft am Nationaleinkommen in %

596 000 ha Ackerland als Folge von Industrialisierung und Verstädterung in der Zeit einer irrationalen Bodenpreispolitik. Die landwirtschaftliche Nutzfläche verringerte sich pro Kopf um über 40 %, von 0,86 auf 0,51 ha Ackerland.

3. Das Agrarsystem in Polen gliedert sich in drei sozio-ökonomische Sektoren. Der eine besteht aus den Privatbetrieben, der zweite ist der staatliche Sektor, der die staatlichen Landwirtschaftsbetriebe des Ministeriums für Landwirtschaft und anderer Ressorts umfaßt und der dritte, der genossenschaftliche, der aus den landwirtschaftlichen Produktionsgenossenschaften und Kooperativen besteht.

In den letzten vierzig Jahren verringerte sich der Anteil der privaten Betriebe, gleichzeitig stieg der des staatlichen Sektors. Diese Tendenz wurde 1982 aufgehalten und in den Jahren darauf beobachtete man wieder einen Anstieg von privaten Betrieben.

Trotz der Veränderungen überwogen die Privatbetriebe in Mittel-, Süd- und Ostpolen. In den West- und Nordgebieten verringerte sich deren Anteil ständig, dagegen stieg der der genossenschaftlichen Betriebe. Im Jahre 1985 betrug der Anteil der Privatbetriebe 34,1 % in der Woidwodschaft Szczecin bis 97,7 % in der Woiwodschaft Siedlce.

In den gesamten vierzig Jahren nach dem Krieg verloren die privaten Betriebe über 5 Mill. ha landwirtschaftliche Nutzfläche an die Genossenschaftsbetriebe, den Staatlichen Bodenfonds, die sich entwickelnde Industrie, Bauwesen u. ä., wobei die landwirtschaftlich schwachen Ackerböden aufgeforstet wurden.

Der Anteil der Staatsbetriebe stieg systematisch an. Sie waren hauptsächlich in West- und Nordpolen konzentriert und verfügten über 30—60 % der landwirtschaftlichen Nutzfläche.

In den letzten 10 Jahren weisen die Genossenschaftsbetriebe erneut eine steigende Tendenz auf. Sie waren vor allem in Wielkopolska, Pomorze und Dolny Slask zu finden und nahmen 4—8 % der landwirtschaftlichen Nutzfläche ein. In Süd-, Mittel- und Ostpolen war der Anteil der Genossenschaftsbetriebe sehr gering.

4. Für die einzelbäuerlichen Betriebe in Polen ist ihre große Parzellierung charakteristisch. Sie werden meist von einer Familie bewirtschaftet, flächenmäßig sind sie klein und ökonomisch schwach. Ihre Durchschnittsgröße überschritt in den vierzig Jahren nicht 5 ha. In der ganzen Nachkriegszeit hat sich die Agrarstruktur der privaten Betriebe nicht grundlegend verändert. Erst in den letzten Jahren beobachtet man eine Senkung ihrer Zahl von 3 224 000 im Jahre 1970 auf 2 844 000 im Jahre 1984. Obwohl die landwirtschaftliche Nutzfläche sich ständig verringerte, war der Anteil der sehr kleinen (0,5—2 ha) und kleinen (2—5 ha) Betrieben sehr groß. Insgesamt machten sie 58,4 % aller Betriebe aus und waren in Süd- und Mittelpolen vorherrschend.

In den letzten Jahren beobachtet man geringe Veränderungen in der Struktur der Betriebe. Zahl und Anteil der sehr kleinen Betriebe steigen von 26,9 % im Jahre 1970 auf 30,1 % im Jahre 1984. Dasselbe trifft auf die großen Betriebe mit über 10 ha Ackerland zu (von 12,6 % auf 16,3 %). Zahl und Anteil der sehr kleinen Betriebe sinkt von 32,0 % auf 28,3 % und die der mittleren von 28,5 % auf 25,3 %.

Die privaten Betriebe sind hinsichtlich ihrer Struktur und ihrer Durchschnittsgröße stark differenziert. Im allgemeinen steigt ihre Durchschnittsgröße von Süden nach Norden von 1,9 ha landwirtschaftlicher Nutzfläche in der Woiwodschaft Bielsko auf 9,4 ha landwirtschaftlicher Nutzfläche in der Woiwodschaft Suwałki. Im Süden Polens überwiegen kleine und sehr kleine Betriebe, im Norden sehr große.

Charakteristisch für diese Betriebe ist ihre Verschiedenartigkeit. Von den insgesamt 2 844 000 Betrieben beschäftigen sich 36,9 % voll mit Landwirtschaft, 27,4 % sind gemischte Betriebe mit überwiegend Landwirtschaft und 35,7 % sind Nebenerwerbsbetriebe.

Bei den Staatsgütern beobachtet man eine Verringerung der Zahl durch Ausdehnung der landwirtschaftlichen Nutzfläche, und zwar von 5 000 im Jahre 1970 auf 1 258 im Jahre 1985. Die Durchschnittsgröße dieser Betriebe stieg von 542 ha auf 2 666 ha im Jahre 1985.

Im Jahre 1985 gab es 2 340 landwirtschaftliche Produktionsgenossenschaften, die 695 000 ha bewirtschafteten, die Durchschnittsgröße eines Genossenschaftsbetriebes betrug 297 ha.

5. Infolge der tiefgreifenden Umwandlungen verringerte sich die Zahl der von der Landwirtschaft lebenden Bevölkerung von 11 589 000 im Jahre 1950 auf 7 146 000 im Jahre 1985 und machte knappe 19,2 % der gesamten Bevölkerung aus. Der Anteil der von der Landwirtschaft lebenden Bevölkerung wies regionale Unterschiede auf und betrug 3,1 % in der Woiwodschaft Katowice und 57,9 % in der Woiwodschaft Komża.

Ebenso, wenn auch nicht so schnell, sank die Zahl der Beschäftigten in der Landwirtschaft von 5 419 000 im Jahre 1950 auf 4 958 000 im Jahre 1985. Im Rahmen der einzelnen Sektoren war dieses Problem noch komplexer. Die Zahl der Beschäftigten in den privaten Betrieben sank von 5 041 000 im Jahre 1950 auf 3 950 000 im Jahre 1985. Dagegen stieg die Beschäftigungszahl in den Staatsbetrieben von 276 000 auf 468 000 und in den LPGs von 26 000 auf 172 000 Personen.

In den privaten Betrieben gab es große regionale Unterschiede in der Beschäftigungszahl pro 100 ha landwirtschaftlicher Nutzfläche. Sie betrug 16,4 Personen in der Woiwodschaft Olsztyn mit überwiegend großen Betrieben und 47,8 Personen in der Woiwodschaft Katowice mit kleinen und sehr kleinen Betrieben.

Ein wichtiges Problem in den privaten Betrieben ist die Doppelbeschäftigung, die Feminisierung der Landwirtschaft (etwa 35 % der Betriebe werden von Frauen bestellt), der Altersstruktur (die Bevölkerung im Alter über 60 Jahren beträgt 28,5 %) und die berufliche Ausbildung (über 60 % der Bevölkerung hat lediglich den Grundschulabschluß). Diese Probleme sind wiederum regional unterschiedlich.

6. Die Ausstattung der Landwirtschaft mit Traktoren erfolgt verhältnismäßig spät. In der Anfangsperiode wurden sie vor allem den Genossenschaftsbe-

trieben zugeteilt und erst nach 1956 auch den Privatbetrieben.

Ein Anstieg der Mechanisierung erfolgte erst nach 1970. In den letzten fünfzehn Jahren hat sich die Zahl der Traktoren in der Landwirtschaft fast vervierfacht. Den größten fast zwölffachen Zuwachs hatten Privatbetriebe von 55 000 auf 667 000. Dagegen sank die Zahl in den landwirtschaftlichen Kooperativen von 133 000 auf 71 000.

7. Die Verwendung von Mineraldüngern in der polnischen Landwirtschaft erfolgte ebenfalls verhältnismäßig spät. Erst nach 1965 erfolgte eine intensivere Verwendung von Mineraldüngern. In den privaten Betrieben, in denen man nach traditionellen Methoden den Ackerboden bewirtschaftete, verlief dieser Prozeß jedoch nicht ganz ohne Vorbehalte. Der rasche Anstieg der Verwendung von Mineraldüngern erfolgte erst in den Jahren 1970—1980. Es gab große Unterschiede zwischen den Staatsbetrieben und den privaten Betrieben. So betrug 1976 die Verwendung des Mineraldüngers 318,7 kg, sie verringerte sich im Jahre 1985 auf 148,1 kg.

8. Die Entwicklung der Viehhaltung verlief in den letzten 40 Jahren ebenfalls ungleichmäßig. Nach Jahren des großen Zuwachses 1946—1950 gab es in den darauffolgenden Jahren Stagnation infolge der Vergesellschaftungsmaßnahmen in der Landwirtschaft. In den Privatbetrieben beobachtete man eine erhebliche Verminderung des Viehbestandes. Die erneute Steigerung des Viehbestandes erfolgte nach 1956 und wurde Ende der sechziger Jahre wieder verringert. Am schnellsten entwickelte sich die Viehhaltung in den Jahren 1971—1975, als der Rinderbestand um 21,8 % und der Schweinebestand um 58,5 % stieg. Das war das Ergebnis der Verwendung von importiertem Kraftfutter und Getreide.

In den Jahren 1975—1985 ist es infolge der Wirtschaftskrise und der damit zusammenhängenden Verminderung des Imports von Getreide und Viehfutter zu einer Senkung des Viehbestandes gekommen, bei Rindern um 2 199 000 Stück (16,6 %) und bei Schweinen 3 698 000 Stück (17,4 %). Ein starker Rückgang war in den privaten Betrieben zu beobachten. In den letzten zehn Jahren verringerte sich der Rinderbestand um 1 481 000 Stück (14,3 %) und

Viehbestand in 1000 Stück

	Rinder			Schweine		
	Insgesamt	Privatbetriebe	verges. Betriebe	Insgesamt	Privatbetriebe	verges-Betriebe
1946	3 910	3 910	—	2 674	2 674	—
1950	7 200	6 797	402	9 350	8 758	592
1955	7 912	6 563	1 349	10 888	8 246	2 642
1970	10 884	9 016	1 828	13 446	11 770	1 676
1975	13 254	10 378	2 876	21 310	16 987	4 323
1985	11 055	8 897	2 158	17 614	12 842	4 772

der Schweinebestand um 6 827 000 Stück (37,9 %) und ging somit auf den Stand von 1970 zurück.

Fast 30 % der Betriebe, vorwiegend der Nebenerwerbsbetriebe, reduzierte die Viehhaltung. Dies schlug sich in immer größeren Versorgungsschwierigkeiten der Bevölkerung nieder.

In den genossenschaftlichen Betrieben stieg der Viehbestand weiterhin bis zum Jahre 1980. Dies wurde durch den Import von Pflanzenfutter ermöglicht. Eine derartige Viehzucht erforderte große Mengen von Getreide. Nach 1980 gab es als Ergebnis der Importkürzungen von Kraftfutter eine beträchtliche Abnahme des Viehbestandes.

9. Bis 1970 stieg sowohl die Bruttoproduktion als auch die Marktproduktion der Landwirtschaft, trotz der in einigen Zeiten auftretenden Schwierigkeiten. Ein dynamischer Zuwachs erfolgte in den Jahren 1971–1975. In den darauffolgenden Jahren gab es Stagnation und Senkungen. Erst seit 1983 erfolgte wieder eine Steigerung sowohl der Bruttoproduktion als auch der Marktproduktion, aber ihre Kennziffern liegen unter denen, die in den besten Jahren erreicht worden waren.

Die Bodenerträge verringerten sich ebenfalls, im Jahre 1985 erreichten sie den Stand von 1972, die Marktproduktion erreichte den Stand von 1974.

Bruttoproduktion und Ankauf landwirtschaftlicher Erzeugnisse

	Bruttoproduktion in 1000 t			Ankauf in 1000 t		
	1960	1975	1985	1960	1975	1985
Getreide	13 502	19 557	20 829	2 213	5 119	5 984
Kartoffeln	36 302	46 429	36 540	3 742	5 143	4 766
Zuckerrüben	7 743	15 707	14 664	7 262	15 170	14 664
Fleisch	1 755	3 067	2 803	1 063	2 437	2 026
Milch	12 124	15 882	15 951	3 739	8 109	11 133

10. Zusammenfassend kann gesagt werden, daß die einzelnen Typen der Landwirtschaft ein Spiegel der Gesamtsituation sind, die vom geographischen Milieu und von den sozioökonomischen Umständen abhängig ist.

Für die Bestimmung der einzelnen Typen gab es 27 Faktoren, die repräsentativ für die Hauptmerkmale der Landwirtschaft sind, wie soziale Eigenschaften, organisatorisch-technische, produktionseigene und strukturelle Merkmale. Die mit Hilfe von verschiedenen Maßstäben erfaßten Werte der einzelnen Faktoren wurden den fünf Weltkategorien angepaßt und in Kodeform dargestellt. Die Ziffern der einzelnen Grundeinheiten wurden mit Hilfe der Deviationsmethode und eines ausgearbeiteten Algorithmus mit den Typen der Landwirtschaft der Welt verglichen. Das ermöglichte eine Bestimmung der Landwirtschaft nach einzelnen Modelltypen.

Typen der privaten Betriebe im Jahre 1983

In den letzten vierzig Jahren erfolgte im Rahmen von Strukturveränderungen der Landwirtschaft eine generelle Umwandlung des traditionellen Typs der Halbselbstversorgungslandwirtschaft in die halb marktwirtschaftliche Landwirtschaft und von dieser in die marktorientierte Landwirtschaft. Oft beobachtete man in verschiedenen Zeiträumen und Regionen eine Umwandlung in entgegengesetzter Richtung, von der marktorientierten Landwirtschaft in die teilsmarktorientierte Landwirtschaft und von dieser in die Selbstversorgungswirtschaft.

Die räumliche Differenzierung im Jahre 1983 war Folge der bisherigen Unterschiede in der Entwicklung der Landwirtschaft Polens. In vielen Gebieten des Landes gab es immer noch die traditionelle Landwirtschaft mit einem hohen Aufwand menschlicher Arbeitskraft, niedrigem oder mittlerem Aufwand an Kapital, mit durchschnittlicher Bodenproduktivität und niedriger oder durchschnittlicher Marktproduktion.

Generell war 1983 die regionale Differenzierung der privaten Betriebe wie folgt:

A. Nord-östliche Gebiete Polens. Gleichgewicht von traditioneller Teil-Selbstversorgungslandschaft — Typ Mmm mit vorwiegender Viehhaltung — Typ Mmg (Tmb_4–Mmg_1–Mmm_1).

B. Die mittel-westlichen Gebiete Polens und die Woiwodschaften Słupsk und Zamość. Gleichgewicht des Anteils der traditionellen, teils marktorientierten Landwirtschaft — Typ Tmm und der gemischten Landwirtschaft — Typ Mmm (Tmm_2–Mmm_2).

C. Die westlichen und nördlichen Gebiete Polens. Es überwiegt dort die gemischte marktorientierte Landwirtschaft — Typ Mmm (Mmm_4).

D. Die Woiwodschaften in den Karpaten und im Karpatenland. Es überwiegt dort die traditionelle, teils marktorientierte Landwirtschaft mit vorwiegender Viehhaltung — Typ Tmk (Tmk_4).

E. Die Ballungszentren und Industriegebiete in Süd- und Mittelpolen. Gleichgewicht des Anteils der traditionellen, teils marktorientierten Landwirtschaft mit vorwiegend Viehhaltung — Typ Tmk und traditionelle Selbstversorgungslandwirtschaft — Typ Tmo (tmk_2–Tmo_2).

F. Das Łódz-Ballungsgebiet. Vorwiegend traditionelle Selbstversorgungslandwirtschaft, die charakteristisch für Nebenerwerbslandwirtschaft ist — Typ Tmo (tmo_4).

G. Mittel- und Ostpolen, Woiwodschaften Zielona Góra und Jelenia Góra, wo die Landwirtschaft am meisten differenziert war und sich in verschiedenen Entwicklungsstufen befand. In diesen Gebieten gab es verschiedene Typen der Landwirtschaft; die traditionelle Landwirtschaft vom Typ Tmb, gemischte, teils marktorientierte Landwirtschaft vom Typ Tmm und die mit vorwiegender Viehhaltung vom Typ Tmk, weiterhin die Selbstversorgungslandwirtschaft vom Typ tmo und sogar marktorientierte Landwirtschaft vom Typ Mmg, Mmm und Mmf in verschiedenen Kombinationen.

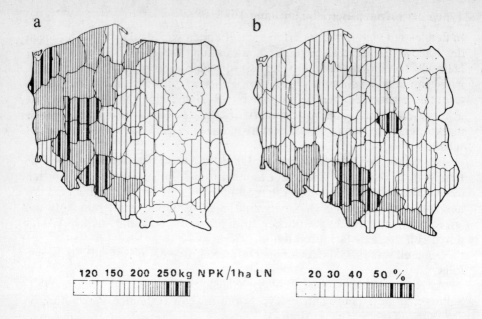

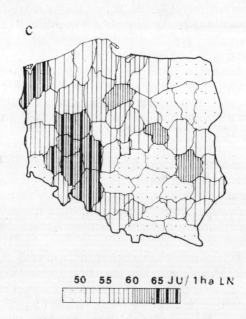

Strukturveränderungen in der polnischen Landwirtschaft 1945–1985

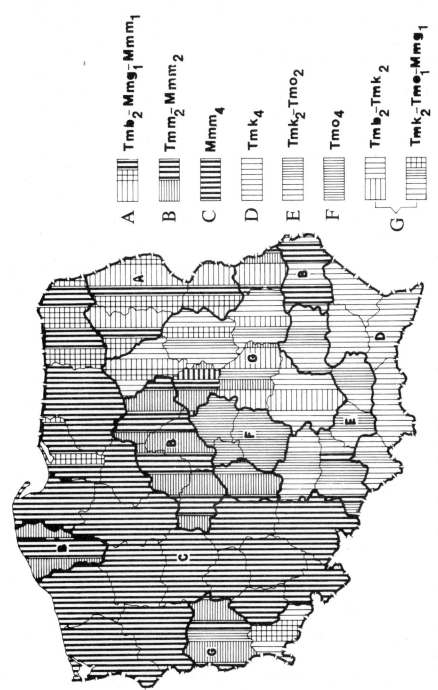

Typologisierung der Privatbetriebe nach der Nutzungsform

Insgesamt überwog 1983 in Polen die Mischform der marktorientierten Landwirtschaft vom Typ Mmm. Es gab einen bedeutenden Anteil der traditionellen, teils Selbstversorgungslandwirtschaft vom Typ Tmb, der gemischten marktorientierten Landwirtschaft vom Typ Tmm und mit vorwiegend Viehhaltung vom Typ Tmk sowie Selbstversorgungslandwirtschaft vom Typ Tmo. Sporadisch gab es auch die marktorientierte Landwirtschaft mit vorwiegender Viehhaltung vom Typ Mmg und die mit vorwiegendem Anbau vom Typ Mmf.

Zusammenfassend kann festgestellt werden, daß sich in den Jahren 1960—1983 eine Verlagerung der gemischten marktorientierten Landwirtschaft aus Wielkopolska und Pomorze auf die Gebiete West-, Nord-, Mittelwest und Nordwestpolens vollzog. In diesen Gebieten verschwanden die traditionelle sich selbstversorgende Landwirtschaft vom und die gemischte halb marktorientierte Landwirtschaft.

In den Ballungszentren und Industriegebieten verbreitete sich erneut die traditionelle Selbstversorgungslandwirtschaft vom Typ Tmo, die charakteristisch für Nebenerwerbsbetriebe ist.

Nur in den südlichen Gebieten Polens gab es unbedeutende Veränderungen in der Struktur. Es überwog weiterhin die traditionelle teils marktorientierte Landwirtschaft mit vorwiegender Viehhaltung.

Bronisław Górz und Jan Rajman

Die Gebirgslandwirtschaft in den Karpaten — ausgewählte Themen

In den meisten Gebirgsgebieten Europas vollzieht sich gegenwärtig in der Landwirtschaft eine grundlegende Entwicklung. Diese betrifft fast alle Bereiche der landwirtschaftlichen Aktivitäten, hauptsächlich jedoch die Produktionsstruktur und die Bodennutzung.

Im europäischen Maßstab bilden die polnischen Karpaten ein Beispiel starker Differenzierung, die die Gestaltung der Landwirtschaft und deren gegenwärtige Stellung beeinflußt. Hierfür gibt es verschiedene Ursachen wie z. B. die ungleichmäßige Industrialisierung der Berggebiete. Die Industrie konzentriert sich vor allem im westlichen Teil des Gebirges in Verbindung mit der frühen Entwicklung der Textilindustrie und — nach dem II. Weltkriege — auch der Elektromaschinenindustrie. Die östlichen und mittleren Gebiete der Karpaten sind schwächer industrialisiert; die Industrie beschränkt sich allein auf die Talkessel. Ein Beispiel für einen unterschiedlichen Einfluß auf die Landwirtschaft ist auch die ungleichmäßige Rolle der Touristik und der Kurortentwicklung in den Karpaten. Die Hauptzentren der Erholung und gesundheitlicher Dienstleistungen befinden sich in den Gebieten der Tatra, Podhale, Beskid Sadecki, (Sandezer Beskiden) und auch Beskid Sląski (Schlesischer Beskiden).

Weitere Gründe für die unterschiedliche räumliche Entwicklung der Karpaten liegen in den unterschiedlichen historischen Gegebenheiten, vor allem während des II. Weltkrieges und in der Nachkriegszeit. In großen Gebieten der Bieszczady- und Beskid Niski-Gebirge (Ostbeskiden und ein Teil der Waldkarpaten) kam es zu einer fast völligen Entvölkerung und Zerstörung von mehr als 100 Dörfern. Diese Gebiete sollten durch die Bevölkerung aus anderen Gebie-

Die polnischen Karpaten

ten Polens neu besiedelt werden. Der Prozeß der Einwanderung dauerte sehr lange und trotz der Bemühungen der Behörden gab es keine befriedigenden Ergebnisse. Gegenwärtig wohnen in den meisten Dörfern der Bieszczady- und Beskid Niski-Region weniger Menschen als 1939, manchmal um $^2/_3$ weniger. Infolge dieser Prozesse veränderte sich nicht nur die Bodennutzung beträchtlich, sondern auch die Eigentumsverhältnisse in der Landwirtschaft und die Art der Produktion.

Ein charakteristisches Merkmal der Gebirgslandwirtschaft ist die große Veränderlichkeit ihrer natürlichen räumlichen Entwicklungsgrundlagen. Einen besonderen Einfluß hat hier das Klima (kurze Vegetationsdauer, für viele Pflanzen ungünstige Wärmebilanz, Bodenfrost u. a.).

Eine günstigere Ausgangssituation für die landwirtschaftliche Nutzung gibt es in Pogórze Karpackie (Karpatenvorland) und einem Teil der tief in den Karpaten liegenden Talkessel. Sie sind zu einem beträchtlichen Teil mit Lößboden bedeckt und gehören zu den fruchtbarsten Regionen Polens. Sie eignen sich für den Anbau von Weizen, Gerste, Zuckerrüben und anderen Pflanzen, die gute Biotopbedingungen fordern.

Charakteristisch für die Karpatengebiete Polens ist eine hohe Bevölkerungsdichte. In der Zeit der Zugehörigkeit dieser Gebiete zur österreichisch-ungarischen Monarchie und in den Jahren 1918—1939 gab es sogar eine agrarische Überbevölkerung. Am meisten sichtbar wurden deren Folgen in der Entwaldung und in der Ausbreitung der Landwirtschaft auf die hochgelegenen Berghänge. Vor allem die Talkessel wurden entwaldet, hier besonders Kotlina Orawsko-Nowotarska (Orawa-Nowy Targ-Kessel), Kotlina Sądeçka (Sandezer Talkessel), Podhale und auch die über 1000 m gelegenen Teile von Makowski Beskid und Wyspowy Beskid (Makowski Beskiden und Inselbeskiden).

Die Zeit nach dem II. Weltkrieg brachte günstige Veränderungen in den demographischen Verhältnissen der Karpaten und des Vorlandes. In dieser Zeit konnten Tausende von Familien und alleinstehenden Personen aus ihren Dörfern in die Städte und Industriezentren abwandern. Viele Menschen fanden eine Abeit außerhalb der Landwirtschaft wie z. B. in örtlichen Produktions- und Dienstleistungsbetrieben. Dadurch verschwand das Problem des Bevölkerungsüberschusses auf dem Lande.

Jedoch nicht alle Schwierigkeiten konnten überwunden werden. Es tauchte eine Reihe von neuen, die Landwirtschaft einschränkenden Faktoren auf. In erster Linie geht es um die Nebenerwerbsbetriebe, die es sowohl in den Karpaten als auch in Vorland gibt. Sie haben einen erhaltenden Einfluß auf die veränderungsbedürftigen Bereiche der Landwirtschaft insbesondere auf die Bodennutzung und die Betriebsstruktur.

In den Karpaten und im Vorland ist das Verhältnis zwischen Bevölkerungszahl und Bodengröße im Durchschnitt weniger günstig als im übrigen Polen. In 91 Gemeinden (46,3 % der Gesamtzahl) beträgt die Bevölkerungsdichte weit über 200 Personen auf 100 ha der Nutzfläche. Die meisten dicht bevölkerten Gemeinden konzentrieren sich im westlichen Teil der Karpaten und des Vorlandes, ebenso um größere Städte und in touristischen Regionen. Im östlichen

Teil ist die Bevölkerungsdichte niedriger und überschreitet in der Regel nicht 150 Personen auf 100 ha Nutzfläche.

Die Agrarstruktur und ihre Veränderungen

Die gegenwärtigen Agrarverhältnisse in der Landwirtschaft der Karpaten sind durch einen erheblichen Anteil des Privatsektors und ein entscheidendes Übergewicht kleiner Arbeiter-Bauern-Betriebe gekennzeichnet. Hier haben sich im Prinzip keine größeren Veränderungen vollzogen. Die meisten Grundstücke, die zum volkseigenen Sektor gehören, befinden sich in den nach 1945 entvölkerten Gebieten, die später nicht mehr ganz besiedelt werden konnten. In den 70er Jahren erhöhte sich der Anteil des volkseigenen Besitzes als Folge der sog. Polarisierung der Arbeiter-Bauern-Betriebe.

In den Gebieten, die seit langem besiedelt sind und in denen es keine größeren Veränderungen in der Bevölkerungszahl gab, findet man eine starke Anhänglichkeit und Liebe der Bewohner zu Grund und Boden. Dies entspricht der Bergtradition der Bewohner. Gleichzeitig gewinnt der Boden in einer Zeit schneller Entwicklung verschiedener Erholungsformen erheblich an ökonomischen Wert (die Grundstücke können für den Bau von Wochenend- und Sommerhäusern teuer verkauft werden). Zur Zeit will die Bevölkerung kaum auf das Recht an Grundbesitz verzichten.

Ein weit verbreiteter Nachteil der Landwirtschaft in den Karpaten und im Vorland ist die allzu große Zerstückelung und die häufig schachbrettartigen Grundstücke. Viele Betriebe besitzen weniger als 3—5 ha Boden, einige nur 2—3 ha. Die starke Parzellierung ist ein Relikt aus früheren Zeiten. Nach 1945 wuchs die Zahl der Betriebe in vielen Teilen des Gebirges, insbesondere in der Tatra- und Podhale-Region, im Umland vieler Städte und Industriezentren. Weil es hier keine freien Bodenkapazitäten gab, mußten die neuen Betriebe durch Aufteilung der bestehenden entstehen. Dieser Prozeß schränkte nicht nur die Mechanisierung der Produktion ein, sondern erschwerte auch die räumliche Gestaltung und führte zu einer schachbrettartigen Anordnung der Grundstücke. Im mittleren Teil der Karpaten (Sandezer Talkessel, Inselbeskiden) hat ein Betrieb durchschnittlich 10—12 verschiedene Parzellen, die in verschiedenen Teilen des Dorfes und manchmal bis zu sieben km Entfernung liegen. Nicht selten kommen absurde Situationen vor, die in extremen Fällen schwer zu überwindende, technisch-organisatorische Barrieren für die Bewirtschaftung bilden. Zu solchen Barrieren gehört das Schachmuster der Grundstücke, das im Orawa-Gebiet weit verbreitet ist. In vielen Dörfern Orawas beträgt die Zahl der einzelnen Grundstücke, die zu einem 5—10 ha großen Hof gehören, über 60 und manchmal sogar bis 300 Parzellen. Eine wichtige Aufgabe ist die Durchführung einer Flurbereinigung, die man bis jetzt nicht realisierte, weil man annahm, daß im Falle der Kollektivierung dieses Problem nicht aktuell sei.

Die meisten landwirtschaftlichen Betriebe in den Karpaten erreichen wegen der kleinen Flächen nicht das Einkommen, das zur Deckung des eigenen Bedarfs notwendig wäre. Deswegen mußten die Kleinbauern nach einem Nebenerwerb suchen. Im Prinzip muß jeder 5 ha große Betrieb noch außerhalb der Landwirtschaft ein Einkommen haben, sofern er keine spezialisierte Gewächshausproduktion oder Obstzucht betreibt. Darum sind nur in einigen Gemeinden im Karpatengebiet Bauernbetriebe erhalten geblieben, die sieben ha oder mehr bewirtschaften. Diese Gemeinden haben jedoch die ungünstigsten Klimabedingungen und liegen meist entfernt von den Städten.

Die Bodennutzung

Die heutige Struktur der Bodennutzung in den Karpaten und im Vorland ist durch einen verhältnismäßig hohen Anteil der Nutzfläche und durch einen relativ niedrigen Anteil der Wälder gekennzeichnet. In vielen Gebirgsteilen reicht die Ackerbau- und Waldgrenze bis zur Höhe von 1000 m. Diese Anbaugrenze gibt es in der Gegend von Zakopane, im Gorce-Massiv und auch in den Sandezer Beskiden. Die Rodung und die Ausbreitung der Landwirtschaft auf hochgelegene Berghänge nahmen im 19. Jahrhundert und Anfang des 20. Jahrhunderts zu. In den Zeiten der günstigeren ökonomischen Konjunktur senkte sich die Ackerbau-Waldgrenze, in den Krisenzeiten dagegen stieg sie höher. Nach 1945 erfolgten die größten Veränderungen in der Bodennutzung in den von der ukrainischen Bevölkerung verlassenen Gebieten. In jahrelang nicht bewirtschaftete Flächen ist der Wald wieder eingedrungen.

Den höchsten Prozentsatz an Nutzfläche hat das Karpatenvorland. In den meisten Gemeinden macht sie über 70 % der Gesamtfläche aus, der Anteil der Wälder überschreitet dort kaum 5—12 %. Einen großen Teil der Gesamtfläche (vorwiegend 60—70 %, nicht selten auch 70—80 %) nimmt die Nutzfläche in den Talkesseln ein, die in gleichem Maße wie die Gebiete des Karpatenvorlandes entwaldet sind.

In der Gebirgsregion der Karpaten ist der Anteil der Nutzfläche differenzierter. Im dicht bevölkerten Obstanbaugebiet in einer mittleren Höhe von bis zu 800 m nimmt die Nutzfläche bis 75 % der Gesamtfläche ein. In Gebieten, wo solcher Anbau nicht betrieben wird, sind das 40—60 % der Gesamtfläche.

Im Vergleich zu anderen Gebirgsgebieten Europas ist ein besonderes Merkmal der Karpaten und des Vorlandes der hohe Anteil der Bodennutzung. In Polen gibt es fünf Hauptformen der Bodennutzung, die abhängig ist vom Anteil des Ackerbodens, des Grünlands (Wiesen und Weiden) und der Obstgärten. In den meisten Gemeinden tritt die sog. „Ackerrichtung" auf. Die Bezeichnung bedeutet, daß der Ackerboden in diesen Gemeinden über 70 % der Nutzfläche umfaßt. In anderen Gemeinden herrscht die „Ackerrichtung" mit einem geringen Anteil an Wiesen und Weiden vor. In 85 % der Gemeinden überwiegt der Ackerboden. Ein Überwiegen der Wiesen und Weiden findet sich in nur 21 Gemeinden. Sie treten ausschließlich entweder in den Gebieten, die die ungünstigsten Klimabedingungen aufweisen, auf (z. B. die Umgebung von Zakopane, Sandezer Beskiden) oder auch in den schwach bevölkerten Gebieten der Ostbeskiden (Bieszczady, Beskid Niski). Die große landwirtschaftliche Bevölkerungsdichte ist bis heute ein Faktor, der die angestrebte Umwandlung eines Teiles des minderwertigen Ackerbodens in Wiesen und Weiden erschwert. Eine Ausnahme bilden hier die Gemeinden, in denen sich der Obstbau entwickelte.

Ein weiteres für die Landwirtschaft der Karpaten und des Vorlandes typisches Merkmal ist die traditionelle Ausrichtung der meisten Bauernwirtschaften auf den Getreide- und Kartoffelanbau, was mit dem Selbstversorgungsbedarf zusammenhängt. Sehr selten werden solche Pflanzen angebaut, die nur als Viehfutter dienen. Es gibt jedoch eine Reihe von Beispielen, wo die Bauern den Anbau von Gemüse, Industriepflanzen und Obstzucht einführen.

In den Karpaten nimmt das Getreide ca. 41 % der Saatfläche ein, Kartoffeln etwa 17 %. Im Vorland entsprechend 49 % und 16 %. Das Übergewicht dieser beiden Pflanzengruppen wird besonders in den Gebieten deutlich, die besseren Boden haben, das sind die Talkessel und auch Gebiete im westlichen und mittleren Teil des Karpatenvorlandes. Hier wird der Boden intensiv bewirtschaftet; unter den Getreidearten nimmt der Weizen mehr als die Hälfte der Nutzfläche ein. Im östlichen Teil des Vorlandes nimmt das Getreide 40—42 % der Saatfläche ein. Hier werden auch Industriepflanzen angebaut, vorwiegend Zuckerrüben, die 14 % der Saatfläche einnehmen.

Im Karpatengebiet, das viele natürliche Wiesen und Weiden besitzt, schränken die Bauern in den letzten Jahren immer häufiger den Getreideanbau ein und führen an seiner Stelle Futterpflanzen ein (Rotklee, Grasmischungen, Futterrüben). Zur Zeit betreiben schon 91 Gemeinden Futter- oder Futtergetreideanbau, der der Viehzucht dient.

Die Hauptbeschränkungen der landwirtschaftlichen Entwicklung in den Karpaten und im Vorland ergeben sich aus der großen Parzellierung und der schon oben erwähnten beträchtlichen Bevölkerungsdichte. Erst unlängst wurden von der Agrarpolitik diese Beschränkungen erkannt und Entwicklungsmöglichkeiten vorgeschlagen, die der regionalen Eigenart der Karpaten angepaßt sind. Grundlegende Bedeutung hat die Entwicklung der Nahrungsmittelindustrie (hauptsächliche Milchproduktion, Obst- und Gemüseverarbeitungsbetriebe), die mit den Kleinbetrieben eng zusammenarbeitet. In der Nähe einiger Betriebe in Nowy Sącz, Tymbark, Jasło und Tarnów entwickelte sich ein intensiver Johannisbeer-, Stachelbeer-, Grünerbsenanbau sowie der Anbau verschiedener Gemüsearten. Es ist eine arbeitsintensive Produktion, die jedoch dem Pflanzer hohe Einkünfte bringt. Ebenso entwickelte sich eine intensive Obstzucht, die jährlich über 150 000 Tonnen Äpfel bringt.

Eine Alternative zur Landwirtschaft bilden Touristik und Erholungsindustrie. Hiermit eng verbunden ist die Entwicklung von Gemüseanbau in Gewächshäusern wie z. B. in den Gemeinden in der Nähe von Nowy Sącz. Die Produktion deckt den lokalen Bedarf und wird darüber hinaus auf den Märkten in Kraków und Oberschlesien verkauft.

Die Viehhaltung

Als ertragreicher Wirtschaftszweig im Gebirge wird die Haltung von Rindern und Schafen gesehen. Für die Haltung dieser Tiere in den polnischen Karpaten sprechen sowohl eine lange Tradition als auch wissenschaftliche Versuche, die erhebliche Wachstumschancen durch Einführung intensiverer Zuchtmethoden prognostizieren.

Die Grundlage für die Viehhaltung sind natürliche Wiesen und Weiden sowie der entsprechende Ackerboden für Futterpflanzen. Diese Fläche umfaßt in den Karpaten etwa 53 % der Nutzfläche, im Vorland dagegen ca. 40 %. Zwei Drittel der Fläche im Berggebiet und in höher gelegenen Regionen sind in der Regel Wiesen und Weiden.

Den größten Anteil der Futterpflanzen (über $^2/_3$ der Nutzfläche) gibt es im Bieszczady-Gebirge und in den höchsten Teilen von Sandezerbeskiden, Niederbeskiden und des Gorce-Massivs. In der Regel sinkt der Anteil der Futterpflanzen bei abnehmender Höhenlage deutlich. Im Karpatenvorland beträgt er nicht mehr als 35 % der gesamten Nutzfläche. In den einzelnen Teilen der Karpaten und des Vorlandes züchten die Bauern eine unterschiedliche Anzahl von Rindern, Schafen und Schweinen. In den Karpaten gliedert sich der Bestand der einzelnen Tierarten wie folgt: 407 000 Rinder, etwa 200 000 Schweine, über 280 000 Schafe und fast 58 000 Pferde. Im Vorland dagegen besaßen die Bauern 270 000 Rinder, 250 000 Schweine, 92 000 Schafe und fast 49 000 Pferde.

Den führenden Platz in der Viehhaltung nehmen die Tatra und das Gubałówka-Vorgebirge sowie Podhale und das Pieniny-Gebirge ein, wo auf 100 ha Nutzfläche 135 bzw. 110 Stück Großvieh kommen. Ein verhältnismäßig großer Anteil ist auch im westlichen Teil der Karpaten, im Zywiecki Beskid, in den Schlesischen Beskiden und im Vorland dieser Gebirge zu finden. Dagegen ist in anderen Teilen des Vorlandes sowie in den Ostbeskiden und im polnischen Teil der Waldkarpaten (Beskid Niski und Bieszczady-Gebirge) die Zuchtintensität niedriger.

Bei der Tierzucht überwiegt deutlich die Rinderzucht. In den Karpaten beträgt ihr Anteil fast 70 % und im Vorland 63 %. Schafe kommen in den Karpaten beinahe auf 6 %, im Vorland nur auf 2,5 %. Es ist festzustellen, daß man in der letzten Zeit (nach 1980) in der Tatra, im Podhale, Gorce-Massiv, Zywiecki Beskid und Sandezerbeskiden einen erheblichen Zuwachs des Schafbestandes beobachtet. Der Schweinebestand verringert sich dagegen.

Die Pferde spielen als Zugtiere in der Berglandwirtschaft noch immer eine wichtige Rolle. Sie machen 15 % des Großviehs aus.

Die Dominanz von Rindern zeigt die wichtigsten Zuchtrichtungen auf. In 76 Gemeinden (43,2 %) gibt es eine wissenschaftlich geleitete Rinderzuchtstation und in weiteren 65 Gemeinden eine kombinierte Rinder-Schweine-Zucht-Station. Rinderhaltung mit hohem Anteil von Schweinen und Schafen, oder Rinderhaltung mit Schafen kommt selten vor und ist auf bestimmte Teile der Karpaten und des Vorlandes beschränkt. Alle Kombinationen mit Schafhaltung gibt es in der Tatra, im Gubałówka-Vorgebirge, im Pieniny-, Gorce- und Schlesischen Beskiden Gebirge. Vereinzelt kommen sie auch im Bieszczady Gebirge vor.

Der Selbstversorgungsbedarf hat auf die Größe der Herden einen wichtigen Einfluß. Mit der Erweiterung der Märkte ist die Bedeutung der Eigenversorgung der Landbevölkerung geringer geworden, obwohl häufig auch Kleinbetriebe weiter Milchkühe halten.

Die gegenwärtigen Veränderungen in der Landwirtschaft der Karpaten einschließlich der Veränderungen in der Viehzucht, ergeben sich einerseits aus dem Streben nach Produktionssteigerung z. B. bei Milch, Obst, Gemüse, Kartoffeln, und aus der Notwendigkeit, die Einkünfte aus der landwirtschaftlichen Tätigkeit zu erhöhen. Ein wichtiger Punkt ist die weitere regionale Produktspezialisierung der Landwirtschaft. Bei der Unterschiedlichkeit der natürlichen Gegebenheiten und der unterschiedlichen Bodenwerte braucht man verschiedene Modelle für die Landwirtschaft im Gebirge. Vor kurzem wurde in Polen ein Sonderprogramm erstellt, das die bestehenden Möglichkeiten der Produktionssteigerung besser nutzen soll. Die bisherigen Erfahrungen weisen darauf hin, daß dieses Programm realisiert werden kann.

Czesław Guzik

Der Obstanbau in den Karpaten – ein Beispiel aus der Agrargeographie Polens

Natürliche Bedingungen

Der Obstanbau in den Karpaten hat eine über 100jährige Tradition. Es gibt mehrere Gründe für seine Verteilung. Eine wichtige Rolle spielen immer die natürlichen Bedingungen. Die Geschichte des Obstanbaus liefert umfangreiches Beobachtungsmaterial über die Rolle der natürlichen Bedingungen für die Entwicklung der Dauerobstgärten.

Aus Berichten von Obstbauern geht hervor, daß manche Gebiete besondere Gunst für die Entwicklung von Dauerkulturen aufweisen. Diese natürliche Gunst bringen bestimmte Geländeformen, die Lage der Hänge in bezug auf Sonneneinstrahlung, geringer Bodenfrost im Spätfrühling und Frühherbst. In vielen Jahren der systematischen Beobachtungen konnte man das Risiko von Obstanbau in verschiedenen ökologischen Varianten feststellen.

Man nimmt an, daß die natürlichen Bedingungen für den Obstanbau im Karpatenobstanbaugebiet günstiger sind als in anderen Obstanbaugebieten Po-

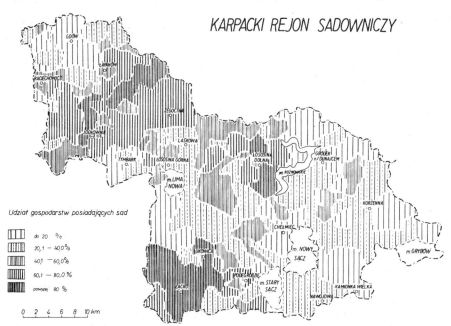

Das Karpatenobstanbaugebiet. Der prozentuale Anteil der landwirtschaftlichen Betriebe mit Obstgärten nach Dörfern

lens. Es gibt viele Gründe dafür, die wichtigsten wären die höhere Lage, abwechslungsreiche Geländebeschaffenheit, im Vergleich mit dem Tiefland höhere Niederschläge, günstige Verteilung der Niederschläge im Jahr, höhere relative Luftfeuchtigkeit, der für die Obstbäume günstigere Verlauf der Temperaturen im Jahr und höhere Sonnenbestrahlung.

Es gibt Anzeichen dafür, daß manche im Polnischen Tiefland vorkommenden Schädlinge in den Karpaten entweder überhaupt unbekannt sind oder ihre Verbreitung kleiner ist. Dazu zählen der Bürstenspinner (Orgya antiqua), der Schwammspinner (Lymantria dispar), der Baumweißling (Aporia crataegi). Ein anderer Obstbaumschädling ist der Eiosoma lanigerum, der im Karpatenobstanbaugebiet im Gegensatz zu den anderen Landesteilen sehr selten auftritt.

Das Karpatenobstanbaugebiet ist ebenfalls kaum von dem Schädling Panonychus ulmi betroffen, während er in den Obstgärten in Zentralpolen massenhaftes Blätterfallen verursacht, obwohl er dort systematisch drei- oder viermal jährlich chemisch bekämpft wird.

Das Klima des Karpatenvorlands schränkt auch die Verbreitung des Apfelwicklers (Laspeyresia pomonella) ein. Der Prozentsatz der von ihm befallenen Früchte ist hier kleiner als in anderen Teilen Polens. Diese Schäden betragen insgesamt 20 % oder mehr, während sie im Nowy Sącz-Gebiet zwischen 4 und 6 % liegen.

Die Biotope des Karpatenvorlands zeichnen sich darüber hinaus durch eine besonders reiche und unterschiedliche Fauna nützlicher Insekten aus. Der Hauptgrund dafür ist vor allem die große Vielfalt der Oberflächenformen. Die typische Landschaft des Karpatenvorlands und der niedrigeren Beskiden sind Felder, Obstgärten, Wälder, Wiesen und Weiden im Wechsel. Die einzelnen Nutzungsflächen sind oft von Feldrainen, tief eingeschnittenen Schluchten und Hohlwegen voneinander getrennt, die von verschiedenen Gras-, Kräuter-, Unkraut- und Sträucherarten bewachsen sind. Diese Pflanzengemeinschaften sind ein Entwicklungs- und Lebensgebiet von Insekten und anderen Verbündeten des Obstgärtners im Kampf gegen Schädlinge. Die unmittelbare Nachbarschaft der Obstgärten zu Wäldern, Gehölzen, zu den Biotopen der Wiesen und Weiden und anderen Pflanzengemeinschaften erhöht die Bedeutung der Entomophagen als entscheidenden Faktor im biologischen Schutz der Obstbäume.

Die Entwicklung des Obstanbaus

Als Wiege des Karpatenobstanbaus betrachtet man das Dorf Łącko und seine nächste Umgebung, wo man die ersten großen Apfel- und Pflaumengärten schon vor ungefähr 140 Jahren angelegt hatte. Łącko liegt auf einer Höhe von 475 m. Die durchschnittlichen Koeffizienten der mittleren Bodenklasse schwanken hier zwischen 4,4 und 5,0. Auf diesen Höhen hat die Landwirtschaft schon die Merkmale einer Gebirgslandwirtschaft. Allgemein meint man, daß mit zunehmender Höhe der Ertrag eines Betriebes abnimmt. Diese Meinung gilt nicht in bezug auf die Karpaten.

Trotz Höhenlage gilt das Karpatenhochland für den Obstanbau als besonders geeignet. Die Obstgärten bestehen hier aus hochstämmigen Bäumen. Auf 1 ha Fläche pflanzte man gewöhnlich 100 Bäume. Dabei praktizierte man die Stufenwirtschaft, nach ausländischem, vor allem schweizerischem und deutschem Modell. Der Vorteil dieses Systems war, daß er den Übergang vom Akkerbau zum Obstanbau erleichterte. Als die Anforderungen an Qualität und Quantität der Früchte nicht sehr hoch waren, war die Stufenwirtschaft berechtigt. Bald aber zeigte sich, daß diese extensive Wirtschaft weiterentwickelt werden mußte.

Parallel zur Entwicklung des Obstanbaus im Nowy Sącz-Gebiet schritt auch die Entwicklung des Obstanbaus in der Umgebung von Limanowa voran. Die Entwicklungsphase dieses Landwirtschaftszweiges fiel zunächst in die Zwischenkriegszeit. Der Obstanbau wurde von den Kreisämtern in Limanowa und Nowy Sącz unterstützt.

Mitte der 30er Jahre wurde dank der Initiative der Obstbauern die „Podhale — Obstanbaugenossenschaft" ins Leben gerufen. Bald kam der Plan, einen Obstverarbeitungsbetrieb in Tymbark zu bauen. In der Nachbarschaft gab es schon Obstgärten, für die man den Absatz von Früchten sichern mußte. Der Obstverarbeitungsbetrieb fing im Jahre 1938 an zu arbeiten. Pflaumenschnaps, Obstweine, Marmeladen und Obstmus wurden hergestellt. Tafelobst wurde in den naheliegenden Kurorten, vor allem in Krynica und Szczawnica, verkauft.

Die begonnene Entwicklung des Obstanbaus wuchs in der Nachkriegszeit weiter. In den Obstanbaugebieten des Karpatenvorlands vergrößerte sich die Zahl der Obstbaumpflanzungen. Im Jahre 1953 wurde eine Obstbauversuchsanstalt in Brzezna bei Nowy Sącz gegründet. Hauptziel war die Verbreitung von Kenntnissen über Obstanbau unter den Bauern der Nowy Sącz-Region und der benachbarten Kreise. Daneben wurden Entwicklungsmöglichkeiten des modernen Obstanbaus im Karpatenvorland erforscht.

In den 50er Jahren war die technische Ausrüstung der privaten Obstanbaubetriebe sehr schlecht. Die Grundausstattung bildeten Karren- und Pferdespritzen.

Ende der 50er und Anfang der 60er Jahre wurde mit der Erneuerung der alten Obstgärten begonnen. Diese Erneuerung beruhte hauptsächlich auf der Verdichtung der schon bestehenden Obstgärten durch das Anpflanzen der Bäume in die alten Baumreihen oder durch neue Baumreihen in den bisherigen 10—12 m breiten Zwischenreihen. Eine andere Form der Verjüngung der alten Apfelbaumgärten war das Pfropfen der Bäume mit den Pfröpflingen edler Sorten. In den in der Zwischenkriegszeit und den ersten Jahren nach dem Krieg gepflanzten Apfelgärten überwogen die Herbst- und Sommersorten. Durch das Pfropfen hat man die Produktion der im Herbst ausreifenden Äpfel eingeschränkt zugunsten der zum längeren Lagern geeigneten Winter- und Spätwintersorten.

Ebenso erneuerte man die alten traditionellen Obstgärten, indem man die Baumkronen beschnitt und die Bäume dadurch niedriger machte. Dank dieser

Behandlung konnten die schirmförmigen Baumkronen mehr Sonnenlicht bekommen.

In der ersten Hälfte der 60er Jahre begann eine Intensivierung der Obstproduktion. Den Fortschritt erreichte man durch eine Veränderung der Technologie des Anbaus und durch die Gründung der modernen niederstämmigen Obstgärten.

Veränderungen in der Bewirtschaftung der Obstgärten vollzogen sich nur langsam. Die bisherigen Gewohnheiten, Dauerobstgärten extensiv zu nutzen, mußten überwunden werden. Die Intensivierung der Obstproduktion brachte auch eine Einschränkung der vorher verbreiteten Stufenwirtschaft mit sich.

Der Obstanbau in diesem Gebiet zeichnet sich durch große Zersplitterung aus. Im Karpatenvorland ist Obstanbau in spezialisierten Obstgärten, deren Fläche über 5 ha beträgt, am billigsten. In der zersplitterten Landwirtschaft des Karpatenvorlands gibt es jedoch nicht sehr viele solcher Betriebe. Um die Möglichkeit einer einträglichen Obstproduktion in den kleineren Betrieben zu schaffen, propagierte man in der zweiten Hälfte der 60er Jahre die Idee einfacher Kooperationsformen.

Bei der Gründung der sog. „zusammengeschlossenen Obstgärten" galt die Regel, daß der neu angelegte Obstgarten eine Größe von mindestens 10 ha haben sollte und daß mindestens drei Bauern Anteil an diesem Areal haben sollten. Da man eine große Selbständigkeit in der Bewirtschaftung beibehielt, haben die zusammengeschlossenen Obstgärten viele Anhänger gewonnen.

Die Gesamtfläche der in den einfachen Kooperationsformen zusammengeschlossenen Obstgärten beträgt ca. 600 ha; das ist 5,2 % der Fläche der Obstgärten im Karpatenobstanbaugebiet. Daran sind 326 Besitzer landwirtschaftlicher Betriebe beteiligt, also 2,2 % der Obstanbaubetriebe auf diesem Gebiet.

In den 70er Jahren entstanden spezialisierte Obstanbaubetriebe mit einer Fläche von über 2 ha. Die meisten von ihnen verfügen über Ackerschlepper und über eine technische Ausrüstung zum Anbau und zum chemischen Schutz der Obstgärten.

Die wirtschaftliche Lage der Obstgärten

Von 32 400 landwirtschaftlichen Betrieben im Karpatenobstanbaugebiet sind 44,6 % Obstanbaubetriebe, in denen die Obstgärten über 0,1 ha einnehmen. Der Anteil der landwirtschaftlichen Betriebe mit Obstgarten ist in den Dörfern sehr unterschiedlich (Abb. 1).

In fast 44 % der Obstanbaubetriebe ist die Fläche des Obstgartens nicht größer als 0,5 ha. In 38 % der Betriebe schwankt die Fläche der Obstgärten zwischen 0,5 und 2 ha. Nur in 1,1 % der Betriebe ist die Anbaufläche größer als 5 ha.

Die Anbaufläche in % nach Obstsorten
Apfelgärten   49,8

Pflaumengärten	32,3
Sauerkirschgärten	0,8
andere Obstgärten	3,6
Obststräucher	13,5

Bei den Obstsorten überwiegen Apfelbäume mit großem Anteil vor den Pflaumenbäumen. Seit über 20 Jahren gewinnt der Anbau von Beerensträuchern, vor allem Johannisbeerensträucher, immer mehr an Bedeutung. Das hängt vor allem von der Nachfrage des Obst- und Gemüseverarbeitungsbetriebes in Tymbark ab, in dem Anfang der 50er Jahre die Herstellung von Obstsäften begann.

Unzweifelhaft stellt der moderne intensive Obstanbau die Zukunft des Obstanbaus im Bergland dar, dennoch werden die alten, traditionellen Obstgärten immer noch eine Rolle spielen.

Sie beliefern die Märkte und die lokalen Verarbeitungsbetriebe mit großen Mengen von Tafelobst. Die traditionellen Obstgärten nehmen fast $^2/_3$ der Fläche der Obstgärten im Karpatenvorland ein. Es gibt zwei Arten von Obstgärten: die auf Dauergrünflächen angelegten (36 % der Fläche) und die auf Felder angelegten Obstgärten (64 % der Fläche).

Die traditionellen Obstgärten mit Anbau von Feldfrüchten zwischen den Bäumen dominieren in 117 Gemeinden. In 50 Dörfern des Karpatenobstanbaugebietes schwankt der Anteil der o. g. Gruppe der Dauerkulturen zwischen 65 und 80 %, in 67 Fällen übertrifft er 80 %. Auf diesen Gebieten nehmen die Obstgärten mit den Weidekulturen 20—35 % der Gesamtfläche ein.

Bei den traditionellen Obstgärten sind zwei Nutzungsarten zu unterscheiden: Die Obstgärten mit den Grünflächen zwischen den Bäumen werden der Gruppe der sporadisch genutzten zugerechnet. Ihre Pflege ist auf das Lichten der Baumkronen und auf sporadisches Bodendüngen mit Gülle und Kunstdünger beschränkt. Manchmal führt der Obstzüchter eine, seltener zwei schädlingsbekämpfende Behandlungen vor allem gegen Pilzkrankheiten im Winter durch.

Weniger gepflegt sind die Obstgärten mit Ackerfrüchten unter den Bäumen. Bodendüngung ist hier eine Seltenheit. Wenn der Boden gedüngt wird so deshalb, um die in der Wechselwirtschaft angebauten Ackerpflanzen zu düngen. Die Obstbäume können von dieser bescheidenen Düngung in kleinerem Maße profitieren. Angesichts der Extensivität der Produktion werden die auf den Akkerböden liegenden Obstgärten als Brachobstgärten bezeichnet. Es handelt sich hier hauptsächlich um alte Obstgärten (90 %). Es gibt sie noch in jedem Dorf des Karpatenobstanbaugebietes. Ihre Ernte ist fast ausschließlich für den Familienbedarf bestimmt.

Zu den traditionellen Obstgärten zählt man auch die Pflaumengärten. Im Karpatenvorland wachsen sie entweder auf den Ackerböden zusammen mit den Pflanzen des Fruchtwechsels oder auf den Dauergrünflächen. Viele Einzelpflaumenbäume wachsen auch an Feldrainen, an Feldwegen und am Rande der Hohlwege. Trotz der extensiven Bewirtschaftung bringt ein Teil der Pflaumengärten hohe Erträge.

Die intensiv bewirtschafteten Obstgärten nehmen ungefähr $1/3$ der Gesamtfläche der Dauerobstgärten ein, die modernen, marktorientierten Obstgärten bilden jedoch nur einen kleinen Teil davon. Im Karpatenobstanbaugebiet gibt es bisher nur ca. 100 solcher Betriebe. Die Größe der Obstgärten mit Intensivkultur schwankt zwischen 3 bis 10 ha, und in manchen Fällen liegt sie sogar bei 15 ha. Sie bilden aber nur 0,7 % aller Obstanbaubetriebe. Ihre Fläche nimmt lediglich 4,4 % der Gesamtfläche der Dauerkulturen ein.

In der ersten Entwicklungsphase der Apfelgärten dominierte die Sorte Jonatan, die in manchen Obstgärten fast $2/3$ der Anpflanzungen bildete. Ca. 20 % des Anbaus war McIntosh, daneben gab es noch Bankroft und Starking. In den jüngeren Obstgärten, die Anfang der 70er Jahre angelegt wurden, dominiert die Sorte McIntosh (50—60 %). Daneben gibt es die Sorten Delicious, Close, Vista Bella, Red Melba, Jonatan und Idared.

Die größeren Obstgärten werden auf den Hängen angelegt, deren Neigung nicht größer als 15° ist. Eine Neigung von 5—12° hält man für die Bearbeitung für am günstigsten.

Im Obstanbau des Karpatengebietes sind die Anteile der Erträge wie folgt:
Äpfel   63 %
Pflaumen   26 %
Beerenobst   ca. 5,5 %

Ca. 10 % der Apfelproduzenten verfügt über Lagerräume. Äpfel werden sowohl in Spezialagerhallen als auch in anderen für eine Obstlagerung geeigneten Räumen aufbewahrt. In Jahren mit mittelmäßiger Ernte gelangen nur $2/3$ der Winterapfelsorten in die Lagerräume. Man schätzt, daß $1/3$ der Lagerräume im Karpatenobstanbaugebiet Spezialagerräume sind, $1/3$ sind für Obstlagerung geeignete Räume und ca. $1/3$ sind Keller, in denen die Äpfel kurzfristig aufbewahrt werden.

Die Vermarktung des Obstes wird von der Gartenbau- und Bienenzucht-Genossenschaft organisiert. Hinzu kommt noch ein Netz von Stellen, die die Früchte für die Obstverarbeitungsbetriebe in Tymbark, Nowy Sącz, Limanowa und für vier andere in der Nachbarschaft des Karpatenobstanbaugebietes gelegene Betriebe aufkaufen. Sowohl die „Gartenbau- und Bienenzucht-Genossenschaft" als auch die genannten Verarbeitungsbetriebe kaufen die Früchte auf der Grundlage eines Vertrages. Ein Teil des Tafelobstes wird frei auf dem Markt verkauft. Die Obstbauern bringen sie nach Krakau oder in die Städte des Oberschlesischen Industriegebietes. Der Absatz von Pflaumen erfolgt hauptsächlich lokal.

Schlußbemerkungen

Die Entwicklung des Obstanbaus im Karpatengebiet sollte unterstützt werden. Hierfür gibt es viele Gründe. Untersuchungen haben bewiesen, daß der Obstanbau im Vergleich zu anderen Kulturen immer die höchsten Erträge hatte. Immer waren die Obstbauern die wohlhabendsten, immer genossen sie bei den

Dorfbewohnern hohes Ansehen wegen ihrer großen wirtschaftlichen Effizienz. Es ist möglich, daß sich in Zukunft vielleicht auch eine ähnlich intensive Viehzucht entwickeln kann.

Wenn man die jetzige Bodenproduktivität der spezialisierten Obstgärten mit der früheren Bodenproduktivität beim Getreideanbau vergleicht, so zeigt sich, daß die Bodenproduktivität beim Obstanbau 5—6mal, manchmal zehnmal größer ist. Es ist jedoch zu berücksichtigen, daß der Aufwand für den Obstanbau sehr unterschiedlich ist. Es reicht hier von geringem Pflegeaufwand in den traditionellen Gärten bis zum höchsten Aufwand in Intensivbetrieben. Der Aufwand für den Getreideanbau ist in allen landwirtschaftlichen Betrieben dagegen ziemlich gleich.

Der Vorschlag zu einer weiteren Entwicklung des Obstanbaus im Karpatengebiet hat auch einen sozialen Aspekt. Es ist bekannt, daß sowohl in unserem Gebirge als auch in anderen Gebirgen Europas kleine landwirtschaftliche Betriebe überwiegen. Die Geländebeschaffenheit, zahlreiche Täler und manchmal auch geschichtliche Faktoren machten die Entstehung größerer landwirtschaftlicher Betriebe unmöglich. Der heutige Zustand läßt bei den jetzigen Bewohnern der Berge und des Gebirgsvorlandes Existenzangst aufkommen. Es liegt im Interesse der gesamten Gesellschaft, daß ein Teil der Leute weiterhin als Bauern im Gebirge bleibt. Es ist aber notwendig, daß die Existenz der in diesem Wirtschaftszweig arbeitenden Familie gesichert ist. Solche Existenzgrundlage kann im Karpatengebiet die Obstkultur schaffen. Aus zahlreichen Umfragen geht hervor, daß die intensiv bewirtschafteten Gebirgsobstgärten von 5—10 ha Größe den Familien ein gutes, oft sogar ein hohes Lebensniveau sichern. Oft kann schon ein Grundstück von 1—2 ha solche Lebensbedingungen bieten, insbesondere, wenn es sich um eine Beerenplantage handelt. Wenn die Fläche des Obstgartens kleiner als 1 ha ist, so kann der Obstanbau eine gute Quelle der Nebeneinkünfte sein. Man kann davon ausgehen, daß die weitere Entwicklung des Obstanbaus in diesen Gebieten den Prozeß der Entvölkerung in den Bergen stoppen oder wenigstens vermindern kann.

Literatur

Guzik, Cz.: Biographical Agents of the Integrated Protection of Orchards in the Carpathian Fruit-Growing Region, Folia Geographica, Ser. Geographica-Oeconomica, vol. XIII., 1980.

Guzik, Cz.: Geograficzno-ekonomiczna analiza sadownictwa w karpackim rejonie sadowniczym (Eine geographisch-ökonomische Analyse des Obstanbaus im Karpatenobstanbaugebiet), Rozprawy habilit. UJ, nr 50, Kraków, 1981.

Makosz, E.: Przemiany w organizacji i funkcjonowaniu rodzinnych gospodarstw sadowniczych na Podkarpaciu (Die Veränderungen in der Organisation und Funktion der Familienobstanbaubetriebe im Karpatenvorland), Prace Inst. Sadown. i. Kwiac., seria D. nr 10, 1981.

Maskosz, E., Słowik, K.: Sadownictwo podgórskie (Obstanbau im Gebirgsvorland), PWRiL, Warszawa, 1975.

Stola, W., Szczęsny, R.: Geografia rolnictwa Polski (Landwirtschaftsgeographie Polens), WSz i P, Warszawa, 1980.

Bericht

Geographische Fachexkursion in den Karpaten

Route: Mogilany — Myślenice — Lubień — Rabka — Spytkowice — Jabłonka/Orawa-Gebiet — Zubrzyca Górna/Freilichtmuseum — Krowiarki/Bergstraße — Zawoja — Skawica — Białka — Maków Podhalański — Sucha — Skawce — Świnna Poręba — Wadowice — Kalwaria Zebrzydowska — Biertowice — Głogoczów — Mogilany.

Wir befinden uns im Gebiet des Karpaten-Vorlandes (Pogórze Wielicki), unsere Route führt zuerst nach Süden in die sog. Makowski Beskiden (700—900 m).

Unsere Reiseroute geht zuerst durch ein Gebiet, das noch im Einflußbereich von Kraków liegt. Von hier kommen viele Tagespendler, die vor allem im Bauwesen tätig sind. Die Pendlerzone reicht im Süd-Westen bis zur Kleinstadt Kalwaria Zebryzdowska, im Süden umfaßt sie die Umgebung der ehemaligen Kreisstadt Myślenice. Die Arbeiter kommen nach Kraków mit dem Autobus oder mit Firmenbussen.

Die Agrarstruktur ist hier sehr ungünstig: mehr als $^2/_3$ der Bauernbetriebe bewirtschaftet eine Nutzfläche von 2—3 ha; das sind vor allem Bauern-Arbeiter-Betriebe. Die nicht intensive Landwirtschaft (IV.—V. Klasse der Bodengüte) hat ungünstige Klimabedingungen; die Produktion erfolgt hauptsächlich für den Eigenbedarf. Beim Feldbau dominiert die Getreide-Kartoffel-Richtung, in der Tierzucht die Milchrichtung (65—75 Stück Vieh auf 100 ha Nutzfläche).

Südlich von Myślenice kommen wir in das Gebiet, in dem die Landbewohner schon einen großen Teil der Einnahme aus dem Fremdenverkehr erzielen. Das Tal der Raba (Nebenfluß der Weichsel) gehört zu den beliebtesten Ausflugzielen der Krakauer.

Die Entwicklung der Touristik und Erholung verläuft in den Beskiden zweigleisig durch den Bau von Erholungszentren einzelner Betriebe aus Oberschlesien und Kraków und durch intensive private Bautätigkeit der Landbevölkerung. Besonders im Sommer mieten Gäste Zimmer in den neuen Häusern, die für den Eigenbedarf viel zu groß sind. Diese Aktivitäten sind z. T. durch den Staat reguliert — die Vermietung soll mit Hilfe eines offiziellen, staatlichen oder genossenschaftlichen Vermittlungsbüros erfolgen. In der Praxis haben wir es aber mit verschiedenen, auch privaten, Vermietungsformen zu tun.

Als gute Beispiele für den Einfluß des Tourismus auf das Wirtschaftsleben der Landbevölkerung können die Dörfer Lubień und Zawoja dienen.

Lubień liegt im westlichen Teil des Beskid Wyspowy (sog. Insel-Beskiden) an der Straßenkreuzung von Kraków nach Zakopane und Limanowa-Nowy Sacz. Die intensive private Bautätigkeit der Dorfbewohner und viele Sommerhäuser sind Beispiele für die positive Rolle des Tourismus. Der Ort wird im Sommer und Winter von den Krakauern besucht (Skilifte auf dem Nordabhang des Luboń — 1023 m ü. d. M.).

Zawoja liegt am Rande des Beskid Wysoki (Hohe Beskiden) im Tal der Skawica. Es ist ein 12 km langes Waldhufendorf, unmittelbar am Nordabhang der Babia Góra, des höchsten Berges der Beskiden (1725 m). Nach dem Bau einer neuen Straße sind hier Erholungsheime und Sommerhäuser entstanden, die von den Stadtbewohnern aus Oberschlesien und Kraków benutzt werden. Zawoja hat darüber hinaus sehr gute Bedingungen für den Wintersport.

In der Umgebung von Sucha Beskidzka und Wadowice befinden wir uns im Einflußgebiet der Textil- und PKW-Stadt Bielsko-Biała. Dieser Raum ist Teil des großen Einzugsgebietes von Kraków.

Kurzinformationen zu einzelnen Orten:

Myślenice: Bis 1975 Kreisstadt, am Nordrande des Makowski Beskid an der Grenze des Karpaten-Vorlandes gelegen, 315 m ü. d. M., Stadtrechte vor 1342, bis 1568 gehörte die Stadt den Salzverwaltern aus Wieliczka; wichtiger Stützpunkt auf dem Handelsweg von Kraków nach Ungarn. Einige Kunstdenkmäler: Gotische Pfarrkirche und Friedhofskirche aus dem 15. Jh., Bürgerhäuser aus dem 18. Jh., Regional-Museum. Einige kleine Industriebetriebe, drei Fachschulen, eine Oberschule.

Pcim: Erholungsort an der Raba (332 m ü. d. M.); ein Dorf aus dem 14. Jh., im 17. Jh. Zentrum des Arianismus; Holzkirche von 1767.

Lubień: Erholungsort (350 m ü. d. M.) mit mehreren Sommerhäusern; das Dorf wurde im 14. Jh. angelegt, bis 1939 war hier eine schöne Holzkirche aus dem 17. Jh., die im September 1939 niederbrannte.

Skomielnia Biała: Am Nord-Westrande des Gorce-Massiv gelegen, Erholungsort in der Nähe von *Rabka*, der bekannten Heilstätte für Kinder; 11 Salinenquellen, mehrere Heilanstalten, in der Holzkirche aus dem 17./18. Jh. befindet sich ein regionales Museum mit der größten polnischen Sammlung von Heiligenfiguren, die meistens von Dorfkünstlern gefertigt wurden (Holzschnitzereien).

Spytkowice: Ein 10 km langes Waldhufendorf im Skawa-Tal, am Ostrande der Hohen Beskiden; schöne mit Schindeln gedeckte Holzkriche von 1758. Spytkowice war das letzte Dorf in den Beskiden. Die weitere Strecke führt uns ins *Orawa-Gebiet*. Die ersten Dörfer sind *Podwilk* und *Orawka*. Hier gibt es Holzgewerbe (siehe viel Holz an den Bauernhöfen). Das Orawa-Gebiet ist eine sehr interessante, zweisprachige Region im Westteil des Bergkessel Orawa-Nowy Targ.

Seit 1920 gehört die sog. Obere Orawa zu Polen, die teilweise zum Abflußgebiet des Schwarzen Meeres zählt. Diese Region wurde schon im Mittelalter von Süden durch die slowakische, vom Norden durch die polnische Bevölkerung besiedelt. Bis zum Ende des 15. Jh. gab es hier königliche Güter. Danach ging der Boden immer mehr in private Hände über. Am Ende des 15. Jh. gab es hier neue Siedler, die sog. Walachen, ein Hirtenvolk aus dem Balkan und den Südkarpaten. Im 16. Jh. ist das Orawa-Gebiet an die ungarische Adelsfamilie Thurzon übergegangen. Von dieser Zeit an war Orawa ein „freier Staat", der keinen Frondienst kannte.

Den polnischen Teil der Orawa bewohnten die sog. Orawa-Goralen, die sich von den Podhale- und Tatra-Goralen durch Kleidung, Mundart und den Stil ihrer Bauten unterscheiden.

Als Folge komplexer historischer Prozesse hat sich im Orawa-Gebiet eine spezifische Agrarstruktur entwickelt, die in anderen Teilen Polens nicht ihresgleichen findet. Hier überwiegt das Privateigentum, nur in Jabłonka gibt es eine kleine LPG, die sich auf Schafzucht spezialisiert hat. Als Folge häufiger Erbteilungen hat sich eine komplizierte Flurstruktur entwickelt. Die Flure sind sehr zerstückelt; Betriebe mit einer Nutzfläche von 5—8 ha haben z. T. Grundstücke in 50—60 Teilen, die nicht selten bis zu 7—12 km vom Bauernhof entfernt liegen. Ein Beispiel hierfür ist das Dorf Jabłonka, wo man vor kurzem eine Flurbereinigung durchgeführt hat. Noch heute haben die Bewohner Orawas einen Teil ihrer Grundstücke auf der slowakischen Seite. Bis 1981 konnten sie diese Parzellen bebauen.

Jabłonka: Hauptzentrum der polnischen Orawa; das Dorf wurde 1561 angelegt, bis heute ist dort der charakteristische Orawa-Baustil beibehalten (Holzhäuser mit einem Brettergerüst auf den Dächern). Ein kleines Dorfzentrum mit später Barockkirche und einer Oberschule, in der in der polnischen und slowakischen Sprache gelehrt wird. Bekannter, historischer Jahrmarkt. Viele Einwohner arbeiten in der Tschechoslowakei, vor allem in Chyzne. Südlich von Jabłonka befindet sich ein wichtiger Grenzübergang nach Südeuropa.

Zubrzyca Górna: Ein traditionelles Orawadorf, bis zur Höhe von 960 m besiedelt; Freilichtmuseum.

Zawoja: Ein 12 km langes Waldhufendorf, angelegt von den Walachen im 16. Jh.; Sommer- und Wintererholungszentrum; Holzkirche von 1888, alte Holzbauten; Erholungszentrum für verschiedene Betriebe, Sommerhäuser.

Maków Podhalański: Eine Kleinstadt an der Skawa; Stadtrechte vor 1840; ein großer Sandsteinbruch, holz- und metallverarbeitende Industrie; Volkskunstzentrum (Puppen, Stickerei).

Sucha Beskidzka: Bis 1975 Kreisstadt; gegründet im 13. Jh., Stadtrechte erst 1889; kleines Industriezentrum und Eisenbahnknotenpunk; Berufsschule, Oberschule, Renaissanceschloß aus dem 17. Jh. mit einem schönen Kreuzgang-Innenhof.

Skawce: Erholungs- und Wochenendzentrum an der Skawa, beliebt bei den Krakauer Anglern.

Świnna Poręba: Ein mittelalterliches Dorf; 1940—44 war hier eine deutsche Munitionsfabrik an der Stelle einer älteren Mineraldüngerfabrik. Für die Zukunft ist der Bau eines Staubeckens mit Trinkwasser für Kraków geplant.

Wadowice: Bis 1975 Kreisstadt, am Südrande des Karpaten-Vorlandes, Stadtrechte vor 1327, ein regionales Subzentrum im 17.—18. Jh.; 1939—45 zum Deutschen Reich gehörend; kleines Industriezentrum und Eisenbahnknotenpunkt; 5 Berufs- und Fachschulen, Oberschule; Barockkirche aus dem 18. Jh., Geburtsort des „polnischen Papst" Johannes Paulus II.

Kalwaria Zebrzydowska: Kleinstadt mit 4000 E., gegründet 1617 als Pilgerort mit bekanntem Kloster; überregional bekanntes Tischlergewerbezentrum

(Kalwaria-Möbel); Eisenbahnknotenpunkt und Wochenendzentrum für die Krakauer.

Biertowice: Großes Erholungsdorf am Fuß der Babica. In der Dorfkirche befinden sich wertvolle Kunstgegenstände aus dem 14. und 15. Jahrhundert.

Kraków, Mai 1987
Exkursionsleitung:
Bronisław Górz und
Jan Rajman

III. Siebtes deutsch-polnisches
Geographie-Symposium

Oldenburg, 23.–29. Mai 1988

Bilanzierung der bisherigen Zusammenarbeit

Fachthema:
Umwelterziehung im Geographieunterricht
beider Länder

Deutsche Beiträge

Walter Sperling

Deutsch-polnische Schulbuchkonferenz: Bilanz der geographischen Schulbucharbeit

Die Aufgabe, die mir gestellt worden ist, heißt: Bilanz ziehen über 16 Jahre geographische Schulbucharbeit in der Gemeinsamen Schulbuchkommission der Volksrepublik Polen und der Bundesrepublik Deutschland. Aber es kann nur eine Zwischenbilanz sein, denn neue, völlig andere Aufgaben und Probleme erwarten uns in den nächsten Jahren. Wir haben Jahre des Wandels hinter uns, nicht spektakuläre Umbrüche, sondern der „Normalisierung", was dazu verführen könnte, bequem zu werden und sich mit dem Erreichten zufrieden zu geben.

Wichtig ist, daß wir gelernt haben, partnerschaftlich zu diskutieren, im Geiste gegenseitigen Vertrauens die Probleme der jeweils anderen Seite zu erkennen und unsere Folgerungen so zu ziehen, als wären wir nicht allein davon betroffen. Ich möchte diese Ausführungen deshalb dem Gedenken unseres verehrten, leider zu früh verstorbenen Kollegen und Freundes Prof. Dr. Jozef Barbag widmen, dem kenntnisreichen Wissenschaftler, dem ausgezeichneten Pädagogen, dem manchmal zornigen Verfechter seiner Grundsätze und Ideen, dem gütigen Menschen, der uns weit über die fachliche und fachpolitische Arbeit hinaus mit Rat und Tat zur Seite gestanden hat. Seine humane und humanistische Haltung, aus leidvoller Erfahrung geboren, soll uns auch in Zukunft Vorbild sein.

Der Wandel, von dem ich sprach, betrifft viele Aspekte der Entwicklung in den letzten Jahren: Politik und Gesellschaft, Fachwissenschaft und Fachdidaktik, die Ausbildung und Fortbildung der Lehrer, die Bildungssysteme, die Curricula, den Unterricht und nicht zuletzt den Gegenstand, über dessen Qualität wir hier zu befinden haben — die Lehrmaterialien, besonders die Schulbücher sind hier natürlich die Bahndlung Polens.

Mein Vortrag besteht aus drei Teilen:
- Der Wandel der politischen, gesellschaftlichen und institutionellen Rahmenbedingungen.
- Der Wandel des geographischen Unterrichts und damit die Stellung Polens im geographischen Curriculum
- Die Darstellung der West- und Nordgrenze der Volksrepublik Polen und die Markierung der Ostgrenze des Deutschen Reiches in 40 Jahren durch die schulkartographischen Medien.

Über die politische Situation in Mitteleuropa brauche ich hier nicht viele Worte zu verlieren, darüber berichten die Medien laufend und zuverlässig. Es ist ziemlich sicher, daß der Prozeß der Entspannung und der beiderseitigen Zusammenarbeit im Dienste des Friedens zu mehr gegenseitiger Anteilnahme geführt hat, so daß ein politisches Klima entstanden ist, das Mißtrauen und Vorurteile abgebaut hat und das für unsere weiteren Bemühungen zweifellos vorteilhaft sein wird. Bemerkenswert ist die Tatsache, daß der Begriff „Mitteleuropa" wieder ins Gespräch gekommen ist, nicht etwa als Wiedergeburt einer großgermanischen Hegemonie oder eine Apologie des deutschen Lebensraums, sondern als Kultur- und Handlungsraum im Zentrum Europas, wo es in besonderer Weise darauf ankommt, die politischen Gewichte stabil zu erhalten und gemeinsam Verantwortung für das zukünftige Geschehen zu übernehmen.

Politik läßt sich aber von der Gesellschaft nicht trennen. Die frühen siebziger Jahre, als die Kommission ihre Aufgabe übernahmen, waren gekennzeichnet von beängstigenden, aber auch produktiven Unruhen, die heute abgeklungen zu sein scheinen. Diese „Studentenunruhen", über deren Ursache heute noch immer spekuliert wird, sind zwar nicht mehr aktuell, doch die Probleme, deren wir damals ansichtig wurden, sind noch lange nicht gelöst. Das wirtschaftliche Wachstum, verbunden mit Industrialisierung, Urbanisierung und Umweltbelastungen, war nicht die einzige Ursache panikhafter Reaktionen. Die Gründe dieses Unbehagens sind geblieben und haben sich teilweise noch verstärkt, die Last der Folgen aber wurde auf die gesamte Gesellschaft verteilt.

Wir dürfen nicht vergessen, daß auch die gesamte demographische Struktur unserer Gesellschaft einem tiefgreifenden Wandel unterworfen war. 1972, im Jahre unserer ersten Konferenz, setzte der „Pillenknick" ein, das heißt die Verringerung der Geburten durch kontrakonzeptionelle Mittel. Die Zahl der Schüler hat sich seitdem drastisch verringert, gleichzeitig ist der Anteil ausländischer Schüler immer höher geworden. Auch zwischen der Volksrepublik Polen und der Bundesrepublik Deutschland hat sich die Migrationsmobilität erheblich gesteigert, vorwiegend in ost-westlicher Richtung. Nicht verringert hat sich aber die Zahl der Schulen, dagegen aber der Umfang der Schülerschaft und der Lehrerkollegien, deren Durchschnittsalter mit jedem Schuljahr um ein Lebensjahr ansteigt, wenn kein junger Lehrer dazu kommt. Das ist besonders in einigen Flächenstaaten der Fall, während die Stadtstaaten weniger davon betroffen sind. Das bedeutet für den Unterricht, für die Erdkunde mehr als für die Geschichte, daß immer mehr Lehrkräfte fachfremd eingesetzt werden müssen. Dies sind nicht selten ältere, fachlich unerfahrenere Lehrkräfte, die von unseren Empfehlungen, Publikationen und Materialien nicht so erreicht werden, wie etwa jüngere, vorzüglich ausgebildete und problembewußte Fachlehrer, die in großer Zahl arbeitslos sind und auf eine Anstellung warten. Die Ergebnisse unserer Arbeit kommen demnach immer weniger durch die Weiterbildung, sondern über die öffentlichen Medien in das Bewußtsein der Lehrer, die die Aufgabe der Umsetzung zu übernehmen haben. Wir müssen sie durch gezielte Lehrermaterialien mit den Ergebnissen unserer Arbeit vertraut machen.

Unsere Bildungssysteme haben äußerst flexibel auf solche Herausforderungen reagiert. Geblieben ist die förderalistische Grundstruktur, doch scheinen die Unterschiede unter den Ländern sich zu verstärken, die Möglichkeiten von

Kontakten weniger genutzt zu werden. Dies betrifft besonders den Ausgleich zwischen den A- und B-Ländern, deren schulpolitischen Vorstellungen, auch in der Gestaltung des Faches Erdkunde, erheblich voneinander abweichen. Man darf nur hoffen, daß die Konferenz der Kultusminister in der Lage sein wird, den Grundbestand gemeinsamer Ansichten nach außen sichtbar und durchschaubar zu machen und auch durchzusetzen. Vorbildlich ist die Umsetzung unserer Empfehlungen im Land Berlin; wir dürfen hoffen, daß andere Länder sich dies zum Vorbild nehmen.

Die Ausbildungssysteme an den Hochschulen haben auf den Wandel unterschiedlich reagiert. Dies betrifft sowohl die Geschichtswissenschaft als auch die Hochschulgeographie. Zwar gehen Absolventen aus beiden Fächern zunehmend in Berufe, die außerhalb der Lehrämter liegen, doch im Bereich der Geographie hat sich die Lage verschärft durch die Einführung neuer, stark spezialisierter Diplom-Studiengänge, die durch neue Formen der Professionalisierung und des Expertentums gekennzeichnet sind, der akademischen Allgemeinbildung aber einen geringeren Stellenwert beimessen. Dies trifft besonders die Regionale Geographie und die Landeskunde, namentlich der europäischen Länder. Auch die geographische Fachdidaktik leidet unter dieser Entwicklung, was besonders bedauerlich ist, denn ihr steht letztlich die Aufgabe zu, geographische Kultur zu pflegen und damit der Völkerverständigung zu dienen, in deren Dienst nicht zuletzt die Länderkunde in besonderer Weise gestanden hat.

Das Wachstum der Geographischen Institute, das eigentlich als erfreulich bezeichnet werden müßte, verlief asymmetrisch und kam einseitig speziellen Arbeitsrichtungen zugute. In der komplexen Regionalen Geographie, das heißt in der Länder- und Landeskunde müssen wir seit Jahren bei der Einrichtung neuer Hochschullehrerstellen ein Null-Wachstum feststellen, wenn nicht schon gar ein Rückschreiten, obwohl es an neuen methodischen Konzepten der Regionalgeographie nicht fehlt. Dieser Stillstand betrifft nicht nur die Landeskunde Deutschlands und Mitteleuropas, sondern auch die Länderkunde der Staaten Europas, wo die Zahl der Promotionen und Habilitationen im Vergleich zu früher eher rückläufig ist.

Diese unerfreuliche Entwicklung wird schon durch die Studiengänge vorprogrammiert, welche die Einübung spezieller statistischer Fertigkeiten, die Arbeit im Labor und an Rechenmaschinen zwingend vorschreiben, aber keinen Raum dafür bieten, daß die Studierenden sich neue Fremdsprachenkenntnisse aneignen und bei Studienreisen erproben.

Aber nur Länder- und Landeskunde, abgesichert durch entsprechende moderne hochschul- und fachdidaktische Konzepte, vermitteln ein komplexes und wissenschaftlich abgesichertes Bild, das auch die historischen und kulturellen Gegebenheiten einschließt und so der Völkerverständigung und der Friedenserziehung dient.

Lassen Sie mich, nach diesen pessimistischen Darlegungen, endlich zu erfreulichen Perspektiven kommen. Ich meine damit den Niederschlag unserer gemeinsamen Schulbucharbeit in den Curricula, im Unterricht und in den Medien, vornehmlich in den Schulbüchern.

Als wir nach 1970 mit unserer gemeinsamen Schulbucharbeit begannen, befand sich die Schulgeographie in der Bundesrepublik Deutschland in einer desolaten, für Außenstehende geradezu verwirrenden Lage. Die Lehrplanstruktur hatte sich zunächst in den ersten zwanzig Jahren nach dem Zweiten Weltkrieg in Anknüpfung an ältere Traditionen auf den länderkundlichen Durchgang „Vom Nahen zum Fernen" eingespielt. Dies galt gleichmäßig für alle Länder und für alle Schularten von den Klassen 5–8. In der 5. Klasse wurde (mit Ausnahme von Bayern) ausschließlich Deutschland behandelt, in der 6. Klasse folgten die Länder Europas, dann die Kontinente und die Welt. Das länder- und landschaftskundliche Konzept der deutschen Geographie wurde beim Kieler Geographentag 1979 einer dramatischen Kritik unterzogen; die Folgen sind noch nicht bewältigt. Die neuen curricularen Strömungen setzten sich seit dem Erscheinen des ersten Bandes von „Dreimal um die Erde" (1968) bis Mitte der siebziger Jahre in allen Ländern und Schularten durch.

An die Stelle des konventionellen, von der Administration erlassenen Lehrplans trat das lernzielorientierte „Curriculum".

Als Curriculum werden didaktische Konzepte begriffen, die nicht nur Lerninhalte und die Reihenfolge ihrer Behandlung nennen, wie die bisherigen Lehrpläne, sondern auch die Qualifikationen beschreiben, die erreicht werden sollen, und die methodischen Vorkehrungen und Hilfsmittel erläutern, die diesem Ziel dienen. Das Prinzip „Vom Nahen zum Fernen" wurde als unpsychologisch in Frage gestellt, andere Prinzipien wie „Vom Leichten zum Schwierigen", „Vom Konkreten zum Abstrakten" oder „Vom Elementaren zum Komplexen" wurden als gleichrangig erkannt. Das bedeutet aber nicht, daß auf eine regionale Leitlinie im geographischen Unterricht zwangsläufig verzichtet werden mußte.

Auf die gesellschaftliche Relevanz und den politischen Bildungswert des geographischen Unterrichts wurde in vielen Beiträgen hingewiesen. Das von namhaften Sozialgeographen propagierte Konzept der Daseinsgrundfunktionen schien besonders geeignet zu sein, pädagogisch intendierte Motivationen, die Lebensnähe und den Anwendungsbezug des geographischen Unterrichts zu fördern. Stoffe aus der Physischen Geographie wurden in Form von gut durchdachten Fallbeispielen in sinnvolle Abläufe einbezogen. Die Geoökologie wurde als eine neue Form des Systemdenkens entdeckt und didaktisch umgesetzt, dies diente der Förderung des Umweltbewußtseins. Jedoch fehlte diesem neuen curricularen Konzept zunächst eine Theorie der regionalen Orientierung, was in der Praxis zu einer Suspendierung der Länder- und Landeskunde führte, während die regional ausgewählten Fallbeispiele unverbunden nebeneinander standen.

Es ist eine merkwürdige Tatsache, daß die neuen Curricula gar nicht existierten, als der Unterricht umgestellt wurde. Es gab vielmehr „heimliche Curricula", das waren die Inhaltsverzeichnisse der neu erschienenen Unterrichtswerke sowie die Lehrerbegleitbände und nicht zuletzt Konzepte, welche die Lehrer selbst entwickelten, denn eine neue Generation junger Lehrer, nicht unbeeinflußt von der Studentenbewegung und einem gewandelten Wissenschaftsverständnis, stürmte die Schulen. Die geographische Curriculumentwicklung dieser Phase, die etwa um 1975 zu einem ersten Abschluß kam, ist gekennzeichnet durch das individuelle Engagement produktiver Autoren, die sich an staatliche Vorgaben wenig gebunden fühlten, aber auch durch die ökonomischen Interessen mehrerer in Konkurrenz stehender Verlagshäuser, die einen expandierenden Schulbuchmarkt antrafen, denn der „Pillenknick" hatte sich auf die Schülerzahlen noch nicht ausgewirkt. Zunächst zögernd, dann aber mit administrativem Nachdruck entstanden in den Ländern Fachdidaktische Kommissionen, deren Aufgabe es war, die neuen didaktischen Erkenntnisse und Erfahrungen zu fixieren und curriculare Lehrpläne zu entwerfen, die einen völligen Bruch mit dem traditionellen Erdkundeunterricht vollzogen.

Endlich bemühte sich auch der Zentralverband der deutschen Geographen, der Dachverband aller geographischen Verbände in der Bundesrepublik Deutschland, eine einheitliche Form für das Curriculum des geographischen Unterrichts zu finden. 1980 erschien der „Basislehrplan Geographie" mit Empfehlungen für die Sekundarstufe I. Diese Empfehlungen gelten den Zielen und Inhalten des geographischen Unterrichts und zeigen im Aufbau eine volle Hinwendung zu den neuen curricularen Erkenntnissen, beispielsweise zum Konzept der Daseinsgrundfunktionen, zum System der Kenntnisse, Fertigkeiten und Einstellungen, zu einer fachlich und psychologisch abgesicherten Stufenfolge, auch bei der Begründung der ausgewählten Raumtypen einschließlich der regionalen Zuordnung und topo-chrographischen Orientierung. Die regionalen Bezugsebenen sind ungleichgewichtig auf die Heimat? Deutschland (Bundesrepublik Deutschland und DDR), Europa und weltweit verteilt. Obwohl dies einen Gewinn für die Behandlung der deutschen Landeskunde bringt, ist die europäische Ebene relativ schwach vertreten, etwa in Klasse 9/10 mit „Nachbarstaaten Deutschlands" und der Thematik „Strukturen von Staaten unterschiedlicher Prägung". Hier werden Polen und Frankreich ausdrücklich vorgeschlagen. Inwieweit dieser Basislehrplan Einfluß auf die weitere Entwicklung hatte, wird sich noch erweisen müssen.

Nun war auch der Zeitpunkt gekommen, daß die Länder-Administrationen endlich wieder Herr der Curriculum-Entwicklung wurden, nachdem sie 15 Jahre lang nur unsicher reagiert hatten. So schlug die Stunde der Beamten, der Abgeordneten und nicht zuletzt auch der Elternvertreter, die mit (teilweise berechtigter) Kritik nicht sparten, so an der Beliebigkeit der Themen, der Vernachlässigung des räumlichen Kontinuums, dem Nachlassen der Orientierungsfähigkeit bei den Schülern und der übertriebenen Professionalisierung der sogenannten Fallbeispiele. Diese kritische Einstellung war zuletzt mitverursacht durch die Skepsis gegen die von den Reformen intendierte Gesamtschule mit ihren einheitlichen Stundenplänen.

Nun aber müssen wir uns dem wichtigsten Teil unserer Bilanz zuwenden, der Betrachtung der Entwicklung der Medien und besonders der Geographielehrbücher. Unsere Sitzungen widerspiegeln eine wichtige Entwicklungsetappe des geographischen Unterrichts und seiner Medien. Wir trafen uns zuerst 1972 in Warschau und in Braunschweig, zuletzt 1987 in Mogilany. Bei allen Konferenzen wurden Kommuniqués erstellt. Sehr wichtig und notwendig für die weitere Arbeit waren die Grundsatzreferate über die Bildungssysteme und das Schulwesen unserer Länder, über den Stand der geographischen Fachdidaktik und -methodik, die landeskundlichen Einführungen in die Exkursionsgebiete und nicht zuletzt auch die Unterrichtshospitationen, die unbedingt wiederholt werden sollten. Es wurden Fehlerlisten ausgetauscht und Bilanzen gezogen, ob die vorgeschlagenen Korrekturen vorgenommen worden waren. Das wichtigste Dokument sind die „Empfehlungen für Schulbücher der Geschichte und Geographie in der Bundesrepublik Deutschland und in der Volksrepublik Polen" von 1977. Die Vorbemerkungen und Empfehlungen für Geographie enthalten eine Reihe von Punkten, von denen heute geprüft werden muß, ob sie in der vorgedachten Form positiv in die Curriculum- und Schulbuchgestaltung sowie in die Schulatlanten eingegangen sind. Unterschiedliche Auffassungen bestehen nach wie vor in zwei Fragen, die allerdings nicht in die Kompetenz der Geographie fallen und von politischen Entscheidungen abhängig sind: Das ist die Darstellung der deutschen Reichsgrenze mit dem Stand vom 31. Dezember 1937 in nicht-historischen Karten der geographischen Schulbücher und -atlanten und das ist zum andern die Präsentation des Landes Berlin bzw. von Berlin (West) in den polnischen Lehrmaterialien.

Immerhin war 1977 ein Zeitpunkt, an dem sich, mindestens für die polnischen Teilnehmer, die Entwicklung noch nicht voll übersehen ließ. Dabei ist zu bedenken, daß die länderkundlichen Erdkundewerke teilweise noch im Gebrauch oder im Handel waren, die Darstellungen enthielten, die Polen in einem sehr schiefen Licht zeigten und die historischen deutschen Ostgebiete mißverständlich darboten. Deshalb wurde großer Wert auf die Feststellung gelegt, tendenziöse Darstellungen zu vermeiden und im Geiste gegenseitiger Toleranz die raumwirksamen Leistungen beider Völker hervorzuheben. Namentlich die Verlage und Autoren wurden aufgefordert, bei Neukonzeptionen diese Empfehlungen zu beachten.

Ich möchte das damalige Problem kurz skizzieren, obwohl es uns jetzt nicht mehr belastet. Im Rahmen des traditionellen länderkundlichen Durchgangs wurden die historischen deutschen Ostgebiete in der 5. Klasse unter Deutschland behandelt, so daß der Eindruck entstehen mußte, als wären diese nur vorübergehend vom Deutschen Reich abgetrennt worden. Die Kenntnisvermittlung über Polen war veraltet, korrekturbedürftig in den Inhalten und in der Vermittlung, auch was die Bildbeigaben anbetrifft.

Damals glaubte man, die Ostkunde-Empfehlungen der Kultusministerkonferenz und den Einfluß der Vertriebenenverbände für diesen Zustand verantwortlich machen zu müssen. Beides war falsch und trifft auf den Tatbestand nicht zu. Die Konferenz der Kultusminister hatte längst zur Versönlichkeit aufgerufen und objektive Kenntnisvermittlung hinsichtlich der östlichen Nachbarländer Deutschlands gefordert. Vielmehr wissen wir heute, daß in den fünfziger und sechziger Jahren bei einigen Verlagen noch anonyme Autoren unter Vertrag standen, die im Geiste der älteren Ostdeutschtumskunde schrieben und dabei keiner Kontrolle unterworfen waren. Erst in der letzten Phase bemühten sich einige Verlage um Korrekturen, die jedoch unzulänglich blieben, und auch um neue Texte. Beispielsweise erschien 1968 im List-Verlag der zweite Band von „Harms Erdkundebuch", der erstmals das polnische Nachkriegsterritorium geschlossen zeigte und damit eine neue Sicht der Landeskunde Polens einleitete. Damit wurde eine Periode der Wahrnehmung des deutschen Ostens bzw. des polnischen Westens abgeschlossen, deren Anfänge sich bis 1872 zurückverfolgen lassen und die in der Zwischenkriegszeit mit ihren euphorischen Betonung des Grenzlanddeutschtums ihre ideologische Blütezeit erreicht hatte.

Allerdings muß zugegeben werden, daß die folgenden Generationen der Schulbücher aus der Zeit des curricularen Wandels die Empfehlungen der Schulbuchkommission nicht oder nur auf schmaler Basis realisieren konnte, weil Polen bei der Verteilung der Raumbeispiele benachteiligt wurde, etwa im Vergleich mit der Behandlung der Sowjetunion oder Chinas, die nun zusätzliches Gewicht beanspruchten. Dies war keine gezielte Diskriminierung, sondern die Folge des Verlusts an Gespür für regionale Kulturen in Europa; die Behandlung Frankreichs ist bekanntlich ein ähnlich gelagerter Fall. Nur wenige Lehrwerke, beispielsweise „Dreimal um die Erde", „List Geographie" und „Welt und Umwelt" brachten Abschnitte über Polen, D. Richter (1980) hat den Sachstand zusammengefaßt. Immerhin entstanden außerhalb der Schulbücher mehrere Unterrichtsmaterialien, Unterrichtsbeispiele in Zeitschriften sowie Medien mit didaktischen Begleitheften, die Themen aus Polen zum Inhalt hatten. Jedenfalls war Polen im Unterricht mehr präsent als in den Schulbüchern, was sich freilich einer exakten Bilanzierung entzieht. Auf diesen Tatbestand ist Herr Kistler (siehe oben) in seinem Papier eingegangen. Neuerdings findet man in den neuen Unterrichtswerken, bedingt durch den stärkeren Raumbezug, die „regionale Leitlinie", wieder mehr Seiten über Polen.

Werfen wir noch einen Blick in die Empfehlungen der gemeinsamen Schulbuchkommission, dann fallen uns die Ausführungen zur Schreibweise der Namen und zur Darstellung der historischen und heutigen Grenzen auf. Die folgenden Ausführungen wurden in einem getrennten Referat vorgetragen. Sie wurden durch eine reichhaltige Dokumentation belegt, die aus technischen Gründen hier nicht dargeboten werden kann. In der Tat sind, so lange die Lehrbücher allzu wenig Material enthalten, die Schulatlanten und nicht zuletzt auch die Wandkarten die wichtigsten Informationsträger. Ihnen sollte zukünftig bei unseren Zusammenkünften noch größere Aufmerksamkeit geschenkt werden.

Durch meine Mitarbeit im „Ständigen Ausschuß für die geographischen Namen" (STAGN) sind mir die internationalen Spielregeln und die Vorstellungen der Vereinten Nationen bekannt. Das Recht des Namensträgers, das juristisch unbestritten ist, wird pädagogisch eingeschränkt durch die Gewohnheit des Namenssprechers, dessen Wahrnehmung und Vorstellungsbildung über seine eigene Sprache verläuft. Bei den polnischen Namen kommt erschwerend hinzu, daß der Schüler sie nicht aussprechen und nicht identifizieren kann, wenn er sie nur hört. Sprachliche Kommunikation verläuft primär über das Gehör und erst mittelbar über das Auge. Josef Breu, ein international anerkannter Fachmann der Standardisierung der geographischen Namen, sagte einmal treffend: „Das

Ohr ist leichter beleidigt als das Auge". Er meinte damit, daß ein unverständlich artikulierter fremder Name weniger Sinn macht als der zwanglose Gebrauch eines traditionellen Exonyms.

Als Ergebnis kann hier festgestellt werden, daß die Atlashersteller den Empfehlungen nachgekommen sind und, wo es technisch möglich war, einen sinnvollen Kompromiß herbeigeführt haben. Meist findet sich der polnische Name an zweiter Stelle und in Klammer, dies gilt seit Mitte der siebziger Jahre auch für alle Orte in dem historischen deutschen Ostgebieten. Alle polnischen Namen lassen sich aber durch die Ortsregister vermitteln, auch die, die aus Platzgründen auf der einen oder anderen Karte ausfallen mußten. Das Problem der Aussprachehilfen aber wurde noch nicht einheitlich gelöst.

Über die Darstellung von Grenzen und Territorien in Schulatlanten und sonstigen schulkartographischen Darstellungen der Bundesrepublik Deutschland hat es immer wieder Diskussionen gegeben. Unterschiedliche Standpunkte bestehen nach wie vor hinsichtlich der Präsentation des Territoriums des Deutschen Reiches in seinen Grenzen vom 31. 12. 1937 auf allgemeinen und thematischen Karten. Hier werden Prinzipien des Staats- und Völkerrechts, der Ostpolitik, der Anwendung der Maßstabslogik, der kartographischen Syntax und Pragmatik sowie der semantischen Wahrnehmung berührt und müssen gegeneinander abgewogen werden. Beispiele aus den neuesten Atlanten zeigen, daß hier große Fortschritte gemacht worden sind, wenn auch die verständlichen polnischen Bedenken immer noch nicht ganz ausgeräumt werden konnten.

Lassen Sie mich eine knappe chronologische Zusammenfassung des Sachstandes geben. Vorausschicken möchte ich die Feststellung, daß jeder kartographische Verlag und jeder Kartograph politische Grenzen so gestalten kann, wie er es für richtig, angemessen und ästhetisch gut hält. Ob das Kartenwerk tatsächlich in den Schulen Eingang findet, hängt vom Ergebnis einer Prüfung ab, die von den Kultusministerien der Länder vorgenommen wird. Diese entscheiden nach der Verfassungskonformität, nach den bekannten Urteilen des Bundesverfassungsgerichts zum Grundlagenvertrag und zu den Ostverträgen, aber auch im Hinblick auf die politischen Folgen der Ostverträge und in Kenntnis der Empfehlungen, die der Verband der Schulbuchverlage 1979 und die Ständige Konferenz der Kultusminister 1981 vorgelegt haben.

Die ersten Anweisungen wurden noch von den alliierten Militärregierungen praktiziert. Sie waren bei den drei Westalliierten nicht einheitlich, zum Beispiel bei der Zuordnung des Saarlandes. Entscheidend für den Fortgang war die Auflage der Britischen Militärregierung vom 14. April 1949, also kurz vor der Gründung der Bundesrepublik Deutschland bei der Zulassung der ersten Nachkriegsausgabe des Diercke-Weltatlas. Hier wurde damals gefordert, die Reichsgrenzen von 1937 in Vollfarbe einzutragen, die historischen deutschen Ostgebiete mußten mit dem Aufdruck „unter polnischer Verwaltung"/„unter sowjetischer Verwaltung" erscheinen. Für die politischen Flächenfarben bedeutete dies, daß die Territorialfarbe Deutschlands auch auf die Ostgebiete aufgetragen wurde. Alle alliierten Anweisungen wurden am 9. September 1950 außer Kraft gesetzt.

Die Richtlinien, die der Bundesminister für gesamtdeutsche Fragen am 7. Juli 1952 erließ, gehen von der gleichen Situation aus. Sie wurden vom Institut für Landeskunde in Remagen ausgearbeitet und sollten gleichermaßen für die amtliche Kartographie und für die Privatkartographie gelten. Diese Richtlinien, die 1961 und 1965 erneuert wurden, machen sich auch die Länder zu eigen. Aber seitdem gingen die schulkartographischen Verlage eigene, zum Teil voneinander abweichende Wege, was eine empfindliche Verwirrung verursachte. Die polnische Flächenfarbe wurde für die Ostgebiete angewendet und die deutsche Flächenfarbe auf die Oder-Neiße-Linie zurückgenommen. Die deutsche Außengrenze erschien zum Teil noch in der stark ausgezogenen Form, zum Teil aber auch schon reduziert („Perlenkette"). 1967 begann die Phase der „neuen Ostpolitik", die schließlich dazu führte, daß alle Erlasse mit Wirkung vom 13. Juni 1971 aufgehoben wurden.*

Das war die Situation, als die Schulbuchkommission gegründet wurde. So konnte 1974 die erste Auflage der Neuausgabe des Diercke-Weltatlas mit einer politischen Karte Europas aufwarten, die keine „Perlenkette" mehr im Territorium der Volksrepublik Polen erhielt. Allerdings erhoben einige Länder wie Schleswig-Holstein und der Freistaat Bayern Einspruch dagegen, so daß dies in der folgenden Auflage dezent korrigiert wurde.

Inzwischen bemühten sich die schulkartographischen Verlage um ein einheitliches Regelwerk, das 1978/79 an die Öffentlichkeit kam und anschließend auf Länderebene zu unterschiedlichen Beurteilungen geführt hat. Als am 12. 2. 1981 die Ständige Konferenz der Kultusminister auf Antrag des Landes Rheinland-Pfalz einen Beschluß über die Darstellung Deutschlands in Schulbüchern und schulkartographischen Werken verarbschiedete, war dies das Ergebnis eines Kompromisses, der den Realitäten weitestgehend Rechnung trug. Wesentlich dabei ist die Zurücknahme der Reichsgrenze von 1937 auf ausgewählte Karten und der Zusatz in der Legende: „Grenze des Deutschen Reiches vom 31. 12. 1937 unter Berücksichtigung des Fortbestehens der Viermächteverantwortung für Deutschland als Ganzes und die Rechtsprechung des Bundesverfassungsgerichts zum Grundlagenvertrag und den Ostverträgen". Alle Deutschland-Karten (Bundesrepublik Deutschland + DDR) enden nur knapp östlich von Oder und Neiße.

Damit war auch hier eine lange und schwierige Phase der Diskussion abgeschlossen, an der sich zwar nicht die Gemeinsame Kommission, wohl aber einzelne deutsche Kommissionsmitglieder beratend und korrigierend eingeschaltet haben. Bemerkenswert ist die Tatsache, daß die sowjetische Seite diese Grundsätze, die allerdings keine politische Stellungnahme der Bundesregierung beinhalten, diskussionslos akzeptiert hat. Allerdings blieb ein Unbehagen auf der polnischen Seite bestehen, so daß es auf Einladung der Friedrich-Ebert-Stiftung 1981 zu einer Konferenz in Bergneustadt kam an der noch die Kollegen Barbag und Mertineit teilnahmen, wobei die polnischen Gäste heftige Kritik

---

* Die gezeigten Quellen wurden auf einem Videoband dokumentiert. Eine spezielle Ausarbeitung befindet sich in Vorbereitung.

vortrugen, die namentlich den damaligen nordrhein-westfälischen Kultusminister Girgensohn traf. Die polnischen Kollegen hoben darauf ab, daß nicht genügend artikuliert sei, daß es sich bei der Reichsgrenze von 1937 um eine „historische" Grenze handele, die in gegenwartsbezogenen Karten keine Berechtigung habe.

Inzwischen sind neue Atlanten und Kartenwerke erschienen, die deutlich machen, wie das Problem kartographisch gelöst worden ist. Alle politischen Karten Mitteleuropas und Europas zeigen die Territorialfarbe Polens für das gesamte Gebiet der Volksrepublik Polen. Die West- und Nordgrenze Polens ist als normale Staatsgrenze voll ausgezogen. Die frühere Reichsgrenze gemäß der Beschlüsse von Potsdam erscheint mit einer unkonventionellen Signatur und dem bekannten Legendenzusatz. Die Darstellung der Staatengliederung Mitteleuropas im Jahre 1937 erscheint in einer getrennten Karte, die eindeutig den historischen Bezug erkennen läßt.

Für die Physischen Karten Mitteleuropas gelten bei der Grenzdarstellung ähnliche Regeln. Die heute geltenden Staatsgrenzen erscheinen mit einer konventionellen Signatur, die Markierung der Grenze von 1977 wird in der Legende erläutert. In den Physischen Karten Europas erscheinen nurmehr die heutigen politischen Grenzen. Dies gilt auch für die meisten thematischen Karten. Auch die Sonderkarte Oberschlesiens in der zweiten Neuausgabe des Diercke Weltatlas (1988) bringt die Grenze von 1937 nicht mehr.

Alle Ortsnamen im Territorium der Volksrepublik Polen, einschließlich der historischen deutschen Ostgebiete, können in der deutschen und in der polnischen Form identifiziert werden.

Damit ist ein langes Kapitel von Meinungsverschiedenheiten und Mißverständnissen zu einem Ende gebracht worden, die von beiden Seiten akzeptiert werden kann. Für das Auge des Betrachters ist die reale territoriale Situation eindeutig artikuliert, auch die rechtlichen Vorbehalte wurden angemessen gewürdigt. Die didaktische Umsatzung erfordert historisch abgesichertes Sachwissen, das zu erwerben den Lehrern aufgegeben ist.

Zusammenfassung und Thesen
— Eingangs habe ich versucht, eine Situation darzulegen, die in der Zukunft unsere Arbeit nicht erleichtern wird. Aber es gibt eine begründete Aussicht, daß die fachliche, fachdidaktische und methodische Arbeit auf hohem Niveau weitergeführt werden kann, wenn der politische Rahmen stabil bleibt.
— Beide Seiten müssen sich auch weiterhin über die laufenden Curriculum- und Schulbuchentwicklung unterrichten.
— Sachliche Fehler und unangemessene Darstellungen in der Präsentation des jeweils anderen Landes sollten rasch genannt und beseitigt werden.
— Bei der Auswahl der Fallbeispiele sollten die gegenseitigen Empfehlungen beachtet und umgesetzt werden. Dabei kommt es darauf an, überlieferte Klischees abzubauen. Ganz wesentlich sind auch die gemeinsamen Exkursionen und die Gewinnung von Material „vor Ort".

- Ein wesentlicher Bestandteil unserer Zusammenkünfte sind zukünftig wiederum die fachdidaktischen und fachwissenschaftlichen Schwerpunktthemen, zum Beispiel geographisches Grundwissen, Schulkartographie, Medienanwendung oder aus fachlicher Sicht Fragen der Urbanisierung, Disparitäten von Stadt und Land, Strukturschwächen, Umweltprobleme.
- Bei der Darstellung aktueller Strukturprobleme, wie etwa der Arbeitslosigkeit in der Bundesrepublik Deutschland oder der Versorgungsprobleme in Polen sollte in den Schulbüchern, ohne der Problematik ganz aus dem Weg zu gehen, ein vordergründiger Aktualismus vermieden werden.
- Gemeinsame Unterrichtsbesuche sollten dazu dienen, das andere Bildungssystem und die Verschiedenheit des Erziehungsstils zu beobachten und in die Überlegungen aufzunehmen.
- Noch stärker als bisher sollten die Medien von den Ergebnissen unserer Arbeit unterrichtet werden.

Ausgewählte Literatur

BARBAG, H. (1976): Das Bild Polens in neueren Geographielehrbüchern der Bundesrepublik Deutschland. — In. Internationales Jahrbuch für den Geschichts- und Geographieunterricht 18, S. 211—216

BLUMENWITZ, D. (1980): Die Darstellung der Grenzen Deutschlands in kartographischen Werken. — Bonn

BREU, J. (1986): Die amtliche Schreibung geographischer Namen aus der Sicht der Vereinten Nationen. — In: Amtlicher Gebrauch des geographischen Namengutes. Bozen, S. 23—41

Bundesminister für gesamtdeutsche Fragen (1952): Richtlinien A für die Schreibweise von Orts- und Landschaftsnamen in deutschen Karten- und Textveröffentlichungen, B für die Darstellung der deutschen Grenzen in Karten und Textveröffentlichungen. — Bonn

Bundesminister für gesamtdeutsche Fragen (1961): Richtlinien des Bundesministers für gesamtdeutsche Fragen für die Schreibweise von Namen, die Bezeichnung von Gebieten und die Darstellung der deutschen Grenzen in Karten und Texten. — In: GMBI, S. 123 f.

CLOSS, H.-M./SPERLING, W. (1978): Das Geographielehrbuch. Systematische Einordnung, geschichtliche Aspekte. Forschungsbericht. — In: Hefte zur Fachdidaktik der Geographie 2 (1), S. 3—32

DYNOWSKA ... in diesem Heft

Empfehlungen (1977): Empfehlungen für die Schulbücher der Geschichte und Geographie in der Bundesrepublik Deutschland und in der Volksrepublik Polen. — Braunschweig (= Schriftenreihe des Georg-Eckert-Instituts für Internationale Schulbuchforschung. 22)

FISCHER, G. (1975): Staaten und Grenzen. — Braunschweig (Westermann Colleg: Raum und Gesellschaft)

FREIWALD, H. u. a. (1973): Das Deutschlandproblem in den Schulbüchern der Bundesrepublik. — Düsseldorf (= Studien zur Sozialwissenschaft. 13)
HABEL, F. P./KISTLER, H. (1972): Die Grenze zwischen Deutschen und Polen. — Bonn (= Reihe „Kontrovers)
HAGENER, C. (1969): Zum Beispiel Ostkunde. Über den „cultural lag" pädagogischer Meinungen. — In: Westermanns Pädagogische Beiträge 21, S. 1—12
HINKEL, H. (1956): Das östliche Mitteleuropa im Bilde in- und ausländischer Atlanten nach 1945. — Osteuropa 6, S. 311—320
HILDEBRAND, K. (1980): Sind Kenntnisse über Ostmitteleuropa nicht mehr wichtig? Kritische Anmerkungen zum neuen curricularen Lehrplan für Erdkunde an den bayerischen Gymnasien. — In: Deutsche Ostkunde 26, S. 17—19
HOENSCH, J. K. (1973): Sichtbare Fortschritte nur bei den Geographen. Dritte Runde der deutsch-polnischen Schulbuchkonferenz. — In: Kulturpolitische Korrespondenz, Nr. 160, S. 9—10
KEIL, TH./SCHMIDT, J. (1975): Ostkunde oder Osteuropakunde? Nicht der Name, die Sache ist wichtig. — In: Bayerische Schule 28, S. 301—304
KISTLER ... in diesem Heft
KMK (1978): Die deutsche Frage im Unterricht. Beschluß der Kultusministerkonferenz vom 23. November 1978. — o. O.
KMK (1981): Beschluß der Ständigen Konferenz der Kultusminister zur Darstellung Deutschlands in Schulbüchern und kartographischen Werken für den Schulunterricht vom 12. 2. 1981. — In: Kartographische Nachrichten 31, S. 100 f.
KÖCK, H. (1980): Theorie des zielorientierten Geographieunterrichts. — Köln
KÖTTER, H. (1971): Auswirkungen der Ostpolitik auf die kartographischen Erzeugnisse in der Bundesrepublik Deutschland. — In: Kartographische Nachrichten 21, S. 65—67
LEMBERG, E. (1973): Osteuropa — die deutsche Bildungslücke. Psychologische und ideologische Hemmnisse trüben das Bild. — In: Kulturpolitische Korrespondenz, Nr. 158, S. 3—8
MEYNEN, E. (1952): Die Schreibweise von Orts- und Landschaftsnamen. Zur Vorgeschichte der Empfehlungen vom 7. 7. 1952. — In: Kartographische Nachrichten 2 (3/4), S. 14—17.
MÜNCH, J. VON (1979): Abnormitäten der Normalisierung. Gedanken zum deutsch-polnischen Verhältnis. — In Vonhoff (Hrsg.), S. 51—54
PROTZNER, W. (1975): Ende der „Ostkunde" — dafür intensivere Behandlung Osteuropas im Unterricht. — Die Bayerische Schule 24, S. 11—14
RICHTER, D. (1980): Geographische Bildung durch lernziel-, thematischorientierten Geographieunterricht in der Bundesrepublik Deutschland und Intensivierung der Behandlung Polens. — In: Internationale Schulbuchforschung 2, S. 26—45
SCHULTZE, A. (1979): Kritische Zeitgeschichte der Schulgeographie. — In: Geographische Rundschau 31, S. 2—9

Sperling, W. (1974): Prady didaktyczne v republice federalnej Niemice a ich wplyw na nauczanie geografii. — In: Geografia w szkole 27, S. 153—159

Sperling, W. (1979): Deutschland im Geographieunterricht. — In: Hilfe zur Fachdidaktik der Geographie 1 (1), S. 18—36

Sperling, W. (1979): Die kartographische Behandlung der historischen deutschen Ostgebiete. — In: Internationale Schulbuchforschung 1 (2), S. 18—36

Sperling, W. (1981): Art. Ostkunde im Geographieunterricht. Ostforschung. — In: Geographieunterricht und Landschaftslehre, Bd. 1, Teil 2, Duisburg, S. 777—783

Sperling, W. (1988): Wissenschaftliche Grundlagen, didaktische Zielsetzungen und pädagogische Aufgaben des Geographieunterrichts in der Bundesrepublik Deutschland. — In: Studien zur Internationalen Schulbuchforschung 55, S. 113—127

Vonhoff, H. P., Hrsg. (1979): Grenzdarstellungen in Schulatlanten. — Frankfurt a. M. (= Informationen über Bildungsmedien in der Bundesrepublik Deutschland. 7)

Wöhlke, W. (1975): Zur Situation der gegenwartsbezogenen Ostmitteleuropa-Forschung. — In: Probleme der Ostmitteleuropa-Forschung. Marburg, S. 44—55

Karlheinz Lau

Die Umsetzung der deutsch-polnischen Schulbuchempfehlungen im Lande Berlin unter besonderer Berücksichtigung des Faches Erdkunde

I. Allgemeine Feststellungen

Bekanntlich ist die Bundesrepublik Deutschland ein föderalistisch aufgebauter Bundesstaat, in dem die Kulturhoheit — also auch die Kompetenz für das Schulwesen — Angelegenheit der einzelnen Bundesländer ist. Das kommt konkret z. B. darin zum Ausdruck, daß in einem Land nur diejenigen Bücher für den Schulunterricht zugelassen sind, die vom jeweiligen Kultusministerium genehmigt werden, und daß jedes Land der Bundesrepublik Deutschland eigene Lehrpläne besitzt.

Der Berichterstatter vertritt hier als Referent für politische Bildung beim Senator für Schulwesen, Berufsausbildung und Sport das Land Berlin und bezieht seine Ausführungen auf Berlin — sie sind allerdings in vielen Hinsichten auch zutreffend für andere Länder. Die folgenden Punkte sind als eine Bilanz der bisherigen Arbeit zu verstehen, wobei die Erdkunde auch als ein unverzichtbares Fach für die politische Bildung unserer Schüler begriffen werden muß — bei aller berechtigten Eigenständigkeit des Faches. Hier muß auf die grundsätzlichen Aussagen von Wilhelm Wöhlke anläßlich der Tagung in Eschwege 1974 verwiesen werden.

Berlin liegt keine 100 km von der VR Polen entfernt, die Oder liegt näher an Berlin als der Grenzübergang Helmstedt zur Bundesrepublik Deutschland.

Im Lande Berlin sind ggw. ca. 17 000 polnische Bürger eine der größten ausländischen Bevölkerungsgruppen, Autos mit polnischen Kennzeichen gehören zum Straßenbild der Stadt.

Zahlreiche polnische Künstler gastieren regelmäßig in der Stadt.

Zahlreiche Reisegruppen aus Berlin — u. a. Fraktionen und Ausschüsse des Berliner Landesparlamentes — fahren seit Jahren regelmäßig nach Polen, gegenwärtig wird im Bereich des Stettiner Haffs von deutschen und polnischen Firmen ein Touristenzentrum errichtet, ein sogenanntes „joint venture"-Projekt.

Diese Beispiele — sie ließen sich vermehren — zeigen, daß Polen und seine Bürger durchaus im Blickfeld der Berliner sich befinden, dies sind konkrete Erfahrungen für unsere Schüler.

II. Die Umsetzung der Schulbuchempfehlungen im Lande Berlin

Bereits im Juni 1972 wurden allen Schulen des Landes Berlin die bis zu jenem Zeitpunkt verabschiedeten Empfehlungen der ersten beiden Konferenzen mit der Bitte übersandt, sie als allgemeine didaktische Grundlage in den Fächern der politischen Bildung zu beachten.

Mit Rundschreiben vom 17. Oktober 1977 wurden die vollständigen Empfehlungen mit der Maßgabe an die Schulen verteilt, sie selbst zum Unterrichtsgegenstand zu machen, um
- an ihnen Möglichkeiten und Grenzen der Zusammenarbeit von Wissenschaftlern unterschiedlicher Gesellschaftssysteme aufzuzeigen und
- zum Abbau von Vorurteilen und zum Verständnis der besonders belasteten deutsch-polnischen Beziehungsgeschichte beizutragen.

Einher gingen seit 1978 bis heute im Rahmen der Lehrerfort- und -weiterbildung Informations- und Umsetzungsveranstaltungen. Nach Schularten getrennt wurden Fachleiter und Fachlehrer des politischen Aufgabenfeldes über die Empfehlungen informiert, um darauf aufbauend Fragen der praktischen Umsetzung in ihren jeweiligen Schularten zu erörtern. In der zweiten Phase wurden und werden einzelne Empfehlungen zum Gegenstand von Seminaren gemacht. Das nächste Seminar ist für den 5. und 6. September 1988 geplant mit einer anschließenden Exkursion nach Polen.

Angemerkt werden muß, daß an den bisherigen Tagungen nicht nur führende Experten aus der Bundesrepublik Deutschland teilnahmen, sondern auch führende Mitglieder der polnischen Kommissionen. Die Teilnahme der polnischen Vertreter war nur möglich durch die Einschaltung der Evangelischen Akademie Berlin, die stets die Einladungen aussprach. Aus Gründen der Dreistaatentheorie wollten und konnten die polnischen Wissenschaftler keine Einladung der zuständigen Senatsverwaltung annehmen. Auch nach jüngsten Erkenntnissen hat sich diese Position grundlegend nicht geändert. Die gute Zusammenarbeit mit der Evangelischen Akademie Berlin muß hervorgehoben werden.

Diese gezielten und regelmäßigen Angebote in der Lehrerfort- und -weiterbildung haben ein positives und erfreuliches Interesse in der Berliner Lehrerschaft hervorgerufen. Das drückt sich z. B. in steigenden Nachfragen nach Klassenfahrten in die VR Polen aus. Hier ist in Gesprächen gegenüber der polnischen Seite immer wieder betont worden, daß bürokratische Hemmnisse und auch die Preisgestaltung manche Initiative im Kein erstickten. Um so mehr muß die Tatsache anerkannt werden, daß seit 1977 aufgrund eigener Initiativen und mit persönlichem materiellen Eisatz ca. 30 Klassen aller Schularten die VR Polen besucht haben. Diese Zahl könnte bei besseren Rahmenbedingungen vergrößert werden.

In diesem Zusammenhang ist darauf hinzuweisen, daß das deutsch-polnische Abkommen über kulturelle Zusammenarbeit vom 11. 6. 1976 im Artikel 10 den Jugendaustausch zu fördern beabsichtigt, im Artikel 15 den Geltungsbereich auf Berlin (West) gemäß der Frank/Falin-Klausel festlegt und im Artikel 14 gemischte Kommissionen vorsieht, die die Aufgabe haben, jeweils Durchführungsprogramme auszuarbeiten.

Diese Absicht ist nach vorliegender Erkenntnis — zumindest was das Land Berlin betrifft — bisher nicht realisiert worden.

Seit 1983 finden in Zusammenarbeit mit der Evangelischen Akademie Berlin Informationsfahrten von Lehrern nach Polen statt, die in der Regel folgende Orte ansteuern: Breslau, Auschwitz, Krakau und Posen. In der Gedenkstätte Auschwitz finden in der inzwischen fertiggestellten Jugendbegegnungsstätte — an der Finanzierung hatte sich auch das Land Berlin beteiligt — Seminare zusammen mit polnischen Kollegen statt. Hier gibt es bereits schon praktische Kontakte. Anfang 1988 besuchte eine Gruppe von Lehrern und Schülern aus der Stadt Auschwitz eine Gesamtschule im Berliner Bezirk Neukölln, die Rückbegegnung erfolgt im Herbst diesen Jahres, und zwischen einem Berliner Gymnasium und einem Lyzeum der Stadt Posen ist für dieses Jahr ein Schüleraustausch geplant, wobei die Schüler jeweils bei Gasteltern in Posen und Berlin wohnen werden. Diese ersten konkreten Ergebnisse sind erfreulich, sie sind aus der Beschäftigung mit den Schulbuchempfehlungen erwachsen, das Land Berlin ist daran interessiert, auf dieser Grundlage weiterzuarbeiten.

III. Die politische Ebene

Am 25. September 1980 verabschiedet das Abgeordnetenhaus von Berlin — so heißt dort das Landesparlament — eine zustimmende Beschlußempfehlung zu den deutsch-polnischen Schulbuchempfehlungen mit den Stimmen aller Fraktionen. Dieser Beschluß gilt bis heute. Im Vollzug dieses Beschlusses wird bei der Genehmigung von Geschichts- und Geographiebüchern sowie Atlanten dafür Sorge getragen, daß die Grundsätze der Schulbuchempfehlungen berücksichtigt werden. Beim Fach Erdkunde muß allerdings zusätzlich gesehen werden, daß sich die didaktische Konzeption gewandelt hatte von einer reinen Länderkunde zu themenorientierten Schwerpunkten. Diese Entwicklung führte zu einer inzwischen in der interessierten Öffentlichkeit stark kritisierten Häppchenkost, d. h. im Klartext: deutliche Defizite bei der Behandlung unserer Nachbarn in Ost, West, Süd und Nord. Aus dieser Erkenntnis plädiert der Berichterstatter zumindest bei der Behandlung unserer Nachbarn für eine Wiederbelebung einer themenorientierten Länderkunde, die unsere Schüler in die Lage versetzt, geschlossene Raumvorstellungen zu erhalten. Das ist auch im Zeitalter des Massentourismus unerläßlich, und ein vernünftiger Lehrer verfährt wohl auch so.

Im März 1988 hat das Berliner Abgeordnetenhaus — heute in anderer politischer Zusammensetzung als 1980 — einstimmig beschlossen, im Rahmen der politischen Bildung Schülerfahrten in ehemalige Konzentrationslager — und hier vornehmlich nach Auschwitz — intensiv zu fördern. Nach Möglichkeit solle jeder Berliner Schüler im Laufe seiner Schulzeit eine solche Stätte der Menschenvernichtung gesehen haben.

Zusammenfassend wird festgestellt, daß der Gesetzgeber im Lande Berlin die Voraussetzungen geschaffen hat, daß Geist und Intention der Empfehlungen in der schulischen Praxis realisiert werden. Aber ein noch so perfektes Angebot der Schulbehörde reicht nicht aus, wenn nicht der einzelne Lehrer mit seiner Bereitschaft, seiner Initiative und seinen Erfahrungen dahinter steht. Es kann aber festgestellt werden, daß viele Lehrer Bereitschaft zeigen und Interesse haben.

Es kann weiter gesagt werden, daß bei Positionsunterschieden in Grundsatzfragen, die im folgenden angesprochen werden müssen, der feste Grundkonsens besteht, das Verhältnis zwischen unseren Völkern weiter zu normalisieren, und dafür können die Empfehlungen ein brauchbares Instrument darstellen.

IV. Positionsunterschiede, Probleme und Erwartungen

1. Auch für die Schulen des Landes Berlin gilt der Beschluß der Kultusministerkonferenz vom 12. Februar 1981 über die „Grundsätze für die Darstellung Deutschlands in Schulbüchern und kartographischen Werken für den Schulunterricht". Dieser Punkt war laut Kommuniqué auch Gesprächsgegenstand in Krakau 1987.
2. Bei der Verwendung geographischer Namen wird auf die Empfehlung Nr. 5 der Arbeitsgruppe Geographie der deutsch-polnischen Schulbuchkommission verwiesen. Nicht nur aus Berliner Sicht ist das eine vernünftige Regelung, die internationalen Gepflogenheiten entspricht.
3. Der 1978 von den Kultusministern geschaffene Beschluß „Die deutsche Frage im Unterricht" bezieht sich ausschließlich auf die Bundesrepublik Deutschland und die DDR. Hinweise auf die geschichtliche, kulturelle und wirtschaftliche Bedeutung der früheren ostdeutschen Provinzen kann nicht Gegenstand einer Kritik sein, bis 1945 waren dies Tatsachen.
4. Das Land Berlin begreift sich als Teil der Bundesrepublik Deutschland.
5. Auch aus Berliner Sicht ist die Fortsetzung der Arbeit der gemeinsamen Schulbuchkommission in Geographie und Geschichte notwendig, damit noch strittige, aber auch weitere Themen des deutsch-polnischen Verhältnisses wissenschaftlich aufgearbeitet werden können. Dabei ist in den Kommissionen ein fester Anteil an jeweiligen Fachlehrern, die Geographie und Geschichte unterrichten, zu sichern. Das gilt für die deutsche und die polnische Seite.
Eine fachliche Erweiterung der Kommission auf den Literaturunterricht ist zu erwägen.
6. Eine didaktische Aufbereitung der Empfehlungen ist wünschenswert und erforderlich. Historisch-politische Prozesse finden nicht nur in der Dimension Zeit statt, sondern sie ereignen sich in konkreten Räumen. Das erfor-

dert eine stärkere und kontinuierliche Zusammenarbeit zwischen Historikern und Geographen, zwischen Geschichts- und Erdkundelehrern.
7. Begegnungen von Klassen und Lehrergruppen müssen weiter gefördert werden. Dabei bestehende materielle und auch bürokratische Probleme müssen konkret angepackt werden. Es ist beispielsweise ein Anachronismus, daß gegenwärtig zwischen Polen und der Bundesrepublik Deutschland einschließlich Berlin (West) nur 110 direkte Telefonleitungen geschaltet sind — trotz mehrfacher Angebote der Deutschen Bundespost. Die Abfertigungsverfahren an der Grenze lassen sich unkomplizierter vorstellen.

V. Schlußbemerkung

Es ist bekannt, daß Darstellungen in Schulbüchern meinungsbildend und von großem Einfluß auf die Sicht- und Betrachtungsweise der Schüler sein können. Ebenso bekannt ist es, daß es einen Verbund der Fächer gibt. Das bedeutet konkret, wenn bundesdeutsche und polnische Wissenschaftler und Pädagogen einen Konsens über die Kriterien der Darstellung der Geschichte und der Gegenwart ihrer beiden Länder erzielen, so kann das konterkariert werden durch sachlich falsche und tendenziöse Darstellungen in Lehrbüchern anderer Fächer. Deshalb muß ein Bericht in der „Frankfurter Allgemeinen Zeitung" vom 18. März 1988 erschrecken, der über das Lehrbuch für das Fach Wehrkunde an polnischen Schulen berichtet und zitiert „Die Bundeswehr erzieht die Jugend im Geiste der Revanche und des Hasses gegenüber den sozialistischen Ländern", die offiziellen Erklärungen Bonns über die Bereitschaft zur friedlicher Koexistenz seinen „leeres Gerede", der „Ausbau der Bundeswehr läßt keinerlei Hoffnung auf eine Verringerung der Bedrohung durch den deutschen Militarismus".

Dies kann nicht hilfreich sein.

Schule ist aber schon lange nicht mehr die einzige Sozialisationsinstanz für unsere Schüler; Elternhaus, Öffentlichkeit, Medien, weitere gesellschaftliche Einrichtungen sowie in Polen in außerordentlichem Maße die Kirchen besitzen mindestens ebenso starke meinungsbildende Kräfte.

Deshalb kann es für Pädagogen überhaupt nicht gleichgültig sein, wenn in Darstellungen, die nicht zum engen Bereich Schulen gehören, die Akzente diametral anders gesetzt werden. Oder so formuliert: Geist, Intention und Grundsätze der Schulbuchgespräche müssen über den Bereich Schule hinaus in die Bewußtseinsbildung der Gesellschaften in unseren beiden Staaten hineinstrahlen.

Auch dies muß zu einer Bilanz der bisherigen Schulbuchgespräche gehören.

Horst Förster

Zur Problematik des Umweltbewußtseins in der Bundesrepublik Deutschland

Vorbemerkungen

Versucht man den aktuellen Stellenwert der Thematik „Umweltbewußtsein" innerhalb der verschiedenen gesellschaftlichen und politischen Problemfelder zu kennzeichnen, so kann man durchaus feststellen, daß ihr eine hohe Priorität zukommt. Generell ist auch das Umweltbewußtsein der Bevölkerung, die Sorge um den Zustand und die Zukunft der natürlichen Umwelt, immer größer geworden. Doch die Einschätzung möglicher Bewältigungsstrategien ist skeptischer und das Vertrauen in die Fähigkeiten gesellschaftlicher Akteure zur Lösung von Umweltproblemen ist geringer geworden.

Seit mehr als zwei Jahrzehnte werden die sehr vielfältigen Probleme der Umweltbelastungen als anscheinend zwingende Folge von Industrialisierung und Wirtschaftswachstum diskutiert (Förster, 1981, S. 1 f.). Die Bewertungen der jeweiligen Umweltsituation durch Wissenschaft, Wirtschaft oder Öffentlichkeit gehen dabei oft weit auseinander. Allerdings ist in den letzten Jahren auch eine gewisse Annäherung in den Standpunkten zu erkennen, so z. B. in der vormals heftig geführten Diskussion „Ökologie versus Ökonomie". Zu bemerken ist auch, trotz eines teilweise geringeren Wirtschaftswachstums oder struktureller Schwächen, eine zunehmende Handlungsbereitschaft der Bürger. Dennoch wäre es nach wie vor irreführend, von einer umfassenden Grundlagenforschung, von modernen Umweltkonzeptionen und gestiegenem Problembewußtsein, generell auf eine ausreichende Umweltqualität zu schließen. Noch immer existieren in allen Umweltbereichen erhebliche Handlungsdefizite.

Es ist nun nicht ganz einfach, die zeitliche Entwicklung des Themenkreises „Umweltbewußtsein-Umweltschutz" in seiner Einbindung in politische Handlungszusammenhänge kurz zu skizzieren. Seit 1974 ist zu diesem Thema sowohl die wissenschaftliche als auch die populärwissenschaftliche Literatur gewaltig angewachsen. Zentralinstitutionen wie z. B. das Umweltbundesamt, die Bundesforschungsanstalten oder das Wissenschaftszentrum in Berlin bieten laufend umfassende Dokumentationen an. Außerordentlich wertvoll, weil wissenschaftlich zuverlässig und interdisziplinär im Ansatz, sind die politisch wie wissenschaftlich unabhängigen Gutachten des „Sachverständigenrates für Umweltfragen". Im Jahr 1974 eingerichtet, legt er seitdem regelmäßig umfassende Analysen und Prognosen vor. Ebenso vielfältig unterrichten die zahlreichen Schriftenreihen des Umweltbundesamtes oder der mit dem Umweltschutz befaßten Ministerien und Behörden. Die nachfolgenden Ausführungen basieren daher auch vorwiegend auf diesen Grundlagen.

Wenn man auf dieser Basis – und insbesondere in Anlehnung in Kaase (1985) – den Entwicklungsprozeß des „Umweltbewußtseins" in der Bundesrepublik nachzeichnen will, so können vorab drei Aspekte herausgestellt werden:
1. Einzelne Themen der Umweltproblematik (z. B. Luft- und Gewässerschutz) sind schon in den frühen 60er Jahren diskutiert worden. Aber erst die Bildung der sozialliberalen Koalition (1969) signalisierte den Beginn der eigentlichen Umweltpolitik des Bundes im Sinne einer kohärenten Politisierung dieses Problemkreises (Umweltgutachten 1978, S. 441, Kaase, 1985, S. 289).

Die grundsätzliche Diskussion über die „Grenzen des Wachstums" (Meadows u. a.) zwischen 1974 und 1977 half nicht nur die bis dahin unterschätzten gewaltigen Dimensionen der Probleme zu erkennen. Sie half auch, die bislang häufig isoliert betrachteten Teilaspekte wie z. B. industrielle Produktionsweise, Umweltbelastungen und Bürgerbedürfnisse, zu einem komplexen Fragenkreis zusammenzufassen. Die Umweltgutachten, insbesondere das von 1978, belegen sehr eindrucksvoll, welche wichtige Funktion in diesem Prozeß der Thematisierung den Massenmedien zukommt. So wird das „Umweltbewußtsein der Bevölkerung" im Rahmen des Gutachtens von 1978 unter folgenden Aspekten analysiert:
– Umweltbewußtsein und Bereitschaft zur politischen Unterstützung des Umweltschutzes
– die Massenmedien als Einflußfaktor
– der Schulunterricht als Einflußfaktor
– Bürgerinitiativen als Ausdruck und Verstärker des Umweltbewußtseins (vgl. Umweltgutachten, 1978, S. 446 f.).

Im Rahmen eines kurzen geographischen Beitrags ist es nicht möglich, den vielschichtigen Entwicklungsprozeß dieser Fragenkreise herauszuarbeiten. Methodisch vorstellbar wäre zwar eine Analyse von Forschungsansätzen und Ergebnissen zur Grundlagen- oder angewandten Forschung. Möglich wäre auch der Versuch, die ökologischen Auswirkungen raumwirksamer politischer oder ökonomischer Aktivitäten im Sinne einer Raum-Zeit-Analyse zu erfassen. Im Rahmen der hier vorgegebenen, verengten Fragestellung erscheint es pragmatischer, auf Ergebnisse der empirischen Sozialforschung zurückzugreifen, zumal damit auch ökologische wie sozialgeographische Aspekte bzw. Fragen verdeutlicht werden können. Zur methodologischen Problematik der Erfassung des „Umweltbewußtseins" liegen innerhalb der empirischen Forschung umfangreiche Arbeiten vor, verwiesen sei nur u. a. auf Kaase, 1985, Fietkau/Kessel, 1981, Umweltbundesamt, 1983/1987. Wesentlich bei allen diesen Untersuchungen war, daß die Betonung der prozessualen, dynamischen Elemente von Umweltbewußtsein einen Forschungsansatz erforderten, der mit längsschnittlichen, d. h. zeitraumbezogenen Betrachtungsweisen operierte. Denn erst die Analyse über die Zeit gestattete es, Fragen nach den Veränderungen des Umweltbewußtseins und des Umwelthandelns der Bürger zu beantworten.

Was heißt Umweltbewußtsein?

Ohne auf die sehr unterschiedliche Diskussion um den „Umweltbegriff" einzugehen, sei einerseits auf die Definition des Sachverständigenrats für Umweltfragen verwiesen, der „Umwelt als Komplex der Beziehungen einer Lebenseinheit zu ihrer spezifischen Umgebung" auffaßt, andererseits auf das in der Geographie gebräuchliche Modell der Ökosystemtypen zurückgegriffen (vgl. Abb. 1).

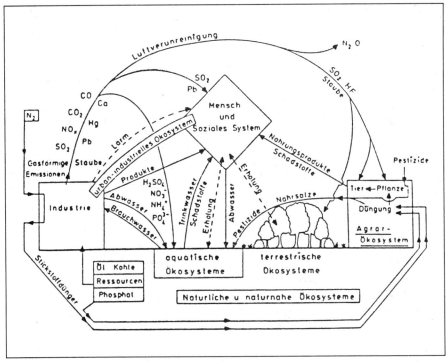

Abb. 1: Die Umwelt als Ökosystem   Quelle: Bundesminister des Innern (Hrsg.) 1980

Der Terminus „Umweltbewußtsein" ist im politischen und alltagssprachlichen Raum entstanden. Eine anerkannte Theorie des Begriffs und seiner Ausfüllung liegt bislang nicht vor. (Umweltgutachten, 1978, S. 444). Der Sachverständigenrat definiert dieses Bewußtsein als „Einsicht in die Gefährdung der natürlichen Lebensgrundlagen der Menschen durch diesen selbst, verbunden mit der Bereitschaft zur Abhilfe" (Umweltgutachten, 1978, S. 444 f.). In dieser Begriffserklärung sind zwei wesentliche Dimensionen enthalten: zum einen die „Einsicht" d. h. die Themenwahrnehmung und zum anderen die „Abhilfe" d. h. die Verhaltenskonsequenz. Beide Dimensionen berühren Kernfragen der sozialpsychologischen bzw. soziologischen Theoriebildung, auf die hier allerdings nicht eingegangen werden kann. Zur Verdeutlichung der Gedankengänge seien die nachfolgenden Abbildungen herangezogen:

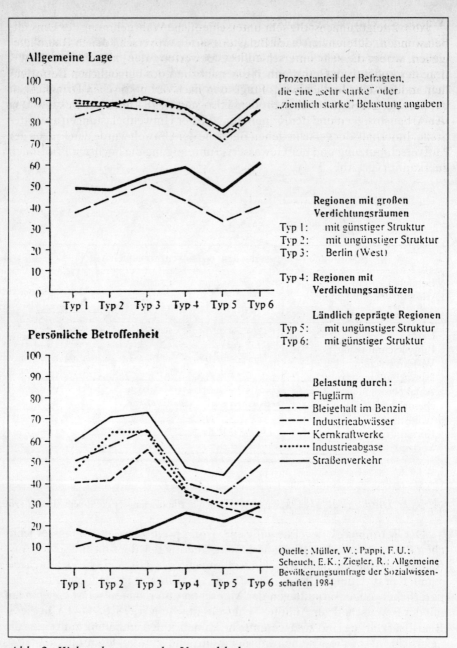

Abb. 2: Wahrnehmungen der Umweltbelastungen

Abb. 2 zeigt zunächst die sehr unterschiedliche Wahrnehmung der Umweltbelastungen, differenziert nach Belastungsarten, in verschiedenen Raumkategorien, wobei die sehr unterschiedliche Bewertung der „allgemeinen Lage", d. h. der kollektiven Betroffenheit einerseits und der persönlichen Betroffenheit andererseits deutlich wird. Fragt man nach der politischen Dringlichkeit der Lösung gesellschaftlicher Probleme, so stand 1984 nach der Bekämpfung der Arbeitslosigkeit und der Kriminalität die der Umweltbelastungen an dritter Stelle. Innerhalb der verschiedenen Bereiche der Umwelt wurde den Fragen der Luftverschmutzung und der Gewässerverunreinigung die höchsten Prioritäten zuerkannt (vgl. Abb. 3/4).

Betroffenheit bei verschiedenen Umweltproblemen[1]) in %			
Bereiche von Umweltproblemen	selbst betroffen	Einstufung ist nur allgemeines Problem	ist nicht wichtig
Lärm	54	39	6
Luftverschmutzung	49	41	10
Wasserverschmutzung	31	60	9
Landschaftszerstörung	23	59	16
Abfallbeseitigung	26	59	13
chemische Rückstände	19	63	18
Waldsterben	29	59	11
Kernkraftnutzung	10	69	18
Verkehr[2])	50	44	4

[1]) auf der Basis von 160 Haushalten in 4 Regionen
[2]) Sammelkategorie, betrifft Luft, Lärm, Straßenbau usw.
Quelle: Socialdate, Institut für empirische Sozialforschung GmbH, Sozialforschung GmbH, Forschungsbericht Dezember 1983

Abb. 3: Betroffenheit bei verschiedenen Umweltproblemen

Frage: Im Umweltschutz gibt es ja mehrere Problembereiche, die nicht alle gleichzeitig angepackt werden können. Wir möchten deshalb von Ihnen wissen, für wie dringlich Sie die einzelnen Bereiche erachten und in welcher Reihenfolge Sie die Probleme anpacken würden. Schreiben Sie bitte in das Kästchen mit dem für Sie dringlichsten Problem eine 1, in das zweitdringlichste eine 2, usw.

	UMFRAGE 1978			IM VERGLEICH DAZU: UMFRAGE 1977	
Rangreihe		Mittlerer Rangplatz	Rangreihe		Mittlerer Rangplatz
1	Luftverschmutzung	2,8	1	Luftverschmutzung	2,7
2	Wasserverunreinigung	3,3	2	Wasserverunreinigung	3,3
3	Schadstoffe in Nahrungsmitteln	3,9	3	Energieprobleme	4,0
4	Lärmbelästigung	4,2	4	Schadstoffe in Nahrungsmitteln	4,1
5	Energieprobleme	4,8	5	Lärmbelästigung	4,2
6	Abfallbeseitigung	5,2	6	Stadt- und Landschaftsgestaltung	4,9
7	Erschöpfung der Rohstoffe	5,6	7	Abfallbeseitigung	5,1
8	Stadt- und Landschaftsgestaltung	5,7	8	Erschöpfung der Rohstoffe	5,7

Abb. 4: Politische Dringlichkeit verschiedener Umweltbereiche

Der Entwicklungsprozeß und die Voraussetzungen des Umweltbewußtseins

Wie eingangs schon erwähnt, sind Einzelaspekte aus den Umweltbereichen schon seit den frühen 60er Jahren in der Öffentlichkeit diskutiert worden. Auch umweltrelevante Gesetze wurden praktisch seit der Gründung der Bundesrepublik verabschiedet. Schließlich ist es mit Beginn der 70er Jahre von der Bundes- bis zur Kommunalebene zu einer fast explosionsartigen Zunahme von Gesetzen, Erlassen, Verordnungen oder Verwaltungsvorschriften gekommen (vgl. Finke, 1980, S. 181 f.). Eingeleitet wurde diese Phase durch die Verabschiedung des Umweltprogramms der Bundesregierung (14.10.71). Die Intention dieses Programms war, auf der Grundlage neu zu schaffender Umweltgesetze

auf lange Sicht eine wirksame Umweltplanung zu erreichen. Als Hauptziele ließen sich herausstellen:
— Verwirklichung des Verursacherprinzips
— Realisierung einer umweltfreundlichen Technik
— Förderung der internationalen Zusammenarbeit

Von den wichtigsten Gesetzen jener Periode, die zugleich die Richtungen der Umweltpolitik widerspiegeln, wären zu nennen:
— das Benzinbleigesetz (1971))
— das Bundesimmissionsschutzgesetz (1974)
— das Waschmittelgesetz (1971)
— das Abfallbeseitigungsgesetz (1972)
— das Wasserhaushaltsgesetz (1976)
— das Umweltstatistikgesetz (1974)
— die Errichtung des Umweltbundesamtes (1974)
— die Veröffentlichung des Ablaufschemas für Umweltverträglichkeitsprüfungen (1974).

Das Wort „Umweltschutz" selbst, Ende der 60er Jahre in der Öffentlichkeit aufgetaucht, wurde ab 1970 durch die Bundesregierung in „Wort und Begriff" eingeführt und nach innen und außen hin propagiert. Während im September 1970 nur 41 % der Bevölkerung den Begriff kannten, gaben im November 1971 bereits 91 % der befragten Bürger an, mit diesem Begriff vertraut zu sein. Allerdings ist das Wissen der Bevölkerung in Umweltfragen noch nicht systematisch ermittelt worden, ebenso wenig wie versucht wurde, das Umweltwissen generell in irgendeiner Form zu bestimmen oder abzugrenzen.

Wegen z. T. fehlenden Daten und Informationen ist es schwierig, die Etablierung des Themas „Umweltbewußtsein und Umweltschutz" in den 70er Jahren gegenüber anderen, konkurrierenden Themen nachzuvollziehen. Dies bezieht sich insbesondere auf Probleme, die im Zusammenhang mit wirtschaftlichen Krisenerscheinungen standen. 1978 stellte jedoch der Sachverständigenrat aufgrund empirischer Analysen fest, daß sich das Thema Umweltschutz „fest und an prominenter Stelle in die Liste der Prioritäten der Bevölkerung eingeschrieben hatte" (Umweltgutachten, 1978, S. 447 f.). Diese hohen Bewertungen galten sowohl für die Jahre 1977—1979 als auch für die Zeit nach 1982, obwohl in jener letzten Periode mit der politischen Wende in Bonn auch eine gewisse Änderung in der umweltpolitischen Orientierung erfolgte (vgl. Kaase, 1985, Noelle-Neumann, 1983, Fietkau/Kessel, 1981). Dieser angedeutete Wandel im Umweltbewußtsein der Bevölkerung wird auch in der nachstehenden Übersicht dokumentiert (vgl. Abb. 5).

Versucht man die hier nur kurz beleuchteten Daten und Prozeße zu interpretieren, so lassen sich wiederum mit Kaase (1985) drei Aspekte besonders hervorheben:

1. Die Schnelligkeit mit der sich der Umweltschutz als zentrales politisches Thema etabliert hat und einen Dauerplatz in der gesellschaftlichen Diskussion erreichte: seitdem kann es sich praktisch keine politische Partei erlauben, mit

Wandel des Umweltbewußtseins

Frage: „Wenn es mit der Umwelt so weitergeht wie bisher, was wird dann Ihrer Ansicht nach geschehen? Hier sind verschiedene Standpunkte. Welcher davon kommt Ihrer eigenen Ansicht am nächsten?" (Vorlage einer Liste)

	Dez. 1970 %	Nov. 1973 %	Mai/Juni 1975 %	Sept. 1976 %	Sept./Okt. 1977 %	Juli 1984 %
Wenn es mit der Umwelt so weitergeht, wird die Menschheit ihrem Untergang entgegengehen, und alles Leben stirbt aus.	8	13	14	12	11	17
Die Natur wird zu einem großen Teil vernichtet, und es wird für Menschen, Tiere und Pflanzen immer bedrohlicher, unter diesen Bedingungen weiterzuleben.	32	49	39	40	38	51
Sicher wird es schlimmer, aber Mensch und Natur werden sich auf diese Gefahr einstellen, und das Leben wird sich entsprechend anpassen.	36	25	31	31	37	22
Ich glaube, so schlimm wird das gar nicht – mit diesen Gefahren werden wir schon fertig.	19	8	12	12	12	8
Unentschieden	5	5	4	5	2	2
	100	100	100	100	100	100

Frage: „Und wie beurteilen Sie den Zustand der Umwelt hier in der Gegend? Würden Sie sagen, die natürliche Umwelt ist hier in der Gegend ziemlich zerstört, oder ist die natürliche Umwelt hier im großen und ganzen in Ordnung?"

	Der Zustand unserer Umwelt „hier in der Gegend" ist –		Unentschieden	Zusammen
	ziemlich zerstört %	im großen und ganzen in Ordnung %	%	%
Ortsgrößen				
Dörfer	12	70	18	100
Kleinstädte	21	67	12	100
Mittelstädte	37	55	8	100
Großstädte	53	33	14	100
Regionale Bereiche				
Norddeutschland m. West-Berlin	29	60	11	100
Nordrhein-Westfalen	48	37	15	100
Rhein-Main/Südwest	30	56	14	100
Bayern	28	63	9	100

Institut für Demoskopie Allensbach: Allensbacher Archiv, IfD-Umfrage 4088, März/April 1987

Abb. 5: Wandel des Umweltbewußtseins

ihren Programmaussagen und mit ihrem konkreten politischen Handeln an diesem Thema vorbeizugehen.

2. Der hohe Stellenwert des Themas innerhalb der öffentlichen Diskussion zeigt, daß es sich nicht mehr nur um ein Thema bestimmter Bevölkerungsgruppen handelt, sondern ein politisches Ziel darstellt, das unumstritten ist. Allerdings gibt es auch bestimmte, gruppenspezifische Unterschiede, denn die „Zustimmung zum hohen Stellenwert des Themenbereichs" galt z. B. nicht für alle „Elitesektoren" der Bevölkerung, wie einige „Elitestudien" der empirischen Sozialforschung ermitteln konnten (vgl. Wildemann u. a., 1982). Abweichende Positionen lassen sich auch bei einigen Wirtschaftsunternehmen erkennen, die nicht nur auf ungehemmtes Wirtschaftswachstum setzen, sondern auch dem Umweltschutz nur eine geringe Priorität zubilligen (vgl. Studie des IIfUG, Berlin). Grundsätzlich wäre in diesem Zusammenhang also das Problem „Ökonomie und Ökologie" zu diskutieren. Da dies aus zeitlichen Gründen nicht möglich ist, sei wenigstens auf die prinzipiellen Aussagen des Sachverständigenrates zu diesen Fragen verwiesen (Umweltgutachten, 1987, Kap. 1.4.1., S. 118 ff.). Allgemein ist aber innerhalb der generellen Auseinandersetzung zu beobachten, daß in zunehmendem Maße die Umweltschutzmaßnahmen nicht mehr so im Gegensatz zu wirtschaftlichem Wachstum gesehen werden, wobei zweifellos die Idee des „Übergangs vom quantitativen zum qualitativen Wachstum" mit eine entscheidende Rolle gespielt hat.

3. Umweltschutz ist auch ein Thema geworden, das die westlichen Gesellschaften weit über die persönliche Betroffenheit einzelner Mitglieder hinaus erfaßt und damit eine umfassende Wirkung erzielt hat (Kaase, 1985, S. 295). Empirische Untersuchungen in den Ländern der Europäischen Gemeinschaft seit 1982 zeigen, daß die Wahrnehmung von Umweltproblemen nicht unbedingt von der eigenen Erfahrung abhängt. So spielt sicherlich die immer mehr zunehmende internationale Vernetzung (Handels-, Reise- und Kommunikationsströme) für die Etablierung des Themenbereiches eine wesentliche Rolle. Als ein hierfür treffendes Beispiel wäre die nationale und internationale Diskussion im Fragenkreis „Energie und Umwelt" zu nennen. Im Zuge der Genehmigungsverfahren zur Errichtung von Kernkraftwerken kam es in den vergangenen Jahren in verschiedenen westlichen Ländern nicht nur zu einer Symbolisierung und anscheinenden Überhöhung der Problemlage, die von der ganzen Bevölkerung nachvollziehbar war. Nach der Katastrophe von Cernobyl (26.4.1986), bei der sich der Bevölkerung zunächst ein Bild der Desorientiertheit und Hilflosigkeit ihrer politischen Handlungsträger bot, kam es sogar zu einer kurzfristigen Wende in der Umweltpolitik. Für eine kurze Zeit konnte darüber hinaus noch eine internationale, „Systemgrenzen übergreifende" Solidarisierung erreicht werden. War schon vor Cernobyl eine deutliche Zunahme der gesellschaftlichen Bedeutung fast aller Umweltbereiche festzustellen, so setzte nach diesem Ereignis und dem langsamen Erkennen seiner Auswirkungen eine generelle Debatte um eine Neuorientierung der gesamten Energiepolitik ein. Wiederum entscheidenden Anteil an dieser Diskussion hatten die Massenmedien, aber auch Forschungsinstitute oder Forschungsgruppen, die unabhängig

vom politischen Tagesgeschehen sich um alternative Konzepte und Strategien bemühten. Als ein Beispiel sei im folgenden die Studie von Leipert/Simonis (1987) auszugsweise zitiert, die im Ergebnis ihrer Untersuchung eine „Ökologische Strukturanpassung der Wirtschaft und eine ökologisch orientierte Wirtschaftspolitik" fordert. Die nebenstehenden Daten über Umweltschutzinvestitionen (Umweltschutz als ökonomischer Faktor) und die „Ökologische Schadensbilanz der Bundesrepublik Deutschland" sind dieser Arbeit entnommen (vgl. Abb. 6–9).

Investitionen für Umweltschutz des Produzierenden Gewerbes nach Umweltbereichen

Jahr	Insgesamt		Abfall-beseitigung		Gewässer-schutz		Lärm-bekämpfung		Luftrein-haltung	
	in jeweiligen Preisen	in Preisen von 1980	in jeweiligen Preisen	in Preisen von 1980	in jeweiligen Preisen	in Preisen von 1980	in jeweiligen Preisen	in Preisen von 1980	in jeweiligen Preisen	in Preisen von 1980
	Mio. DM									
1975	2480	3090	170	210	900	1100	200	240	1210	1530
1976	2390	2830	200	230	820	960	220	260	1150	1380
1977	2250	2560	200	230	740	850	210	230	1100	1250
1978	2150	2370	170	180	680	750	200	220	1100	1220
1979	2080	2190	160	160	760	800	200	210	960	1020
1980	2650	2650	210	210	910	910	240	240	1290	1290
1981	2940	2800	250	240	950	910	210	200	1530	1450
1982	3560	3220	390	360	1130	1030	230	210	1810	1620
1983[1]	3690	3230	290	260	1100	990	230	200	2070	1780
Durchschnittlich jährliche Veränderung in %										
1975/83	+ 5.1	+ 0.6	+ 6.9	+ 2.7	+ 2.5	− 1.4	+ 1.8	− 2.3	+ 6.9	+ 1.9
1975/79	− 4.3	− 8.2	− 1.5	− 6.6	− 4.1	− 7.9	0.0	− 3.3	− 5.6	− 9.6
1979/83	+15.4	+10.2	+16.0	+12.9	+9.7	+5.5	+3.6	−1.2	+21.2	+14.9

[1] Vorläufiges Ergebnis

Abb. 6: Investitionen für Umweltschutz des Produzierenden Gewerbes

Investitionen für Umweltschutz des Staates nach Umweltbereichen

Jahr	Insgesamt		Abfall-beseitigung		Gewässer-schutz		Lärm-bekämpfung		Luftrein-haltung	
	in jeweiligen Preisen	in Preisen von 1980	in jeweiligen Preisen	in Preisen von 1980	in jeweiligen Preisen	in Preisen von 1980	in jeweiligen Preisen	in Preisen von 1980	in jeweiligen Preisen	in Preisen von 1980
	Mio. DM									
1975	4740	6410	300	390	4430	6010	0	0	10	10
1976	5270	6950	290	360	4970	6580	0	0	10	10
1977	4860	6190	310	370	4530	5800	10	10	10	10
1978	5860	7020	330	370	5450	6560	70	80	10	10
1979	6940	7640	390	420	6440	7100	110	120	0	0
1980	8060	8060	470	470	7430	7430	150	150	10	10
1981	7390	7150	520	500	6700	6480	160	160	10	10
1982	6500	6300	570	540	5740	5580	180	170	10	10
1983	6030	5810	500	460	5340	5170	170	170	20	10
Durchschnittliche jährliche Veränderung in %										
1975/83	+ 3,1	− 1,2	+ 6,6	+ 2,1	+ 2,4	− 1,9	×	×	×	×
1975/80	+ 11,2	+ 4,7	+ 9,4	+ 3,8	+ 10,9	+ 4,3	×	×	×	×
1980/83	− 9,2	− 10,3	+ 2,1	− 0,7	− 10,4	− 11,4	+ 4,3	+ 4,3	×	×

× = Aussage nicht sinnvoll

Abb. 7: Investitionen für Umweltschutz des Staates

Laufende Ausgaben für Umweltschutz in jeweiligen Preisen

Wirtschafts-gliederung	1975	1976	1977	1978	1979	1980	1981	1982	1983[2]
				Mio. DM					
Produzierendes Gewerbe	3200	3610	3930	4240	4660	5160	5920	6550	6910
Energie- und Wasserver-sorgung, Bergbau	360	410	450	490	550	620	740	920	...
Verarbeitendes Gewerbe	2810	3160	3440	3710	4070	4490	5130	5580	...
Baugewerbe	30	40	40	40	40	50	50	60	...
Staat	3000	3280	3550	3920	4410	4690	5120	5390	5610
Produzierendes Gewerbe und Staat	6200	6890	7480	8160	9070	9850	11040	11940	12520
				1975 = 100					
Produzierendes Gewerbe	100	113	123	133	146	161	185	205	216
Energie- und Wasserver-sorgung, Bergbau	100	114	125	136	153	172	206	253	...
Verarbeitendes Gewerbe	100	112	122	132	145	160	183	199	...
Baugewerbe	100	133	133	133	133	167	167	200	...
Staat	100	109	118	131	147	156	171	180	187
Produzierendes Gewerbe und Staat	100	111	121	132	146	159	178	193	202

[1] Vorläufiges Ergebnis

Abb. 8: Laufende Ausgaben für Umweltschutz

Aufwendungen für Umweltschutz in Mio. DM

Jahr	Produzierendes Gewerbe			Staat			Prod. Gewerbe und Staat		
	Lauf. Ausgaben	Ab-schrei-bungen	Auf-wen-dungen	Lauf. Ausgaben	Ab-schrei-bungen	Auf-wen-dungen	Lauf. Ausgaben	Ab-schrei-bungen	Auf-wen-dungen
			in jeweiligen Preisen[2]						
1975	3200	1520	4720	3000	1920	4920	6200	3440	9640
1980	5160	2250	7410	4690	3390	8080	9850	5640	15490
1983[1]	6910	2830	9740	5610	3970	9580	12520	6800	19320
			in Preisen von 1980						
1975	4050	1870	5920	3790	2570	6360	7840	4440	12280
1980	5160	2250	7410	4690	3390	8080	9850	5640	15490
1983[1]	5780	2480	8260	4910	3820	8730	10690	6300	16990

[1] Vorläufiges Ergebnis;
[2] Abschreibungen zu Wiederbeschaffungspreisen

Abb. 8b: Aufwendungen für Umweltschutz

Ausgaben für Umweltschutz

Jahr	Produzierendes Gewerbe		Staat		Prod. Gewerbe und Staat	
	in jeweiligen Preisen	in Preisen von 1980	in jeweiligen Preisen	in Preisen von 1980	in jeweiligen Preisen	in Preisen von 1980
			Mio. DM			
1975	5 680	7 140	7 740	10 200	13 420	17 340
1976	6 000	7 190	8 550	10 940	14 550	18 130
1977	6 180	7 180	8 410	10 340	14 590	17 520
1978	6 390	7 200	9 780	11 470	16 170	18 670
1979	6 740	7 190	11 350	12 380	18 090	19 570
1980	7 810	7 810	12 750	12 750	20 560	20 560
1981	8 860	8 150	12 510	11 940	21 370	20 090
1982	10 110	8 780	11 890	11 130	22 000	19 910
1983[1]	10 600	9 010	11 640	10 720	22 240	19 730
			Durchschnittliche jährliche Veränderung in %			
1975/83	+ 8,1	+3,0	+ 5,2	+0,6	+6,5	+1,6
1975/80	+ 6,6	+1,8	+10,5	+4,6	+8,9	+3,5
1980/83	+10,7	+4,9	− 3,0	−5,6	+2,7	−1,4

[1] Vorläufiges Ergebnis

Abb. 8c: Ausgaben für Umweltschutz

Schadenspositionen	Schadenskosten (in Mrd. DM pro Jahr)
Luftverschmutzung	rund 48,0
– Gesundheitsschäden	– über 2,3–5,8
– Materialschäden	– über 2,3
– Schädigung der Freilandvegetation	– über 1,0
– Waldschäden	– über 5,5–8,8
Gewässerverschmutzung	weit über 17,6
– Schäden im Bereich Flüsse und Seen	– über 14,3
– Schäden im Bereich Nord- und Ostsee	– weit über 0,3
– Schäden im Bereich Grundwasser	– über 3,0
Bodenzerstörung	weit über 5,2
– Tschernobyl und „Tschernobyl-Vermeidungskosten"	– über 2,4
– Altlastensanierung	– über 1,7
– Kosten der Biotop- und Arterhaltung	– über 1,0
– „Erinnerungsposten" sonstige Bodenkontaminationen	– weit über 0,1
Lärm	über 32,7
– Wohnwertverluste	– über 29,3
– Produktivitätsverluste	– über 3,0
– „Lärmrenten"	– über 0,4
Summe der Schäden	weit über 103,5
Gesamtbeurteilung der Schätzung: Die genannten Zahlen basieren auf einer Reihe neuerer, fundierter in- und teilweise auch ausländischer Untersuchungen. Verbliebene Lücken wurden in vielen Fällen durch eigene Berechnungen ergänzt. Da es sich um eine systematische, solide Schätzung handelt, kann sie für die von Politikern und Umweltschützern geforderte erweiterte volkswirtschaftliche Gesamtrechnung, die auch Umweltschäden einbezieht, verwendet werden. *Wertung:* Äußerst vorsichtige Gesamtermittlung aller Umweltschäden (siehe hierzu die Erläuterungen im Text dieses Kapitels). Quelle: L. Wicke et al.	

Abb. 9: Die „ökologische Schadensbilanz" der Bundesrepublik Deutschland

Zuständigkeiten im Umweltschutz

Den weiter oben angesprochenen grundlegenden Umweltgesetzen aus den 70er Jahren sind drei tragende Prinzipien gemeinsam:
— das Vorsorgeprinzip
— das Verursacherprinzip
— das Kooperationsprinzip

Schon das Umweltgutachten von 1978 zeigte auf der Basis von Meinungsumfragen eine überwältigende Zustimmung der Bevölkerung zum Verursacherprinzip. Dabei standen allerdings hinter dieser abstrakten Zustimmung sehr unterschiedliche Vorstellungen, zumal auch auf wissenschaftlicher wie auf politischer Ebene die Reichweite und Bedeutung dieses Prinzips nicht eindeutig waren (Umweltgutachten, 1978, S. 452). Befragungen zwischen 1973 und 1985 belegen nicht nur den Fortschritt im Meinungsbildungsprozeß, sondern dokumentieren auch, daß immer mehr Bürger sich für die Verantwortung von Staat und Bürger im Bereich der Umwelt entscheiden. Während vom Staat vor allem Gesetzeskompetenz erwartet wird, sieht der Bürger für sich immer mehr Handlungsspielraum. Bei entsprechenden Angeboten, Anreizen und Organisationsformen ist er bereit, seinen Beitrag zu leisten. Jedoch bestehen immer noch sehr skeptische Erwartungen bezüglich der Kompetenz und der Bereitschaft der politischen Handlungsträger wie auch hinsichtlich der bisher getroffenen Umweltschutzmaßnahmen und der künftigen Umweltqualität.

Schlußbemerkungen: Umweltlernen und Umwelthandeln

Mit den oben angedeuteten Überlegungen zur Handlungsbereitschaft der Bürger ist zugleich der Übergang zu einem weiteren, sehr bedeutenden Feld des Umweltschutzes erreicht: zu den Bereichen des Umwelterkennens, des Umweltlernens und der Umwelterziehung. In der dazu publizierten, umfangreichen Literatur sind zahlreiche Theorien, Modelle und Methoden entwickelt worden (vgl. Abb. 10/11)). Da diese u. a. Gegenstand der nachfolgenden Beiträge sind, seien hier nur noch einige wenige Anmerkungen abschließend angefügt.

Fietkau (1981) hat in seiner schon mehrfach zitierten Studie fünf Voraussetzungen für „Umweltfreundliches Handeln" der Bürger herausgestellt:
— Ökologiewissen
— Ökologische Wertvorstellungen
— Infrastrukturelle Verhaltensangebote
— Handlungsanreize für umweltfreundliches Verhalten
— Positive Folgen

Zweifellos sind diese Bedingungen unstrittig, wenn auch über einige bezüglich der konkreten inhaltlichen Füllung und Abgrenzung zu diskutieren wäre. Angesichts der in den Vorbemerkungen angesprochenen Situation im „Umweltschutz" und „Umweltbewußtsein", der noch immer großen Handlungsdefizite, kam der Sachverständigenrat 1987 trotz der nicht zu verkennenen Fortschritte zu der bereits diskutierten pessimistischen Bewertung. Im Gegensatz zu den in politischen Gremien oft geäußerten optimistisch gefärbten Einschätzungen zieht er den Schluß, daß in Hinblick auf die Realisierung umweltpolitischer und ökologischer Ziele gegenwärtig das „Handeln und Verhalten" wichtiger sind als „Einstellung und Wissen". Letztere sind notwendige, nicht jedoch hinreichende Voraussetzungen für umweltgerechtes Agieren.

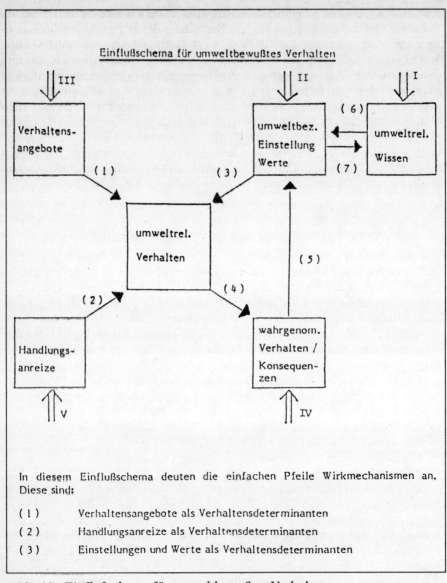

Abb. 10: *Einflußschema für umweltbewußtes Verhalten*

Ansatzpunkte / Lernfelder	Wissen	Einstellungen und Werte	Verhaltensangebote	Rückkopplungsmöglichkeiten	Handlungsanreize
Naturwissenschaftliche Probleme und Lösungsansätze	über Umweltbelastung durch Autoabgase	Bereitschaft, einen abgasarmen Pkw zu fahren	Angebot abgasarmer Pkws, Möglichkeit, Motoren optimal einzustellen	Informations(Meß-)möglichkeit individueller Abgaswerte	Vorteile (finanziell oder von den Nutzungsmöglichkeiten) abgasarmer Pkws
Ökologische Systemzusammenhänge	Kenntnis ökologischer Systemzusammenhänge bei der Eutrophierung von Oberflächengewässern	Wunsch nach Erhaltung natürlicher Ökosysteme	Möglichkeiten ökologischer Anbaumethoden unter Verzicht auf intensive Düngung	Visualisierung der erreichten Wasserqualität	Verzicht auf intensive Düngung bringt ökonomische Vorteile
Politische und gesellschaftliche Aspekte der Umweltpolitik	Zuständigkeit der Gewerbeaufsichtsämter für Schadstoffemissionen von Industrieanlagen	Gefühl der Mitverantwortung für Umweltbelastungen seitens Dritter	Umwelttelefon bei den Gewerbeaufsichtsämtern	Verminderung von Umweltbelastungen, die auf entsprechende Initiativen von einzelnen zurückgehen, sichtbar machen	Auszeichnung von Bürgern, die sich aktiv im gesellschaftlichen Raum für die Erhaltung der Umwelt einsetzen

Abb. 11: Ansatzpunkte und Lernfelder zur Hebung des Umweltbewußtseins

Literatur

Beer, W.: Ökologische Aktion und ökologisches Lernen. Erfahrungen und Modelle für die politische Bildung. Opladen 1982.

Bundeszentrale für politische Bildung (Hrsg.): Umwelt. Informationen zur politischen Bildung, 219, Bonn 1988.

Der Minister für Wirtschaft, Mittelstand und Verkehr (Hrsg.): Energiepolitik in Nordrhein-Westfalen. Energiebericht 82. Düsseldorf 1982.

Der Rat von Sachverständigen für Umweltfragen (Hrsg.): Umweltgutachten 1987. Stuttgart/Mainz 1987.

Der Rat von Sachverständigen für Umweltfragen (Hrsg.): Umweltgutachten 1978. Stuttgart/Mainz 1978.

Fietkau, H./H. Kessel (Hrsg.): Umweltlernen. Veränderungsmöglichkeiten des Umweltbewußtseins. Königstein/T. 1981.

Fietkau, H./H. Kessel: Einleitung und Modellansatz. In: Fietkau, H./H. Kessel (Hrsg.): Umweltlernen. Veränderungsmöglichkeiten des Umweltbewußtseins. Königstein/T., 1981, S. 1–14.

Fietkau, H.: Bedingungen ökologischen Handelns. Gesellschaftliche Aufgaben der Umweltpsychologie. Weinheim 1984.

Förster, H.: Umweltbelastungen und Wirtschaftssysteme. Paderborn 1981.

Füllenbach, J.: Umweltschutz in Ost und West. Ein Systemvergleich. Arbeitspapiere zur Internationalen Politik 7, Bonn 1976.

Hartkopf, G./Bohne, E.: Umweltpolitik. Grundlagen, Analysen und Perspektiven. Opladen 1983.

Kaase, M.: Die Entwicklung des Umweltbewußtseins in der Bundesrepublik Deutschland. In: Wildemann, R. (Hrsg.): Umwelt, Wirtschaft, Gesellschaft – Wege zu einem neuen Grundverständnis. Mainz 1985, S. 289–303.

Leipert, C., Simonis, U.: Umweltschäden-Umweltschutz. Ausgaben und Aufgaben. In: Geograph. Rundschau, 39 (1987) H. 6, S. 300–306.

Müschen, K./E. Romberg: Strom ohne Atom. Ein Report des Öko-Instituts Freiburg, Frankf./M. 1986.

Noelle-Neumann, E.: Öffentliche Meinung in der Bundesrepublik Deutschland. In: M. Kaase, H. Klingemann (Hrsg.): Wahlen und politisches System. Opladen 1983.

Unesco-Verbindungsstelle für Umwelterziehung (Hrsg.): Bibliographie Umwelterziehung. Berlin, 4. Auflage 1987.

Wildemann, R./Kaase, M. et al: Führungsschicht in der Bundesrepublik Deutschland 1981. Mannheim 1982 (Man.).

Wulf Habrich

Umwelterziehung im Geographieunterricht der Bundesrepublik Deutschland

Auf einer Tagung mit polnischen Kollegen stand der Gedankenaustausch über Probleme der Umwelterziehung in der Bundesrepublik Deutschland im Mittelpunkt eines eigenen Vortrags.

Im einleitenden Teil wurde ein Überblick über die UE in den 70er Jahren gegeben, anschließend der Wandel seit 1979/80 analysiert, um in einem dritten Teil didaktische Problemfelder der Gegenwart zu diskutieren (s. a. Habrich, 1987, S. 171–180). Während in der ersten Phase ein enger auf kognitive Lernziele und auf die technologischen „klassischen" Umweltbereiche Boden, Wasser, Luft und Lärm ausgerichteter Umweltschutzunterricht vorherrschte, der eigentlich noch keinen deutlichen ökologischen Schwerpunkt besaß und Natur- und Umwelterziehung voneinander trennte, prägte sich eine ökologische Zentrierung in der zweiten Phase stärker aus. Die lokale Umwelt des Schülers wurde häufiger Ausgangspunkt unterrichtlicher Arbeit, in der handlungsorientierte, projektakzentuierte Aufsätze betont wurden.

Eine solche gemeinsame Aufgabe von Lehrern und Schülern führte stärker aus dem Schulraum heraus und öffnete sich auch außerschulischen Aktivitäten.

Situationsfelder und Funktionsbereiche wie Feuchtbiotope, Acker, Wald (Boden), die eigene Gemeinde, der Betrieb und das städtische Ökosystem wurden beobachtet, kartiert, experimentell untersucht, analysiert und bewertet und neue schulische Erlebnis- und Aktivitätsfelder, etwa Schulgärten, Schulbiotope, Schullandheime und Jugendherbergen oder Naturcamps entdeckt oder wiederentdeckt. Es wurde deutlich, daß sich ein „neuer Typ des Denkens" allmählich bei Lehrern und Schülern durchzusetzen scheint, „ein Denken, nach dem wir handeln können" (Vester 1978, 12). Dieses Denken in vernetzten Denkstrukturen muß die gesamten UE begleiten.

Trotz der offensichtlichen Fortschritte, etwa in der Kooperation zwischen Biologie und Geographie, liegen immer noch Defizite vor (Härle 1980, Riedel, 1984). Viele in ihren Auswirkungen erst in jüngster Zeit erkannten Problembereiche (Feuchtgebiete, Abgrabungen, Wälder, Belastungen unserer Böden, Probleme der Altlasten, Standorte von Kraftwerken, die Entscheidungen für eine zukunftsorientierte, menschen- und umweltfreundliche Energienutzung und damit der Konflikt zwischen Ökonomie/Ökologie und Politik) sind in die Schulbücher kaum eingedrungen. Im Geographieunterricht werden sie auch nur sehr punktuell behandelt, in den Fachzeitschriften (z. B. Geographie und Schule 33/1985; Praxis Geographie 3/1983, 7/1985, 8/1983, 12/1985, 1/1989 (Energie und Umwelt); Geogr. Rundschau 6/1984, 5/1985; geographie heute 5/1981 u. a.) allerdings vermehrt diskutiert. In diesen und anderen Publikationen, etwa den Lehrerhandreichungen der DUA zu den Themen Wasser, Luft, Boden, Lärm, Müll, Feuchtbiotope, Waldsterben, Wattenmeer, zum handlungsorientierten Lernen und zu Projekten (DUA, Düsseldorf, 1988) wird zugleich versucht, das Defizit geoökologischer Arbeitsmethoden (Beobachtungsanleitungen, Experimente, Kartierungen, Arten- und Pflanzenbestimmungen) abzubauen. Der Stand der Umwelterziehung im Geographieunterricht der 80er Jahre wird in den Beiträgen von Habrich im Handbuch Praxis der Umwelt- und Friedenserziehung (Calließ/Lob 1987 und 1988) intensiv diskutiert (Habrich, 1987, S. 97—105, S. 218—234).

Neue Wege zur Umwelterziehung wurden für den Geographieunterricht der kommenden Jahre von verschiedenen Autoren kritisch untersucht (Habrich/Lob 1988, Lob 1988, Hasse 1988, Ökopäd 1987, Scholz 1987).

Welche Leitgedanken und pädagogische Grundgedanken werden uns nun weiterleiten? Einige sind schon recht alt in der pädagogischen und in der Umwelt-Diskussion, andere wird man sicher noch weiterentwickeln müssen:
— Einmal allein einen Bach entlanggehen
— Den Arm ins Wasser halten, um den Strömungsdruck zu spüren
— Die Spiegelungen von Licht und Schatten, Wolken, Bäumen und Pflanzen im Wasser beobachten
— Barfuß im Bach waten (Ökopäd 4/1987)
— „Ich lese und weiß. Ich höre und verstehe. Ich nehme teil und erinnere mich."
— „Man kann nur begreifen, was man be-greift."
— „Natur wird vom Menschen geschützt und zwar nicht nur, weil er sie braucht, sondern weil er sie liebt" (Teutsch 1984)

Mit dieser Zusammenstellung können wir Schwerpunkte in Anlehnung an einen Beitrag von Habrich und Lob (1988, S. 21) formulieren:

O Umwelterziehung ist sinnliche Wahrnehmung, berücksichtigt Emotionen, setzt an der Betroffenheit des Schülers (und des Lehrers) an und trägt einen ganzheitlichen Charakter (s. a. Scholz 1987). Zugleich leitet sie zur gezielten Beobachtung an.

O Der erfahrene Gegenstand, der erlebte Raum, das wahrgenommene Problem werden unter einer Vielzahl von Bezügen gesehen. Der Schüler erfährt, „wie er das geworden ist, was er ist" (Scholz 1987), und wie die Gesellschaft einordnet und bewertet.

O Ökologisches Lernen geschieht in Projekten oder hat projektakzentuierte, handlungsorientierte Schwerpunkte, denn nur durch Begreifen begreift man, was einen ergreift.

O Die Auseinandersetzung mit Wertvorstellungen, die hinter den ökologischen Gedanken, Bildern und Zielsetzungen in unsere gesamte Erziehungsarbeit einbezogen werden. Schreier bezeichnet die Erfahrung des „Naturschönen" (Schreier 1987, S. 201) als Grundlage einer Umweltethik. In diesem Sinne ist auch Meyer-Abichs „Weg zum Frieden mit der Natur" (Meyer-Abich 1987, S. 45) zu verstehen.

O Alle drei Ebenen der Umwelterziehung müssen im ökologischen Lernen einbezogen sein: Wissen, Einstellungen und Handlungen sind unverzichtbare Bestandteile.

(Habrich/Lob 1988)

Auf einer Tagung in Wildbad Kreuth vor 140 Experten aus wissenschaftlicher Pädagogik und Verwaltung wurden 1988 diese und ähnliche pädagogische Grundgedanken angesprochen. Es fielen Tendenzen auf, die in Zukunft evtl. zu sehr kontroversen Auseinandersetzungen führen können.
1. Der Umweltbegriff (Umwelt = Mitwelt) wird häufig durch einen noch nicht ausreichend abgeklärten Heimatbegriff ersetzt.
2. Beispiele, die das Denken in vernetzten Systemen verdeutlichen sollen, sind fast ausschließlich dem bioökologischen Bereich entnommen. Der Zusammenhang von Gesellschaft und Natur (s. a. Neef 1980/Unesco-Verkündungsstelle, 1980) wird dagegen stark zurückgedrängt. Die immer wieder geforderte Hinführung zum politischen Tun wird erschwert, wenn die neuen Denkansätze einseitig an naturwissenschaftlichen Beispielen erprobt werden.

An einem Fallbeispiel, das für den Band 7 des Geographieschulbuchs „Unser Planet" entwickelt wurde, wurde ein Weg aufgezeigt, wie einige der oben angesprochenen Elemente der UE in Schulbüchern behandelt werden können. (s. a. Habrich 1982. S. 94–101)

In einem allgemeinen Strukturbild, einer schematischen Darstellung von Unterrichtsverläufen in der Umwelterziehung wird man sicher erkennen, daß hinter der gesamten Einheit eine wissenschaftstheoretische Vorstellung steht, die man nach Bartels als Wechselspiel zwischen Theorie und Empirie bezeichnen kann.

Die Einheit besitzt eine halboffene Struktur.

Abb.: Strukturschema: Unsere gefährdete Umwelt, Bild

Das Fallbeispiel stammt aus dem Geographieschulbuch „Unser Planet". Es ist vorgesehen, es im Anschluß an das Kapitel „Erdzonen – Grenzen und Chancen" zu behandeln. Hier ging es um die Naturgesetze der Zonen, ihre Nutzung und die Möglichkeiten, den Nahrungsspielraum in einzelnen Zonen zu betrachten.

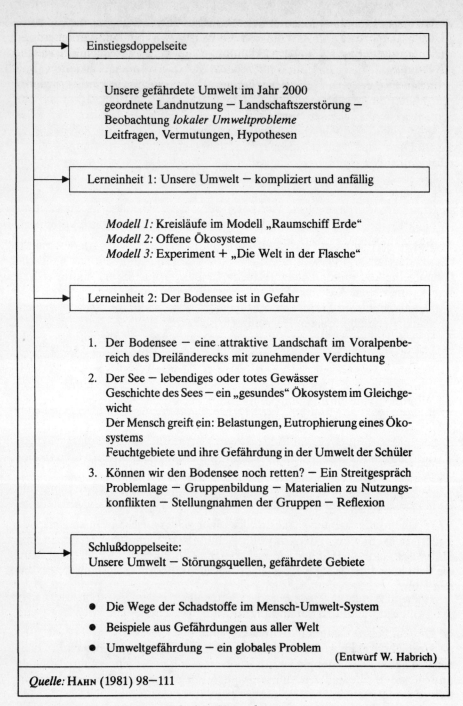

Strukturschema: Unsere gefährdete Umwelt

Mit dieser Problematik deutet sich schon die Fragestellung an, die Eingriffe des Menschen in die Ökosysteme und die Wechselwirkung und Vernetzungen innerhalb dieses Systems zu betrachten. In unserer gefährdeten Umwelt stehen die Teilsysteme der menschlichen Existenz, das sozioökonomische, das soziokulturelle und das technische mit den natürlichen Systemen in Wechselwirkungen. Durch die Reaktionszusammenhänge kommt es zu Rückwirkungen auf den Menschen und seinen biologisch determinierten Organismus.

Vier Prinzipien haben die Zielsetzung und die Gliederung des Kapitels über die Probleme der Umweltsicherung und Umweltgestaltung bestimmt:

a) Es wurde von einem ökologischen Konzept ausgegangen, das in das Denken in vernetzten Systemen einführt. Dieses Konzept durchdringt die gesamte Einheit.
b) Eine Funktionseinheit, der Bodenseeraum, steht als Fallbeispiel im Mittelpunkt. Eine Übertragung auf lokale Beispiele aus dem Erfahrungsbereich der Schüler gelingt dann leichter.
c) Gesellschaftspolitische und sozialgeographische Aspekte sind mit den naturgeographisch-ökologischen Fragestellungen verzahnt aufbereitet und aufeinander bezogen. Interessenkonflikte werden verdeutlicht.
d) In den Beispielen werden die lokalen, regionalen, überregionalen und globalen Dimensionen der Umweltgefährdung angesprochen.

— Die globale bildet den Rahmen.
— Lokale Konfliktfelder aus dem persönlichen Erfahrungsbereich der Schüler werden in den Arbeitsvorschlägen immer wieder angesprochen. Sie sollen im Vergleich mit den in den Lerneinheiten behandelten Fällen Kriterien zur Analyse und Bewertung von Umweltbelastungen vermitteln.
— Regionale — hier ist es der Bodensee — vermitteln eine Reihe verschiedener Qualifikationen: eine regionale Funktionseinheit wird gegliedert, Interessen und Konflikte werden verdeutlicht, ein Konfliktfall wird durchgespielt, der Zusammenhang natur- und anthropogeographsicher Fragen im ökologischen Problemfeld verdeutlicht.

Aus vielen Gegenden der Erde hören wir Berichte über eine zunehmende Gefährdung der Ökosysteme: die Städte, die Landwirtschaft, die Küstenräume, Ströme und Meere sind zunehmend gefährdet.

Die einleitenden Fragen gehen vom unmittelbaren Erfahrungsbereich der Schüler aus. Der Blick wird auf den Heimatraum gelenkt, Vorwissen zusammengetragen und ein Gefühl für die Größenordnungen und Zusammenhänge geweckt.

Text und Abbildungen deuten zwei Seiten unserer Umweltproblematik an — die Umweltgefährdung durch Eingriffe des wirtschaftenden Menschen und Umweltsicherung durch sinnvolle Nutzung.

Zugleich werden auf einer Weltkarte die gefährdeten Gebiete für das Jahr 2000 dargestellt.

Diese Welt ist kompliziert und anfällig. Es handelt sich um ein vernetztes System, ein Ökosystem, in dem der Mensch nur ein Teilglied darstellt, von dem aus aber die weitreichenden Eingriffe ausgehen.

In einem dreifachen Zugang wird in den Gedanken der vernetzten Gefüge und Wechselwirkungen eingeführt:
a) Unser Planet Erde — ein sich selbst versorgendes Raumschiff.

Das Modell vom Raumschiff Erde stand hier Pate. Die Schüler lernen die wichtigsten Kreisläufe, den des Wassers, der Luft, der Nahrung zu beschreiben. Später werden andere hinzutreten (etwa der Stickstoff- oder der Phosphorkreislauf). Sie erkennen und benennen Wechselwirkungen und Zusammenhänge in einem Modell, in das der Mensch selbst eingebunden ist. Mit dieser Arbeit wird zugleich ein Zusammenhang wiederholt, der zum Teil zum Stoff der Biologie der Klassen 5 und 6 gehört. Es entstehen als Ergebnis ein Tafelbild, das den Charakter des quasi geschlossenen Systems ikonographisch erfaßt. Zusätzlich kann man Texte einsetzen, die zeigen, daß das Modell in der Realität der Raumfahrt schon die Erprobung hinter sich gebracht hat.
b) Das Modell eines realen irdischen Systems, in dem feinabgestimmte Gleichgewichte herrschen, die sich einstellen, wenn genügend Zeit dazu vorhanden ist (Fließ-Gleichgewichte = steady state).

Im 2. Modell, das durch Texte ebenfalls ergänzt wird, können wir nun wichtige ökologische Grundbegriffe eines offenen Systems erarbeiten, also etwa die folgenden:
— offenes und geschlossenes System
— Gleichgewicht
— Räuber-Beute-Beziehung — Nahrungskette
— Sonne als Energiespender — der Energiedurchfluß
— Photosynthese
— Wege in einem Ökosystem
— Austausch mit anderen Systemen

Ein Tafelbild faßt wieder anschaulich zusammen.
c) Der Gedanke des „geschlossenen" Systems wird noch einmal aufgenommen und in einem Experiment dargestellt, das man nach Möglichkeiten mit Hilfe des Biologielehrers nachbauen sollte.

Das Modell ist einfach zu bauen und kann Jahre existieren, sollte aber möglichst am gleichen Standort verbleiben.

Der hier zugrundegelegte Denkansatz wird auf ein reales irdisches System, den Bodenseeraum, übertragen.

Die biologisch-ökologischen Bereiche bilden nur einen Aspekt, Schwerpunkte bilden humanökologisch-sozialgeographische Probleme.

In der 1. Teileinheit wird die Funktionseinheit, der Kultur- und Landschaftsraum Bodensee, vorgestellt, der Anteil an drei Ländern hat. In Bildern wird hier schon auf unterschiedlich genutzte Bereiche aufmerksam gemacht.

In der Verdichtung der Nutzungen im Seeuferbereich deuten sich mögliche Verdichtungen und Belastungen an.

Der Mensch hat in diesen Raum intensiv eingegriffen und bedroht seine Ökosysteme (2. Teileinheit). Die Gegenüberstellung eines gesunden und eines von Eutrophierung bedrohten Raumes greift auf die 2. Doppelseite zurück.

Die Schüler beschreiben die Wechselwirkungen, Nahrungsketten und Sukzessionen in einem ungestörten See und erfassen im 2. Modell verschiedene Arten der Belastung (Emissionen, Abwässer aus Haushalt und Industrie, saurer Regen). Hauptthema ist der Vorgang der Eutrophierung.

In einem Streitgespräch (Debatte) versucht man, Ursachen und Hintergründe der Belastungen und die Interessen und Konflikte ansatzweise zu analysieren und zu bewerten. Der Streit um die BAB Singen — Bregenz dient als Beispiel (3. Teileinheit).

Die Materialien sind offen in der Struktur, auch offen für Erweiterungen. Denkbar ist die Darstellung in Form eines Planspieles.

Schüler werden aufgefordert, Stellung zu beziehen, sich in diese und ähnliche Probleme von Landschaftsgefährdung durch Straßenbau und Siedlungsverdichtung und allgemein in Belastungen von Räumen durch Nutzungskonflikte einzudenken und Entscheidungsverhalten anzubahnen.

Die Schlußdoppelseite dient der Zusammenfassung und Systematisierung: im Modell der Mensch-Umwelt-Beziehungen und in der Erweiterung durch Beispiele von Umweltgefährdung aus aller Welt und globalen Gefahren.

Hier ergeben sich zwei Schwerpunkte:
a) Das Modell des Mensch-Umwelt-Systems, in das die Ergebnisse der gesamten Einheit einfließen. Es muß wegen seiner komplexen Struktur in Teilgebiete aufgelöst werden.
b) Die Materialien zu weltweiten Belastungen und Beispielen aus aller Welt.

Im Fallbeispiel werden einige Forderungen zur UE eingelöst, andere aber sicher nicht. Schulbücher haben ihre Grenzen, wenn sie gleichzeitig eine überzeugende geoökologische Basis aufbauen und in geoökologische Instrumentarien einführen wollen.

„Den Schulbüchern müssen andere Medien und Instrumente zur Seite stehen, mit deren Hilfe es gelingt, Beobachtungen zu verarbeiten, Messungen, Experimente und Befragungen durchzuführen und zu analysieren, größere Datenmengen zu bündeln und Wirkungsgefüge zu simulieren" (Habrich 1987, S. 176). Erst wenn dies geschieht, können lokale Konfliktfelder bearbeitet werden und können sich handlungskompetente Schüler in unserer vernetzten und verletzten Welt verantwortungsvoll bewähren.

Gleichzeitig muß die Schule und müssen sich die Lehrer wandeln, obwohl sicher schon viele engagierte Lehrer Umwelterziehung zusammen mit ihren Schülern erlernen:
— „Es geht um" Leben in der Schule!
— Auf Ideen kommt es an, dann klappt es.
— Ohne Engagement geht nichts.
— Alle Projekte sterben, wenn es keine Initiative gibt.
— Das Gute läßt sich nicht organisieren.
— Das wichtigste sind nicht Konzepte, Ideen, Theorien, sondern das Engagement.
— Wo soll man ansetzen?
— Modelle anbieten oder neue Elemente in die Lehrerausbildung bringe?

- Was wir affektiv im Schüler erreichen wollen, müssen wir vorher beim Lehrer erreicht haben."

(Resumee eines Lehrers auf einer Tagung über Umwelterziehung Projekten — u. a. Habrich/Köhler, S. 3)

Literatur

BEER, W./G. DE HAAN (1987): Ökopädagogik — neue Tendenzen im Verhältnis von Ökologie und Pädagogik. — In: J. Calließ/R. E. Lob (Hrsg.): Handbuch Praxis der Umwelt- und Friedenserziehung. Düsseldorf, S. 32—42.

DEUTSCHE UMWELT-AKTION (DUA) Düsseldorf, Heinrich-Heine-Allee 23: Veröffentlichungen zur Umwelterziehung (Publikationsverzeichnis 1988).

HABRICH, W. (1982): Unsere gefährdete Umwelt. — In: R. Hahn (Hrsg.): Unser Planet 7/8. Westermann Lehrerband. Braunschweig S. 94—101.

HABRICH, W. (1987): Natur und Umwelt im Geographieunterricht. — In: Internationale Schulbuchforschung. Zeitschrift d. Georg-Eckert-Instituts, 9. Jg., H. 2, S. 171—180.

HABRICH, W. (1987) Umwelterziehung im Geographieunterricht. — In: Calließ, J./ R.E. Lob (Hrsg.): Praxis der Umwelt- und Friedenserziehung. Bd. 2: Umwelterziehung. Düsseldorf. S. 218—234.

HABRICH, W. (1987): Umwelterziehung in der Sekundarstufe II. — In: Calließ, J./R.E. Lob (Hrsg.): Praxis der Umwelt- und Friedenserziehung. Bd. 2: Umwelterziehung. Düsseldorf. S. 97—105.

HABRICH, W./R.E. LOB (1988): Problemfeld Umwelterziehung. — In: Grundschule 9/1988. S. 21—23.

HABRICH, W./E. KÖHLER (Red.): Umwelterziehung in Projekten — Ergebnisse des Altenberg-Seminars der Deutschen Umwelt-Aktion. Essen 1981.

HÄRLE, J. (1980): Das geoökologische Defizit. — In: Geographische Rundschau 32. S. 481-487.

HAHN, R. (1981): Unser Planet — Geographie für das 7. und 8. Schuljahr. (Hrsg.) Braunschweig.

HASSE, J. (1988): Umwelterziehung. Zum Zynismus einer postmodernen Veranstaltung. Oldenburger Vorabdrucke. Universität Oldenburg.

KMK = STÄNDIGE KONFERENZ DER KULTUSMINISTER DER LÄNDER IN DER BUNDESREPUBLIK DEUTSCHLAND (1980): Umwelt und Unterricht — Beschluß der KMK vom 17.10.1979 (Hrsg.).

LOB, R.E. (1988): Noch in den Kinderschuhen ... Umwelterziehung in der Grundschule. — In: Grundschule 8/1988. S. 12/13.

MEYER-ABICH, K. (1987): Menschliche Wahrnehmung der natürlichen Umwelt. — In: J. Calließ/R.E. Lob (Hrsg.): Handbuch Praxis der Umwelt- und Friedenserziehung, Bd. 1: Grundlagen. Düsseldorf. S. 42—50.

NEEF, E. (1980): Ein Modell für landschaftsverändernde Prozesse. — In: Geographische Rundschau 32. S. 474—477.

ÖKOPÄD (1987): Ökopädagogik im Rückblick. Heft 4, Dez. 1987.
RIEDEL, W. (1984): Einige grundlegende Gedanken zu einer Behandlung von Landschaftsveränderung und Landschaftswandel im Geographieunterricht. — In: Geographie und Schule 30. S. 1—5.
SCHOLZ, G. (1987): Lernmaterial zwischen Gesinnungsethik und verkannter Absicht. — In: Ökopäd, 7. Jg. Nr. 4. S. 4—13.
SCHREIER, H. (1987): Umwelterziehung im Sachunterricht. — In: J. Calließ/ R.E. Lob (Hrsg.): Handbuch Praxis der Umwelt- und Friedenserziehung, Bd. 2: Umwelterziehung. Düsseldorf. S. 198—205.

Polnische Beiträge

Irena Dynowska

Bilanz der bisherigen deutsch-polnischen Zusammenarbeit in Geographie

Das Referat hat Überblickscharakter. Es enthält deshalb keine Detailangaben. Dafür gibt es Hinweise in Form von Fußnoten, wo Details nachzulesen sind. Das Referat hat das Ziel, die Erfolge der bisherigen Zusammenarbeit der Arbeitsgruppe Geographie der Gemeinsamen deutsch-polnischen Schulbuchkommission darzustellen, aber auch auf Defizite und Unzulänglichkeiten in der Tätigkeit der Kommission aufmerksam zu machen.

Die bisherige Zusammenarbeit umfaßt:

I. Organisatorische Tätigkeit
   1. Symposien
   2. Verbreitung der Arbeitsergebnisse in den Medien
   3. Veröffentlichung von Referaten
   4. Berichte über die Arbeit der Sektion Geographie
   5. Veröffentlichung der Beiträge der deutschen Kommissionsmitglieder in polnischen Zeitschriften

II. Inhaltliche Verbesserung der Schulbücher und Atlanten
   1. Verbesserung des Inhalts der bundesdeutschen Geographielehrbücher und -atlanten über Polen
   2. Verbesserung des Inhalts der polnischen Geographielehrbücher und -atlanten über die Bundesrepublik Deutschland

Es sei einleitend darauf hingewiesen, daß während der über 10jährigen Tätigkeit der Arbeitsgruppe Geographie eine Periode zu verzeichnen ist, in der die Intensität der Arbeit merklich abnahm. Folglich waren auch die Ergebnisse bescheidener, als man es hätte erwarten können. Dies ist durch objektive Gründe zu erklären. In der Zeit, in der die Aktivität einen Höhepunkt erreicht hatte, starb der Vorsitzende Prof. Jósef Barbag (1982). Sein Nachfolger, Prof. Jan Rajman, verzichtete im Jahre 1985 wegen Krankheit auf seine Funktion. All dies mußte sich negativ auf die Arbeit der Kommission auswirken, die sicher mehr Erfolg nachzuweisen hätte, wenn diese Schicksalsschläge nicht dazwischen gekommen wären. Dennoch sind positive, konkrete Arbeitsergebnisse zu verzeichnen.

I. Organisatorische Tätigkeit

1. Symposien

In der ersten Phase der Tätigkeit der Gemeinsamen Schulbuchkommssion, in den Jahren 1972—1983, fanden sechs Konferenzen (zusammen mit den Historikern) und zwei Seminare statt. Ab 1974 wurden getrennte geographische Symposien durchgeführt, und zwar folgende:
1. Braunschweig-Eschwege, 1974
2. Sopot/Zoppot, 1976
3. Bad Münstereifel, 1977
4. Kraków/Krakau, 1980
5. Stuttgart, 1983
6. Mogilany bei Kraków, 1987

Unabhängig von den im Rahmen der Gemeinsamen Schulbuchkommission veranstalteten Symposien wurde 1987 vom Ostkolleg der Bundeszentrale für Politische Bildung in Köln ein deutsch-polnisches Seminar organisiert. Dieses Seminar widmete sich Themen der regionalen Geographie und knüpfte an die Arbeit der Gemeinsamen Schulbuchkommission an.

Immer wieder wurde betont, daß die Symposien sehr aufschlußreich waren. Die freundschaftliche Atmosphäre trug, trotz verschiedener Ansichten und Standpunkte, zum gegenseitigen Kennenlernen und zum besseren Verständnis der Probleme beider Länder bei.

2. Verbreitung der Arbeitsergebnisse in den Medien

Berichte über das letzte Symposium in Mogilany (1987) wurden viermal in der Tagespresse, einmal im Fernsehen, zweimal im Rundfunk und einmal im Studentenradio übermittelt.

Über die Öffentlichkeitsarbeit während der übrigen in Polen durchgeführten Symposien lassen sich leider keine Angaben mehr machen.

3. Veröffentlichung von Referaten

Die auf den Symposien I bis V gehaltenen Referate wurden nur zum Teil veröffentlicht. Das ist u. a. auf die erwähnten Schicksalsschläge zurückzuführen. Erst die Referate vom letzten Symposium (Mogilany 1987) wurden komplett veröffentlicht. Während des Symposiums in Mogilany wurden insgesamt zwölf Referate gehalten, davon fünf von deutschen und sieben von polnischen Autoren. Vier Referate betrafen didaktische Probleme und sechs weitere behandelten Probleme der Landwirtschaft in Polen.

4. Berichte über die Arbeit der Sektion Geographie

Berichte über abgehaltene Symposien und Seminare wurden in der Lehrerzeitschrift „Geografia w Szkole" (Geographie in der Schule") veröffentlicht. In dieser Zeitschrift erschienen Berichte von insgesamt vierzehn Druckseiten über sechs Begegnungen in den Jahren 1973—1980. Über das letzte Symposium in Mogilany ist bereits ein Bericht erschienen[1], ein zweiter befindet sich im Druck. Unabhängig von diesen Berichten erschienen schon im Jahre 1977 auch die Empfehlungen der Gemeinsamen Schulbuchkommission für Geographie (die 1976 verabschiedet worden sind). Da die Auflage dieser Zeitschrift relativ hoch ist — etwa 17 000 Exemplare —, erreichen die Informationen über die Arbeit der Gemeinsamen Kommission jeden Geographielehrer in Polen.

5. Veröffentlichung der Beiträge der deutschen Kommissionsmitglieder in polnischen Zeitschriften

Ein wesentlicher Bestandteil der Zusammenarbeit ist der Erfahrungsaustausch im Bereich der Geographiedidaktik. In der Zeitschrift „Geographie in der Schule" wurden zwei Aufsätze von deutschen Autoren veröffentlicht. M. Hirgt, G. Kettermann: „Probleme des Geographieunterrichts in den Schulen der Bundesrepublik Deutschland"[2], und W. Sperling „Didaktische Richtungen in der Bundesrepublik Deutschland und ihr Einfluß auf den Geographieunterricht"[3].

Man könnte meinen, daß zwei Aufsätze nicht viel sind. Wenn man aber in Betracht zieht, daß in dieser Zeitschrift keine Artikel ausländischer Autoren erscheinen, so muß man die bei den deutschen Autoren gemachten Ausnahme besonders hervorheben.

II. Inhaltliche Verbesserung der Schulbücher und Atlanten

1. Verbesserung der Inhalte in den bundesdeutschen Geographielehrbüchern und -atlanten über Polen

Schon im Jahre 1976 wies Prof. J. Barbag darauf hin, daß die Arbeit der Schulbuchkommission zu bemerkenswerten Ergebnissen geführt habe. In späteren Ausgaben einiger Schulbücher wurden die mit den politischen Realitäten im Widerspruch stehenden Informationen über die Nord- und Westgebiete Polens entweder ausgelassen oder umformuliert. Tendenziöse und falsche Informationen über die Wirtschaft der VR Polen wurden korrigiert; in manchen Schulbü-

---

[1] K. Mazurski, „Rolnictwo na Sympozjum Geografów Polski i RFN" (Agrarprobleme zum Symposium der Geographen Polens und der Bundesrepublik Deutschland) 42, Nowe Rolnictwo Nr. 1—2. 188.
[2] Geografia w Szkole, H. 4, 1974, 198—202.
[3] Geografia w Szkole, H. 3, 1974, 153—159.

chern wurden auch die politisch nicht akzeptablen Informationen über die Bevölkerungsprobleme in Polen geändert[4].

Aufmerksamkeit verdient das vom Arbeitskreis „Nachbar Polen" der Evangelischen Akademie in West-Berlin im Dezember 1986 veranstaltete Symposium mit dem Titel „Die Darstellung Polens in den Erdkundebüchern der Bundesrepublik Deutschland". Dieses Symposium wurde infolge der Proteste der Lehrer aus West-Berlin veranstaltet, die sich gegen die unangemessene Darstellung Polens richteten, die in für den Schulgebrauch in West-Berlin bestimmten Lehrbüchern des Ernst Klett Verlags „Terra Erdkunde Europa" und „Terra Geographie 9/10" empfohlen wurden. Schon die Tatsache, daß solch ein Protest stattfand, ist bezeichnend. Dies ist zweifellos auch der bisherigen Tätigkeit der Kommission zu verdanken.

An diesem Symposium nahmen u. a. polnische Vertreter der Arbeitsgruppe Geographie der Gemeinsamen Schulbuchkommission sowie Vertreter des Ernst Klett Verlags teil. In der Diskussion bestand Einigkeit darüber, daß das Polenkapitel im Schulbuch „Terra Erdkunde Europa" gestrichen werden soll. Für den Band „Terra Geographie 9/10" wurden einige Korrekturen des Polenkapitels vorgeschlagen. Sehr rasch — schon 1987 — wurde vom Ernst Klett Verlag ein Sonderheft zum Schulbuch „Terra Erdkunde Europa" veröffentlicht, welches aufgrund der gemeinsamen Diskussion den korrigierten Inhalt enthält. Aus Zeit- und technischen Gründen konnten die Änderungen nicht völlig zufriedenstellend sein. Die Vertreter des Verlages stimmten aber zu, daß in naher Zukunft ein neues Kapitel über Polen vorbereitet werden würde.

Aus der Analyse der deutschen Schulbücher und Atlanten, die von A. Mizgajski vorgelegt wurden[5], geht hervor, daß eine Verbesserung der Darstellung Polens erfolgt ist. Dazu gehört der Verzicht auf die Eintragung der Grenze des Deutschen Reiches von 1937 auf vielen Karten. In diesem Punkt sind die Darstellungen jedoch noch nicht immer zufriedenstellend, obwohl man einen wesentlichen Fortschritt vermerken kann. Die im Jahre 1981 aufgenommenen Erläuterungen zu der sog. Perlenkette ändern nicht viel an der Sache. Die Inhalte über Polen wurden objektiver und in vielen Lehrbüchern wurden solche Aussagen eliminiert, die zur Entstehung revisionistischer Einstellungen führen könnten.

Trotz bemerkenswerter Verbesserungen bestehen weiterhin gegenüber einigen Angaben über Polen Bedenken; es werden nicht in ausreichendem Maße die Veränderungen der sozialgeographischen Gegebenheiten dargestellt. Einige tendenziöse historische Angaben müssen beanstandet werden. Nach den Empfehlungen der Schulbuchkommission sollten, wenn zum Verständnis gegenwärtiger geographischer Sachverhalte historische Erklärungen notwendig sind, die Empfehlungen für die Lehrbücher für Geschichte sinnentsprechend gelten.

---

[4] M. Czekańska, Geografia w Szkole, H. 2, 1977, 79—83.
[5] Siehe: Artikel von A. Mizgajski „Änderungen der Informationen über Polen in Geographieschulbüchern der Bundesrepublik Deutschland während der Tätigkeit der Gemeinsamen UNESCO-Schulbuchkommission" (1988).

2. Verbesserung des Inhalts der polnischen Geographielehrbücher und -atlanten über die Bundesrepublik Deutschland

Die Gutachten über die polnischen Schulbücher und Atlanten, die von den deutschen Autoren vorgelegt wurden, sind viermal veröffentlicht worden[6]. Im letzten Gutachten stellte E. Buchhofer fest, daß der Stil der Schulbücher sachlicher und zurückhaltend ist, er ermöglicht, den Schülern ein klares, von negativen Vorurteilen befreites Bild der Bundesrepublik Deutschland zu vermitteln[7]. Eine positive Beurteilung erfuhr die vom Staatlichen Kartographischen Verlagsunternehmen (PPWK 1984) herausgegebene Karte „Deutschland" im Maßstab 1:1 000 000. Besonders hervorgehoben wurde der auf der Rückseite dieser Karte abgedruckte Kommentar.

Beanstandungen betreffen folgende Themen: Nichtberücksichtigung der Informationen über West-Berlin, der Tendenz, die Namen der geographischen Regionen zu vermeiden, die das Wort „deutsch" enthalten, z. B. Deutsches Mittelgebirge und überholte Vorstellungen über die Industrie und das Verkehrswesen der Bundesrepublik Deutschland, darunter auch eine Überschätzung der Bedeutung des Ruhrgebietes als Industriegebiet.

Man sollte jedoch darauf hinweisen, daß die im Jahre 1987 zur Begutachtung vorgelegten beiden Schulbücher aus dem Schulgebrauch entfernt werden sollen; es wurde deshalb davon abgesehen, die hier vermittelten Informationen zu korrigieren. In den noch nicht begutachteten Schulbüchern befindet sich schon eine, obwohl noch sehr knappe, Information über West-Berlin. Auch die Information über die Wirtschaft der Bundesrepublik Deutschland wurde aktualisiert. Im Hinblick auf die Namen der geographischen Regionen wird der Begriff „deutsch" nicht mehr vermieden[8].

Es kommen jedoch noch weiter sachliche Fehler und überholte Vorstellungen vor, was auf den Mangel an aktuellen Informationen über die Wirtschaft der Bundesrepublik Deutschland zurückzuführen ist. Die sachlichen Fehler werden vielfach in Schulatlanten von Auflage zu Auflage übertragen, weil die Karten unverändert nachgedruckt werden. Zwar gehört die Korrektur von sachlichen Fehlern nicht zu den Kernaufgaben der Gemeinsamen Schulbuchkommission, in Zukunft aber sollte man auch die Beseitigung von Fehlern durch Austausch von aktuellen Informationen anstreben.

---

[6] Dreimal von W. Wöhlke in: Internationales Jahrbuch für Geschichts- und Geographieunterricht: 1/Bd. XVI, 1975, 2/Bd. XV, 1974, 3/Bd. XVII, 1976 und, nach einer fast 12jährigen Pause, von E. Buchhofer (in polnisch und in deutsch).
[7] E. Buchhofer: „Die Bundesrepublik Deutschland in den neuesten polnischen Geographielehrbüchern" (1987).
[8] Siehe: Artikel von J. Szukalski „Änderungen der Informationen über die Bundesrepublik Deutschland in polnischen Geographielehrbüchern und Atlanten infolge der Tätigkeit der Gemeinsamen Schulbuchkommission VR Polen – Bundesrepublik Deutschland (1988).

Schlußbemerkungen

Es ist schwer zu bewerten, inwieweit die Tätigkeit der Arbeitsgruppe Geographie der Gemeinsamen deutsch-polnischen Schulbuchkommission Veränderungen in den Schulbüchern und Atlanten, sowie die Auswahl des Unterrichtsstoffes beeinflußt hat. Es ist jedoch nicht zu übersehen, daß viele positive Veränderungen erfolgt sind. Unermeßlich — und doch so wichtig — ist auch der Vorteil, den die unmittelbaren gegenseitigen Kontakte mit sich bringen. Die Möglichkeit, während der Symposien über die strittigen Probleme zu diskutieren, leistet einen nennenswerten Beitrag zum gegenseitigen Kennenlernen und zum besseren Verständnis der geographischen Gegebenheiten beider Länder. Das ermöglicht die Auswahl der richtigen Inhalte, die zum Abbau von Vorurteilen und zum besseren Veständnis der beiden Nationen beiträgt.

Andrzej Mizgajski

Veränderungen der Inhalte über Polen in den Geographielehrbüchern der Bundesrepublik Deutschland aufgrund der Zusammenarbeit der deutsch-polnischen Schulbuchkommission

Der Geographieunterricht soll Kenntnisse vermitteln über verschiedene Lebensformen und Aktivitäten des Menschen in seiner Umwelt. Die im Unterricht vermittelten Inhalte über das eigene und über fremde Länder sind von großer Bedeutung für die Urteilsbildung der heranwachsenden Jugend. Hieraus ergibt sich der politische Charakter der im Fach Geographie vermittelten Inhalte, denn in den häufig staatlich kontrollierten Schulbüchern finden offizielle Meinungen ihren Niederschlag. Die Zusammenarbeit zwischen polnischen und bundesdeutschen Geographen muß deshalb in dem breiteren Zusammenhang der Beziehungen zwischen den beiden Staaten gesehen werden, für die der am 7. 12. 1970 unterzeichnete „Vertrag über die Grundlagen der Normalisierung gegenseitiger Beziehungen" von grundlegender Bedeutung ist. Den Anfang dieser Kontakte bildete das im März 1971 von der Evangelischen Akademie in Berlin-West veranstaltete Symposium zum Thema „Polen im Unterricht". Für die polnische Seite war dies die erste Gelegenheit einer Stellungnahme zum Polenbild in den deutschen Erdkundelehrbüchern, die von Prof. Maria Czekańska vorgelegt wurde*. Nach der Gründung der Gemeinsamen Schulbuchkommission unter der Schirmherrschaft der UNESCO im Jahre 1972 wurden schon auf der 2. Konferenz im April 1972 in Braunschweig Empfehlungen für Geographieschulbücher erarbeitet. Die Endfassung der Empfehlungen aus dem Jahre 1976 wurde nur um einige Einzelaspekte ergänzt. Auf den folgenden Symposien (1977, 1983, 1987) haben die polnischen Vertreter Gutachten über das Polenbild in den ihnen zur Verfügung gestellten deutschen Geographielehrbüchern vorgelegt.

Um Veränderungen in der Darstellung Polens festzustellen und zu beurteilen, wurde eine Reihe von Schulbüchern (siehe Anhang) analysiert. Dabei wurden die Schulbücher ab Ende der 60er Jahre bis heute untersucht. Die Untersuchung ergab einige Beanstandungen zu den Poleninhalten in den deutschen Schulbüchern. Es muß jedoch betont werden, daß die kritischen Bemerkungen die einzelnen Schulbücher in sehr unterschiedlichem Maße betreffen.

Zu den beanstandeten Themen gehören:
— die Vorgabe, daß Polen nach dem 1. Weltkrieg aus zum Teil deutschen Gebieten entstanden ist und die daraus resultierende Entschuldigung des Überfalls auf Polen im Jahre 1939;

---

* CZEKAŃSKA, MARIA, 1971: „Darstellung Polens im Erdkundebuch der Bundesrepublik Deutschland". – Manuskript, 10 S.

195

- die Vermittlung selektiver Informationen über den 2. Weltkrieg und seiner Folgen für Polen und Deutschland;
- die Vermittlung des Eindrucks, daß die nördliche und westliche Grenze Polens ein Provisorium sei;
- die einseitige Darstellung der polnischen Landwirtschaft;
- die oberflächlich dargestellten oder nicht berücksichtigten sozialgeographischen Veränderungen im Polen der 80er Jahre.

In manchen Schulbüchern und Atlanten (Li 16, Se 23, Se 25, Ve 27) werden die Veränderungen der östlichen Grenzen Deutschlands seit der Zeit unmittelbar vor dem 1. Weltkrieg dargestellt. Dies suggeriert dem Leser, der in der Geschichte nicht sehr bewandert ist, daß Polen erst im Jahre 1918 entstanden sei, und daß deutsche Gebiete den nördlichen und westlichen Teil des Staates (darunter einen Teil von Großpolen, Schlesien und Pommern) bildeten. Dadurch wird die Tatsache der Wiedergeburt Polens nach der Zeit der Teilung ignoriert; ein Teil der polnischen Gebiete befand sich unter preußischer Herrschaft; davon blieben nach der Wiedergeburt Polens die Restgebiete, und zwar Grenzmark Posen — Westpreußen und Ermland in den Reichsgrenzen. Es wird auch über die nach dem Jahr 1918 in Polen lebenden nationalen Minderheiten berichtet, was in einem Fall den Autor des Schulbuchs zu der erstaunlichen Feststellung veranlaßt, daß Polen damals „ein ausgesprochen künstliches Gebilde" war (Lehrheft zu Kl 13). Dabei wird nicht einmal erwähnt, daß Polen schon seit Jahrhunderten ein Vielvölkerstaat war, der sich durch große nationale und religiöse Toleranz auszeichnete — besonders im Vergleich zur Situation in den Nachbarländern (siehe Empfehlungen zur Geschichte 7). Derart wenig objektive und sogar nationalistische Darstellungen Polens nach dem 1. Weltkrieg finden sich vor allem in den Schulbüchern von Ende der 60er Jahre (Kl 8, Se 23). Jedoch kommen sie auch in Schulbüchern vor, die nach der Veröffentlichung der Empfehlungen herausgegeben wurden (Au 1, Kl 13). Solche Inhalte hält man für einen Versuch, die Ereignisse des Jahres 1939 zu entschuldigen. Die Problematik des 2. Weltkrieges kommt in den meisten Lehrbüchern vor, dies sowohl in den älteren als auch in den neuesten Ausgaben. Der Grund ist der, daß man auf diesem Hintergrund die aktuelle geographisch-politische Wirklichkeit erklären will (Empfehlungen zur Geographie 3).

Den gesamten Komplex der deutsch-polnischen Probleme, die mit dem 2. Weltkrieg verbunden sind, darf man aber nicht auf die Inhalte beschränken, die ausschließlich die territorialen Verluste Deutschlands und das Schicksal der Millionen von Flüchtlingen und zwangsumgesiedelten Deutschen betreffen (Au 1, Bl 3, Di 5, Kl 8, Ol 22, Kl 13). Die Gründe, warum es zum 2. Weltkrieg gekommen ist und sein Verlauf auf dem Gebiet Polens, werden in den meisten Schulbüchern entweder verschwiegen oder mit Euphemismus „erledigt". Es finden sich Textstellen wie z. B. „deutsche Soldaten überrannten den Staat in 18 Tagen" oder „Hitler zerschlug Polen im Jahre 1939".

Als schädlich für den Aufbau einer sachgemäßen und vorurteilsfreien Einstellung zu Polen werden die fehlerhaften und unsachlichen Informationen über die Vertreibung der 8,5 Mio. (in einigen Schulbüchern — 10 Mio.) Deutschen gesehen. Hierzu gehören einseitige Schilderungen des dramatischen Schicksals dieser Bevölkerung ohne Hinweise auf die Ursachen (Au 1, Di 5, Di 6, Kl 8, Kl 10, Se 25). Ebenso zu werten sind folgende rhetorische Fragen:

Was wären Staaten, Grenzen und Nationen, wenn Deutschland diesen Krieg nicht verloren hätte, und das dramatische Schicksal den deutschen Flüchtlingen und Zwangsumsiedlern erspart geblieben wäre? Wie wäre die Situation, wenn dieser Krieg nicht stattgefunden hätte?

Die Rolle der verlorenen Gebiete für die Lebensmittelversorgung Deutschlands wird in einigen Schulbüchern deutlich hervorgehoben (z. B. Kl 9). Manchmal betont man die relative Überbevölkerung der Bundesrepublik Deutschland im Zusammenhang mit den Bevölkerungsverschiebungen (Kl 9). In einem Fall (Diercke Weltatlas 1986) hat man in diesem Kontext sogar auf die deutlich niedrigere Bevölkerungsdichte in den westlichen und nördlichen Teilen Polens hingewiesen, wohl um einen deutlichen Kontrast zum Gebiet der Bundesrepublik Deutschland herzustellen. In vielen, vor allem den älteren Schulbüchern finden sich Feststellungen über den einseitigen kulturellen Einfluß Deutschlands auf die polnische Kultur (Bl 3, Di 5, Di 6, Kl 15, 01 20, Se 25). Derartige Angaben entsprechen nicht dem aktuellen Forschungsstand in beiden Ländern (Empfehlungen zur Geschichte 7 und 8).

Ein anderes Mittel, die Meinungen der Schüler zu beeinflussen, ist die Manipulation mit den geographischen Namen. In den Schulbüchern stößt man auf Namen, die in Polen unbekannt sind, z. B. Nordpolnisches Tiefland, Polnisches Mittelgebirge; sie wurden auf den Polen „zuerkannten" Gebieten eingetragen (Au 1, Di 6, Kl 7, Kl 9, 01 20, Se 26). In den älteren Schulbüchern unterstreicht man häufig, daß Polen „ein Land an der Weichsel" sei. In diesem Kontext (das betrifft auch die neuen Ausgaben) muß man das Fehlen der Namen der wichtigsten historisch-geographischen Provinzen Polens beanstanden; gemeint ist hier vor allem Wielkopolska, das man untreffend als Großpolen ins Deutsche übersetzt. Das ist ein Territorium im Zuflußgebiet der Warthe (Warta), das den Kern des mittelalterlichen Polens bildete. Auf dieses Gebiet bezog sich der lateinische Name „Polonia" bzw. „Polania", der in der 2. Hälfte des 13. Jahrhunderts durch die Bezeichnung „Polonia Maior" im Sinne „älter" zum Zweck der Unterscheidung von den später eingegliederten Provinzen Polens abgelöst wurde. Mit dem Fehlen der polnischen Namen geht das Hervorheben der Namen der deutschen historischen Provinzen einher (Di 5, Di 6, Kl 13, Kl 15, Se 25).

Eine Form der Beeinflussung der jungen Menschen ist die Aufrechterhaltung des Eindrucks, daß die nördlichen und westlichen Grenzen Polens vorläufigen Charakter haben. In den Schulbüchern, die bis 1970 herausgegeben wurden, wurden die Grenzen des Deutschen Reiches aus dem Jahre 1937 mit denselben kartographischen Zeichen eingetragen, die für die Bezeichnung des Verlaufs der heutigen Staatsgrenzen genutzt werden. Gebiete, die seit dem 2. Weltkrieg zu Polen gehören, wurden im Rahmen der Geographie Deutschlands behandelt (Bl 3, Di 5, Kl 9, Li 17, 01 20, 01 21, Se 24, Se 25). In den 70er Jahren hat man auf die Eintragung der Grenzen des Deutschen Reiches aus dem Jahre 1937 auf einigen Karten Polens verzichtet. Grenzen des Reiches aus dem Jahre

1937 werden mit einem weniger deutlichen Zeichen, der sog. Perlenkette markiert, die westliche sowie nördliche Grenze Polens wird wie die übrigen Staatsgrenzen gekennzeichnet. Nachdem das Sekretariat der Ständigen Konferenz der Kultusminister der Länder der Bundesrepublik Deutschland 1981 Anweisungen zur Darstellung Deutschlands in Schulbüchern und Atlanten herausgegeben hatte, wird den Karten mit den eingetragenen Grenzen des Deutschen Reiches aus dem Jahre 1937 ein kurzer Kommentar beigefügt, der jedoch die Vorbehalte gegenüber den heutigen Grenzen aufrechterhält.

Die Art und Weise, auf die in den Schulbüchern der Bundesrepublik Deutschland die Problematik des 2. Weltkrieges und seiner Folgen dargestellt wird, sowie die Beurteilung der Änderungen in der Darstellung dieser Themen seit der Tätigkeit der Gemeinsamen Schulbuchkommission sind aus polnischer Sicht von prinzipieller Bedeutung. Die Analyse der Schulbücher verschiedener Jahrgänge zeigt, daß das Problem von Vorurteilen gegenüber Polen bei den jungen Menschen in der Bundesrepublik Deutschland nach wie vor aktuell ist. Jedoch ist andererseits eine positive Tendenz zu verzeichnen. Die beanstandeten Inhalte werden nicht so stark wie früher hervorgehoben; ebenso erscheinen neue Bücher, die durch sachliche Inhalte geprägt sind (z. B. Kl 7, Se 26). Diese positive Tendenz findet sich jedoch nicht in Bayern. In allen dem Verfasser zugänglichen bayerischen Schulbüchern (Au 1, By 4, Di 5, 01 22) dominiert eine Darstellung, wie sie im vorhergehenden beanstandet wurde.

Bei der Behandlung der Wirtschaft Polens dominiert ein Schema: Die Bemühungen Polens bei der Entwicklung der Industrie, hier vor allem des Bergbaus und der Schwerindustrie, werden zu sehr hervorgehoben, während die Landwirtschaft stark kritisiert wird. Dieses Stereotyp trifft nicht die Wirklichkeit. Die Probleme der polnischen Landwirtschaft waren das Hauptthema des 6. geographischen Symposiums der Gemeinsamen Schulbuchkommission in Mogilany, 1987, und man darf hoffen, daß durch die hier behandelten Themen dieses Bild korrigiert wird. Hier sei nur auf einige wichtige Fakten hingewiesen, die den heutigen Stand der polnischen Landwirtschaft mitbestimmen und die den Hintergrund für die richtige Beurteilung dieses Wirtschaftszweiges bilden.

Hierzu zählen:
— Ein großer Mangel an Investitionen in der polnischen Landwirtschaft, sowohl was die Produktionsmittel als auch den sozialen Standard betrifft. Das gilt vor allem für die private Landwirtschaft und resultiert aus der relativen Begünstigung der Industrie und der Städte.
— Eine große regionale Differenzierung der Agrarstruktur, der Ausstattung mit Produktionsmitteln und der Agrarkultur.
— Ein deutlicher Unterschied des Agrarklimas zwischen Polen und der Bundesrepublik Deutschland. Man nimmt an, daß die landwirtschaftliche Nutzfläche in der Bundesrepublik Deutschland bis etwa 50 % mehr Niederschlag bekommt als die in Polen. Das beeinflußt nicht nur die Höhe der Erträge, sondern auch die Wasserversorgung der Viehzucht. Auch ist die Vegetationsperiode in Polen ca. 3—4 Wochen kürzer.

Bei der Beurteilung der polnischen Landwirtschaft sollte die hohe Effizienz der privaten Bauernwirtschaft bei sehr niedrigem finanziell-technischem Aufwand und relativ ungünstigen natürlichen Bedingungen gesehen werden.

Ein neues Problem, das in den Lehrbüchern der 80er Jahre auftauchte, sind die oberflächlich dargestellten sozialen und wirtschaftlichen Prozesse, die sich in Polen seit 1980 vollziehen. Zum Teil werden sie noch gar nicht berücksichtigt. Polen ist heute ein anderes Land als in den 60er und 70er Jahren; die Sicht der aktuellen sozial-wirtschaftlichen Vorgänge aus der Perspektive dieser Zeit führt zu Fehlbeurteilungen. Unangemessen ist auch die in den Geographieschulbüchern häufig anzutreffende Feststellung einer „Dauerkrise in Polen" (Kl 15). Ebenso wäre das Zitat aus einem Brief, in dem sich eine polnische Familie für ein Paket aus der Bundesrepublik Deutschland bedankt, verzichtbar (01 22). Dies gilt auch für die Beschreibung des Lebenslaufs von Lech Wałęsa (We 29).

Die hier vorgetragenen wichtigsten Bemerkungen zu den Inhalten über Polen in den Schulbüchern der Bundesrepublik Deutschland beziehen sich unmittelbar auf Formulierungen, die in den Gemeinsamen Empfehlungen enthalten sind. Ein Vergleich der Empfehlungstexte aus dem Jahre 1976 mit den heutigen Schulbuchtexten läßt die Feststellung zu, daß die Umsetzung sehr unterschiedlich verlief.

Der erste Punkt der Empfehlungen hat den Charakter einer gemeinsamen Erklärung der Geographen beider Länder. Er betont die Notwendigkeit, den geographischen Inhalten im gesamten Schulsystem auf verschiedenen Stufen die ihnen gebührende Stellung zu verschaffen. Diese Forderung ist in unseren beiden Ländern nach wie vor aktuell und ihre Realisierung hängt von der Schulpolitik des jeweiligen Staates ab.

Der zweite Punkt betrifft die Darstellung der Leistungen beider Länder mit gegenseitiger Toleranz und Achtung. Hier ist sicher eine positive Tendenz festzustellen, weil die Zahl derartiger Informationen in den Geographiebüchern immer größer wird. Leider finden sich in manchen Büchern immer noch Darstellungen und Bilder, die ein Gefühl herablassenden Mitleides gegenüber Polen hervorrufen, was durch die in den 80er Jahren auftretende soziale und wirtschaftliche Krise noch begünstigt wurde. Derartige Informationen beeinflussen die Haltung der Deutschen Polen gegenüber; dabei ist festzustellen, daß es keineswegs eine Korrelation zwischen der Persönlichkeit einzelner und der Situation des Staates, in dem sie leben, gibt, unabhängig davon, ob es sich um das von der Krise betroffene Polen oder um die reiche Bundesrepublik handelt.

Der dritte Punkt betrifft die politischen und historischen Probleme. Hier sind zwar auch positive Tendenzen zu verzeichnen, aber sie umgehen, wie gezeigt wurde, den Kern der Sache. Ungelöst bleibt das Problem der Eintragung der Grenzen des Reiches aus dem Jahre 1937 auf dem Gebiet Polens. Dies stimmt nicht mit dem Geist und Inhalt des Vertrages vom 7. 12. 1970 überein. Die Behandlung der historischen Inhalte in den Geographielehrbüchern kann nicht beanstandet werden, soweit sie den Zweck haben, die aktuellen geographischen Fragen zu erklären. Man muß aber widersprechen, wenn die histori-

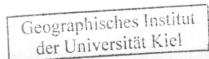

schen Tatsachen tendenziös ausgewählt oder sogar entstellt werden. Man kann abschließend sagen, daß die meisten Beanstandungen über mangelnde Realisierung der Gemeinsamen Empfehlungen in den deutschen Geographieschulbüchern die Empfehlungen für Geschichte betreffen.

Der vierte Punkt betrifft die Themenauswahl, die Objektivität sowie Aktualität der Darstellung. Man muß zugeben, daß die angemessene Behandlung der sozial-politischen und wirtschaftlichen Entwicklung Polens aufgrund ihrer großen Dynamik und zugleich wegen des langen Herstellungsprozesses der Schulbücher und der Benutzungsdauer von mindestens ein paar Jahren eine sehr schwierige Aufgabe ist. Bei einer zu detaillierten Darstellung läuft man Gefahr, daß die Informationen schnell an Aktualität verlieren, andererseits kann eine zu große Verallgemeinerung in Oberflächlichkeit ausarten. Bei der Behandlung der aktuellen Entwicklungen in Polen sollte man weniger Einzeldaten bringen wie z. B. Informationen über den Mangel an konkreten Produkten auf dem Markt, sondern vielmehr Darstellungen der Elemente und Tendenzen, die von dauerhaftem Charakter sind. Als Beispielthemen könnte man hier die Verschuldung Polens und ihre wirtschaftlichen und sozialen Folgen oder die deutliche Tendenz der Dezentralisierung der Wirtschaft zugunsten der Marktmechanismen sowie die wechselseitige Entwicklung von Gesellschaft und Staat nennen.

Der fünfte Punkt der Empfehlungen betrifft den Gebrauch der geographischen Namen. In diesem Punkt wird den Schulbuch- und Kartenautoren eine ziemlich große Freiheit gelassen. Doch eins sollte hervorgehoben werden: Man soll den Schülern die Möglichkeit geben, wenigstens die wichtigeren Namen in der Sprache des Landes kennenzulernen, in dem sie liegen. Die Schüler in der Bundesrepublik Deutschland finden in ihren Schulbüchern und Atlanten nur selten polnische geographische Namen. Dies betrifft vor allem die Namen aus den westlichen und nördlichen Gebieten Polens.

Der sechste Punkt formuliert die Bedingungen der ständigen Verbesserung und Aktualisierung der Schulbücher. Man schlägt hier verschiedene Formen der Kontakte zwischen den Schulbuchautoren, Wissenschaftlern und Schulbuchverlagen vor. Von den bisherigen Unternehmungen sind die Geographiesymposien im Rahmen der Gemeinsamen Schulbuchkommission besonders zu beachten. Die Thematik dieser Symposien findet in manchen Schulbüchern einen Niederschlag. Ihre Wirkung wäre jedoch noch größer, wenn sie regelmäßig stattgefunden hätten und ihre Ergebnisse regelmäßig veröffentlicht worden wären.

Für eine angemessene Darstellung Polens in der Geographiedidaktik sind die Besuche der Geographen aus der Bundesrepublik in Polen sowie Veröffentlichungen in den Fachzeitschriften von großer Bedeutung. Als gutes Beispiel wäre hier Heft 2/1987 von Praxis Geographie zu nennen, in dem die aktuelle sozial-wirtschaftliche Lage Polens eingehend und zugleich allgemeinverständlich dargestellt wird.

Eine erfolgreiche Form von Kontakten sind die Gespräche der Schulbuchautoren aus der Bundesrepublik Deutschland mit den polnischen Geographen.

Sie haben zum Ziel, deutsche Autoren beim Verfassen eines Lehrbuchkapitels über Polen zu beraten. Ein gutes Beispiel hierfür sind die Ergebnisse des Arbeitssymposiums, das 1986 von der Evangelischen Akademie in Berlin-West veranstaltet wurde. Das Thema dieses Symposiums war die kritische Analyse eines Polenkapitels in dem Schulbuch Terra Erdkunde/Europa, herausgegeben vom Klett-Verlag, und die Ausarbeitung der Anregungen für ein neues Kapitel über Polen. Eine aufgrund der Beratungen überarbeitete Fassung des Kapitels erschien in Form eines Sonderheftes. In kurzer Zeit hat der Klett-Verlag dieses Heft herausgegeben, das alle Anregungen des Symposiums aufgreift.

Der letzte Punkt der Geographie-Empfehlungen schlägt Themen vor, die bei der Behandlung der polnischen Problematik berücksichtigt werden sollten. Obwohl seit dem Abfassen der Empfehlungen 12 Jahre vergangen sind und in Polen tiefgreifende Veränderungen eingetreten sind, haben die für eine Behandlung vorgeschlagenen Themen nicht an Aktualität verloren. Wenn man die Themenvorschläge als Material zur Auswahl betrachtet, so muß man den Grad ihrer Berücksichtigung als zufriedenstellend bezeichnen. Da die Zeit, die der Behandlung Polens gewidmet werden kann, sehr unterschiedlich ist, werden auch in den Schulbüchern die vorgeschlagenen Themen unterschiedlich berücksichtigt.

Zusammenfassend kann festgestellt werden, daß die Tätigkeit der Gemeinsamen UNESCO-Schulbuchkommission für Geographie in der Volksrepublik Polen und der Bundesrepublik Deutschland zu einigen positiven, wenn auch im Umfang unterschiedlichen Änderungen in den Schulbüchern der Bundesrepublik Deutschland geführt hat. Die meisten Geographielehrbücher berücksichtigen die Gemeinsamen Empfehlungen für Geographie; dagegen finden die Geschichtsempfehlungen in den Texten der Geographielehrbücher häufig keine Berücksichtigung.

Es ist nach wie vor wichtig, die Lehrbücher im Hinblick auf ihre Einstellung zu Polen und die den Schülern vermittelten Inhalte zu überprüfen. Angesichts der dynamischen sozial-politischen und wirtschaftlichen Veränderungen in Polen besteht ein großes Bedürfnis nach regelmäßigen Kontakten zum Zweck des Informations- und Meinungsaustausches, was zu einer objektiveren Darstellung der aktuellen Entwicklungen im Unterricht beitragen kann. Die beiden oben genannten Feststellungen befürworten die Fortsetzung der Tätigkeit der Gemeinsamen Schulbuchkommission für Geographie. Sie kann zur Bereicherung der objektiven Kenntnisse über die beiden Länder bei der heranwachsenden Jugend und zum Abbau der gegenseitigen Vorurteile und Stereotype in beiden Nationen beitragen.

Anhang

Die untersuchten Lehrbücher

Signatur	Ausgabe	Verlag und Titel des Schulbuches
Au 1	1984	Verlag Ludwig Auer, Donauwörth Die Erde — Lebensraum des Menschen
Ba 2	1974	August Bagel Verlag, München Neue Geographie 7/8
Bl 3	o. J.	Blutenburg Verlag, München Mitteleuropa. Deutschland und seine Nachbarländer im Osten und Süden
By 4	1978	Bayerischer Schulbuchverlag, München Neue Geographie für Sekundarstufe I
		Moritz Diesterweg, Frankfurt/M Fahr mit in die Welt
Di 5	1969	I Bd. Deutschland
Di 6	1969	II Bd. Europa
Kl 7	o. J.	Ernst Klett-Verlag, Stuttgart Länder und Völker, Erdkunde Unterricht Deutsche Landschaften und die Nachbarländer Deutschlands im Süden und Osten
Kl 8	1968	Länder und Völker, Erdkunde Unterricht Europa
Kl 9	1972	Der Mensch in seinem Lebensraum
Kl 10	1973	Erdkundlicher Unterricht — Ausgabe B. Deutsche Landschaften und die Nachbarländer Deutschlands im Süden und Osten
Kl 11	1973	Erdkundlicher Unterricht für Volksschule — Ausgabe C. Deutschland 1
Kl 12	1982	Terra Geographie 9 für Realschulen und Gymnasien in Nordrhein-Westfalen
Kl 13	1984	Terra Geographie. 9/10 für Realschulen in Niedersachsen. Teil II
Kl 14	1985	Terra Geographie 9 für Gymnasien in Nordrhein-Westfalen
Kl 15	1986	Terra Erdkunde Europa
Li 16	1971	Paul List Verlag, München Harms Erdkundebuch. Deutschland und die Welt/Wirtschaftsgeographie für die bayerische Schule/
Li 17	1978	Harms Erdkundebuch
Li 18	o. J.	List Geographie 3. Mensch und Erde

Li 19	1980	List Geographie 5/6 Schuljahr
		R. Oldenbourg Verlag, Ferdinand Hirt Verlag, Hermann Schroedel Verlag
01 20	1969	Erdkunde für Realschulen, Bd. 1 Europa
		R. Oldenbourg Verlag München
01 21	1977	Erdkunde. Ausgabe Bayern
01 22	1985	Unsere Erde. Erdkunde 8 für Realschulen in Bayern
		Verlag Ferdinand Hirt, Hermann Schroedel
Se 23	1969	Seydlitz für Gymnasien Bd. 2 Europa
Se 24	1969	Seydlitz für Realschulen Bd. 5 Deutschland. Formende Kräfte der Erde
Se 25	o. J.	Seydlitz IV Teil. Deutschland in Europa
		CVK und Schroedel Geographische Verlagsgesellschaft, Berlin
Se 26	1985	Seydlitz. Mensch und Raum. Ausgabe für Gymnasien
		Geographische Verlagsgesellschaft Velhagen und Klasing und Hermann Schroedel, Berlin
Ve 27	1970	Dreimal um die Erde, Bd. 2
Ve 28	1977	Dreimal um die Erde
		Georg Westermann Verlag, Braunschweig
We 29	1979	Unser Planet, Geographie für das 9. und 10. Schuljahr

Jerzy Szukalski

Veränderungen der Inhalte über die Bundesrepublik Deutschland in polnischen Geographielehrbüchern und -atlanten aufgrund der Tätigkeit der Gemeinsamen deutsch-polnischen Schulbuchkommission

Seit einigen Jahren werden in den polnischen Lehrplänen viele Reformen durchgeführt, die sich auf das Fach Geographie leider negativ auswirken. Man hat einige neue Fächer auf Kosten der Stundenanteile der Geographie eingeführt.

Im Schuljahr 1987/88 sah der Geographieunterricht hinsichtlich der Thematik und der Stundenanteile wie folgt aus:

Klasse I—III: Die soziale und natürliche Umwelt, Geographie Polens und Allgemeine Geographie, 2 Wochenstunden

Klasse IV: Die Landschaften Polens und Allgemeine Geographie, 2 Wochenstunden

Klasse V: Die zonalen und azonalen Landschaften der Erde und Allgemeine Geographie, anthropogene Landschaften, 2 Wochenstunden

Klasse VI: Regionale Geographie der Welt/Kontinente außer Eurasien und Allgemeine Geographie, die Erde als Planet, 2 Wochenstunden

Klasse VII: Regionale Geographie der Welt, Europa und Asien und aktuelle sozial-ökonomische Probleme der Welt, 2 Wochenstunden im 1. Halbjahr, 1 Stunde im 2. Halbjahr

Klasse VIII: Geographie Polens, 1 Wochenstunde im 1. Halbjahr, 2 Stunden im 2. Halbjahr

Klasse I—II der Oberschule (Gymnasium): Physische Geographie mit Geologie, 1 Wochenstunde

Klasse III Geographie Polens, 2 Wochenstunden (zum letzten Mal im Schuljahr 1987/88)*

Die Bundesrepublik Deutschland wird nur in den Klassen V und VII der Grundschule behandelt. In der Klasse V wird weiterhin das Lehrbuch von S. Piskorz, S. Zajac: Krajobrazy ziemi (Landschaften der Erde) benutzt, für die Klasse VII wurde ein neues Lehrbuch eingeführt, B. Golec, M. Nowak, E. Przesmycka: Euroa i Azja (Europa und Asien) 1987, dem zusätzlich ein Übungsheft beigefügt ist. Die Lehrbücher von M. Czekańska und H. Radlicz-Rühlowa: Europa i Azja (Europa und Asien) für die Klasse VI und von J. Barbag: Geografia gospodarcza świata (Wirtschaftsgeographie der Welt) für die Klasse II der Oberschule werden nicht mehr im Schulunterricht genutzt.

---

* Auf Anordnung des Ministers für Volkserziehung vom 22. 4. 1988 im Schuljahr 1988/89 wird die Stundenzahl für Geographie in den Klassen VII und VIII bis auf 1 Wochenstunde reduziert. In der III. Klasse der Oberschule (Gymnasium) wird das Fach „Polen in Europa" eingeführt (2 Wochenstunden).

Für die beiden im Unterricht benutzten Lehrbücher kann festgestellt werden, daß in den Inhalten über die Bundesrepublik Deutschland eine deutliche Tendenz zu einer sachlichen Darstellung aller Probleme und eine Zurückhaltung bei der Behandlung politisch heikler Themen zu vermerken ist. Das den Schülern vermittelte Bild der Bundesrepublik Deutschland ist frei von negativen Vorurteilen. Man kann sagen, daß dies größtenteils ein Ergebnis der Empfehlungen der Gemeinsamen deutsch-polnischen Schulbuchkommission ist.

Im Lehrbuch für die Klasse V finden sich zwar unpräzise und stereotype Formulierungen über die Industriezentren im Ruhrgebiet und ein Hinweis auf die Rüstungsindustrie, aber ich gehe davon aus, daß dies eher auf die Tatsache zurückzuführen ist, daß die Schulbuchautoren diese Gebiete nicht persönlich kennen und auch keinen Zugang zur neuen Literatur hatten, als auf die Absicht, diese Gebiete der Bundesrepublik Deutschland negativ darzustellen. Auch die in diesem Schulbuch zu findenden sachlichen Fehler sind vielfach auf Informationsmangel und das Benutzen überholter Quellen zurückzuführen. Hierzu gehören Angaben über die Autobahnen, über die Bauzeit des Kölner Doms, die Einwohnerzahl von Düsseldorf und die Lokalisierung einer Zementfabrik, wo es sie gar nicht gibt. Das entschuldigt selbstverständlich weder die Autoren, noch die Rezensenten, noch den Verlag. Unverständlich ist die Wahl des Bildmaterials in diesem Lehrbuch. Von drei Abbildungen zeigen zwei den Kölner Dom.

Angemessener sind die Informationen über die Bundesrepublik Deutschland in dem 1987 herausgegebenen Lehrbuch für die Klasse VII. Es gibt dort viele Veränderungen, die die Anregungen der Gemeinsamen Kommission spiegeln. Die Feststellung, daß die Bundesrepublik Deutschland ein kapitalistischer Staat ist, wird nicht mehr hervorgehoben. Nur auf Seite 119, in einem kurzen historischen Abriß, steht der Satz, daß 1949 „ein föderativer kapitalistischer Staat" entstanden ist. Der stereotype Hinweis auf die Rüstungsindustrie im Ruhrgebiet findet sich nicht mehr. Statt dessen erscheint die Feststellung, daß sich im Ruhrgebiet nach dem 2. Weltkrieg „neue Industriezweige entwickelt haben — die Elektrotechnik, die feinmechanische und optische Industrie" (S. 122). Im allgemeinen muß man feststellen, daß der sechsseitige Schulbuchtext viele konkrete Informationen enthält. Er wird durch 2 Karten, 1 Diagramm und 2 Abbildungen, die den Hamburger Hafen und einen Blick auf Bonn zeigen, ergänzt. Die Bedeutung der Bundesrepublik Deutschland als Staat wird nicht verschwiegen. Auf der Seite 119 wird festgestellt, daß die Bundesrepublik Deutschland „eine der größten Industriemächte der Welt" ist und daß sie „im Welthandel den 2. Platz nach den USA einnimmt"; auf Seite 120 findet sich die Feststellung, daß die Landwirtschaft in der Bundesrepublik Deutschland „besser entwickelt ist, als in den USA". Sehr positiv werden die Rekultivierungsarbeiten auf den ehemaligen Braunkohleabbaugebieten in der Gegend von Köln dargestellt. Es wurden hier einige Beispiele aus der Reihe vieler anderer Informationen über die Wirtschaft der Bundesrepublik Deutschland herausgegriffen. Einen physischen Geographen muß die Tatsache stören, daß das Lehrbuch nur wenige Informationen aus der physischen Geographie enthält; man muß aber feststellen, daß der Name „Deutsches Tiefland" korrekt neben der regionalen Bezeichnung „Oberrheinische Niederung" verwendet wird. Der letztgenannte Name wurde seit der Zeit des „Kleinen Geographischen Atlasses" von E. Romer in keinem Schulatlas mehr gebraucht. Andere Landschaften werden nicht erwähnt.

Die sachlichen Fehler, die im Schulbuch für die Klasse VII nicht vermieden werden konnten, sind wahrscheinlich auch auf den Mangel an Informationen über die Wirtschaft der Bundesrepublik Deutschland zurückzuführen. Beispielsweise steht auf Seite 122, daß Steinkohle, Braunkohle, Eisenerze, Nicht-Metalle und Steinsalz von grundlegender Bedeutung für die Entwicklung fast aller Industriezweige in der Bundesrepublik Deutschland sind; es finden sich aber keine Informationen darüber, daß die Hüttenwerke in der Bundesrepublik Deutschland fast hundertprozentig auf Eisenerzimporte angewiesen sind, und daß 1987 die letzte Eisenerzgrube in der Bundesrepublik Deutschland den Betrieb einstellte. Diese Fehler sind ausschließlich auf den Mangel an aktuellen Informationen über den wirtschaftlichen Wandel in der Bundesrepublik Deutschland und auf die Tatsache, daß es in Polen sehr lange dauert, bis ein Buch herausgegeben wird, zurückzuführen.

Das Lehrbuch für die Klasse VII wird durch ein Übungsheft ergänzt, das acht Aufgaben zum Thema „Bundesrepublik Deutschland" enthält. Diese Aufgaben sind gut ausgewählt und geben keinen Grund zur Beanstandung. Strittig erscheint nur, daß der Böhmerwald und der Oberpfälzer Wald dem Deutschen Mittelgebirge zugerechnet wurden — Landschaften, die zur Böhmischen Masse gehören; das Deutsche Mittelgebirge umfaßt dagegen den Thüringer Wald, der nicht genannt wird, weil er auf dem Gebiet der DDR liegt. Die getrennte Behandlung der beiden deutschen Staaten verursacht den Autoren manche Schwierigkeiten; das ist durch die politische Situation erklärbar, die aber aus der regionalen Geographie nicht ausgeklammert werden darf.

Im Übungsheft fehlt eine Aufgabe zur Wirtschaft der Bundesrepublik Deutschland. Der Main-Donau-Kanal wurde fälschlicherweise als Donau-Main-Kanal bezeichnet, während sich im Lehrbuch der richtige Name befindet; im Atlas für die Klassen VI—VIII ist der Kanal nicht eingetragen.

Zusammenfassend kann man feststellen, daß die Angaben über die Bundesrepublik Deutschland im hier analysierten Lehrbuch ausführlich und sachlich sind. Die Behandlung der Bundesrepublik Deutschland entspricht den Empfehlungen der Gemeinsamen Kommission.

Ein schwierigeres Problem, bei dessen Darstellung keine Änderungen erfolgt sind, und auf das die Gemeinsame Kommission keinen Einfluß hat, ist die Behandlung West-Berlins. Es ist ein politisches Problem und wird in unseren Lehrbüchern bei der Behandlung der Bundesrepublik Deutschland nicht angesprochen. Dies trifft sowohl für die früher benutzten Lehrbücher als auch auf das neue Lehrbuch für die Klasse VII zu. Es finden sich lediglich zwei Hinweise auf West-Berlin. Auf Seite 89, bei der Behandlung Spaniens, wird der Begriff der Enklave folgendermaßen erläutert: „. . . z. B. West-Berlin auf dem Gebiet der DDR". Die zweite, ein wenig genauere Information befindet sich auf Seite 154, wo zum Abschluß des Kapitels über die DDR folgender Satz steht: „West-Berlin bildet eine gesonderte politische Einheit (Enklave)". Ein interessanter Ausweg ist eine sich im Text anschließende Aufgabe für den Schüler: „Suche Informationen über West-Berlin in verschiedenen Dir zugänglichen Informationsquellen". An einer Stelle findet sich der Hinweis auf die Bindungen West-Berlins an die Bundesrepublik Deutschland und zwar auf der Karte „Bodenschätze in der Bundesrepublik Deutschland". Hier wurde die die Bundesrepublik Deutschland und West-Berlin verbindende Gasleitung eingetragen. In Wirklichkeit ist diese Gasleitung jedoch nicht vorhanden. Ergänzend zur Analyse der im Unterricht benutzten Geographieschulbücher muß gesagt werden, daß das ehemalige Ministerium für Bildung und Erziehung 1987 einen Erlaß herausgegeben hat, aufgrund dessen einige neue Lehrplanrichtlinien in der Grundschule eingeführt wurden. In der Klasse VII wurde ein die Bundesrepublik betreffendes Thema ausgelassen: „Der Ballungsraum Ruhrgebiet". Auf diese Weise verschwanden die Probleme hinsichtlich der unangemessenen oder einseitigen Darstellung dieses Gebietes. Außerdem hat man den Umfang des Stichwortes „Berlin" beschränkt und das frühere Thema „Die Lage und die Rolle Berlins in der Geschichte und Wirtschaft des Landes" in „Die Lage und die Rolle Berlins" abgeändert.

Es soll noch erwähnt werden, daß sich in dem neuen Lehrbuch von W. Stankowski (1987) für die Klassen I und II der Oberschule zwei Abbildungen befinden, die die Bundesrepublik Deutschland betreffen. Die eine zeigt den Smog über dem Ruhrgebiet (S. 71) und die andere Flußmäander, die durch die Flußregulierung in ein Altflußbett verwandelt wurden (S. 199). Das ist alles, denn es handelt sich um ein Lehrbuch für allgemeine physische Geographie mit Geologie.

Die zweite Informationsquelle über die Bundesrepublik Deutschland sind die Atlanten. Im Schulunterricht werden jetzt drei Atlanten verwendet — zwei in der Grundschule und einer in der Oberschule. Es handelt sich um folgende Ausgaben:
— Der geographische Atlas für die Klasse V, 1985
— Polen — Kontinente — Welt. Der geographische Atlas für die Klassen VI—VIII, 1986
— Der geographische Atlas, PPWK, 1985

Im Atlas für die Klasse V verwendet man auf den physisch-geographischen Europa- und Eurasien-Karten die in Polen traditionell benutzten Namen wie „Westeuropäisches Tiefland" und „Osteuropäisches Tiefland"; ersteres umfaßt das Französische Tiefland, das Deutsche Tiefland und das Polnische Tiefland. Das entspricht den Empfehlungen der Kommission hinsichtlich des Gebrauchs der geographischen Namen. In den heute nicht mehr gebrauchten Schulbüchern war es nicht immer der Fall. Manchmal wurde der Name „Norddeutsches Tiefland" verwendet, z. B. im Lehrbuch von M. Czekańska und H. Rühlowa. In dem genannten Atlas werden die Orts- und Flußnamen größtenteils in der polnischen Sprache angegeben. Es sind sog. „Egsonyme". Nur in seltenen Fällen, wo es keine Entsprechung zu den deutschen Namen gibt, z. B. Stuttgart oder

Ruhr — gebraucht man nur deutsche Namen. Es muß betont werden, daß die Verwendung der Egsonyme in diesem Atlas nicht nur für das Gebiet der Bundesrepublik Deutschland gilt, sondern ebenso für andere europäische Länder, darunter die DDR und die Sowjetunion. Es scheint, daß dies mit der Altersstufe der fünften Klasse zusammenhängt; es erleichtert das Benutzen des Atlasses. Leider wurde Köln fälschlicherweise als Stadt mit über 1 Mio. Einwohner verzeichnet.

In dem 1986 herausgegebenen Atlas für die Klassen VI—VIII sind keine Änderungen im Vergleich zur Ausgabe von 1976 eingetreten. Die Karte „Die Länder Westeuropas" auf Seite 18—19 ist ein unveränderter Nachdruck der Auflage von 1976. Aus diesem Grunde berücksichtigt sie die Änderungen, die in der Bundesrepublik Deutschland im Bergbau und in der Verarbeitungsindustrie sowie in der Flächennutzung eingetreten sind, nicht. Auf dieser Karte sind weder die Ölleitungen noch die Gasleitungen eingetragen. Auch hier wurde Köln fälschlich der Gruppe der Städte mit einer Einwohnerzahl von 1—3 Mio. zugerechnet. Der unveränderte Nachdruck der Karten in aufeinanderfolgenden Auflagen des Atlasses erklärt sich aus dem Mangel an Informationen und Mitteln für die Neubearbeitung der Wirtschaftskarten; es ist also ein notwendiges Übel. Lediglich die Staatsgrenzen wurden in dieser Ausgabe deutlicher eingetragen.

Eine positive Erscheinung, die den Empfehlungen der Gemeinsamen Kommission völlig entspricht, ist der Gebrauch der geographischen Namen. Alle Ortsnamen auf dem Gebiet der Bundesrepublik Deutschland wurden in der Originalsprache, d. h. auf Deutsch eingetragen. Nur dort, wo es polnische Entsprechungen gibt, wurden diese unten in Klammern ergänzend angegeben. Mit dem Namen West-Berlin verfährt man auf die gleiche Weise; nur auf den kleineren thematischen Karten wurde die Abkürzung des deutschen Namens WB eingetragen. Die Namen der natürlichen Landschaften und die der Flüsse wurden nur in polnischer Sprache angegeben; das betrifft auch andere Länder. Das Namensregister enthält sowohl polnische als auch deutsche Namen. Dies scheint eine gute Lösung zu sein.

Im geographischen Atlas für die Oberschule, der 1985 von PPWK (Staatliches Kartographisches Verlagsunternehmen) herausgegeben wurde, werden die meisten Namen entweder in der polnischen Sprache widergegeben oder in beiden Sprachen (S. 14); im zweiten Fall steht in Klammern unter dem polnischen Namen der deutsche. Diese Lösung entspricht nicht den Empfehlungen der Kommission. Im Namensregister wurden die Namen in beiden Sprachen angegeben.

Die Karte, die den Bergbau in Mitteleuropa behandelt, enthält weiterhin dieselben sachlichen Fehler. Die Stadt Heide im westlichen Schleswig-Holstein wird beispielsweise als Erdölförderungsstandort eingetragen — Erdölförderung kommt dort jedoch nicht mehr vor.

Konkrete Änderungen enthält die Industriekarte, wo viele neue Erdöl-, Erdölprodukte- und Erdgasleitungen nachgetragen wurden. Es fehlt jedoch die Erdölleitung vom östlichen Schleswig-Holstein nach Heide, wo sich eine Erdölraffinerie befindet. Eine vollständige Aktualisierung wurde also nicht erreicht, wahrscheinlich deshalb nicht, weil die polnischen Schulbuchautoren keinen Zugang zum neuesten statistischen Material haben.

Die in der Wirtschaft der Bundesrepublik Deutschland eingetretenen Veränderungen werden in hohem Maße auf der Wirtschaftskarte der Bundesrepublik Deutschland berücksichtigt, die sich auf Seite 54 des neuen geographischen Atlasses befindet, dessen erster Teil 1987 von PPWK herausgegeben wurde. Diese Karte aber, die im Maßstab 1:10 000 000 erstellt ist, ist zu klein, als daß sie die ganze Wirtschaft der Bundesrepublik Deutschland darstellen könnte; außerdem ist dieser Atlas nicht für den Schulgebrauch bestimmt — deshalb verzichte ich hier auf seine ausführliche Besprechung.

Zusammenfassend kann man feststellen, daß sowohl in den letzten Ausgaben der polnischen Geographieschulbücher als auch in den für den Schulgebrauch bestimmten Geographieatlanten viele positive Änderungen zu verzeichnen sind, die die Anregungen der Gemeinsamen deutsch-polnischen Schulbuchkommission reflektieren. Es fehlt jedoch die Aktualisierung vieler Sachverhalte und Informationen, was — wie ich meine — darauf zurückzuführen ist, daß die Schulbuchautoren keinen Zugang zur neuesten Literatur, zum statistischen Material und zu neuen Atlanten haben, und daß es sehr lange dauert, bis ein Schulbuch oder ein Schulatlas (im Falle der Schulatlanten dauert es noch länger) herausgegeben wird. Diese Mängel und Verspätungen verursachen die Vermittlung nicht mehr aktueller Fakten in den Schulbüchern und Schulatlanten. Hinsichtlich der Behanldung West-Berlins sind sowohl in den Schulbüchern als auch in Schulatlanten keine Änderungen zu verzeichnen.

Bronisław Kortus

Das Umweltbewußtsein in Polen

1. Die Bedingungen der Entwicklung des Umweltbewußtseins

Die Entwicklung des Umweltbewußtseins in Polen wird durch folgende Faktoren beeinflußt:
1. Durch die Tradition im Bereich des Naturschutzes,
2. durch das Anwachsen des Umweltwissens und der Umweltbedrohung,
3. durch die Umweltpolitik des Staates.

1. a) Eine starke Tradition in der Naturschutzbewegung in Polen geht auf das 19. Jahrhundert zurück. Seit Ende des 19. Jahrhunderts war Krakau das Zentrum der Landschaftskunde und der Naturschutzbewegung. Diese Ideen gingen vor allem von den Naturwissenschaftlern der Jagiellonischen Universität aus. In jener Zeit, in welcher es keinen polnischen Staat gab, waren diese Ideen und diese Bewegung stark patriotisch geprägt. In der Zwischenkriegszeit (1918–1939) wurden die ersten Gebiete unter Naturschutz gestellt, es entstanden die ersten Nationalparks von Białowieża, Tatra, Babia Góra und Pieniny. Man hat auch Gesellschaften und Organisationen, die sich den Naturschutz zum Ziel setzten, ins Leben gerufen. Nach dem 2. Weltkrieg wurden weitere Nationalparks errichtet. Insgesamt entstanden bis 1980 vierzehn. 1949 wurde das erste Naturschutzgesetz verabschiedet. Neben den Nationalparks und Naturschutzgebieten sind in den letzten Jahren auch Landschaftsparks entstanden. Diese Naturschutzformen bedecken jedoch insgesamt nur 2,5 % der Landesfläche. Zur Zeit entstehen weitere Landschaftsschutzgebiete, und der Anteil der geschützten Fläche soll um das Jahr 2000 etwa 25 % erreichen. Dies soll der Sicherung des ökologischen Gleichgewichts im Lande dienen.

1. b) Seit den 60er Jahren läßt sich ein Anwachsen des Umweltwissens beobachten, das einhergeht mit steigender Umweltbelastung im Lande wie auch in der Welt. Im Jahre 1961 ist das Buch der Krakauer Botanikwissenschaftlerin A. Leńkowa mit dem Titel „Die skalpierte Erde" erschienen. Es war eines der ersten alarmierenden Bücher in der Welt, das über die Bedrohung der Umwelt im globalen Maßstab informierte. Es erschien also 8 Jahre vor dem Apell von U Thant „Mensch und Umwelt" (1969). Auch in den 60er Jahren wurde an der Berg- und Hütten-Akademie in Krakau das „Seminar für Umweltgestaltung und Umweltschutz" ins Leben gerufen, an dem Spezialisten aus ganz Polen die Probleme der Umweltgestaltung und des Umweltschutzes erforschten und diskutierten. Dieses Seminar läuft weiter und hat bedeutend zum Umweltwissen beigetragen.

Ab 1973 erscheint in Krakau die Zeitschrift „Aura", die dem Umweltschutz und der Umweltgestaltung gewidmet ist und deren Herausgeber die „Organisation Polnischer Ingenieure" ist. Sie brachte sehr viele Informationen und Fallstudien über Umweltverschmutzung im Lande sowie über Mittel und Methoden der Umweltgestaltung und des Umweltschutzes. Dabei werden häufig Beispiele und Informationen aus dem Ausland gebracht. Diese Zeitschrift spielte und spielt weiterhin eine wichtige Rolle in der Umwelterziehung der Bevölkerung, insbesondere der Techniker und Ingenieure, also der Gruppe, die Entscheidungen trifft bei der Einführung und Handhabung umweltfreundlicher Technologien.

Seit 1975 sammelt das Hauptamt für Statistik Daten über das Ausmaß der Gas-, Staub- und Abwässeremission. Diese Daten werden seitdem jährlich im Statistischen Jahrbuch veröffentlicht. Parallel hierzu werden auf regionaler Ebene Daten auch in den Statistischen Jahrbüchern einzelner Wojewodschaften veröffentlicht. Polen ist bisher das einzige sozialistische Land, in dem Daten über das Ausmaß der Umweltverschmutzung offiziell gesammelt und veröffentlicht werden. Abgesehen davon werden Messungen und entsprechende Datenerhebungen über Umweltverschmutzung auch durch den staatlichen Sanitätsdienst durchgeführt. Aufgrund dieser und anderer Informationsquellen ist es möglich, grundlegende Analysen über den Stand und auch — was von ausschlaggebender Bedeutung ist — über die Ursachen der Umweltverschmutzung zu erstellen.

1. c) Unter „Umweltpolitik" versteht man in Polen eine Reihe von durch den Staat durchgeführten Maßnahmen wie Umweltschutzgesetze, finanzieller Aufwand für den Umweltschutz, organisatorische Maßnahmen sowie auch Umwelt-Forschung, -Bildung und -Erziehung[1], welche sich zum Ziel setzen, die Umwelt des Landes zu schützen.

Dazu muß bemerkt werden, daß sich Umweltpolitik und Umweltbewußtsein gegenseitig beeinflussen. Einerseits trägt die Umweltpolitik zum Anwachsen des Umweltbewußtseins der Bevölkerung bei, zugleich wird sie selbst mehr oder weniger durch das Umweltbewußtsein der Menschen, die diese Politik sowohl konzipieren als auch realisieren, beeinflußt.

Nach dem 2. Weltkrieg war die Industrialisierung das oberste ökonomische und auch politische Prinzip der Entwicklung Polens und anderer sozialistischer Länder. Das Industrialisierungsmodell war durch die Dominanz der Schwerindustrie geprägt, die zugleich am meisten umweltfeindlich war. Bis etwa Ende der 50er Jahre gab es fast keine Umweltpolitik, das bedeutete eine wachsende Degradierung der Umwelt vor allem durch die Industrie. Die Umweltpolitik war erst in den 60er Jahren wirksam, es wurden Umweltgesetze eingeführt, weitere Gebiete unter Schutz gestellt, finanzielle Mittel für den Umweltschutz und für die Umwelt-Forschung bereitgestellt. Anfang der 70er Jahre — auch infolge des U Thant-Appells — wurden organisatorische Maßnahmen eingeführt; es entstanden das Ministerium für Umweltschutz und entsprechende Ämter in den Wojewodschaften. Wie schon erwähnt, wurde ebenfalls das Sammeln und

---

[1] Im weiteren verzichte ich auf eine Darstellung der Umwelt-Bildung und -Erziehung und ihrer Bedeutung für die Gestaltung des Umweltbewußtseins, da diese Problematik im Beitrag von A. Dylikowa enthalten ist.

Veröffentlichen von Emissionsdaten begonnen. Diese allgemein geschätzte „Positive" Umweltpolitik dauerte bis in die Hälfte der 70er Jahre. Danach folgte wieder eine „negative" Umweltpolitik, die einherging mit einer weiteren extensiven Entwicklung der Industrie, vor allem der Schwerindustrie. Zugleich sank der finanzielle Aufwand für den Umweltschutz von 1,5 % des BSP in 1975 auf 0,5—0,4 % in 1979—80. Das hatte wiederum eine starke und anwachsende Umweltverschmutzung im Lande zur Folge.

2. Das Wachsen des Umweltbewußtseins

Unter obengenannten Faktoren, vor allem dem wachsenden Umweltwissen sowie der steigenden Umweltbedrohung, wuchs das Umweltbewußtsein der Gesellschaft und verschärfte sich ihre Umweltsensibilität. In den sozial-politischen Ereignissen der Jahre 1980—81 in Polen nahm die Umweltfrage einen wichtigen Platz ein. Ein Punkt der „Danziger Vereinbarungen" vom August 1980 lautete: „. . . saubere Luft, Boden und Wasser sollen gesichert werden."
Im September 1980 entstand in Krakau der „Polnische Ökologische Klub". Diese Organisation versammelte vor allem Intellektuelle, auch Ärzte, Journalisten und andere umweltbewußte Leute und sah ihre Aufgabe in der Information und Mobilisierung der öffentlichen Meinung und der Entscheidungsgremien und Politiker für den Umweltschutz. Der Klub hat eine außerordentlich wichtige Rolle in der Vergrößerung des Umweltwissens und im Wecken des Umweltbewußtseins in der polnischen Gesellschaft, insbesondere in der Krakauer Region, gespielt. Auf Druck der sehr umweltbewußten Öffentlichkeit in Krakau wurde die stark umweltfeindliche Aluminiumhütte in Skawina bei Krakau im Dezember 1980 geschlossen. Dies war möglich aufgrund eines im Januar 1980 eingeführten strengen Umweltschutzgesetzes. Danach folgten auch Schließungen einiger anderer umweltfeindlicher Produktionsbetriebe im Lande. Seit den 80er Jahren reagiert die Öffentliche Meinung besonders stark auf die Fälle der Umweltverschmutzung. Dieses Umweltbewußtsein gelangte auch in die höchsten Entscheidungsgremien des politischen und wirtschaftlichen Lebens. Davon zeugt u. a. die Tatsache, daß im staatlichen Wirtschaftsplan für die Jahre 1983—85 zum ersten Mal die ökologischen Kriterien und Barrieren in der Wirtschaftsplanung Berücksichtigung gefunden haben, was auf der beigefügten Karte dargestellt ist (Abb. 1). In derselben Zeit wurden offiziell 27 Gebiete für „ökologisch bedroht" erklärt, darunter vier zu „ökologischen Katastrophengebieten". Zu den letzten gehören: das Oberschlesische Industrierevier, die Stadtagglomeration von Krakau, das Kupferbecken Legnica-Głogów in Niederschlesien und die Danziger Bucht. Diese ökologisch bedrohten Gebiete umfassen 11 % der Landesfläche und 36 % der Landesbevölkerung.
Gleichzeitig gibt es zur Zeit der Wirtschaftskrise nur begrenzte Möglichkeiten, den Umweltschutz zu verwirklichen. Auch aus diesem Grunde ist Polen dem „Klub 30 %" nicht beigetreten, weil wegen Mangel an Geld und techni-

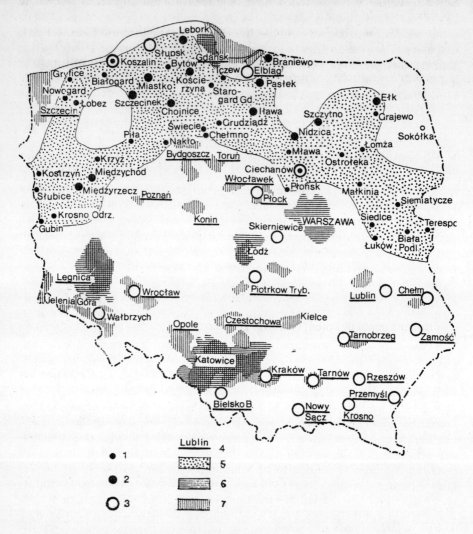

1 — Als Industriestandorte bevorzugte Städte
2 — Als Standorte nur für umweltfreundliche Industrien bevorzugte Städte
3 — Wojewodschaftsstädte, die auf rechtlich geschütztem Boden liegen
4 — Städte mit höherem Prozentsatz von Investitionskrediten für die Industrie
5 — Bevorzugte Zone für Industriestandorte
6 — Industriestandortverbot
7 — Ökologisch gefährdete Gebiete
Quelle: Plankommission (Warschau), veröffentlicht in „Aura" No. 10, 1983

Abb. 1: Standortpolitik für die Jahre 1983—85 bzw. bis 1990

schen Mitteln die Reduzierung der SO_2-Emission um 30 % in den nächsten Jahren nicht erreicht werden kann.

Zusammenfassend kann über den Stand des Umweltbewußtseins in Polen folgendes festgestellt werden:
- Bis in die 60er Jahre war das Umweltbewußtsein in Polen auf eine kleine Gesellschaftsgruppe begrenzt, vor allem auf Intellektuelle. Seit Ende der 70er Jahre, als Folge des wachsenden Umweltwissens sowie der immer mehr sichtbaren und spürbaren Umweltbelastung, breitete sich das Umweltbewußtsein stärker in der Bevölkerung aus, was die erwähnten Ereignisse Anfang der 80er Jahre zeigen.
- Bis jetzt gab es keine ausführlichen Untersuchungen über den Stand des Umweltbewußtseins in Polen. Man kann nur allgemein sagen, daß dieses Bewußtsein sowohl nach Gesellschaftsgruppen wie auch räumlich differenziert ist. Es ist bedeutend stärker bei der Intelligenz, schwächer bei den Arbeitern und Bauern. Es ist zugleich stärker in Großstädten und Industriezentren mit besonders umweltfeindlicher Industrie, dagegen schwächer in Kleinstädten und in ländlichen Gebieten. Es wird deutlich, daß diese gesellschaftliche und regionale Differenzierung des Umweltbewußtseins hauptsächlich aus zwei Faktoren resultiert: dem Umweltwissen und dem Grad der Umweltbelastung.

Eine kürzlich abgeschlossene Studie von B. Domański[2], eine der ersten zu diesem Thema in Polen, bestätigt größtenteils diese generellen Feststellungen.

Aus dieser Arbeit geht auch hervor, daß es in Polen in den letzten Jahren zur Herausbildung negativer Einstellungen gegenüber der Industrie und dem bisherigen Modell der Industrialisierung kam. Der wichtigste Grund dieser negativen Einstellung ist die große Umweltverschmutzung als Folge der industriellen Produktion. Dies verwundert nicht, denn in Polen ist die Industrie mit den Kraftwerken zu 80 % für die Umweltverschmutzung im Lande verantwortlich.
- Aus der zitierten Arbeit von B. Domański geht auch hervor, daß ökonomische Faktoren dieses Umweltbewußtsein reduzieren können, und zwar in Kleinstädten und auf dem Lande, wo die Industrie der wichtigste oder oft der einzige Arbeitgeber ist[3], zumal der III. Sektor (die Dienstleistungen) hier noch sehr schwach entwickelt ist. Ein anderer Faktor, der das Umweltbewußtsein der Bevölkerung dämpft, ist die seit 1979 anhaltende wirtschaftliche Krise im Lande. Aus verständlichen Gründen ist das Handeln und Denken der Menschen vor allem auf die Sicherung der materiellen Lebensbedingungen ausgerichtet. Zuerst muß man „haben" um zu „sein". Abgesehen davon kann man doch eine deutlich steigende Tendenz in der Ent-

---

[2] „Czynniki zróżnicowania postaw społeczności lokalnych wobec uprzemysłowienia („Die Differenzierung in der Einstellung der Bevölkerung zur Industrialisierung"), untersucht im Gebiet Süd-Polen, Dissertation, Geographisches Institut, Jagiellonische Universität, Krakau 1988.

[3] Obwohl nicht immer an Ort und Stelle, aber zu der über 2 Millionen Menschen in Polen täglich pendeln.

wicklung und Ausbreitung des Umweltbewußtseins in Polen feststellen. Trotz der bedrückenden wirtschaftlichen Situation reagiert die Bevölkerung immer stärker auf extreme Fälle der Umweltverschmutzung. Sie ist auch bereit, zur Besserung der Umwelt selbst beizutragen.[4] Denn immer stärker wird die Überzeugung, daß die Umweltqualität ein wichtiger Bestandteil der Lebensqualität ist.

---

[4] Da fehlt es jedoch an elementaren, dem Umweltschutz dienenden Einrichtungen, wie z. B. Abfallkontainer, gesicherte Müllkippen u. a., die dieses individuelle Handeln ermöglichen oder erleichtern.

Anna Dylikowa

Der Umweltschutz im Geographieunterricht der Volksrepublik Polen

1. Einstellungsveränderungen gegenüber der Natur als Hauptziel der Umwelterziehung

Der gegenwärtige Stand der Umweltgefährdung zwingt zur Änderung der Einstellung zur Natur und ihren Ressourcen sowie auch zum Ersetzen der anthropozentrischen, utilitaristischen Einstellung durch eine ökologisch-gesellschaftliche, die ein harmonisches Zusammenwirken des Menschen mit der Natur durch Erhaltung der Kontinuität der natürlichen Prozesse ermöglichen würde. Die Grundlage dieser neuen Mentalität bilden folgende Faktoren:

1. Das Erklären der Umwelt und ihrer Ressourcen zu einem einmaligen Wert und gemeinsamen Gut der gesamten Menschheit.

2. Das Anerkennen der Naturgesetze, die die Umwelt regieren (wie Wasserzirkulation, Zirkulation der Atmosphäre, Energieaustausch, Zirkulation der Materie), und das Bewußtsein, daß jegliche mit den Naturprozessen im Widerspruch stehende Eingriffe unausweichlich zur Vernichtung des Lebens auf der Erde führen, auch wenn sie zunächst nützen.

3. Das Bewußtsein der individuellen und kollektiven Verantwortung für den Zustand der Umwelt und die Aufrechterhaltung ihrer Werte für die kommenden Generationen.

Die Veränderung der Mentalität der Gesellschaft ist ein langwieriger Prozeß. Er umfaßt das Akzeptieren einer neuen Werthierarchie, die Veränderung der Einstellung zur Natur und auch die Einführung neuer Handlungsprinzipien, neuer Gewohnheiten usw. Die Schwierigkeit der Aufgaben, die sich der Umwelterziehung stellen, resultiert aus der Komplexheit der Umweltproblematik und aus der Tatsache, daß dieser Erziehungsbereich in einem besonders hohen Maße die gleichwertige Behandlung von Ausbildung und Erziehung erfordert.

2. Die allgemeine Bewertung der Umwelterziehung in Polen

Die Umweltproblematik fand erst in den Jahren 1982–84 im Zusammenhang mit der Ausarbeitung einer neuen Fassung der Lehrpläne Eingang in die Lehrprogramme. Die Umweltproblematik wurde anfangs noch auf traditionelle Art und Weise verstanden, und zwar als Pflanzen- und Tierschutz sowie Schutz einzelner Landschaftsteile u. ä. Die Auffassung der Umwelterziehung als Bildungsprozeß war damals noch nicht klar genug formuliert. Infolgedessen war das „Eindringen" der Umweltproblematik in die Programme aller Unterrichtsfächer nicht sichergestellt und somit die Grundbedingung der Effektivität der Erziehungsprozesse nicht erfüllt.

Im Endeffekt fand die Umweltproblematik ihren Eingang nur in Lehrpläne der Fächer Biologie und Geographie. In diesem Bereich gab es aber keine Zusammenarbeit zwischen den Arbeitsgruppen der beiden Fächer, so daß also weder der Inhalt noch die Reihenfolge der einzelnen zu behandelnden Probleme abgestimmt worden sind.

Die Umweltproblematik bildet ein neues Element der Lehrprogramme, und ihre Komplexität erfordert eine differenzierte Behandlung einzelner Probleme; unabhängig davon, ob wir die Umweltkunde im Biologie- oder Geographieunterricht plazieren, ist die fächerübergreifende Behandlung unerläßlich, denn die Umweltfragen gehen über die „reine" Biologie bzw. über die „reine" Geographie hinaus. In der gegenwärtigen Situation lastet angesichts der noch nicht systematisierten Biologie- und Geographielehrpläne eine besonders schwierige Aufgabe auf den Lehrern, die selbst die neue komplexe Behandlung von Umweltfragen lernen und nach entsprechenden Darstellungsmethoden suchen müssen.

Das gegenwärtige Programm der Umwelterziehung in den polnischen Schulen läßt zweifellos viel zu wünschen übrig und sollte als Übergang angesehen werden, der unter den Bedingungen eines noch nicht vollen Akzeptierens der Notwendigkeit, die Umweltproblematik in den Unterricht aufzunehmen, entstanden ist. Seit Genehmigung der neuen Lehrprogramme ist das ökologische Bewußtsein der Bevölkerung bedeutend gewachsen. Dazu hat die wachsende ökologische Bedrohung mancher Regionen des Landes beigetragen ebenso wie verbesserte Informationen durch die Massenmedien. Die deutliche Interessenzunahme an Umweltfragen muß als Ausdruck des wachsenden Verständnisses ihrer Bedeutung im Welt- und Landesmaßstab betrachtet werden. Die Konsequenz sollten gut durchdachte Lehrprogramme sein. Gegenwärtig besteht ein für allgemeinbildende Oberschulen und Berufsschulen vorgesehenes umfassendes Programm zu „Umweltschutz und Umweltgestaltung", doch ist dieses Programm nur für Schüler bestimmt, die sich besonders für Umweltfragen interessieren.

Beunruhigend ist der Stand der Umwelterziehung in den Berufsschulen und hier insbesondere in denjenigen, in denen es weder Geographie, noch Biologie, noch Chemie als Unterrichtsfach gibt und wo die Kenntnisse der Schüler über die Natur Grundschulniveau haben. Das Unterrichtsfach „Umweltschutz und Umweltgestaltung" kann hier also nicht seinen Zweck erfüllen.

Der Inhalt der Schulprogramme über Umwelterziehung muß weitgehend korrigiert werden. Für eine Realisierung der Bildungs- und Lernziele scheinen folgende Schritte unerläßlich zu sein:

1. Die Erarbeitung einer neuen „übergeordneten" Konzeption der Umwelterziehung, die den internationalen Konzepten entspricht und die Bildung eines Umweltbewußtseins in allen Schulunterrichtsfächern fördert. Eine solche

Konzeption sollte von einer Expertengruppe erarbeitet werden, die alle Fächer repräsentiert, an den Umweltfragen interessiert ist und naturwissenschaftliche, gesellschaftliche, allgemeinbildende, ökonomische, technische, und juristische Disziplinen berücksichtigt. In der Schlußphase der Umwelterziehung, die die Grund- und Oberschulen umfassen sollte, sollte ein gesondertes integriertes Unterrichtsfach stehen, das die Grundsätze eines harmonischen Zusammenlebens des Menschen mit der Natur behandelt. Dieses Fach sollte für alle Schüler obligatorisch sein.

2. Die Berücksichtigung der Umweltproblematik in mathematischen, physikalischen und chemischen Schulaufgaben.

3. Die Erarbeitung von Konzepten der Umwelterziehung für Berufsschulen verschiedener Typen. Diese Konzepte sollten dem Profil der beruflichen Ausbildung angepaßt werden; sie sollten aber auch Elemente humanistischer, gesellschaftlicher, ökonomischer und juristischer Wissenschaften enthalten.

4. Die Koordination von Inhalten jener Fächer, die die Hauptrolle bei der Informationsvermittlung in der Umwelterziehung spielen wie Biologie, Geographie, Chemie und Physik sowie die Systematisierung der Begriffe und Betrachtungsweisen.

5. Die Intensivierung der Arbeiten an der Methodik der Umweltausbildung und die Fortbildung der Lehrer.

Bei der Wahl der Programminhalte der Umwelterziehung sind die Stufen der psychischen Entwicklung von Kindern und Jugendlichen zu berücksichtigen. Die Umweltlehre soll die Verknüpfungen einzelner Elemente der Natur bei gleichzeitiger Wahrnehmung der Reaktion der Natur auf verschiedene Formen der menschlichen Tätigkeit zeigen. Kinder bis zum 13.—14. Lebensjahr, die sich in der Phase des sogenannten konkreten Denkens befinden, sind weder imstande, das umfassende Wissen ausreichend zu beherrschen, noch fähig, Fakten miteinander in Verbindung zu bringen und Schlußfolgerungen zu ziehen. Diese Fähigkeit entwickelt sich erst in der nächsten Phase, d. h. in der Phase des abstrakten (operativen) Denkens. Die Umwelterziehung sollte also zweistufig verlaufen:

I. Phase (Kindergarten und Klassen I—IV der Grundschule):

Speichern von Teilinformationen, die in den koordinierten Programmen einzelner Fächer enthalten sind. Es ist die Phase der Aneignung von Grundkenntnissen und der Herausbildung von Auffassungen aufgrund von Beobachtungen und einfachen Erfahrungen.

II. Phase (Klassen VII—VIII der Grundschule und Ober- und Berufsschulen aller Typen):

Allmählich fortschreitende Integration der Kenntnisse aus verschiedenen Gebieten des Umweltwissens; die Herausbildung der Fähigkeit einer komplexen Analyse der Wahrnehmungen und die Formulierung von Schlußfolgerungen. Es ist die Phase mit grundlegender Bedeutung für die Herausbildung der ökologisch-gesellschaftlichen Denkweise. Am Ende dieser Phase (in den Abiturklassen) sollte die Umweltlehre den Status eines gesonderten, interdisziplinären allgemeinbildenden Fachs erlangen, das für alle Schüler obligatorisch wäre.

3. Geoökologie[1] in den Geographieprogrammen und -lehrbüchern

Das gegenwärtige Geographieprogramm setzt die Kontinuität der Umwelterziehung durch den ganzen Zyklus des systematischen Unterrichts, d. h. von der IV. Klasse der Grundschule an bis zur letzten Klasse der Ober- und Berufsschulen aller Typen, voraus. Diese Kontinuität und auch die Neuartigkeit der geoökologischen Problematik in den Programmen des Unterrichtsfachs Geographie und die Verantwortung für die Herausbildung einer neuen Denkweise haben die Lehrplanautoren veranlaßt, die Ziele des gesamten Zyklus der schulischen Umwelterziehung[2] näher zu bestimmen. Hierbei wurden sowohl die Erkenntnisse als auch die Erziehungsbedürfnisse berücksichtigt. Die angestrebten Erkenntnisziele sollten folgendes umfassen:
— Das Erkennen der Umwelt als eines aus abiotischen und biotischen Elementen zusammengesetzten Systems;
— die Erkenntnis gegenseitiger Abhängigkeiten, die sich auf die Kenntnis des Charakters und der Dynamik von Prozessen beziehen; die Festigung des Grundsatzes der Unantastbarkeit der Naturgesetze im Bewußtsein der Jugend und die Bewußtmachung der Bedrohung der Natur;
— die Einführung des Begriffs der erneuerungsfähigen und -unfähigen Ressourcen sowie die rationale Nutzung von Naturgütern;
— das Kennenlernen der rechtlichen Grundsätze, die den Umweltschutz und die Formen des Naturschutzes betreffen.

Beim Formulieren der erzieherischen Ziele muß folgendes berücksichtigt werden:
— Die Ausbildung einer Achtung der Natur und ihrer Gesetze sowie der tägliche Umgang mit der Natur in jedem Lebensbereich, wie z. B. in der Wirtschaft, in der Touristik, im Sport usw.;
— die Erziehung von Menschen, die die in der Umwelt wirkenden Mechanismen verstehen und sich der Folgen der regelwidrigen Nutzung ihrer Ressourcen bewußt sind;

---

[1] Die Verwendung des Begriffs Geoökologie halten wir für angebracht zur Betonung des Anteils der Erdkunde an diesem Forschungsbereich. Der Begriff Ökologie wird sowohl in der Schulpraxis als auch in der Universitätspraxis ausschließlich mit den biologischen Wissenschaften in Verbindung gebracht.
[2] DYLIKOWA, A., Zadania geografii w kształtowaniu społeczno-ekologicznego podejścia do zagadnień środowiska życia człowieka (Aufgaben der Geographie in der Gestaltung der gesellschaftlich-ökologischen Einstellung zu den Problemen der Umwelt des Menschen), in: Geografia w szkole 1985, Heft 1. DYLIKOWA, A., Edukacja środowiskowa w szkole podstawowej i w szkołach średnich (stan i potrzeby) (Umwelterziehung in der Grundschule und in den Oberschulen aller Typen — Stand und Bedürfnisse), in: Wychowanie i nauczanie ochrony środowiska w szkołach, Wyd. Ligi Ochrony Przyrody, 1987.

— die Herausbildung einer bürgerlichen Verantwortlichkeit für die Umwelt, die sich auf die Kenntnis der in der Umwelt herrschenden Gesetze, auf das Bewußtsein ihrer Gefährdung und auf die Überzeugung, daß die Umwelt das gemeinsame Gut aller Menschen ist, stützt;
— die Entwicklung einer gesellschaftlichen Disziplin, die den Umweltschutz und das rationale Wirtschaften mit den Naturgütern zum Gegenstand hat.

3.1 Allgemeine Charakteristik der Lehrpläne für den Geographieunterricht aus der Sicht der Umwelterziehung

In der neuen Konzeption der Geographielehrpläne bemühte man sich, die Forderung nach der Integration des Wissens aus verschiedenen Disziplinen zu berücksichtigen. Dies ist besonders wichtig für eine effektive Umwelterziehung. Es wurde also auf schematische Beschreibungen einzelner natürlicher Faktoren und auf die gesonderte Betrachtung des Menschen und seiner Tätigkeit verzichtet, die Umwelt wurde vielmehr als ein System von Zusammenhängen und gegenseitigen Abhängigkeiten natürlicher und anthropogener Faktoren gezeigt. Das Programm der Grundschule umfaßt die *regionale Geographie*. Es ist eine stufenweise fortschreitende Erkenntnis des differenzierten Weltbildes, wobei die Landschaft Polens den Ausgangspunkt bildet (Klasse IV). Bei der Besprechung einzelner Landschaftstypen, Kontinente und ausgewählter Staaten wurde eine individualisierende Betrachtungsweise angewandt; es wurde auf den traditionellen Aufbau des Inhalts (Lage, geologische Struktur, Geomorphologie, Klima usw.) verzichtet; die Aufmerksamkeit wurde auf die dominierenden Züge des darzustellenden Gebiets gelenkt, unabhängig davon, ob sie aus geologischen oder physisch-geographischen Bedingungen resultieren, oder aber ob sie sich auf eine intensive Bewirtschaftung durch den Menschen zurückführen lassen. Bei der Darstellung des Spezifischen einzelner Gebiete werden vor allem diejenigen Faktoren berücksichtigt, die „dominant" sind. Eine derartige Betrachtungsweise erleichtert dem Schüler das Verständnis der Relation zwischen Mensch und Natur. Der Zyklus der regionalen Geographie der Welt, der die Klassen V und VI und das erste Semester der Klasse VII umfaßt, schließt mit einem Überblick über die wichtigsten gegenwärtigen Probleme im Weltmaßstab. Das Programm der VIII. Klasse umfaßt die Geographie Polens. In Übereinstimmung mit der allgemeinen Konzeption wurde die gesonderte Behandlung physisch-geographischer und wirtschaftlicher Regionen zugunsten komplexer, dominanter Züge einzelner Gebiete des Landes zurückgestellt. Die Schüler, die die Grundschule absolvieren, verfügen über ein beträchtliches Wissen über die Umwelt und über ein relativ reiches Vergleichsmaterial, das jedoch noch nicht systematisiert ist.

Das Programm der allgemeinbildenden Oberschule beginnt mit dem Kurs der physischen Geographie. Dieses Programm vertieft und ordnet die Kenntnisse der Umwelt, die als ein auf der Grundlage der Naturgesetze funktionierendes System behandelt werden. Eine systemhafte und zugleich dynamische Auffassung des Inhalts erlaubt, die in der Umwelt wirkenden Mechanismen kennenzulernen. Erst auf dieser Etappe sind die Schüler, die bereits über notwendige Kenntnisse in der Biologie, Chemie und Physik verfügen, imstande, die Konflikte zwischen dem Menschen und der Natur zu verstehen und die Folgen einer unbekümmerten wirtschaftlichen Tätigkeit zu erkennen. Für die nächste Klasse wurde das Programm „Polen in Europa" vorbereitet, in dem u. a. die komplexe und realtiv umfangreich behandelte Problematik der Umwelt am Beispiel ausgewählter Regionen vorgesehen wurde. Ein weiteres Programm „Die Tätigkeit des Menschen in der gegenwärtigen Welt" enthält einen Überblick über die Probleme der gegenwärtigen Welt, unter denen auch Umweltfragen berücksichtigt worden sind. Für die Abiturstufe wurde das Programm „Der Mensch und die Umwelt" erarbeitet. Dieses Programm umfaßt alle an der Umwelt interessierten Unterrichtsfächer und bestimmt die Grundsätze eines rationalen Umgangs mit den Naturgütern. Es war als obligatorisch nur für die Klasse IV der biologisch-chemischen Gymnasien vorgesehen und genehmigt. Man hat dieses Programm jedoch zur Zeit wegen Einschränkung der Stundenzahl abgeschafft. So blieb in den Gymnasien aller Typen lediglich das oben genannte fakultative Unterrichtsfach „Umweltschutz und Umweltgestaltung".

Unabhängig von den Unterrichtsprogrammen wurden auch Exkursionsprogramme genehmigt, wobei diese Art des Unterrichts wegen der Organisationsschwierigkeiten nicht in vollem Umfang realisiert wird. In die Programme der Berufsschulen, in denen der Geographieunterricht vorgesehen wurde, wurden sowohl Elemente der Physischen Geographie als auch die Problematik „Der Mensch und die Umwelt" aufgenommen. Die Programme und auch die Lehrbücher entsprechen jedoch noch nicht den gegenwärtigen Anweisungen bezüglich der Umwelterziehung. Zu den Ursachen zählen folgende:

1. Ein relativ niedriger Stand des Umweltbewußtseins der gesamten Bevölkerung, darunter auch der Vertreter des Bildungswesens, die die Lehrpläne erarbeiten.

2. Die traditionelle, zu enge Auffassung der Umwelterziehung als Schutz biologischer Ressourcen (hauptsächlich des Schutzes von Pflanzen- und Tierarten und des Schutzes einzelner Landschaften). Infolgedessen hat sich die Überzeugung durchgesetzt, daß Umwelterziehung vor allem Sache des Biologieunterrichts ist.

3. Die neue Konzeption von Umwelterziehung, die die Integration von Kenntnissen aus verschiedenen Bereichen und eine interdisziplinäre Vorbereitung erfordert; daraus resultiert eine Unsicherheit, die sich im oberflächlichen Charakter der Programmlösungen und in den Lehrbuchinhalten niederschlägt.

4. Die Notwendigkeit, alte Barrieren zu durchbrechen, die die Verbreitung aktueller Informationen verhindern.

In der gegenwärtigen Lage ruht die Hauptlast der Verantwortung für die Umwelterziehung auf den Lehrern. Sie müssen die inhaltlichen Mängel der Programme und Lehrbücher durch konkrete Informationen ergänzen. Sie müssen auch aufgrund eigener Erfahrungen und eigenen Wissens die methodologischen Grundlagen der Umwelterziehung schaffen. Es besteht also eine dringende Notwendigkeit, die Lehrer weiterzubilden und vor allem unter ihnen die neue Einstellung zur Natur zu verbreiten. Hilfe leisten hier postgraduale Studien, die an einigen Hochschulen eingerichtet wurden.

3.2 Überblick über den geoökologischen Inhalt der Programme und Lehrbücher

3.2.1 Grundschule

IV. Klasse: „Landschaften Polens".

Der Inhalt des Lehrbuches[3] stimmt im Grunde genommen mit dem Programm überein. Bei der Behandlung ausgewählter Regionen wurden relativ ausführlich ihre natürlichen Gegebenheiten berücksichtigt, wobei ein für das Niveau der IV. Klasse entsprechender Generalisierungsgrad beibehalten worden ist. Zusammenfassend kann festgestellt werden, daß der Umfang der Informationen sehr umfassend ist. Vom Standpunkt der Umwelterziehung aus ergeben sich jedoch Vorbehalte hinsichtlich der Auffassung der Unterrichtsziele. Im Lehrbuch dominieren statische Angaben zur Umwelt; es mangelt dagegen an der Darstellung ihrer Dynamik und an der auf dieser Stufe durchaus möglichen Darstellung der Konflikte zwischen den Interessen des Menschen und den Bedürfnissen der Natur. Ferner wurde kein Platz für die Versuche selbständiger Beobachtungen und einfacher Schlußfolgerungen seitens der Schüler gelassen. Zu den wichtigsten Vorbehalten hinsichtlich der Darstellung von Umweltfragen gehören folgende:

1. Die Einführung der Auffassung von der natürlichen und umgewandelten Landschaft, die ausschließlich auf der Aufzählung und Beschreibung der einzelnen Elemente jedes dieser beiden Landschaftstypen beruht. In Bezug auf die Landschaft sollten schon auf dieser Stufe die Folgen der Umweltveränderungen durch den Menschen wie Gewässer- und Luftverschmutzung, Baumkrankheiten, Degradierung der Pflanzenwelt, Verlust des Ackerlandes zugunsten der Bebauung usw. gezeigt werden.

2. Das Abfassen des Lehrbuchtextes im Sinne eines Akzeptierens des aktuellen Umweltzustands. Sogar aus der Beschreibung der oberschlesischen Landschaft gewinnt man den Eindruck, daß die Vernichtung der Natur eine die Industrieentwicklung notwendigerweise begleitende Erscheinung ist und daß es gegenwärtig nur noch gilt, der weiteren Vernichtung der Natur vorzubeugen.

3. Das Hervorheben der ästhetischen Werte und der Erholungsfunktionen der Gebiete, die in der Zone schwerer Umweltgefährdung liegen, ohne auf ihre fortschreitende Degradierung aufmerksam zu machen. Der Lehrbuchtext bekräftigt den Schüler in der Überzeugung, daß die Schaffung der Naturschutzgebiete und die Markierung ihrer Grenzen allein einen wirksamen Naturschutz bilden. In mehreren Fällen sind die Beschreibungen der Natur in den Naturschutzgebieten anachronistisch angesichts ihrer Lage in der Nachbarschaft von Industriebetrieben, die Luft- und Gewässerverschmutzung und damit eine

---

[3] KĄDZIOŁKA, J., Geografia. Krajobrazy Polski (Geographie. Die Landschaften Polens), Wydawnictwa Szkolne i Pedagogiczne 1987.

schnell fortschreitende Degeneration der Pflanzenwelt verursachen. Besondere Vorbehalte erwecken auch die weitgehend idealisierten Beschreibungen der biologischen Umwelt der Nationalparks im Polnischen Mittelgebirge, bei Ojców ul. Kampinos, sowie die Beschreibungen der Sudeten und der Ostseestrände.

4. Mangel an einer erzieherischen Konzeption, die das Verhältnis der Schüler zur Natur bestimmen könnte.

V. Klasse: „Die Landschaften der Erde".

Das Ziel des Geographieunterrichts in der V. Klasse ist vor allem das Kennenlernen der Landschaften der Erde und ihrer Differenziertheit. Es ist der erste Kontakt der Schüler mit der Verschiedenartigkeit der natürlichen Umwelt und der Wirtschaftsformen. Im Lehrbuch[4] wurde dem Niveau der V. Klasse entsprechend auf die gegenseitige Bedingtheit der Umweltfaktoren und die Abhängigkeit der Wirtschaft von der Natur aufmerksam gemacht. Die Texte, die geoökologische Fragen behandeln, sind jedoch nur allgemein formuliert. Angesichts einer großen Zahl neuer Informationen und Termini spricht diese Problematik den Schüler nicht deutlich genug an. Außerdem bezieht sich das Kapitel über die Umgestaltung der Umwelt und die Aufgaben des Naturschutzes, das im Programm am Ende der Übersicht über die Landschaften der Erde vorgesehen ist, ausschließlich auf Europa. Im Bewußtsein des Schülers bleibt also die Überzeugung von einer besonderen Notwendigkeit des Umweltschutzes gerade in diesem Kontinent bestehen.

Ein wertvolles Element dieses Lehrbuches stellen die Fragen und Aufgaben dar, die den Schüler zur selbständigen Beurteilung der besprochenen Erscheinungen wie zu Vergleichen, zur Beurteilung der Richtigkeit und Effektivität der Wirtschaft usw. bringen.

VI. Klasse: „Amerika, Afrika, Australien und Ozeanien".

Der Inhalt des Lehrbuches[5] bringt dem Programm entsprechend eine Reihe vertiefender Erkenntnisse von der natürlichen Umwelt und weist auf die Bedingtheiten der Aktivität des Menschen durch die Natur hin. In den Darstellungen einzelner Kontinente und ausgewählter Länder wurden die negativen Folgen der menschlichen Tätigkeit kurz und allgemein erwähnt. Sie sind jedoch nicht ausreichend hervorgehoben und kommentiert worden und vermitteln dadurch keine klare Vorstellung von der Naturgefährdung.

VII. Klasse: „Europa, Asien".

Der Inhalt des Lehrbuches[6] stimmt mit dem Programm überein; die Problematik der Nutzung von Naturgütern und die Notwendigkeit ihres Schutzes wurde in einem der letzten Kapitel relativ ausführlich besprochen. Im Rahmen der

---

[4] PISKORZ, S., ZAJĄC, S., Geografia 5. Krajobrazy Ziemi (Geographie 5. Landschaften der Erde), Wydawnictwa Szkolne i Pedagogiczne 1985.
[5] MORDAWSKI, J., Geografia 6. Ameryka, Afryka, Australia i Oceania (Geographie 6. Amerika, Afrika, Australien und Ozeanien), Wydawnictwa Szkolne i Pedagogiczne 1986.
[6] GOLEC, B., NOWAK, M., PRZESMYCKA, E., Geografia 7. Europa, Azja (Geographie 7. Europa, Asien), Wydawnictwa Szkolne i Pedagogiczne 1987.

Behandlung einzelner Länder wird auf die Folgen falscher Umweltnutzung und am Beispiel der Bundesrepublik Deutschland auf die Rekultivierung ehemaliger Bergbaugebiete aufmerksam gemacht. Die entsprechenden Textstellen sind jedoch zu oberflächlich formuliert; es mangelt an konkreten Beispielen, die die Art und den Grad der Gefährdung verschiedener Umwelttypen erläutern würden. Die Fragen der ökologischen Gefährdung wurden auch im Übungsheft berücksichtigt. Das Lehrbuch erfüllt seine Funktion im Bereich der Informationen über die Lebens- und Wirtschaftsbedingungen in den Ländern Europas und Asiens, erschöpft jedoch nicht hinreichend die geoökologischen Dimensionen dieses Themas.

VIII. Klasse: „Polen".

Der größte Nachteil des Inhalts des Lehrbuches[7], darunter auch des geoökologischen Inhalts, ist die Oberflächlichkeit der Informationen. Der Schüler sollte auf dieser Stufe nicht nur sein eigenes Land genau kennenlernen, sondern gleichzeitig die Fähigkeit herausbilden, die Probleme seines Landes zu erkennen und sie richtig einzuordnen. Der Inhalt des Lehrbuches suggeriert die Priorität ökonomischer Probleme und Bedürfnisse in Polen; die Naturgüter werden nur als ökonomische Werte behandelt, was im Widerspruch zu den Grundsätzen der modernen Umwelterziehung steht. Einer der Hauptmängel des Lehrbuches ist das Fehlen von Informationen über die Raumordnungspläne Polens bis 1995, in denen die natürlichen Bedingungen für eine Weiterentwicklung und die Notwendigkeit des Umweltschutzes berücksichtigt wurden. Es fehlt auch an Informationen über neue Formen des Umweltschutzes (Landschaftsparks, Landschaftsschutzgebiete) und über das Konzept der „ökologischen Korridore".

3.2.2. Allgemeinbildende Gymnasien[8]

I./II. Klasse: „Physische Geographie mit Elementen der Geologie".

Der Inhalt des Lehrbuches[9] stimmt grundsätzlich mit den Lernzielen überein, obwohl nicht alle geoökologischen Stichworte, die in den einzelnen Abschnitten des Lehrplans erwähnt wurden, im Lehrbuch berücksichtigt worden sind. Die Umwelt wurde als System miteinander verbundener Elemente dargestellt, das durch bestimmte natürliche Prozesse gesteuert wird. Eine besondere Beachtung verdient die dynamische Darstellungsweise der zu besprechenden Probleme, die den Schülern das Verständnis der Komplexität der Umwelt und das Kennenlernen des natürlichen Gleichgewichts des gesamten Systems ermöglicht. Im letzten zusammenfassenden Kapitel wurden auch die Ursachen

---

[7] Licińska, D., Geografia 8. Polska (Geographie 8. Polen), Wydawnictwa Szkolne i Pedagogiczne 1985.
[8] Es wurden hier lediglich die Programme der allgemeinbildenden Gymnasien vorgestellt, weil sich die Programme der Berufsschulen auf sie stützen. Die dargestellten Programme werden stufenweise eingeführt; im Schuljahr 1988/89 wurde das neue, hier besprochene Program in der I., II. und III. Klasse eingeführt.
[9] Stankowski, W., Geografia fizyczna z geologią (Physische Geographie mit Geologie), Wydawnictwa Szkolne i Pedagogiczne 1987.

der Verletzung dieses Gleichgewichts durch den Menschen und die sich daraus ergebenden Gefährdungen gezeigt. Eine wesentliche und wertvolle didaktische Hilfe bilden zahlreiche Illustrationen, die die in der Umwelt wirkenden Mechanismen erklären.

III. Klasse: „Polen in Europa".

Die Geographie Polens wird problembezogen dargestellt, wobei die Relation Mensch—Natur relativ stark betont wird. Das Lehrbuch[10] stellt die moderne Auffassung der Umweltproblematik Polens dar. Es stimmt in vollem Umfang mit der Zielsetzung des Programms überein und bietet darüber hinaus den Schülern Gelegenheit zu selbständigen Reflexionen. Der Inhalt des Lehrbuches wird zweifellos eine bedeutende Rolle bei der Gestaltung einer ökologisch-gesellschaftlichen Denkweise spielen.

IV. Klasse: „Der Mensch und seine Tätigkeit in der modernen Welt".

Das Programm soll im Schuljahr 1989/90 verwirklicht werden: zusammenfassender Ausblick auf die gegenwärtigen Probleme der Welt, gestützt auf die von den Schülern in den vorangehenden Klassen erworbenen Kenntnisse. Kap. 1: Die Erde als Planet der Menschen — die Einheit des Erdraums und die Verantwortung der Menschheit; Kap. 2: Geographische Umwelt als Grundlage der Tätigkeit des Menschen — u. a. der Einfluß der Umwelt auf die Tätigkeit des Menschen, die Umwelt als Quelle der Naturgüter, Naturgüterressourcen und ihre Verteilung auf den Kontinenten und in den Weltmeeren, Veränderungen der Umwelt infolge der menschlichen Tätigkeit, rationale Nutzung der Umwelt, Umweltgefährdung durch die menschliche Tätigkeit; Kap. 3: Probleme der Ernährung der Bevölkerung — u. a. demographischer Hintergrund, Gebiete des Nahrungsmittelüberschusses und -defizits, „grüne Revolution" und ihre Grenzen; Kap. 4: Urbanisierungsprozesse — u. a. Probleme der Großstädte und der Metropolen, positive und negative Folgen der Urbanisierung; Kap. 5: Industrialisierungsprozesse — u. a. neue Energiequellen, rationale Nutzung der Energie, räumliche Apsekte der neuen wissenschaftlich-technischen Revolution; Kap. 6: Moderne Formen der Organisation des gesellschaftlich-wirtschaftlichen Lebens — u. a. Probleme der Koexistenz der Völker und des Weltfriedens; Kap. 7: Der Raum, in dem ich lebe; der Raum, den ich umgestalte; der Raum, für den ich verantwortlich bin — mit diesem Kapitel schließt der Zyklus des Geographieunterrichts im Gymnasium und enthält vor allem Inhalte aus dem Bereich der Bildung des ökologischen Bewußtseins und des Verantwortungsgefühls. Das Lehrbuch ist in Vorbereitung.

IV. Klasse: „Der Mensch und die geographische Umwelt".

Das im Rahmen des Geographieunterrichts vorgesehene und zu realisierende Programm für die biologisch-chemischen Gymnasien wurde vor kurzem abgeschafft. Der Inhalt des Programms umfaßt: Kap. 1: Der demographische Druck, der Zivilisationsfortschritt und die wachsenden Bedürfnisse des Menschen, u. a. Wachstumsdynamik der Weltbevölkerung und Polens, Wachstum

---

[10] BATOROWICZ, Z., NALEWAJKO, J., SULIBORSKI, A., Polska na tle Europy (Polen in Europa), Wydawnictwa Szkolne i Pedagogniczne, im Druck.

der Bedürfnisse, der Bestrebungen und Zielsetzungen der Menschen, Beschleunigung des Lebens- und Produktionstempos, Perspektiven tiefgreifender Strukturveränderungen der Weltwirtschaft, Kenntnis der Natur als Voraussetzung für richtige Nutzung der Naturgüter, Perspektiven der Erschließung neuer Energiequellen; Kap. 2: Dynamik der geographischen Umwelt — die Umwelt als System miteinander verbundener und voneinander abhängiger Elemente, Wasser und Luft als „beweglichste" Elemente der Umwelt, Folgen des Eingriffs des Menschen in das System des Energieaustausches und der Zirkulation der Materie (Kettenreaktionen), Grenzen der Widerstandsfähigkeit der Umwelt gegen die Tätigkeit des Menschen, die Bedrohung des Lebens auf der Erde; Kap. 3: Umweltveränderungen in den industrialisierten Gebieten, — u. a. gemeinsame Umwelteigenschaften der industrialisierten Gebiete, Beispiele der Umweltveränderungen in industrialisierten Gebieten, Lokalisierung der Industrieanlagen. Kap. 4: Umweltveränderungen in den Gebieten mit intensiver Landwirtschaft — u. a. gemeinsame Umwelteigenschaften der Agrargebiete, Chemie in der Landwirtschaft, die Konzeption der „ökologischen Landwirtschaft"; Kap. 5: Funktion der Wälder in der Umwelt, in der Wirtschaft und im Leben des Menschen, Waldschutz, z. B. der Wald als Regulator der Wasserzirkulation und Gleichgewichtsfaktor in der Umwelt, Holz als Rohstoff, Einfluß der Wirtschaftstätigkeit auf die Waldökosysteme, Waldschutz als Pflicht jedes Bürgers, der Mensch im Wald als Ausdruck des Verständnisses seiner Rolle in der Umwelt; Kap. 6: Die Stadt und ihr Einfluß auf die Umwelt — u. a. die Folgen der Entwicklung von Urbanisierungsprozessen (Liquidierung biologisch aktiver Gebiete, Änderung der Wasser- und Klimaverhältnisse, Störungen der Bodenprozesse, das Problem der Wasserversorgung, das Problem der Abfallverwertung); Kap. 7: Transport und Fernmeldewesen in der Umwelt — Beispiele einzelner Transportarten, Zerstörung der Landschaft; Kap. 8: Tourismus und Umwelt — u. a. das Problem der „Symbiose" von Touristik und Umwelt, Veränderungen der Umwelt infolge eines intensiven touristischen Verkehrs, die Kultur des Umgangs mit der Natur; Kap. 9: Der Schutz und die Erneuerung der Umweltwerte und die rationale Gestaltung der Umwelt, moderne Anschauungen über Naturschutz, erneuerungsfähige und -unfähige Ressourcen, rechtliche Grundlagen des Umweltschutzes, Kenntnis der Naturgesetze als Bedingung für rationale Gestaltung der Umwelt, die Aufgaben der Bürger im Bereich des Umweltschutzes; Kap. 10: Wissenschaftliche Zusammenarbeit auf dem Gebiet des Umweltschutzes und der Umweltgestaltung wie z. B. die Rolle der Geowissenschaften.

Das hier dargestellte Programm stellt die Komplexität des Themas Umwelt dar, die dem Niveau des Schülers der Abiturklasse entspricht. Die Analyse der Folgen verschiedener Wirtschaftsformen für die Umwelt sollte bei der Bildung einer ökologisch gesellschaftlichen Denkweise behilflich sein, die sich auf die Überzeugung stützen sollte, daß jegliche Handlungen, die im Widerspruch zu den Naturgesetzen stehen, zur Degradierung der Natur führen. Das Komitee für Geographie der Polnischen Akademie der Wissenschaften hat, nachdem die Entscheidung über die Abschaffung des genannten Unterichtsfaches getroffen worden war, Schritte unternommen, das Fach in alle Gymnasiumtypen im Rahmen des Geographieunterrichts in der Klasse IV einzuführen. Zugleich wurde auf die gleichwertige Rolle der Fächer Geographie und Biologie bei der Bildung eines ökologischen Bewußtseins hingewiesen. Zur Zeit liegt ein Lehrbuch für das fakultative Fach „Umweltschutz und Umweltgestaltung"[11] vor, dessen Autoren Biologen sind.

4. Überblick über die Inhalte der Geographielehrpläne und -lehrbücher und Schlußfolgerungen

Ein detaillierter Überblick über die Inhalte der Programme und Lehrbücher des Faches Geographie bestätigt die anfangs formulierte Meinung von der Unzulänglichkeit der Umwelterziehung. In bezug auf den Geographieunterricht kann ein deutlicher Unterschied bei der Behandlung von Umweltfragen in der Grundschule und in den Gymnasien festgestellt werden. Sowohl der Lehrplan als auch die Lehrbuchinhalte, die für die Grundschule erstellt worden sind, behandeln die Naturgüter nur als ökonomischen Wert, also utilitaristisch, und von diesem Standpunkt aus formulieren sie die Anweisungen zu ihrem Schutz. Diese Anweisungen, die nur oberflächlich formuliert und durch keine konkreten Beispiele gestützt sind, sprechen das Vorstellungsvermögen der Schüler kaum an. Besondere Vorbehalte gelten den Lehrbüchern der Geographie Polens, die ein „idealisiertes" Bild der natürlichen Umwelt darstellen. Sie erfordern weitgehende sachliche und methodologische Korrekturen.

Die Lehrpläne für die Oberschulen, die später erarbeitet worden sind, zeigen deutlich ein Wachsen des ökologischen Bewußtseins in der Bevölkerung. In dieser Zeit offenbarte sich nicht nur die Möglichkeit, sondern auch die Notwendigkeit einer ökologisch-gesellschaftlichen Haltung zur Umwelt und ihren Problemen sowie eines kritischen Blicks auf die Beispiele schädlicher Nutzung der Umwelt. Diese Änderung der Denkweise fand ihren Ausdruck im wesentlich umfangreicheren geoökologischen Inhalt nicht nur der Geographielehrpläne, sondern auch der Lehrbücher. Die neuen Programme gibt es noch nicht für die beiden letzten Klassen des Gymnasiums; es scheint jedoch, daß sie den modernen Anforderungen der Umwelterziehung Rechnung tragen und ihre Aufgaben erfüllen werden. Die volle Realisierung dieser Programme erfordert eine Fortbildung der Lehrer und ständig neue Informationen.

Die Bedeutung der Umwelterziehung im Gesamtzyklus des schulischen Unterrichts fordert die Erfüllung der anfangs formulierten Postulate. Diese Postulate betreffen Probleme, die den einzelnen Fächern, darunter auch der Geographie, übergeordnet sind. Es handelt sich um die Bildung einer Art „gemeinsamer Front" der in der Schule vertretenen Wissenschaftsdisziplinen durch das

---

[11] Cichy, D., Michajłow, W., Sandner, H., Ochrona i kształtowanie środowiska (Umweltschutz und Umweltgestaltung), Wydawnictwa Szkolne i Pedagogiczne 1987.

oben schon erwähnte „Eindringen" der Umweltfragen in die Lehrpläne aller Fächer. Es erweist sich auch als notwendig, in den Abiturklassen ein gesondertes und für alle Schüler obligatorisches Fach, das den Umweltfragen gewidmet wäre, einzuführen. Ein anderes dringendes Anliegen ist die Einführung der Umwelterziehung mit differenzerten Programmen in die Berufsschulen aller Typen.

Henryk Górski

Die kartographische Darstellung von Umweltschutzproblemen in der polnischen Schulpraxis

Die Problematik des Umweltschutzes wird in den letzten Jahren in fast allen Schulfächern behandelt. Sie kommt sowohl in Lesestücken der Anfangsstufen der Klassen I—III der Grundschule als auch in verschiedenen Fächern der IV., d. h. der letzten Klasse der Gymnasien vor. Systematisch wird sie im Geographie- und Biologieunterricht behandelt.

Dieser Beitrag bezieht sich auf die geographischen Schulbücher und die geographischen Atlanten.

Obwohl das selbständige Schulfach „Umweltschutz und -gestaltung" schon besteht, wird es nur in einigen Schultypen wie in den Berufsschulen und Gymnasien fakultativ geführt. Es wurden für dieses Fach bereits zwei Schulbücher herausgegeben, in welchen wir das kartographische Illustrationsmaterial betrachten möchten.

Im Schulbuch für die Berufsschulen[1] (die hochgestellten Ziffern verweisen auf die Liste der untersuchten Materialien, S. 235) finden wir sieben Karten von Polen im Maßstab 1 : 6 Mill. Der Entwurf der Karten ist sehr anschaulich, obwohl sie den Zusammenhang und die Abhängigkeit der vorgeführten Phänomene nicht zeigen, es werden nur Tatsachen dargestellt wie z. B. Wassermangel oder Bodenerosion. Das Positive dieses Schulbuches ist die gute Integration des Kartenmaterials. Vier von sieben Karten sind der Umweltzerstörung, die übrigen drei dem Umweltschutz gewidmet. Im Schulbuch „Umweltschutz und -gestaltung", welches für Gymnasien[2] bestimmt ist, wurden acht Karten von Polen und eine Karte über das polnische Küstengebiet gebracht. Diese Karten wurden nicht eigens für das Schulbuch erarbeitet, sie entstanden als Ergebnis mehrerer Spezialstudien. Der Beweis dafür ist die Anwendung von vier verschiedenen Maßstäben für die acht Karten; für die meisten wurde der Maßstab nicht angegeben. Die wenig ausdrucksvolle Zeichnung, der Mangel an Farbendifferenzierung erschweren die Benutzung dieser Karten. Eine thematisch sehr interessante Zusammenstellung bringt das Kartogramm „Die Gebiete der ökologischen Bedrohung in Verbindung mit der Bevölkerungsdichte" und eine Karte „Diagnosen der Umweltsituation 1980 — eine Synthese".

Die Karte des polnischen Küstengebiets zeigt den polnischen Anteil an der Verschmutzung der Ostsee sowie Art und Ausmaß der Abwässer.

Falls dieses viel diskutierte Schulbuch wieder herausgegeben werden sollte, müßten die Karten dem Niveau des Gymnasiums entsprechend eine neue Form erhalten.

Die erste kartographische Darstellung zum Thema „Naturschutz" ist die Karte Polens im Maßstab 1 : 2 500 000, die sich im Lehrbuch des Faches „Sozial-natürliche Umwelt"[3] für die Klasse III der Grundschule befindet. In Umrissen wurden die Nationalparks dargestellt und mit Vignetten Tiere, die unter Naturschutz stehen. Die Flächen der Nationalparks sind leider so undeutlich eingetragen, daß sie sich kaum von den Waldgebieten abheben.

In der Klasse IV werden ausgewählte Landschaften Polens behandelt. Im Schulbuch für diese Klasse[4] befinden sich Karten und Blockdiagramme, auf denen Nationalparks vermerkt sind. Bedenklich ist die Spannweite der graphischen Darstellungen. Das Blockdiagramm des Kampinoski-Nationalparks zeigt eigentlich nur eine Besonderheit dieses Parks, d. h. die Dünen, während auf der Karte des Słowiński-Nationalparks schon 14 Merkmale vorkommen, was das Fassungsvermögen der Schüler auf der Stufe der vierten Klasse übersteigt. Bei den in den Schulbüchern gezeigten Karten neige ich zu der für den Kampinoski-Nationalpark gewählten Lösung, d. h. zu solchen Karten, die nur Probleme und Merkmale beispielhaft darstellen. Solche Karten dagegen, auf denen alle topographischen Elemente eingetragen sind, sollten sich in den Atlanten befinden. Im Atlas für die Klasse IV[12] sind auf den Karten der ausgewählten Landschaften die Grenzen der Nationalparks und die Vignetten der Landschaftsschutzgebiete eingetragen.

In der Klasse V werden sowohl im Schulbuch[5] als auch im Atlas[13] die Landschaften der Erde behandelt, man findet aber keine bemerkenswerten kartographischen Lösungen.

Auch in den Lehrbüchern für die Klassen VI[6], VII[7] und VIII[8] sind der Problematik des Umweltschutzes keine eigenen Karten gewidmet. Im Atlas[14] für diese Klassen dagegen, der seit 1977 unverändert nachgedruckt wird, kommen die Probleme des Naturschutzes dreimal vor; auf zwei Polenkarten im Maßstab 1 : 4 500 000 und auf der Karte der Ostsee im Maßstab 1 : 5 000 000. Auf der erstgenannten Polenkarte sind die ausgewählten, unter Naturschutz stehenden Pflanzen und Tiere auf dem Hintergrund der Wälder- und Baumreichweiten gezeigt. Die andere Karte zeigt die Luft-, Boden- und Wasserverschmutzung sowie den Naturschutz, Nationalparks und Landschaftsschutzgebiete. Da aber auf beiden Karten sowohl für Pflanzen und Tiere als auch für Pflanzen- und Tierreservate Vignetten verwendet wurden, wurde auf diese Weise das graphische Bild der gegenseitigen Wechselbeziehung der beiden Karten gestört.

Eine interessante kartographische Lösung fand man für die Darstellung der Verschmutzung der Ostsee. Auf der Karte sind die durch Schwefel-Wasserstoff bedingten „Wüsten" im Meer, die Reichweite des Sauerstoffdefizits und die phosphorhaltigen Abwässer dargestellt. Das der Karte beigefügte Diagramm stellt das Sauerstoffdefizit dar, das Hauptproblem der Binnenmeere. Solche Darstellung ist meiner Meinung nach eine der besten kartographischen Lösungen für die Grundschule.

In den Geographielehrbüchern für Oberschulen[9, 10, 11] finden sich keine Karten, die dem Umweltschutz gewidmet sind. Auch der seit 1962 fast unverändert nachgedruckte geographische Atlas für die Klassen I—II der Oberschule[15] enthält keine Karten zu diesem Thema. Der neue geographische Atlas, der jetzt vorbereitet wird, wird Umweltschutzkarten enthalten, die sich schon im neuen Geographischen Weltatlas[19] befinden.

Interessant ist die Wandlung, der das Thema „Umweltschutz" im Polenatlas für die 3. Klasse des Gymnasiums unterlag. Die erste Version aus dem Jahre 1966[16] enthält nur eine Karte „Nationalparks und Naturreservate" im Maßstab 1 : 8 000 000. Die zweite Version von 1974[17] enthält schon eine Karte unter dem Titel „Naturschutz" im Maßstab 1 : 6 000 000 und ein Diagramm, das den Anteil verschiedener Naturschutzformen an der gesamten Schutzfläche darstellt. Die dritte Version von 1978[18] enthält zwei Karten im Maßstab 1 : 5 000 000 „Die Umweltverschmutzung" und „Der Naturschutz". Die letztgenannte Karte stellt fast alle Formen des Umweltschutzes dar: Nationalparks, Landschaftsparks, Landschaftsschutzgebiete (die damals erst geplant waren), Reservate und — in Diagrammform — die verschiedenen Naturschutzdenkmäler. In diesem Atlas findet sich auch eine Karte über Veränderungen im geographischen Millieu am Beispiel des Braunkohlereviers von Konin in den Jahren 1950—1975.

Die Karte, die die Formen des Naturschutzes darstellt, ist vor allem für Oberschulen bestimmt. Zwei Auflagen der ersten Version dieser Karte, die „Nationalparks und Naturreservate" im Maßstab 1 : 1 000 000[20], hatten eine Auflage von 50 000 Exemplaren. Der wichtigste Inhalt dieser Karte ist die in 12 Gruppen aufgeteilte Darstellung der Naturreservate sowie die der Nationalparks, deren Verbreitung auf der Hauptkarte dargestellt ist. Außerdem wurden die einzelnen Nationalparks auf getrennten Karten in größeren Maßstäben 1 : 150 000 und 1 : 300 000 dargestellt. Die Karte wird auf der Rückseite mit einem Kommentar zu den kartographischen Informationen vervollständigt, in dem Arten und Typen der in den einzelnen Nationalparks und Reservaten unter Schutz stehenden Pflanzen und Tiere nach Wojewodschaften angegeben werden.

Da sowohl die Zahl der Naturschutzformen als auch die der Schutzgebiete inzwischen erheblich anstieg, wurde eine zweite Auflage dieser Karte herausgegeben (1982). Sie ist im Maßstab 1 : 750 000[21] angefertigt. Auf der Hauptkarte sind die Grenzen der Nationalparks, der Landschaftsparks, der Schutzzonen, der Landschaftsparks und der Landschaftsschutzgebiete eingetragen. Die Signaturen bezeichnen die in 13 Gruppen untergliederten Naturreservate. Ähnlich wie in der vorangegangenen Ausgabe wurden auch hier die einzelnen Nationalparks auf getrennten Karten genauer dargestellt. Auf der Rückseite der Karte befindet sich außer dem Text ein Kartodiagramm im Maßstab 1 : 4 500 000, das die in sechs Gruppen aufgeteilten Naturdenkmäler darstellt. Diese Karte registriert die fünf gegenwärtig bestehenden Naturschutzformen und gibt den Bestand für das Jahr 1981 an.

Gegenwärtig unterscheidet man in Polen fünf Typen von unter Naturschutz stehenden Gebieten[22]:

1. *Naturreservate*, deren Grenzen genau festgelegt sind; sie umfassen ein oder mehrere kaum durch den Menschen veränderte Ökosysteme; dem Schutz unterliegt entweder das ganze Ökosystem oder nur einzelne Elemente oder Erscheinungsformen der Landschaft. Es lassen sich folgende Typen von Reservaten unterscheiden:

Wald-, Steppen-, Halophyten-, Moor-, Wasser-, floristische, Säugetier-, Vogel-, Kriechtier-, Weichtier-, Insektenreservate; man unterscheidet auch zwischen strengen Reservaten — ohne jeglichen menschlichen Eingriff — und Teilreservaten, die nur teilweise unter Naturschutz stehen und in denen bestimmte Eingriffe des Menschen in den Naturhaushalt zugelassen sind.

Anzahl der Naturreservate in Polen; Stand 31. 12. 1987
Gesamtzahl	937		
Gesamtfläche in ha	107 144		
davon strenge Reservate in %	35,8		
Waldreservate	27,3		
Landschaftsreservate	26,6		
Moorreservate	4,9		
Pflanzenreservate	2,3		
Wasserreservate	2,1	Steppenreservate	0,3
Reservate der unbelebten Natur	0,4	Halophytenreservate	0,02

2. *Nationalparks,* deren Grenzen festgelegt sind und die in der Regel mehrere von Menschen wenig veränderte Ökosysteme umfassen; die Fläche der Nationalparks ist größer als 500 ha; dem Schutz unterliegt die ganze Natur und die Landschaft; auf dem Gebiet der Nationalparks können auch kleinere Gebiete ausgegliedert werden, die unter vollem, strengem Schutz stehen.

Stand 31. 12. 1987:
Zahl der Nationalparks	14
Gesamtfläche	125 636 ha
darin unter strengem Schutz	32 388 ha

3. *Landschaftsparks* mit festgelegten Grenzen, vom Menschen mehr oder weniger verändert, von einer Fläche von mehr als 4000 ha. Unter Schutz steht die gesamt Natur- und Kulturlandschaft; um den Landschaftspark wirkungsvoll zu schützen, wurde um ihn eine Schutzzone errichtet.

Stand 31. 12. 1987:
Anzahl der Landschaftsparks	36
Fläche der Landschaftsparks und ihrer Schutzzonen	795 000 ha

4. *Landschaftsschutzgebiete* mit festen Grenzen; sie umfassen mehrere natürliche oder auch vom Menschen geschaffene Ökosysteme, die imstande sind, ihr natürliches Gleichgewicht selbst zu erhalten; sie werden wirtschaftlich genutzt, jedoch vor Blastungen wirtschaftlicher Entwicklung geschützt; dank des Naturschutzes sollen hier optimale Bedingungen für die Touristik und Erholung geschaffen werden.

Stand 31. 12. 1987
Anzahl von Landschaftsschutzgebieten	151
Gesamtfläche	über 3 000 000 ha

5. Die fünfte Gruppe umfaßt verschiedene Objekte, die unter Naturschutz stehen.
1970   6 525 Objekte
1987   15 988 Objekte

Naturdenkmäler werden grundsätzlich in fünf Gruppen eingeteilt:
1. Einzelne Bäume   11 243
2. Baumgruppen   2 839
3. Findlinge   863
4. Klippen, Höhlen   622
5. Parkalleen   421

Der Anstieg der Zahl der unter Schutz stehenden Objekte ist so groß (Tab. 1.), daß eine erneute Auflage dieser Karte in derselben Form problematisch erscheint.

Zur Zeit werden Diakarten für Tageslichtprojektoren bearbeitet, die in Zukunft als Hauptmedium zur Darstellung von Umweltveränderungen dienen sollen.

Seit mehreren Jahren wird am „Atlas der Ressourcen, der Attraktivität und der Gefährdung der natürlichen Umwelt Polens" gearbeitet. In Zukunft können Karten aus diesem Atlas für eine bessere Ausstattung des Geographieunterrichts sorgen.

Tabelle 1: Veränderungen der Naturschutzobjekte in Zahl und Fläche

Art der Schutzgebiete	1970		1987		
	Anzahl	Fläche in ha	Anzahl	Fläche in ha	Anteil der Schutzfläche %
Naturreservate	550	52 649	937	107 144	2,5
Nationalparks	11	94 678	14	125 636	3,0
Landschaftsparks (seit 1980)	11	236 000	36	795 000	19,1
Landschaftsschutzgebiete (seit 1980)	60	642 000	151	3 130 000	75,4
Naturdenkmäler	6 525		15 988		

Untersuchte Schulbücher und Atlanten

[1] STEPCZAK, K.: Ochrona i kształtowanie środowiska. Podręcznik dla zasadniczej szkoły zawodowej. WSiP Warszawa 1987.
[2] CICHY, D., MICHAJLOW, W., SANDER, H.: Ochrona i kształtowanie środowiska. Podręcznik dla szkół średnich. WSiP Warszawa 1987.

3. KROŚKIEWICZ, W., SZYLARSKA, E.: Poznaję swój kraj. Środowisko społeczno-przyrodnicze Klasa III. WSiP Warszawa 1980.
4. KADZIOLKA, J.: Geografia. Krajobrazy Polski Klasa IV. WSiP Warszawa 1987.
5. PISKORZ, S., ZAJAC, S.: Geografia Klasa V. Krajobrazy Ziemi. WSiP Warszawa 1985.
6. MORDAWSKI, J.: Geografia Klasa VI. Ameryka, Afryka, Australia i Oceania. WSiP Warszawa 1986.
7. GOLEC, B., NOWAK, M., PRZESMYCKA, E.: Geografia Europa. Azja Klasa VII. WSiP Warszawa 1987.
8. LICIŃSKA, D.: Geografia Polska Klasa VIII. WSiP Warszawa 1985.
9. STANKOWSKI, W.: Geografia fizyczna z geologia. Podręcznik dla szkoły średniej Klasa I, II. WSiP Warszawa 1987.
10. BARBAG, J.: Geografia gospodarcza świata dla II klasy liceum ogólnokształcącego. WSiP Warszawa 1987.
11. BATOROWICZ, Z., GÓRECKA, L., PROKOPEK, B.: Geografia gospodarcza Polski dla III klasy liceum ogólnokształcącego. WSiP Warszawa 1980.
12. SZYMANEK, A.: Atlas geograficzny dla klasy IV. PPWK Wrocław 1985.
13. GALOCZ, S., SOLODUSZKIEWICZ, B.: Atlas geograficzny dla klasy V. PPWK Wrocław 1987.
14. GÓRSKI, H., FILOCHOWSKA, B.: Polska, Kontynenty, Swiat. Atlas geograficzny dla klas VI—VIII. PPWK Warszawa 1987.
15. GÓRSKI, H., JEDRZEWSKA, W.: Atlas geograficzny (licealny). PPWK Warszawa 1987.
16. GÓRSKI, H., MELNICKA, P.: Polska Atlas geograficzny. PPWK Warszawa 1966.
17. GÓRSKI, H., MELNICKA, P.: Atlas geograficzny Polski. PPWK Warszawa 1974.
18. GÓRSKI, H., MELNICKA, P.: Atlas geograficzny Polski. PPWK Warszawa 1978.
19. Praca zbiorowa. Geograficzny Atlas Swiata Tom I. PPWK Warszawa 1987.
20. ALEKSANDROWICZ, Z., DRZAL, M.: Parki narodoe i rezerwaty przyrody w Polsce 1:1 000 000. PPWK Warszawa 1969, 1973.
21. NIKOLEIZIG, H., PSUJOWA, B.: Ochrona przyrody w Polsce 1:7 500 000. PPWK Warszawa 1982.
22. PTASZYCKA-JACKOWSKA, D., BARANOWSKA-JANOTA, M.: Definicje, cele i funkcje przyrodniczych obszarów chronionych w Polsce. [w] Chrońmy przydoę ojczystą. PWN Warszawa-Kraków 1987 R XLIII.

Jerzy Szukalski

Ein Vergleich der physisch-geographischen und wirtschaftsgeographischen Gegebenheiten der polnischen Ostseeküste und der deutschen Nordseeküste

Die polnische Ostseeküste umfaßt einen Teil der südlichen Ostseeküste von der Grenze zur Sowjetunion, die südlich von Nowa Karczma auf der Frischen Nehrung verläuft, bis zur Grenze der DDR westlich von Swinoujscie/Swinemünde auf der Insel Uznam/Usedom. Die Küstenlänge, das Oder-Haff und das Frische-Haff einbezogen, beträgt 694 km.

Die deutsche Nordseeküste umfaßt den südöstlichen Teil der Nordseeküste und erstreckt sich von der niederländischen Grenze bis hin zur dänischen Grenze, die nördlich von Neukirchen verläuft. Die deutsche Nordseeküste bildet einen Teil des Norddeutschen Tieflands, das den nördlichen Teil Niedersachsens und den westlichen Teil Schleswig-Holsteins mit den Nord- und Ostfriesischen Inseln umfaßt. Die Küstenlinie ist sehr gut entwickelt, es gibt viele tief in das Land einschneidende Buchten und Ästuarmündungen der Flüsse, sowie zahlreiche der Küste vorgelagerte Inseln. Die Küstenlänge ist deshalb größer als die der polnischen Küste.

Die geomorphologische Entwicklung der hier zu besprechenden Küstengebiete hängt mit der Reliefbildung des Mitteleuropäischen Tieflands zusammen, das im Quartär stark verändert wurde. Im Küstengebiet griff während der Warmzeiten des Quartärs das Meer tief in das Land ein, z. B. während der Holsteiner Transgression oder der Emstransgression; die Kaltzeiten dagegen zeichneten sich durch ebenso weite Rückzüge des Meeres aus. Die südliche Ostseeküste wurde während der postglazialen Entwicklung der Ostseeküste und im Holozän weitergeformt. Neben den Klimaschwankungen haben auch junge tektonische Bewegungen die Oberflächenformen der Küste beeinflußt, was vor allem die Nordseeküste betrifft (A. Semmel 1980). An der Nordseeküste bewirken auch die Gezeiten Schwankungen in der Küstenlinie. In der Vergangenheit übte auch der Mensch großen Einfluß auf die Gestaltung der Nord- und Ostseeküste aus, indem er dem Meer das Land Stück für Stück entriß und der zerstörenden Kraft der See durch den Bau verschiedener Schutzbauten (Deiche) entgegenwirkte.

Die zum Vergleich ausgewählten Abschnitte der Ostsee- und der Nordseeküste stellen zwei verschiedene Meerküstentypen dar.

Die polnische Ostseeküste wurde innerhalb der jungglazialen Landschaft gebildet, die während der letzten Baltischen Vereisung entstanden ist. Aus diesem Grunde haben die Ufer solcher Glazialformen, wie wellige Moränenhöhen oder Endmoränenhügel den Charakter des steilen Kliffs. Die Kliffküste kommt in mehreren Stellen vor: in Redlowo, Oksywie, Puck und Swarzewo im östlichen Küstenabschnitt und in Gardno, Jaroslawiec, Sarbinowo,

Ustronie Morskie im mittleren Küstenabschnitt sowie auf der Insel Wolin/Wollin vor. Obwohl heute an der polnischen Küste die Nehrungs-Haffküste überwiegt (von den obengenannten Abschnitten der Kliffküste abgesehen), zeugen noch die Endmoränenzüge an den Südufern der Seen Gardno und Lebsko und das noch erhaltengebliebene tote Kliff davon, daß dort vor der Ausbildung der Nehrung von Gardno und Leba die typische Zungenbeckenküste existierte. Außerdem zeugt das an manchen Stellen wie z. B. in Sopot/Zoppot erhaltene tote Kliff von der damals viel größeren Reichweite der See. Es handelt sich hier um den Litoriner See (J. Szukalski 1974). An der Weichsel- und Odermündung hat sich die Deltaküste herausgebildet, die vom Meer durch Nehrungen oder Standwälle abgeschlossen ist. Die Deltaküste hat auch an den Mündungen von kleineren Flüssen z. B. an der Pasleka, Leba, Lupawa Haffe und Standseen ausgebildet.

    Die Kliffs an der polnischen Ostseeküste erreichen an vielen Stellen eine Höhe von 40–50 m. Das Kliff von Swarzewo ist 67 m hoch, und das auf der Insel Wolin/Wollin sogar über 100 m hoch. Die Wellen der Ostsee sind ziemlich niedrig (bis 3 m), aber während der Stürme rollen sie mit großer Kraft gegen das Kliff an, das langsam zerstört wird und unaufhörlich zurückgeht (W. Subotowicz 1984). Wie groß die Landverluste sein können, zeigt die am Kliffrand stehende Ruine einer Kirche in Trzesacz, im 13. Jh. stand diese Kirche noch in der Mitte eines heute nicht mehr existierenden Dorfes. Aus dem Vergleich alter Karten aus den Jahren 1695 und 1924 geht hervor, daß das Kliff der Insel Wolin in dieser Zeit um 226 m zurückging, d. h. 0,9 m pro Jahr (Z. Szopowski 1961). Man sollte hier auch auf die Tatsache aufmerksam machen, daß die Kliffs der Moränenhöhen und Endmoränenhügel an den südlichen Ufern der Ostsee eine Art in die See vorgeschobene Bollwerke bilden, an die die flachen, bogenförmigen und nehrungsartigen Sandaufschüttungswälle angeschlossen sind. Die Kliffverluste bedeuten aber keinen Zuwachs des Aufschüttungsmaterials auf diesen Wällen, da diese Wälle, die im Schatten des Kliffs liegen, systematisch ihre geschützte Lage verlieren (K. Sülov 1954).

    Die Nehrungs-Haffküste bildet den größten Teil der polnischen Ostseeküste. Ihr Hauptbestandteil sind Nehrungen und Dünensandfelder, die sich auf den Stellen tiefer gelegener Urstromtäler und Enddepressionen gebildet haben (B. Rosa 1984). Die Nehrungen trennen die Haffs, Seen und Ufermoore von der offenen See ab. Dünenfelder und verdünte Uferwälle sind an Stellen entstanden, wo der Boden der Uferniederungen ein wenig höher als der Meeresspiegel lag. Derartige Dünenfelder sind an der Ostseeküste öfter zu finden als die Nehrungen (H. Liedtke 1980). Alle Nehrungen sind verdünt, alle Dünen mit Ausnahme der Dünen auf einem Teil der Nehrung von Leba sind bewaldet. Die höchste Düne befindet sich auf der Nehrung von Gardno (55,1 m). Die wandernden Dünen auf der Nehrung von Leba und die befestigten Dünen auf der Frischen Nehrung erreichen Höhen von 40 m. Die genannten Aufschüttungsprozesse, hervorgerufen durch Wellen und Windtätigkeit bei kaum merklichen Gezeiten (1-11 cm) führten zum Entstehen einer ausgeglichenen Küstenlinie und zur weitgehenden Umgestaltung ihrer jungglazialen Formen. Die

Frische Nehrung, die den südlichen Teil der Danziger Bucht abschließt, beschleunigte das Entstehen der alluvialen Weichselwerder.

Die deutsche Nordseeküste ist geomorphologisch anders gestaltet. In ihrer Urform ist sie innerhalb der altglazialen Landschaft entstanden, die hier durch Moränenflächen aus der Zeit der Elstervereisung repräsentiert wird, und die durch das periglaziale Klima weiter umgeformt wurde. Diese Altmoränenflächen haben den Charakter ebener Platten, deren Höhe 10—65 m über NN beträgt, und die von Ablagerungen und Formen aus dem Holozän umgeben sind; nur selten erreichen sie die Meeresküste. Diese Gebiete heißen „Geest" (aus dem Friesischen „gast" = unfruchtbares Land) im Unterschied zu den tiefer gelegenen postglazialen Ablagerungen, die Marschen genannt werden. Es ist eine niedrige Wattenküste, auf die ständig die Gezeiten einwirken. Das aktive Kliff kommt nur an einer einzigen Stelle vor, wo die Moränenplatte unmittelbar mit dem Meer zusammenstößt — diese Stelle befindet sich in der Gegend von Cuxhaven (D. Gehl 1972). An der Küste Schleswig-Holsteins trifft man ziemlich viele tote Kliffs, sowohl an den Rändern der Moränenzüge als auch der alten, stark degradierten Endmoränenhügel. Sie sind heute ziemlich weit von der Seeküste entfernt.

Entlang der Küste erstreckt sich die Marsch, deren Breite 1—15 km beträgt. Diese geologisch jüngsten Gebiete wurden durch Gezeitenströmungen aus See- und Flußschlamm aufgebaut. Es ist eine typische Aufschüttungsküste, deren Küstenlinie durch zahlreiche Buchten und Ästuarmündungen der Flüsse zergliedert ist. Zu den größten Buchten gehören: Die Deutsche (Helgoländer) Bucht, der Dollart und der Jadebusen; Ästuarmündungen besitzen die Elbe, die Weser und die Ems. Obwohl die Marschen auf eine natürliche Weise entstanden sind, ist die heutige Küstenform durch Eingriffe des Menschen gestaltet, der schon vor 1000 Jahren Deiche und Schutzwälle baute, um die Küste vor Sturmfluten zu schützen. Den Seemarschen vorgelagert erstreckt sich entlang der ganzen deutschen Nordseeküste das Watt, das bei Flut vom Meer überflutet wird. Das Wattenmeer reicht bis hin zu den Friesischen Inseln, die auf Sandbänken entstanden sind, die sich auf dem älteren unebenen Meeresboden gebildet haben. Es sind Düneninseln, die sich mehr oder weniger nach Osten verschieben. Das trifft vor allem für die Ostfriesischen Inseln zu. Aus Berechnungen geht hervor, daß die Insel Wangerooge von 1667—1892 2000 m Land im Westen verloren und gleichzeitig 4000 m Land im Osten gewonnen hat. Die Ursachen hierfür sind die vom Westen kommenden Flutströmungen, die den losen Sand unterwühlen um ihn weiter östlich wieder anzuschwemmen, sowie die Westwinde, die ebenfalls eine „Wanderung" der Dünen nach Osten verursachen. Im Watt befinden sich schmale Rinnen (Priele), durch die das Wasser bei Ebbe in die offene See abfließt. Sie verlaufen auch zwischen den Inseln. Das charakteristische Merkmal der Wattenküste ist das Fehlen von Strandseen. Die Meeresdynamik läßt die Herausbildung von Nehrungen nicht zu, obwohl das küstennahe Material, das vom Meer bewegt und transportiert wird, die Buchten abschließen und Standseen bilden könnte. Hier sei vermerkt, daß bei hoher Flut das Wasser in die Ästuarmündungen der Flüsse trifft und sogar bis oberhalb Hamburgs und Bremens hinauf dringt.

Die Besiedlung und die damit verbundene Bewirtschaftung der polnischen Ostseeküste und der deutschen Nordseeküste begann relativ früh und war von den natürlichen Bedingungen abhängig. Seit frühesten Zeiten war der Fischfang ein Haupterwerbszweig der dort ansässigen Bevölkerung; davon zeugen alte Spuren der menschlichen Tätigkeit sowohl an der Ostsee- als auch an der Nordseeküste.

An der polnischen Ostseeküste waren die Bedingungen für den Fischfang relativ günstig. Es gab keine Gezeiten, die tief in das Land einschneidende Danziger Bucht, viele noch nicht geformte Nehrungen und günstige Klimabedingungen, abgesehen davon, daß während sehr kalter Winter das küstennahe Wasser einfriert, obwohl das Wasser in diesem Teil der Ostsee wenig salzhaltig und nicht besonders reich an Meeresorganismen war. Früher wurde hier nicht nur Fischfang, sondern im Winter an der Weichselmündung auch Robbenfang betrieben (S. Mielczarski, W. Cdyniec 1976). Eine Nebenbeschäftigung der Bevölkerung war der Bersteinabbau in der Nähe der Weichselmündung. Bernstein hat eine wichtige Rolle im Handel mit Südeuropa gespielt; der Massenexport von Bernstein führte im Altertum zur Entstehung des berühmten „Bernsteinhandelsweges". Entlang der Ostseeküste entstanden viele Fischerdörfer, von denen einige, dank ihrer günstigen Lage an den Flußmündungen oder Haffs schon im frühen Mittelalter zu wichtigen Gewerbe- und Handelszentren wurden. Hierzu gehörten Truso, Gdansk/Danzig, Kolobrzeg/Kolberg, Kamien Pomorski, Wolin und Szczecin/Stettin, und später auch Darlowo. Für die frühe Entwicklung der Stadt Kolobrzeg war vor allem der Abbau der Saline im 7. und 8. Jh. von großer Bedeutung. An der Stelle der Stadt Truso entstand im 13. Jh. die Stadt Elblag/Elbing; der Standort dieses Hafens erwies sich später als sehr ungünstig aufgrund der Verschlechterung der Navigationsbedingungen, was durch die Vergrößerung der Deltaebene der Weichsel, die Verseichtung des Frischen Haffs und die Verschüttung des Eingangs der Danziger Bucht durch die Frische Nehrung verursacht wurde. Manche von diesen Häfen wie z. B. Gdansk und Szczecin mit seinem Vorhafen Swinoujscie und später auch Gydynia/Gdingen sind zu großen Handelshäfen herangewachsen, andere sind mittelgroße Häfen geworden, Kolobrzeg, Darlowo, Ustka und die übrigen sind kleine Fischereihäfen geblieben. An der polnischen Ostseeküste befinden sich heute 24 Fischereihäfen (Abb. 1), davon sind Swinoujscie und Wladyslawowo zu den großen Fischereihäfen zu zählen. Ein Teil des Hafens von Gdynia erfüllt auch die Funktion eines Fischereihafens. Im Jahre 1985 betrugen die Fangergebnisse der polnischen Seefischerei insgesamt 650 500 t (Statistisches Jahrbuch 1985); der Großteil der Fische stammte jedoch aus außerhalb der Ostsee gelegenen Fanggebieten.

Die Fischerhei an der deutschen Nordseeküste hat ebenfalls eine lange Tradition. Obwohl noch in Holozän einige von den eustatischen Bewegungen verursachte Meeresüberflutungen stattgefunden haben, konnte wahrscheinlich schon im 3.–2. Jh. v. Chr. nach dem deutlichen Rückzug des Meeres der

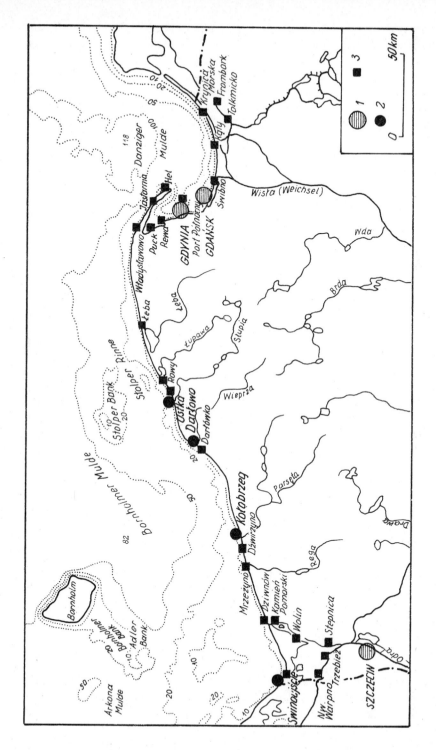

Abb. 1: Die Hafenstandorte und die Wassertiefe der küstennahen Gewässer der polnischen Ostseeküste nach B. Augustowski, (1977) 1 – große Handelshäfen, 2 – kleine Handelshäfen, 3 – Fischereihäfen

Mensch das Risiko wagen, sich auf der Marsch anzusiedeln. Der hohe Salzgehalt des Meereswassers und der damit verbundene Reichtum an Meeresorganismen, die günstige Lage im Bereich des ozeanischen Klimas, wo das Meereswasser nie gefriert, eine doppelte Küstenlinie dank der vorgelagerten Friesischen Inseln und die Wattenküste, die regelmäßig von Gezeiten überflutet wird und wo bei Ebbe das Meer große Mengen von Krabben, Muscheln, Schnecken und andere Organismen hinterläßt (nach E. Neef 3—4 kg/1 m^2; Das Gesicht der Erde 1956) sowie die Ästuarmündungen der Flüsse, die den Kontakt mit dem Hinterland erleichtern — all diese Bedingungen begünstigen seit den frühesten Zeiten die Entwicklung der Fischerei trotz der Überschwemmungsgefahr bei katastrophalen Sturmfluten. Die günstige Lage an den Ästuarmündungen der Flüsse trug schon im frühen Mittelalter zur Entwicklung von Städten wie Hamburg, Bremen und Emden bei. Andere nicht so günstig gelegene Fischereihäfen haben ihre Funktion beibehalten. An der deutschen Nordseeküste befinden sich heute 52 Fischereihäfen, die in den natürlichen Entwässerungsrinnen im Watt liegen, die durch Schleusen abgeschlossen sind (G. Fuchs 1977). Charakteristisch für diese Häfen ist die Spezialisierung auf Krabbenfischerei und Fremdenverkehr. Die wichtigsten Fischereihäfen sind Cuxhaven und Bremerhaven; hier entwickelt sich auch die Fischverarbeitungsindustrie, obwohl die Fischfangerträge nicht besonders groß sind. Im Jahre 1986 betrugen die Fangergebnisse nur 161 000 t (Zahlenkompaß 1987). Dieser Industriezweig nimmt an der deutschen Nordseeküste keinen besonders wichtigen Platz ein, ist aber für die Fischversorgung der Bevölkerung wichtig und ergänzt das Arbeitsplatzangebot.

An der polnischen Ostseeküste sind die natürlichen Bedingungen für Hafenstandorte nicht günstig. Trotzdem war hier in der Zeit, als die Schiffe noch nicht so groß waren und keine großen und tiefen Häfen brauchten, die Zahl der Handelshäfen größer als an der deutschen Nordseeküste. 14 Hafenstädte gehörten hier der Hanse an, während an der deutschen Nordseeküste nur 6 Hafenstädte Hansemitglieder waren (K. Pagel 1965). Die Hansehäfen an der polnischen Ostseeküste waren viel kleiner als die an den Ästuarmündungen gelegenen deutschen Nordseehäfen; auch war ihre Rolle im internationalen Handel nicht so bedeutend. Das ist verständlich wenn man bedenkt, daß die Ostsee ein Binnenmeer ist im Vergleich zur offenen Nordsee.

Die großen polnischen Handelshäfen Gdansk und Szczecin, die an den Deltamündungen der Weichsel und der Oder liegen, sind ca. 1000 Jahre alt. Der älteste Teil des Danziger Hafens befindet sich an der Mottlau/Motlawa und wird heute nur von der „Weißen Flotte" genutzt. Der Danziger Hafen ist heute ein Universalhafen. In den älteren Teil des Hafens an der Weichsel laufen mittelgroße Schiffe ein; in den modernen, seeschifftiefen, 2 km ins Meer vorgeschobenen Nordhafen können alle Schiffe einlaufen, die die Ostsee erreichen. Der in den 70er Jahren gebaute Nordhafen ist auf Massengüterumschlag spezialisiert (Abb. 2). Der Stettiner Hafen, der südlich von der Stadt zwischen der Oder und der in den Dabie-See mündenden Regalica liegt, ist sowohl auf Massengüter- als auch auf Stückgüterumschlag eingestellt. Eine 65 km lange und 9,60 m tiefe

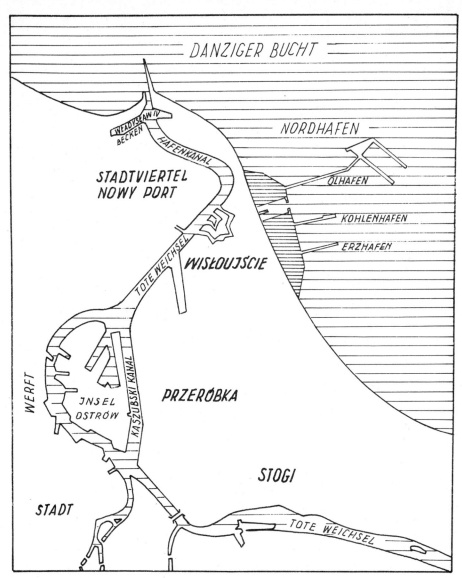

Abb. 2: Der Danziger Hafen nach W. Andruszkiewicz

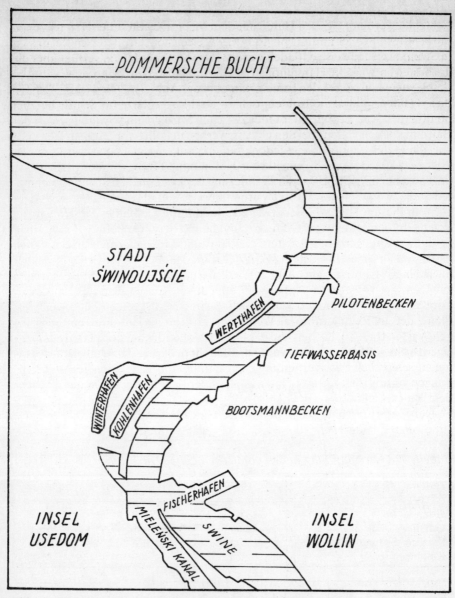

Abb. 3: Der Hafen in Swinoujscie nach W. Andruszkiewicz

Fahrrinne verbindet diesen Hafen mit dem Meer. Den Stettiner Hafen können die Schiffe mit voller Ladung bis 15 000 tdw erreichen. Größere Schiffe müssen in Swinoujscie teilweise entladen werden. Der Stettiner Hafen verfügt über die am besten entwickelte Hafenindustrie. Der Handelshafen Swinoujscie wurde in den letzten Jahren auf der Insel Wolin gebaut (Abb. 3). Den wichtigsten Teil dieses Hafens bilden die Kohleumschlag- und Lagerplätze für Schiffe bis zum 60 000 tdw. Am Westufer der Oder zwischen Szczecin und Swinoujscie ist der Bau eines neuen Hafens bei den Chemiewerken in Police vorgesehen. Den günstigsten Hafenstandort weist jedoch Gdynia auf; dieser Hafen wurde in den 20er und 30er Jahren als künstlicher Hafen ohne Flußverbindung gebaut; er liegt an einer günstigen, vor der Wanderung des küstennahen Schutts geschützten Stelle, wo es leicht war, im Urstromtalboden tiefe Hafenbecken auszubaggern. In diesem Hafen befindet sich der wichtigste Container-Umschlagplatz Polens. In den Häfen von Gdansk, Gdynia und Szczecin befinden sich große Schiffbau- und Reparaturwerften. Der jahrhundertelang genutzte Seehafen in Elblag verlor eigentlich schon seit 1722 seine Hafenfunktion, endgültig aber nach den Kriegszerstörungen im 2. Weltkrieg und dem Verlust der Verbindung zur Danziger Bucht. Der Anfang der 70er Jahre gefaßte Plan des Baus eines Großhafens am See Jamno wurde nicht weiterverfolgt. Auch der „Weichsel-Plan", der die Regulierung der Weichsel beabsichtigte,,um sie zu einer wichtigen Wasserstraße zu machen, die das Innere des Landes mit den Häfen der Danziger Bucht verbinden sollte, wurde nicht mehr realisiert. Jetzt haben diese Häfen ausschließlich Bahnverbindungen ins Hinterland. Über günstigere Verbindungen verfügt der Stettiner Hafen dank seiner Lage an der Oder, die ein wichtiger Binnenschiffahrtsweg Polens ist.

Den Güterumschlag in den polnischen Häfen in den Jahren 1975, 1980 und 1986 zeigt Tabelle 1.

Tabelle 1: Güterumschlag in den polnischen Häfen (in 1000 t)

Häfen	1975	1980	1986
Gdansk	18 417	22 170	16 900
Gdynia	12 663	12 300	9 292
Szczecin-Swinoujscie	21 925	24 126	19 523
Kolobrzeg	205	309	251
Darlowo	–	75	64

Quelle: Gospodarka Morska, Przeglad Statystyczny 1982, Instytut Morski, Gdansk 1983, Tab. 10/26, S. 45, Technika i Gospodarka Morska, Nr. 5, 1987.

Dank der Ästuarmündungen der Elbe, der Weser und der Ems sind die natürlichen Bindungen für den Bau großer Seehäfen an der deutschen Nordseeküste sehr günstig. Das hat man schon historischer Zeit erkannt. An diesen Flußmündungen sind drei Häfen entstanden: Hamburg, Bremen und Emden. Die Ausnahme ist Wilhelmshaven am nord-westlichen Ufer des Jadebusens, der das tiefste Fahrwasser der deutschen Küste überhaupt aufzuweisen hat, was diesen Hafen für große Tanker erreichbar macht. Die deutschen Nordseehäfen weisen eine deutliche Spezialisierung des Umschlags auf. Hamburg und Bremen gelten als Universalhäfen, Emden ist ein Massenguthafen (hauptsächlich Erze) und Wilhelmshaven wird vom Erdölimport bestimmt. Kleinere Unterweserhäfen, wie Elsfleth, Brake und Nordenham sind ebenfalls auf Massengutumschlag ausgerichtet. In den Häfen Hamburg, Bremen, Bremerhaven, Nordenham und Emden entwickelte sich Werftindustrie. Hamburg ist der größte Hafen der Bundesrepublik Deutschland. Bei Flut beträgt die Tiefe des Fahrwassers 16 m, so daß die Schiffe bis 110 000 tdw in den Hamburger Hafen einlaufen können.

Der Vergleich des Güterumschlags in den polnischen Ostseehäfen und in den deutschen Nordseehäfen zeigt, daß in beiden Fällen die Wirtschaftsaktivi-

Tabelle 2: Güterumschlag in den deutschen Nordseehäfen (in 1000 t)

Häfen	1975	1980	1986
Hamburg	47 482	62 753	52 027
Bremen-Bremerhaven	21 030	26 961	27 468
Wilhelmshaven	23 702	31 978	18 352
Emden	10 723	7 128	3 373

Quelle: Rocznik Statystyczny Gospodarki Morskiej 1976, GUS Warszawa 1978, Tab. 26, 210, S. 258. – Rocznik Statystyczny Gospodarki Morskiej 1983, GUS Warszawa 1983, Tab. 27, 257, S. 234. – Gospodarka Morska, Przeglad Statystyczny 1987, Instytut Morski, Gdansk (im Druck).

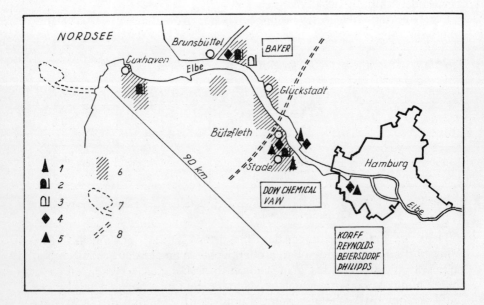

Abb. 4: Der Unterelberaum

tät gesunken ist. Diese Erscheinung hat unterschiedliche Gründe. In Polen hatten die Krisenbedingungen der achtziger Jahre starken Einfluß, in der Bundesrepublik Deutschland dagegen Veränderungen der Industriestruktur und ihrer Standortbedingungen wie z. B. des Ölverbrauchs und eine Abnahme der Werftproduktion.

An der deutschen Nordseeküste haben sich zwei Wirtschaftsräume herausgebildet, der Unterelberaum und der Unterweserraum (Abb. 4 und 5). Über ihre Bedeutung entscheidet ähnlich wie an der polnischen Küste nicht nur ihre Seehafenfunktion, sondern auch die Entwicklung der Industrie. Die natürlichen Bedingungen der Ästuarmündungen der Flüsse sind günstiger für die wirtschaftliche Entwicklung als die Deltamündungen: die Seeschiffe können weit landeinwärts fahren, der Ausbau der Häfen und der Industrie an diesen Flüssen führte zur Herausbildung der sog. Industrieachsen oder Industriezonen an der Unterelbe und an der Unterweser.

An der polnischen Ostseeküste sowie an der deutschen Nordseeküste gibt es gute Böden, die seit langem das Interesse des Menschen gefunden haben. Diese Böden sind zwar genetisch verschieden, weisen aber gewisse Ähnlichkeiten in der Bewirtschaftung auf.

An der polnischen Ostseeküste kommen hydrogene Böden und Alluvialböden vor, die sich auf küstennahen niedrigen Ebenen in den Flußtälern und auf alluvialen Ablagerungen an der Weichsel- und Odermündung gebildet haben, sowie Böden, die auf den höheren Moränenplatten entstanden sind. Die küstennahen Ebenen, von Meeres- und Flußwasser überflutet, wurden ziemlich

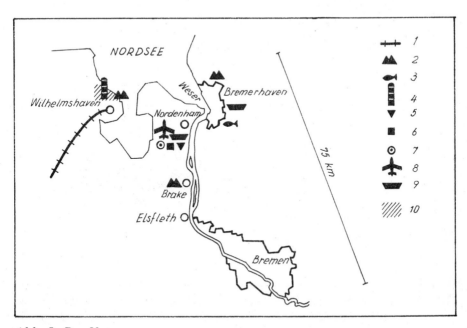

Abb. 5: Der Unterweserraum

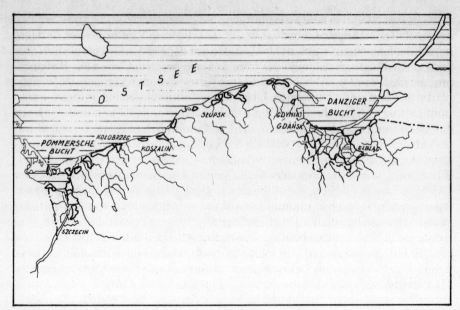

Abb. 6: Die Polder an der polnischen Ostseeküste nach K. Cebulak, 1984

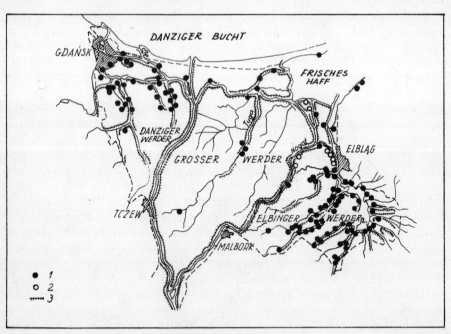

Abb. 7: Das Flußnetz, die Flußdeiche und Pumpanlagen in der Weichselwerder nach K. Cebulak, 1984, 1 — Pumpanlagen, 2 — Pumpanlagen die abgeschafft werden sollen, 3 — Schutzwälle

früh entwässert und in landwirtschaftliche Nutzflächen wie Wiesen und Weiden umgewandelt. Da diese Gebiete sehr tief, z. T. unter NN gelegen sind, und ihre natürliche Entwässerung manchmal unmöglich ist, wurden sie künstlich zu Poldern gemacht. Die meisten Polder befinden sich auf dem Gebiet der Weichsel- und der Oderwerder (Abb. 6). In anderen Küstengebieten kommen sie nicht so häufig vor und sind viel kleiner. Überall aber erfüllen sie eine wichtige Funktion: Es sind von Deichen geschützte Gebiete, die mit Hilfe von Pumpanlagen entwässert werden. Hierdurch wird die Umwandlung der Schlamm- und Moorböden in die für die landwirtschaftliche Nutzung geeigneten Marschböden ermöglicht. Zu den für die landwirtschaftliche Produktion wertvollsten und zugleich interessantesten Poldergebieten gehört zweifellos die Weichselwerder (Abb. 7). Der hohe Wert der alluvialen Böden auf der Weichselwerder wurde früh von den Menschen erkannt; schon vor ca. 900 Jahren wurden einfache Wasserschutzwälle gebaut. Das Entwässerungssystem entstand im 14. Jh. und wurde dann weiter ausgebaut; der Weichselwerder umfaßt eine Fläche von ca. 170 000 ha davon 140 000 ha landwirtschaftliche Nutzfläche (K. Cebulak 1984). Es ist ein Werk vieler Generationen und kann als Kulturdenkmal gelten. Man muß hinzufügen, daß die Agrarstruktur der Weichselwerder nach dem 2. Weltkrieg stark verändert wurde. An die Stelle vieler mittelgroßer landwirtschaftlicher Betriebe traten große, auf Pflanzenanbau oder Viehzucht spezialisierte Betriebe.

An der deutschen Nordseeküste haben sich Marschböden gebildet, die aus Meeresschlick und dem beim kurzen Wasserstillstand zwischen Flut und Ebbe vom Meer abgelagerten Feinsand entstanden sind. Auch hier hat der Mensch den hohen Wert dieser Böden für die Landwirtschaft erkannt; um das Jahr 700 begann die Eindeichung dieser Gebiete. Im Laufe der Jahrhunderte sind viele weitere Deiche gebaut worden; sie zeugen von aufeinanderfolgenden Etappen der Landgewinnung. Die einzelnen Teile des neugewonnenen Landes (Köge) sind also in verschiedenen Zeiten entstanden und werden dementsprechend unterschiedlich genutzt. Die jüngsten durch die Eindeichung gewonnenen Gebiete liegen an der Westküste Schleswig-Holsteins. Die Höhe der Marsch beträgt 1,25—2,0 m über dem Meeresspiegel. Die ufer- und küstennahen Marschen sind höher, sie sind aus gröberem Material gebaut; binnenwärts schließen sich die niedrigen Marschen mit tonigen Böden an (G. Fuchs 1988). Wie an der polnischen Ostseeküste bereitete die Entwässerung der Marschgebiete viele Probleme, zumal diese Gebiete größtenteils unter dem Meeresspiegel liegen. Das von der höher gelegenen Geest kommende Wasser, das nicht abgeleitet wird, führt zur Sumpfbildung. Man baut Schleusen in die Deiche, damit das Wasser bei Ebbe in das Meer abfließen kann. Die heutigen Methoden der Entwässerung der Marschen beruhen auf dem Bau von Speicherpoldern und Schöpfwerken. Bis zum Ende des 2. Weltkrieges waren die Marschgebiete fast ausschließlich als Grünland genutzt. Heute werden sie auf recht verschiedene Weise genutzt: Die alte Marsch als Wiesen- und Weideland und die junge als Hackfrüchte-, Getreide- und Feldgemüseanbaugebiet. Seit Ende des 19. Jh. entwickelte sich in den Marschen die Viehzucht. Diese Gebiete sind heute vor allem in Schleswig-Holstein auf die sog. Fettgräserei spezialisiert; in Schleswig-Holstein wurde ca. 90 % der Ackerböden in Wiesen und Weiden umgewandelt (G. Fuchs 1977). Die sinnvolle Nutzung der Marschböden ist ein wichtiges Problem, denn vom Zeitpunkt der Eindeichung an altern die Böden und ihr Nutzungswert nimmt ab. Die Bewirtschaftung der Marsch bringt technische und auch landwirtschaftliche Probleme mit sich; ähnlich verhält es sich beim Weichselwerder, wo die Pläne der sinnvollsten Nutzung zwischen Getreideanbau und Viehzucht schwanken. Man hat für die Weichselwerder einen Landentwicklungsplan, den sog. „Weichselwerder-Plan", erarbeitet. Er ähnelt dem „Landesentwicklungsprogramm Nord" für Nordfriesland, der jedoch nicht vollständig realisiert wurde.

Die polnische Ostseeküste und die deutsche Nordseeküste lassen sich auch in ihrer Bedeutung für die Erholung vergleichen. Die Nehrungs-Haffküste am südlichen Ufer der Ostsee mit zahlreichen breiten Sandstränden eignet sich besser für Erholungs- und Badeferien als die Watten- und Marschenküste der Nordsee, wo es keine natürlichen Strände gibt. Sandstrände befinden sich lediglich auf den Friesischen Inseln; diese bilden deshalb ein beliebtes Erholungsgebiet, das sowohl im Sommer als auch im Winter stark frequentiert und gut mit touristischer Infrastruktur ausgestattet ist. Zwar ist die polnische Ostseeküste auch gut mit Freizeitinfrastruktur ausgestattet, doch verursacht die zunehmende Verschmutzung der Ostsee, insbesondere der Danziger Bucht, einen Rückgang der Erholungsuchenden (Z. Janowska u. andere 1979). An den meisten Stränden in der Danziger Bucht ist heute Badeverbot. Die Verschmutzung der Danziger Bucht ist schon so groß, daß dieses Gebiet den „Gebieten der ökologischen Katastrophe" zugerechnet wird. An vielen Stellen der offenen See verursachen die in die Ostsee mündenden Flüsse eine so große Wasserverschmutzung, daß 1987 in vielen einst bedeutenden Seebädern das Baden bei Strafe verboten wurde. Als Kurort kann jetzt nur noch Kolobrzeg gelten, allerdings nicht mehr als Seebad, sondern dank seiner Salinen als Solebad. Das einst weltberühmte Seebad Sopot/Zoppot hat seine Funktion verloren. Im Frischen Haff kann man ebenfalls nicht mehr baden, weil es durch die Kommunalabwässer der Stadt Elblag verschmutzt ist. Das Wasser der Nordsee ist aufgrund der Verbindung mit dem Atlantischen Ozean weniger durch Verschmutzung bedroht; folglich kann die Nordseeküste trotz der weniger günstigen natürlichen Bedingungen ihre Erholungsfunktion besser entfalten als die polnische Ostseeküste.

Sowohl die Küste als auch die küstennahen Gewässer sind einem ständigen Wandel unterworfen, der durch natürliche Prozesse oder durch die Tätigkeit des Menschen künstlich verursacht wird. Die letzteren können beabsichtigt oder unbeabsichtigt sein. Der Schutz der polnischen Küste vor den natürlichen Prozessen hat hauptsächlich Vorbeugungscharakter. Da es keine Gezeiten gibt, ist die Schutzmöglichkeit fast ausschließlich auf den Schutz der Abrasions- und Akkumulationsküste vor Wind und Brandung beschränkt. Das Kliff wird durch Uferschutzwerke geschützt, die Nehrungen durch Buhnen und die niedrig gelegenen Gebiete durch Deiche. Manche dieser Maßnahmen können unbeabsichtigte Folgen nach sich ziehen. Ein Beispiel hierfür ist Wladyslawowo, wo der ins

Meer vorgeschobene Wellenbrecher, der den Hafeneingang schützen sollte, die Bewegung des Küstennahen Schutts zum Stehen brachte und Landverluste an der Nehrung von Hela verursachte.

Infolge der tiefen Lage muß die deutsche Nordseeküste nicht nur vor Brandung, sondern auch vor Sturmfluten geschützt werden. Der Unterschied zwischen Ebbe und Flut beträgt an den Ufern der Insel Wangerooge 2,34 m und in der Nähe von Wilhelmshaven sogar 3,60 m. Zum Schutz der tief gelegenen Marschgebiete legt man entlang der ganzen Küste Deiche an; die gesamte Deichlinie beträgt an der deutschen Nordseeküste ca. 1800 km. An den Westufern Schleswig-Holsteins sind auch einige Buchten und Flußmündungen eingedeicht. Sie sind zusätzlich mit Pumpwerken ausgestattet, die den Wasserüberschuß ableiten sollen. Durch den Bau der Deiche verkürzte sich die Länge der Küstenlinie fast um 200 km. Zusammenfassend kann man sagen, daß die polnische Küste heute unter Schutz steht, die deutsche Nordseeküste ebenfalls dem Küstenschutz unterliegt, darüber hinaus jedoch weiter Land gewonnen wird.

Trotz verschiedener Schutzmaßnahmen werden sowohl die polnische Ostseeküste als auch die deutsche Nordseeküste von Sturmfluten heimgesucht, die Deichbrüche und Landüberflutungen zur Folge haben können. An der südlichen Ostseeküste kommen die katastrophalen Sturmfluten alle paar Jahrzehnte vor, sie verursachen große materielle Schäden und kosten manchmal viele Menschenleben. Die Sturmfluten können zu erheblichen Senkungen der Strandgebiete und zu Kliffrückgängen führen; der Wasserspiegel in den Haffs und Standseen erhöht sich. Nehrungen und künstlich errichtete Schutzwälle werden zerstört, die Weichselwerder wird von Überschwemmungen bedroht. Als Beispiel kann man die schwere Sturmflut aus dem Jahre 1497 nennen. Nach alten Beschreibungen tobte diese Sturmflut an der ganzen südlichen Ostseeküste und verursachte in manchen Gebieten katastrophale Überschwemmungen (A. Majewski und andere 1983). Erste genaue Beschreibungen von Sturmfluten an der Ostsee gibt es aus dem Jahre 1872. Später, 1904 und 1913, folgten weitere Sturmfluten wie z. B. die Silvestersturmflut. Während der erstgenannten Sturmflut stieg der Wasserspiegel in Swinoujscie um 1,8 m, während der zweiten, die auch die Danziger Bucht umfaßte, stieg der Wasserspiegel um ca. 1,5 m und in Kolobrzeg sogar um 1,7 m. Die Nehrung von Hela wurde damals an mehreren Stellen durchbrochen. Die nächsten Sturmfluten waren nicht so gefährlich. Erst 1983 kam während der Sturmflut das vom Wind aufgestaute Wasser des Frischen Haffs auf die die Weichselwerder schützenden Deiche nördlich von Elblag; es kam zum Deichbruch und zu einer gefährlichen Überschwemmung. In diesem Fall lagen die Ursachen dieser Katastrophe jedoch auch in Vernachlässigungen beim Deichschutz und im Informationsmangel über die kommende Flut.

Die Gebiete an der deutschen Nordseeküste sind tief gelegen und zum großen Teil dem Meer abgewonnen; sie werden nur durch Deiche geschützt. Deshalb ist die Nordseeküste stärker als die Ostseeküste von Sturmfluten und Überschwemmungen bedroht. Aus den erhaltengebliebenen Dokumenten geht hervor, daß seit dem 12. Jh., als die Deiche noch niedrig und weniger standhaft waren, das aufgestaute Wasser einige Male das Land überflutete und der Küste manches Stück Land entrissen hat, insbesondere im Jadebusen und im Dollart. Diese Buchten haben ihre größte Fläche nach der katastrophalen Sturmflut Anfang des 14. Jhs. erreicht. Trotz höherer und festerer Deiche drangen im Laufe der Jahrhunerte die Sturmfluten mehrmals in das mit Mühe gewonnene Land. Die nächste Sturmflut, während der es wieder zum Deichbruch und zur Überschwemmung kam, fand 1934 statt. Es sei hinzugefügt, daß während der Sturmflut 1962 die aufgestauten Wassermassen auch in die Ästuarmündungen der Flüsse gedrückt wurden und erhebliche Flutschäden im Hamburger Stadtgebiet verursachten. Seither wurden die Hauptdeiche verstärkt und ihr Querschnitt verbreitert, so daß die nächste Sturmflut im Jahre 1976 nur kleinere Schäden verursachen konnte.

Zusammenfassend kann festgestellt werden, daß an der deutschen Nordseeküste die durch die Tätigkeit des Menschen verursachten Veränderungen und Umgestaltungen der Küste größer sind als an der polnischen Ostseeküste. Das ist vor allem durch die Neulandgewinnung und den Schutz des neugewonnenen Landes vor den Meereseingriffen sowie durch große Intensität der Wirtschafts- und Raumentwicklung der Fall. Zu den genannten Umgestaltungen an der deutschen Nordseeküste gehören Häfen und die sich in ihrer Nähe entwickelnde Industrie sowie die Städte, wo selbst die besten und modernsten Schutzmaßnahmen nicht imstande sind, ihre konfliktlose Koexistenz mit der natürlichen Umwelt zu sichern.

An der Meeresküste kommt das Problem der multifunktionellen Nutzung des Küstenraumes deutlicher zum Vorschein als im Binnenland, was im Endeffekt zu Konfliktsituationen führen muß. Es überlagern sich hier mehrere Funktionen: Hafen- und Industriefunktion, touristische und Erholungsfunktion, Seebadfunktion, landwirtschaftliche und Naturschutzfunktion. Hinzu kommt noch die Verteidigungsfunktion der Küste. Es scheint, daß die Küstengebiete an der Weichsel- und Odermündung viel stärker unter den Auswirkungen dieser multifunktionellen Nutzung zu leiden haben, als die Küstengebiete an den Mündungen von Elbe und Weser. Davon zeugen die in der jüngsten Zeit aufgetretenen Schäden in der natürlichen Landwirtschaft. Zu diesen Schäden an der Nordsee sind zu zählen: die Verschmutzung der Küstengewässer durch die Flüsse, Luftverschmutzung, Öltransport und Ölverarbeitung in den küstennahen Raffinerien. Als Beispiel kann man hier die Katastrophe an der Unterelbe aus dem Jahre 1981 nennen. Aus dem Tanker „Afran Zenith" sind damals ca. 100 t Öl in den Fluß ausgelaufen.

Zu den besonders gefährlichen Eingriffen in die natürliche Umwelt im Ballungsgebiet von Gdansk gehören die Wasserverschmutzung der Danziger Bucht, die alle Normen überschreitende Luftverschmutzung, die Zerstörung vieler Strände (Nordhafen) und des landwirtschaftlichen Hinterlandes (Ölraffinerie sowie phosphor- und gipshaltige Deponie in der Weichselwerder), die immer größere Lärm- und Vibrationsimmission und ungeeignete Standorte für Mülldeponien. In absehbarer Zukunft wird sich diese Konfliktsituation noch verschärfen, wenn der Stein- und Kalisalzbergbau in der Nähe von Puck/Putzig hinzukommt. In der Danziger Bucht ist die Auswirkung der stark verschmutzten Flüsse an der polnischen Ostseeküste am größten (Abb. 8).

Einen gewissen Optimismus kann die Tatsache hervorrufen, daß das Umweltbewußtsein sowohl in bezug auf die polnische Ostseeküste als auch auf die deutsche Nordseeküste immer stärker wird. An der polnischen Ostseeküste ist das Naturschutzsystem inzwischen sehr gut ausgebaut (J. Szukalski 1986). Es gibt hier zwei Nationalparks, einen auf der Insel Wolin und den Slowinski-Nationalpark, einen um die Seen Lebsko und Gardno und sechs Landschaftsparks. Sie liegen bei Szczecin, im Slupia-Tal, auf der Nehrung von Hela, zwischen Gdansk und Gdynia, auf den Höhen von Elblag und auf der Frischen Nehrung. Darüber hinaus gibt es 18 Landschaftsschutzgebiete und 56 Naturschutzgebiete verschiedener Art. An der deutschen Nordseeküste gibt es zwei Nationalparks: Das Niedersächsische Wattenmeer und das Schleswig-Holsteinische Wattenmeer. Der erste umfaßt das Wattenmeer und einen Teil der Ostfriesischen Inseln, darunter die Insel Memmert und die Insel Mellum, den Jadebusen mit den küstennahen Gewässern östlich von Wangerooge und westlich von Cuxhaven und den Küstenabschnitt in der Nähe von Carolinensiel. Der zweite Nationalpark umfaßt das Wattenmeer an der Westküste Schleswig-Holsteins von der dänischen Grenze bis hin zur Halbinsel Eiderstedt, die meisten Nordfriesischen Inseln und den nördlichen Teil von Sylt. Ein Teil des südlichen

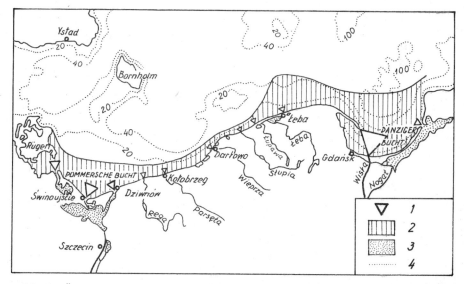

Abb. 8: *Ästuargewässer entlang der südlichen Ostseeküste nach A. Majewski, 1972, 1 — Zufluß der Flußgewässer, 2 — Reichweite der Flußgewässer im Meer, 3 — Reichweite des Meereswassers in die Binnengewässer, 4 — Tiefenlinien*

Ufers der Ästuarmündung der Elbe an der Ostemündung ist ein Naturschutzgebiet; unter Landschaftsschutz sind folgende Gebiete gestellt: die Gegend um Büsum und kleinere Gebiete in der Nähe von Hamburg, Bremen und nördlich von dem Ems-Jade-Kanal, die sich durch große landschaftliche Attraktivität auszeichnen.

Der in diesem Aufsatz dargestellte Vergleich der physisch-geographischen Gegebenheiten und der wirtschaftlichen Entwicklung sowie des Umweltschutzes an der polnischen Ostseeküste und der deutschen Nordseeküste schöpft das Thema, das mit dieser Problematik verbunden ist, nicht aus. Es ist lediglich ein kleiner Beitrag, der sich zum Ziel setzte, grundlegende Kenntnisse zu vermitteln, die für den Geographieunterricht in der Schule von Bedeutung sein können.

Literatur

ATLAS, SWIATA, PWN, Waszawa, 1962
ANDRUSZKIEWICZ, W., Porty i zeglugla, in: Pobrzeze Pomorskie, praca zbior. pod red. B. Augustowskiego, Ossolineum, Wroclaw, 1984
AUGUSTOWSKI, B., Pomorze, PWN, Waszawa, 1977
BÜLOV, K., v., Allgemeine Küstendynamik und Küstenschutz an der südlichen Ostsee zwischen Trave und Swine, Beih. z. Geol., 10, Berlin, 1954
CEBULAK, K., Gospodarka polderowa, 1984, in: Pobrzeze Pomorskie, praca zbior. pod red. B. Augustowskiego, Ossolineum, Wroclaw
Das Gesicht der Erde, 1956, VEB F. A. Brockhaus Verlag, Leipzig
Diercke Weltatlas, Westermann, Braunschweig, 1988
Dreimal um die Erde, Bd. 1, Geographische Verlagsgesellschaft Velhagen u. Klasing u. H. Schroedel, Berlin, 1977
FUCHS, G., Die Bundesrepublik Deutschland, Ernst Klett Verlag, Stuttgart, 1977
GOHL, D.,Deutsche Landschaften — Bau und Formen, Karte 1:1 000 000, in: Strukturen und Skulpturen der Landschaft (Bundesrepublik Deutschland), Forschungen zur deutschen Landeskunde, Bd. 184, 1972
GOSPODARKA, MORSKA, Przeglad Statystyczny 1982, Instytut Morski, Gdansk, 1987
JANOWSKA, Z., SIKORA, A., SULMA, T., SZUKALSKI, J., Nasza Przyroda, Wojewodztwo gdanskie, Liga Ochrony. Przyrody, Warszawa
LIEDTKE, H., 1980, Die nordischen Vereisungen in Mitteleuropa, Karte 1:1 000 000, in: Forschungen zur deutschen Landeskunde, Bd. 204, 1979
LIST Großer Weltatlas, Paul List Verlag, München, 1975.
MAJEWSKI, A., Charakterystyka hydrologiczna estuariowych wod u polskiego wybrzeza, Prace PIHM, z. 105, Warszawa, 1972
MAJEWSKI, A., DZIADZIUSZKO Z., WISNIEWSKA, A., Monografia powodzi sztormowych 1951—1975, Atlasy i monografie IMGW, 1983

MAJEWSKI, A., Katastrofalne sztormy i powodzie sztormowe, Pomerania, nr. 10, 1987
MIELCZARSKI, S., ODYNIEC, W., Zarys dziejow regionu, in: ZULAWY Wislane, praca zbior. pod red. B. Augustowskiego Gdanskie Towarzystwo Naukowe, Gdansk 1976
PAGEL, K., Die Hanse, Georg Westermann Verlag, Braunschweig Pobrzeze Pomorskie, praca zbior. pod red. B. Augustowskiego, Ossolineum, Wroclaw, 1965
RICHTER, D., Energie und Umwelt, Westermann, Braunschweig, 1986
ROCZNIK, STATYSTYCZNY, Glowny Urzad Statystyczny, Warszawa, 1987
ROCZNIK, STATYSTYCZNY, Gospodarki Morskiej, Glowny Urzad Statystyczny, Warszawa, 1978, 1983
ROSA, B., Rozwoj brzegu i jego odcinki akumulacyjne, in: Pobrzeze Pomorskie, praca zbior. pod red. B. Augustowskiego, Ossolineum, Wroclaw, 1984
SEMMEL, A., Geomorphologie der Bundesrepublik Deutschland, Franz Steiner Verlag, Wiesbaden, 1980
SZOPOWSKI, Z., Zarys historyczny zniszczen polskich morskich brzegow lifowych, in: Materialy do monografii polskiego brzegu, z. 1, Gdansk-Poznan, 1961
SCHÜTTE, H.,Sinkendes Land an der Nordsee? Schr. deutsch. Naturkunde Ver., Öhringen, 1939
SZUKALSKI, J., Srodowisko geograficzne Trojmiasta Gdansk-Sopot-Gdynia, Uniwersytet Gdanski, Gdansk, 1974
SZUKALSKI, J., Ochrona srodowiska przyrodniczego na polskim wybrzezu Poludniowego Batlyku, Materialy III Zjazdu Naukowego PTPNoZ, cz. 1, Gdansk, 1987
Technika in Gospdarka Morska, nr 5, 1987
Zahlenkompaß 1987, Statistisches Bundesamt, Sonderauflage der Landeszentrale für politische Bildungsarbgeit, Berlin, 1987
ZATORSKA, J., Ochrona i ksztaltowanie srodowiska, in: POBRZEZE POMORSKIE, praca zbior. pod red. B. Augustowskiego, Ossolineum, Wroclaw, 1984

IV. Konferenzprotokolle, Teilnehmerlisten, Tagungsprogramme

Sechstes deutsch-polnisches Geographie-Symposium, Krakau/Mogilany, 25.–30. Mai 1987

Kommuniqué

Vom 25.–30. Mai fand im Rahmen der Vereinbarung zwischen den UNESCO-Kommissionen der Volksrepublik Polen und der Bundesrepublik Deutschland sowie der Zusammenarbeit zwischen dem Westinstitut, Posen, und dem Georg-Eckert-Institut für Internationale Schulbuchforschung, Braunschweig, in Krakau/Mogilany das VI. Symposium der Arbeitsgruppe Geographie der deutsch-polnischen Schulbuchkommission statt.

Die Einladung zum Symposium wurde vom Westinstitut, Posen, ausgesprochen.

Folgende Themenkomplexe wurden behandelt:
1. Die Ergebnisse der Begutachtung der neuesten Geographielehrbücher und -atlanten beider Länder im Hinblick auf die Umsetzung der Geographie-Empfehlungen.
2. Die neuere Entwicklung der Agrarwirtschaft in der Volksrepublik Polen mit regionalen Beispielen aus den Karpaten (Referate/Exkursionen).
3. Die Publikation der Ergebnisse der deutsch-polnischen Zusammenarbeit in Geographie.

Zu 1.: Die Umsetzung der Empfehlungen

Die polnische Delegation stellte aufgrund einer neuerlichen Analyse von Lehrbüchern und Atlanten aus der Bundesrepublik Deutschland fest, daß die Inhalte über die Volksrepublik Polen insgesamt objektiver und zahlreicher geworden sind. Einige der neuesten Schulbuchdarstellungen sowie zwei Themenhefte von Fachzeitschriften wurden als vorbildlich empfunden. Dagegen wurde erneut Kritik an einigen älteren Schulbuchausgaben geübt, insbesondere hinsichtlich tendenziöser Darstellungen und sachlich überholter Angaben.

Die polnische Delegation formulierte erneut Kritik an der kartographischen Darstellung der Grenzen. In aktuellen Karten werden z. T. weiterhin die Grenzen des Deutschen Reiches von 1937 dargestellt. Dies widerspricht nach Auffassung der polnischen Delegation Geist und Inhalt des Vertrages zwischen der Volksrepublik Polen und der Bundesrepublik Deutschland vom Jahre 1970. Die deutsche Delegation legte dar, daß sich die Grenzdarstellungen in geographischen Arbeitsmitteln in der Bundesrepublik Deutschland am Beschluß der Ständigen Konferenz der Kultusminister der Länder in der Bundesrepublik Deutschland vom 12. 2. 1981 zu orientieren haben. Diese Frage fällt nicht in die Zuständigkeit der Kommission.

Bei der Verwendung geographischer Namen wird erneut auf Empfehlung 5 der Arbeitsgruppe Geographie der deutsch-polnischen Schulbuchkommission verwiesen.

Bei der Darstellung regionalgeographischer Sachverhalte mit zeitgeschichtlichen Bezügen sollten die Empfehlungen der deutsch-polnischen Historikerkommission stärker Berücksichtigung finden.

Die deutsche Seite legte dar, daß in den neuesten deutschen Geographielehrbüchern die deutsch-polnischen Empfehlungen für Geographie in starkem Maße beachtet werden. Die entsprechenden Kapitel in den Schulbüchern sind didaktisch so konzipiert, daß sich ein Bild der Volksrepublik Polen ergibt, das sowohl natur- als auch kulturgeographische Grundkenntnisse vermittelt. Die Volksrepublik Polen wird als ein Staat dargestellt, der auf dem Weg zum modernen Industriestaat weit vorangekommen ist, der jedoch auch mit Problemen konfrontiert ist, die sich aus lagebedingten, strukturellen und historisch-politischen Ursachen erklären lassen. Dem Erdkundelehrer in der Bundesrepublik Deutschland steht heute in Schulbüchern, Fachzeitschriften und wissenschaftlichen Publikationen ein Angebot zur Verfügung, das es ihm erlaubt,
— eine Gesamtdarstellung der Volksrepublik Polen in Überblicksform und
— auch eine Behandlung von geographischen Spezialfragen im Unterricht vorzunehmen.

Bei der Behandlung der Bundesrepublik Deutschland in polnischen geographischen Unterrichtsmitteln dominiert ein sachlich-objektiver Grundton. Beanstandungen sind von deutscher Seite nur noch dort vorzutragen, wo es um grundsätzliche, unterschiedliche politische Positionen geht z. B. die Berlinfrage.

Einwände fachwissenschaftlicher Art richten sich gegen eine Tendenz zur Konservierung veralteter Vorstellungen zur Industrie- und Verkehrsgeographie der Bundesrepublik Deutschland. Sie richten sich insbesondere gegen die Tradierung überkommener Klischees in der Darstellung des Ruhrgebiets und gegen die unangemessene Gewichtung dieses Wirtschaftsraumes.

Zu 2.: Fachwissenschaftliches Programm zur Agrarwirtschaft Polens

Zum Thema der Agrarwirtschaft wurden mehrere Referate vorgetragen und diskutiert. Vier Referate hatten einen Überblickscharakter; sie bezogen sich auf Entwicklung, Struktur und natürliche Voraussetzungen der polnischen Landwirtschaft in den Jahren 1945—1985. Zwei Referate betrafen Formen und Agrarstrukturen der Region der Beskiden. Umweltprobleme, die mit der landwirtschaftlichen Bodennutzung verbunden sind, wurden in die Betrachtung mit einbezogen. Die Referate waren zugleich eine Exkursionseinführung.

Die Diskussion beschäftigte sich mit den neueren Entwicklungen der polnischen Landwirtschaft, die auf der aktuellen Agrarpolitik basieren. Interesse fanden die Fragen der polnischen Landwirtschaft, die die Volksrepublik Polen von den anderen sozialistischen Staaten Europas wesentlich unterscheiden sowie ein Vergleich der Landwirtschaft Polens mit der der Bundesrepublik

Deutschland. Die Diskussion zeigte, daß die Agrargeographie in hohem Maße zur besseren Kenntnis und zum besseren Verständnis unserer beider Länder beiträgt und deshalb einen entsprechenden Platz in den Schulbüchern einnehmen sollte.

Zwei Exkursionen gaben den Teilnehmern die Möglichkeit, die Bodennutzung in den Beskiden vor Ort kennenzulernen, so vor allem das Obstanbaugebiet in der Gegend von Nowy Saćz und die Agrarstruktur in Podhale und Orawa.

Zu 3.: Publikation

Für die geplante Publikation wurden folgende Vereinbarungen getroffen:
Die Materialien der Fachsymposia sollen in einem Sammelband veröffentlicht werden. Neben den Fachmaterialien soll die Publikation eine Evaluierung der bisherigen deutsch-polnischen Zusammenarbeit in Geographie enthalten.

Die Arbeitsgruppe Geographie der deutsch-polnischen Schulbuchkommission stellte fest, daß sich die fachspezifischen Symposia abermals bewährt haben. Sie beschließt, diese fortzusetzen. Das VII. Symposium soll 1988 in der Bundesrepublik Deutschland stattfinden. Hierzu wurde die Einladung an eine sechsköpfige polnische Delegation ausgesprochen.

Folgendes Arbeitsprogramm ist vorgesehen:
1. Bilanzierung der bisherigen deutsch-polnischen Zusammenarbeit in Geographie.
2. Umwelterziehung im Erdkundeunterricht beider Länder.
3. Regionales Thema:
   Intensivlandwirtschaft in Südoldenburg; räumliche Strukturen und Probleme

Die Delegation aus der Bundesrepublik Deutschland dankte den polnischen Gastgebern — insbesondere Frau Prof. Dr. Irena Dynowska — für das hervorragende wissenschaftliche Programm und die ausgezeichnete organisatorische Vorbereitung der Konferenz sowie für die herzliche Gastfreundschaft.

Krakau, 29. Mai 1987 gez.
Prof. Dr. Irena Dynowska
Dr. Elfriede Hillers, M. A.

Deutsche Teilnehmer

Prof. Dr. Ekkehard Buchhofer
Fachbereich Geographie der Universität
Deutschhausstr. 10
3550 Marburg/Lahn

Dr. Elfriede Hillers, M. A.
Georg-Eckert-Institut für internationale Schulbuchforschung
Celler Str. 3
3300 Braunschweig

StDir. Dr. Helmut Kistler
Seminarlehrer und Fachberater für die Seminarausbildung im Fach Geographie in Bayern
Erasmus-Grasser-Gymnasium
Waldgartenstr. 5
8000 München 70

Oberschulrat Karlheinz Lau
Senator für Schulwesen,
Berufsausbildung und Sport
1000 Berlin 19

StDir. Dr. Dieter Richter
Fachleiter für Erdkunde am Staatlichen Studienseminar 1
2. Vorsitzender des Verbandes Deutscher Schulgeographen
Rhadener Weg 16
3006 Burgwedel 1

Prof. Dr. Walter Sperling
Institut für Geographie und ihre Didaktik an der Universität Trier
Tarforster Plateau 4
5500 Trier

Polnische Teilnehmer

Prof. Dr. habil Irena Dynowska
Geographisches Institut
31—044 Krakau
ul. Grodzka 64

Mgr. Maria Baścik
Geographisches Institut
31—044 Krakau
ul. Grodzka 64

Doz. Dr. habil. Jan Falkowski
Geographisches Institut
87—100 Thorn
ul. Fredry 68

Doz. Dr. habil Bronisław Górz
Geographisches Institut
30—081 Krakau
ul. Smoluchowskiego 1

Doz. Dr. habil. Gzesław Guzik
Geographisches Institut
31—044 Krakau
ul. Grodzka 64

Prof. Dr. habil. Bronisław Kortus
Geographisches Institut
31—044 Krakau
ul. Grodzka 64

Mgr. Zbigniew Kulak
Westinstitut
61—772 Posen
St. Rynek 7879

Dr. Roman Kulikowski
Geographisches Institut
Warschau
ul. Krakowskie Przedmiescie 72

Dr. Krzysztof Mazurski
Wirtschaftsgeographisches Institut
53—345 Breslau
ul. Komandorska 118

Dr. Andrzej Mizgajski
Geographisches Institut
61—701 Posen
ul. Fredry 10

Prof. Dr. habil. Tadeusz Olszowski
91—058 Lódź
ul. Zachodnia 12 a m 35

Prof. Dr. habil. Jan Rajman
Geographisches Institut
30—081 Krakau
ul. Smoluchowskiego 1

Dr. Roman Szczesny
Geographisches Institut
00—927 Warschau
ul. Krakowskie Przedmiescie 72

Doz. Dr. Jerzy Szukalski
Geographisches Institut
81—713 Zoppot
ul. Zamkowa Gora 11

Dr. Jacek Szyrmer
Geographisches Institut
00—927 Warschau
ul. Krakowskie Przedmiescie 72

Dr. Wiesława Tyszkiewicz
Geographisches Institut
00—927 Warschau
ul. Krakowskie Przedmiescie 72

Programm

Montag, den 25. Mai 1987
Anreise der Teilnehmer in Ośrodek Konferencyjny PAN

Dienstag, den 26. Mai 1987
9.15 h Eröffnung des Symposiums
10.00 h Dr. Roman Szczesny, Dr. Jacek Szyrmer
Die Agrarwirtschaft in Polen in den Jahren 1945–1985 (Abriß der Entwicklung und Versuch einer Synthese)
11.00 h Dr. Wiesława Tyszkiewicz, Doz. Dr. hab. Jan Falkowski
Die Agrarstruktur Polens
12.30 h Dr. Roman Kulikowski
Räumliche Differenzierung der Agrarentwicklung in Polen
Diskussion
13.30 h Mittagessen
15.30 h Prof. Dr. hab. Tadeusz Olszewski
Formen und Funktion des sozialistischen Sektors der Landwirtschaft Polens
17.00 h Prof. Dr. Walter Sperling
Dimensionen geographischer Betrachtung
18.00 h Dr. Elfriede Hillers, M. A.
Fragestellungen und Probleme der Geographie in der internationalen Schulbucharbeit
Diskussion

Mittwoch, den 27. Mai 1987
9.00 h StDir. Dr. Dieter Richter
Neue Entwicklungen und Tendenzen im Geographieunterricht der Bundesrepublik Deutschland
10.00 h StDir. Dr. Helmut Kistler
Zur Umsetzung der deutsch-polnischen Schulbucharbeit in den deutschen Geographielehrbüchern
11.30 h Prof. Dr. Ekkehard Buchhofer
Die Bundesrepublik Deutschland in den neuesten polnischen Geographielehrbüchern
Diskussion
14.30 h Dr. Andrzej Mizgajski
Gutachten über die Schulbücher und Schulatlanten der Bundesrepublik Deutschland; Änderungsvorschläge
17.00 h Doz. Dr. hab. Bronisław Górz, Prof. Dr. hab. Jan Rajman
Die gegenwärtige Entwicklung der Agrarwirtschaft in den Karpaten
17.30 h Doz. Dr. hab. Czesław Guzik
Obstanbau als Beispiel der Landwirtschaft in den Karpaten
Diskussion

Donnerstag, den 28. Mai 1987
9.00 h Exkursion:
Problem: Die natürlichen Voraussetzungen für die wirtschaftliche Entwicklung des Obstanbaus im Gebiet von Nowy Sacz (Karpaten)
Führung: Doz. Dr. hab. Czesław Guzik
Route: Mogilany — Dobczyce — Raciechowice — Szczyrzyc — Tymbark — Limanowa — Brzezna — Nowy Sacz — Łacko — Kamienica — Mszana Dolna — Lubień — Mogilany

Freitag, den 29. Mai 1987
9.00 h Exkursion:
Problem: Veränderung der Agrarstruktur im Podhale- und Orawagebiet (Karpaten)
Führung: Doz. Dr. hab. Bronisław Górz
Route: Mogilany — Wadowice — Maków Podhalański — Krowiarki — Zubrzyca — Jabłonka — Spytkowice — Skomielna — Myślenice — Mogilany
20.00 h Abschlußsitzung

Samstag, den 30. Mai 1987
Abreise der Teilnehmer

Siebtes deutsch-polnisches Geographie-Symposium, Oldenburg, 23.–29. Mai 1988

Konferenzprotokoll

Vom 23.–29. Mai fand im Rahmen der Vereinbarung zwischen den UNESCO-Kommissionen der Volksrepublik Polen und der Bundesrepublik Deutschland sowie der Zusammenarbeit zwischen dem Westinstitut, Posen, und dem Georg-Eckert-Institut für Internationale Schulbuchforschung, Braunschweig, in Oldenburg das VII. Symposium der Arbeitsgruppe Geographie der deutsch-polnischen Schulbuchkommission statt.

Die Einladung zum Symposium wurde vom Georg-Eckert-Institut, Braunschweig, ausgesprochen.

Folgende Themenkomplexe wurden behandelt:
1. Die Umsetzung der Geographie-Empfehlungen in den Lehrbüchern beider Länder
2. Umweltbewußtsein und Umwelterziehung im Geographieunterricht beider Länder
3. Intensivlandwirtschaft in Südoldenburg; räumliche Strukturen und Probleme

Zu 1:
Die Umsetzung der Geographie-Empfehlungen in den Lehrbüchern beider Länder

Die polnischen Lehrbücher

Die polnische Seite stellte fest, daß in den polnischen Lehrbüchern positive Veränderungen zu verzeichnen sind. In den früheren Konferenzen vorgebrachte Kritikpunkte wie
- Nichtberücksichtigung West-Berlins
- die Tendenz, die Bezeichnung „deutsch" bei geographischen Landschaftsbezeichnungen zu tilgen (statt „norddeutsche Tiefebene" „osteuropäisches" und „westeuropäisches Tiefland")
- veraltete Darstellungen zu Wirtschaft und Verkehr

treffen für das neueste Lehrbuch nicht mehr zu. So wurde u. a. insbesondere die Darstellung des Ruhrgebietes aktualisiert.

Abschließend stellte ein polnisches Arbeitspapier fest:

„Unermeßlich – und doch so wichtig – ist auch der Vorteil, den die unmittelbaren gegenseitigen Kontakte mit sich bringen. Die Möglichkeit, während der Symposien über die strittigen Problem zu diskutieren, leistet einen nennenswerten Beitrag zum gegenseitigen Kennenlernen und zum besseren Verständnis der geographischen Gegebenheiten beider Länder. Das ermöglicht die Auswahl der richtigen Inhalte, die zum Abbau von Vorurteilen und zum besseren Verständnis der beiden Nationen beitragen können."

Die deutsche Seite vermerkte, daß bei der Behandlung der Bundesrepublik Deutschland in polnischen geographischen Unterrichtsmitteln ein sachlich-objektiver Grundton dominiert. Beanstandungen sind nur noch dort vorzutragen, wo es um grundsätzliche, unterschiedliche politische Positionen geht wie z. B. die Berlinfrage.

Die deutschen Lehrbücher

Die deutsche Seite stellte fest, daß sich im Verlauf der Verhandlungen, also seit 1972, an der Behandlung Polens im geographischen Unterricht der Schulen in den Ländern der Bundesrepublik Deutschland qualitativ und quantitativ ein grundsätzlicher Wandel vollzogen habe. Die Ablösung des länderkundlichen Durchgangs führte zwar zu einer drastischen Verringerung des Anteils der Behandlung Polens, gleichzeitig aber zu einer qualitativen Verbesserung durch die Lösung der historischen deutschen Ostgebiete/polnischen West- und Nordgebiete vom Deutschland-Kurs des 5. Schuljahres und durch eine thematische und problemorientierte Konzentration der Fallbeispiele. Die Verbesserung der Medien (Atlanten, Bildbeigaben, spezielle Unterrichtsbeispiele) geschah vielfach aufgrund der Empfehlungen der Kommission.

Bei der Frage nach dem Stand der Umsetzung der deutsch-polnischen Schulbuchempfehlungen in der Bundesrepublik Deutschland muß die Tatsache berücksichtigt werden, daß sie ein föderalistisch aufgebauter Bundesstaat ist, in dem die Kulturhoheit — also auch die Kompetenz für das Schulwesen — Angelegenheit der einzelnen Länder ist.

Somit wird erklärlich, daß die Reaktionen der einzelnen Länder auf die Empfehlungen unterschiedlich sind. Bremen z. B. hat als erstes Land den Empfehlungen einen amtlichen Charakter gegeben, in Berlin hat der Gesetzgeber zu den Intentionen, Zielsetzungen und Grundsätzen der Empfehlungen ein zustimmendes Votum durch alle im Parlament vertretenen Parteien gegeben, ohne damit Positionsunterschiede zu Einzelaussagen zu verschleiern. Vergleichbar ist die Situation in den anderen Ländern der Bundesrepublik Deutschland.

Unabhängig davon hat aber die bis heute anhaltende Diskussion über die Empfehlungen in der Lehrerschaft und in der interessierten Öffentlichkeit das Bewußtsein dafür geschärft, daß vergleichbar mit der Aussöhnung mit Frankreich eine Normalisierung des Verhältnisses zwischen unseren beiden Völkern bei gegenseitiger Anerkennung der beiderseitigen Interessen notwendig ist.

Die polnische Seite stellte parallel hierzu fest, daß eine Verbesserung der Darstellung Polens in den deutschen Geographielehrbüchern erfolgt sei. Der polnische Gutachter vermerkte, daß das Polenbild objektiver geworden sei und die Schulbücher keine Inhalte vermittelten, die eine revisionistische Einstellung förderten. Trotz der Verbesserungen sei festzuhalten, daß die neuen wirtschafts- und sozialgeographischen Entwicklungen Polens noch nicht immer genügend berücksichtigt werden. Eine weitere Beanstandung betraf die Darstellung der Grenzen des Deutschen Reiches von 1937 in einigen aktuellen geographischen Karten.

Zu 2.:
Umweltbewußtsein und Umwelterziehung im Geographieunterricht beider Länder.

Im Rahmen dieses Themenkomplexes behandelte die Kommission zunächst zwei fachwissenschaftliche Beiträge. Von polnischer Seite wurde die Grundzüge der Entwicklung des Umweltschutzgedankens sowie ausgewählte Problemfelder aktueller Umweltfragen in Theorie und Praxis vorgestellt. Etwas anders gewichtet versuchte ein deutscher Beitrag die Etablierung des „Umweltschutzes" am Thema der wissenschaftlichen und öffentlichen politischen Diskussion nachzuzeichnen, wobei vor allem der Wandel des „Umweltbewußtseins" der Bevölkerung und die praktische Umweltpolitik im Mittelpunkt standen.

In dem zweiten, mehr fachdidaktischen Teil, wurden auf der Basis von empirischen Analysen der Lehrpläne, Schulbücher und Medien der Stellenwert und der Ablauf von „Umwelterziehung" in der VR Polen und in der Bundesrepublik Deutschland diskutiert. Sowohl von polnischer als auch von deutscher Seite wurde dabei die bislang unzureichende Beteiligung des Faches Geographie und seiner Teilbereiche an dieser Erziehung sowie die Fülle noch zu lösender offener Fragen und fachdidaktischer Umsetzungen betont.

Zu 3.:
Intensivlandwirtschaft in Südoldenburg; räumliche Strukturen und Probleme
Prof. Dr. Hans-W. Windhorst, Universität Osnabrück/Abtlg. Vechta, gab einen Überblick über die Entwicklung einer Intensivlandwirtschaft am Beispiel Südoldenburgs. Hier hat sich in den letzten Jahren ein einschneidender Wandel vollzogen durch Entwicklung von bäuerlichen Familienbetrieben zu Intensivwirtschaften von überregionaler, z. T. europäischer Bedeutung. Der südoldenburger Raum gehört heute zu den Intensivgebieten mit der höchsten räumlichen Konzentration von Schweine- und Geflügelbeständen in Europa. Die sich daraus ergebenden Umweltprobleme und Möglichkeiten zu deren Lösung wurden eingehend diskutiert.

Die Arbeitsgruppe Geographie der deutsch-polnischen Schulbuchkonferenz stellte fest, daß sich die fachspezifischen Symposia abermals bewährt haben. Sie beschließt, diese fortzusetzen. Das VIII. Symposium soll 1989 in der Volksrepublik Polen stattfinden. Hierzu wurde die Einladung an einer sechsköpfigen Delegation aus der Bundesrepublik Deutschland ausgesprochen.

gez.
Dr. Elfriede Hillers, M. A.
Prof. Dr. Irena Dynowska

Deutsche Teilnehmer

Prof. Dr. Ekkehard Buchhofer
Fachbereich Geographie der
Philipps-Universität
Deutschhausstr. 10
3550 Marburg/Lahn

Prof. Dr. Horst Förster
Geographisches Institut
der Universität Bochum
Universitätsstr. 150
4630 Bochum

Prof. Dr. Wulf Habrich
Universität Duisburg, GHS
FB 6, Fach Geographie
Lotharstr. 1
4100 Duisburg

Dr. Elfriede Hillers, M. A.
Georg-Eckert-Institut für Internationale
Schulbuchforschung
Celler Str. 3
3300 Braunschweig

Oberschulrat Karlheinz Lau
Senator für Schulwesen, Berufsausbildung und Sport
1000 Berlin 19

Prof. Dr. Walter Sperling
Institut für Geographie und ihre Didaktik
an der Universität Trier
Tarforster Plateau
3500 Trier

Prof. Dr. Hans-W. Windhorst
Universität Osnabrück/Abt. Vechta
Lehrstuhl für Geographie
Driverstr. 22
2848 Vechta i. O.

Polnische Teilnehmer

Prof. dr. hab. Anna Dylikowa
Instytut Geografii Fizycznej i
Kształtowania Środowiska UŁ
Al. Kościuszki 21
90—418 Łódź

Al. Miciewicza 13 m. 2
90—444 Łódź

Prof. dr. hab. Irena Dynowska
Instytut Geografii UJ
ul. Grodzka 64
31—044 Kraków

ul. Długa 14 m. 3
31—146 Kraków

Mgr Henryk Górski
Przedsiębiorstwo Eksportu Geodezji i
Kartografii GEOKART
ul. Jasna 2/4
00—950 Warszawa

ul. Grzybowska 39 m. 1309
00—855 Warszawa

Prof. dr. hab. Bronisław Kortus
Instytut Geografii UJ
ul. Grodzka 64
31—044 Kraków

ul. Ułanów 45
31—455 Kraków

Dr. Andrzej J. Mizgajski
Instytut Geografii Fizycznej UAM
ul. Fredry 10
61—701 Poznań

ul. Reja 1 m. 7
60—826 Poznań

Doc. dr. Jerzy Szukalski
Katedra Geografii Fizycznej UG
ul. Marchlewskiego 16 a
80—264 Gdańsk-Wrzeszcz

ul. Chrobrego 12 m. 15
80—423 Gdańsk

Tagungsprogramm

Montag, den 23. Mai 1988
Anreise der polnischen Teilnehmer

Dienstag, den 24. Mai 1988
Anreise der deutschen Teilnehmer
gemeinsames Abendessen
Begrüßung der Teilnehmer und Eröffnung der Tagung

Mittwoch, den 25. Mai 1988
I. Umsetzung der Arbeitsergebnisse
vormittags

Dr. Andrzej Mizgajski
Änderungen in den Erdkundelehrbüchern und Atlanten der Bundesrepublik Deutschland als Arbeitsergebnis der Schulbuchkommission

Dr. H. Kistler (Papier)
Veränderungen im Geographieunterricht der Bundesrepublik Deutschland (Lehrbücher, Materialien)

K.-H. Lau
Auswirkungen im Schulbuchumfeld der Bundesrepublik Deutschland (Lehrpläne, Zeitschriften, Lehrerbildung, Öffentlichkeit)
Diskussion

nachmittags
Prof. Dr. E. Buchhofer
Änderungen in den polnischen Geographielehrbüchern und Atlanten

Doc. Dr. J. Szukalski
Änderungen in den polnischen Geographielehrbüchern und Atlanten
Diskussion

abends
Vortragsveranstaltung gemeinsam mit den Historikern

Donnerstag, den 26. Mai 1988
II. Umwelterziehung im Erdkundeunterricht beider Länder

vormittags
Prof. Dr. hab. B. Kortus
Ökologisches Bewußtsein in Polen

Prof. Dr. H. Förster
Umweltbewußtsein in der Bundesrepublik Deutschland

Prof. Dr. hab. A. Dylikowa
Umweltschutz im Erdkundeunterricht der Volksrepublik Polen

Mgr. H. Górski
Kartographische Hilfsmittel in der polnischen Schulbuchpraxis zur Darstellung der Umweltschutzprobleme
Diskussion

nachmittags
Prof. Dr. W. Habrich
Umwelterziehung im Erdkundeunterricht der Bundesrepublik Deutschland

Doc. Dr. J. Szukalski
Vergleich der physisch-geographischen Gegebenheiten und der ökonomischen Entwicklungsmöglichkeiten der Ostseeküste in den Grenzen Polens mit der Nordseeküste in den Grenzen der Bundesrepublik Deutschland

Prof. Dr. H.-W. Windhorst
Zur Agrarwirtschaft im südoldenburger Raum — Strukturprobleme, Intensivwirtschaften, Umweltfragen
als Einführung zur Exkursion

abends
Präsidiumssitzung

Freitag, den 27. Mai 1988
III. Exkursion
Thema: Zur Agrarwirtschaft im südoldenburger Raum

Samstag, den 28. Mai 1988
Historiker und Geographen tagen gemeinsam

vormittags
Referat von polnischer Seite: Bilanz der Geographiearbeit
(Prof. Dr. J. Dynowska)

Referat von deutscher Seite: Bilanz der Geographiearbeit
(Prof. Dr. W. Sperling)
Diskussion

nachmittags
Schlußdiskussion
Zusammenfassung der Tagung

Anhang

Vereinbarung zwischen den UNESCO-Kommissionen der Bundesrepublik Deutschland und der Volksrepublik Polen über die Zusammenarbeit auf dem Gebiet der Schulbuchrevision

I

Im Geiste der Verfassung der UNESCO, im Sinne ihrer Empfehlungen zur internationalen Zusammenarbeit auf dem Gebiet der bilateralen Schulbuchrevision sowie im Interesse eines friedlichen Zusammenlebens der Völker haben die UNESCO-Kommissionen der Bundesrepublik Deutschland und der Volksrepublik Polen folgendes vereinbart:

Der Vertrag zwischen der Bundesrepublik Deutschland und der Volksrepublik Polen über die Grundlagen der Normalisierung ihrer gegenseitigen Beziehungen vom 7. 12. 1970 hat günstige Bedingungen für eine Zusammenarbeit auf dem Gebiet, das in dieser Vereinbarung behandelt wird, geschaffen.

Es ist dringend zu wünschen, daß in beiden Staaten alle an dieser Aufgabe interessierten Kräfte, amtliche Stellen, wissenschaftliche und pädagogische Institutionen, Autoren und Verleger von Schulbüchern, die Lehrerschaft und ihre Organisationen, nicht zuletzt aber die öffentliche Meinung den hierfür erforderlichen Beitrag leisten.

II

Zahlreiche Historiker, Geographen und Pädagogen beider Staaten haben sich bereits seit Jahren in Sorge um ein friedliches Zusammenleben für eine gemeinsame Schulbuchrevision eingesetzt. In diesem Geiste kam es auf Initiative der UNESCO-Kommissionen im Februar und April 1972 zu ersten Expertentagungen in Warschau und Braunschweig. Nach dem Inkrafttreten des Vertrages vom 7. 12. 1970 fand im September 1972 eine weitere Begegnung in Warschau statt. Diese Tagungen haben konkrete Resultate in Form gemeinsam erarbeiteter Empfehlungen und der Planung der künftigen Arbeit ergeben; sie waren ein gutes Beispiel für eine objektive, sachlich-wissenschaftliche Diskussion in einer Atmosphäre gegenseitigen Vertrauens.

In den kommenden Jahren gilt es, dafür zu wirken, daß die in beiden Staaten benutzten Schulbücher dem neuesten Forschungsstand entsprechen; die Behandlung der politischen Beziehungen beider Staaten sollte dabei im Geiste des Warschauer Vertrages vom 7. 12. 1970 erfolgen.

Die vorliegende Vereinbarung bezieht sich zwar im wesentlichen auf die Schulbücher, bezweckt aber zugleich eine Gestaltung des pädagogischen Klimas im Geiste der UNESCO. Beide Kommissionen sind sich dabei der Wandlungen bewußt, denen die Schulsysteme, die Schulbücher und der Lernprozeß in unserer Welt unterliegen; die Verbesserung der Schulbücher sollte daher als permanenter Prozeß von beiden Kommissionen gefördert werden.

Beide UNESCO-Kommissionen geben der Hoffnung Ausdruck, daß die Verwirklichung dieser Grundsätze einen wichtigen Beitrag zur künftigen Entwicklung der wissenschaftlichen und kulturellen Beziehungen beider Staaten darstellen wird.

III

Die beiden UNESCO-Kommissionen empfehlen auf dem Gebiet der Schulbuchrevision folgende Arbeitsmethoden:

1. Mit dem Tage der Unterzeichnung dieser Vereinbarung wird ein Ausschuß polnischer und deutscher Experten gebildet, der die Arbeit auf dem Gebiet der Schulbuchrevision fortsetzt. Die beiden UNESCO-Kommissionen sind für die Zusammensetzung dieses Expertenausschusses verantwortlich; sie werden seine Arbeit im Rahmen ihrer Möglichkeiten nach besten Kräften fördern. Der Ausschuß soll jährlich mindestens zweimal, und zwar abwechselnd in der Bundesrepublik Deutschland und in der Volksrepublik Polen zusammentreten. Er kann, falls notwendig, Unterausschüsse und Arbeitsgruppen bilden, den Rat von Sachverständigen einholen sowie Persönlichkeiten, die sich mit der Bearbeitung, Herausgabe und Einführung von Schulbüchern beschäftigen, zur Zusammenarbeit einladen. Der gemeinsame Ausschuß sollte in regelmäßigen Abständen über den Fortschritt der Arbeit, insbesondere über die Verwirklichung der gemeinsam beschlossenen Empfehlungen berichten sowie Vorschläge und Pläne für die künftige Tätigkeit ausarbeiten und beraten.

2. Die Zusammenarbeit der Schulbuchverlage und anderer an der Gestaltung der Schulbücher interessierter Stellen beider Staaten sollte gefördert werden. Es soll insbesondere versucht werden, die Darstellung der Probleme des anderen Landes vor der Drucklegung neuer Schulbücher in Expertengremien zu diskutieren.

3. Der Austausch von Informationen und Materialien, die einer Verbesserung und Aktualisierung der Schulbücher dienen (statistische Daten, neues kartographisches Material, neuerschlossene Quellen und Untersuchungsergebnisse, Bildmaterial, geeignete Texte für Lesebücher usw.), soll verstärkt werden.

4. Wissenschaftliche Auslandsreisen und Studienaufenthalte für Schulbuchautoren, Lektoren und Verlagsexperten sollen mit dem Ziel einer objektiven Darstellung beider Länder, ihrer Geschichte und gegenwärtigen Probleme gefördert werden.

5. Die Schulbuchrevision sollte sich nicht auf die Lehrbücher für Geschichte und Geographie beschränken, sie muß auch die Lehr- und Lernmittel für die politische Bildung, die Arbeitslehre und den Sprach- und Literaturunterricht einbeziehen.

IV

Die UNESCO-Kommissionen haben beschlossen, diese Vereinbarung den Regierungen beider Staaten (in der Bundesrepublik Deutschland den zuständigen Stellen des Bundes und der Länder) zu übermitteln. Sie werden sich dafür einsetzen, daß die notwendige Unterstützung und Hilfe für ihre Realisierung gewährt wird.

Die UNESCO-Kommissionen der Bundesrepublik Deutschland und der Volksrepublik Polen appellieren an alle Wissenschaftler, Erzieher, Schulbuchautoren und -verleger, an die Presse, den Rundfunk und das Fernsehen, im Geiste der UNESCO zu einer Normalisierung und Verbesserung der gegenseitigen Beziehungen beizutragen. Es gilt, die Jugend für eine friedliche Zukunft und gute Nachbarschaft zu gewinnen.

Braunschweig, den 17. Oktober 1972

Professor Dr. Georg Eckert
Präsident der Deutschen UNESCO-Kommission
Professor Dr. Władysław Markiewicz
Vizepräsident der Polnischen UNESCO-Kommission

Veröffentlichungen in Geographie

Abkürzungen
Jahrbuch = Internationales Jahrbuch für Geschichts- und Geographieunterricht
Internationale Schulbuchforschung = Internationale Schulbuchforschung. Zeitschrift des Georg-Eckert-Instituts (als Fortsetzung des Jahrbuchs)
Schriftenreihe = Schriftenreihe des Internationalen Schulbuchinstituts/Georg-Eckert-Instituts

Empfehlungen für Schulbücher der Geschichte und Geographie in der Bundesrepublik Deutschland und in der Volksrepublik Polen, hrsg. von der Gemeinsamen deutsch-polnischen Schulbuchkommission (Schriftenreihe Bd. 22) Braunschweig 1977 (zweisprachig); deutsche Ausgabe
— in: Jahrbuch XVII/1976, S. 158—184;
— als Sonderdruck des Jahrbuchs.

Strukturwandel der Landwirtschaft und soziale Erosion im Raum Eschwege. Symposium der Arbeitsgruppe Geographie im Rahmen der VI. deutsch-polnischen Schulbuchkonferenz, Braunschweig/Eschwege 1974, in: Jahrbuch XVI/1975, S. 315—371. Natürliches Milieu und ökonomische Entwicklung der Küstenregion am Beispiel der Dreistadt und ihrer Umgebung. Deutsch-polnisches Geographie-Symposium im Rahmen der IX. deutsch-polnischen Schulbuchkonferenz, Zoppot/Sopot 1976, in: Jahrbuch XVII/1976, S. 205—225.

Kultur- und wirtschaftsgeographische Probleme in Grenzräumen. Deutsch-polnisches Geographie-Symposium im Rahmen der X. deutsch-polnischen Schulbuchkonferenz. Münstereifel 1977, in: Jahrbuch XVIII/1977—78, S. 385—415.

Wilhelm Wöhlke, Die Behandlung der Bundesrepublik Deutschland in den Erdkundebüchern der VR Polen, in: Jahrbuch XV/1974, S. 357—372.

Wilhelm Wöhlke, Die Bundesrepublik Deutschland: Staat und Wirtschaft. Wirtschaftsgeographische Selbstdarstellung der Bundesrepublik Deutschland, vorgetragen auf der VII. deutsch-polnischen Schulbuchkonferenz, Braunschweig 1975, in: Jahrbuch XVI/1975, S. 242—254.

Wilhelm Wöhlke, Über die Behandlung der Bundesrepublik Deutschland in den Erdkundebüchern der VR Polen, in: Jahrbuch XVI/1975, S. 396—407.

Wolfgang Jacobmeyer, Die deutsch-polnischen Bemühungen zur Verständigung auf dem Gebiet der historischen und geographischen Unterrichtswerke, in: Internationale Schulbuchforschung, 1. Jg. 1979, H. 1, S. 23—31.

Walter Sperling, Die kartographische Behandlung der Grenzen der historischen deutschen Ostgebiete — mit den Ergebnissen einer Befragung, in: Ebenda, S. 18—36.

Forum zur Darstellung der deutschen Ostgrenzen in Schulbüchern und Schulatlanten (mit Beiträgen von *Gottfried Schramm, Jochen Abr. Frowein* und *Ingo. v. Münch*), in: Ebenda, S. 78—91.

Die deutsch-polnischen Schulbuchempfehlungen in der öffentlichen Diskussion der Bundesrepublik Deutschland. Eine Dokumentation, eingeleitet und ausgewählt von *Wolfgang Jacobmeyer* (Schriftenreihe Bd. 26) Braunschweig 1979.

Dieter Richter, Geographische Bildung durch lernziel-thematisch-orientierten Geographieunterricht in der Bundesrepublik Deutschland und Intensivierung der Behandlung Polens, in: Internationale Schulbuchforschung, 2. Jg. 1980, H. 3, S. 26—45.

Forum: „Deutsch-polnische Nachbarschaft im Schulbuch". Zur Kontroverse um die deutsch-polnischen Schulbuchempfehlungen (mit Beiträgen von *Josef Joachim Menzel* und *Klaus Zernack),* in Ebenda, S. 66—69.

Viertes deutsch-polnisches Geographie-Symposium in Krakau, in: Internationale Schulbuchforschung, 2. Jg. 1980, 3, S. 81

Siebtes deutsch-polnisches Geographie-Symposium in Oldenburg, 23.—29. Mai 1988, in: Internationale Schulbuchforschung, 10. Jg. 1988, S. 209—211

Wspólna Komisja Podrecznikowa PRL — RFN: Geograficzne Problemy Rolnictwa w Polsce, Poznan, Instytut Zachodni 1988.

Verzeichnis der Autoren

Deutsche Autoren

Prof. Dr. Ekkehard Buchhofer
Fachbereich Geographie der Philipps-Universität, Deutschhausstr. 10, 3550 Marburg/Lahn

Prof. Dr. Horst Förster
Geographisches Institut der Universität Bochum, Universitätsstr. 150, 4630 Bochum

Prof. Dr. Wulf Habrich
Universität Duisburg, GHS FB 65, Fach Geographie, Lotharstr. 1, 4100 Duisburg

Dr. Elfriede Hillers, M. A.
Georg-Eckert-Institut für Internationale Schulbuchforschung, Celler Str. 3, 3300 Braunschweig

StDir. Dr. Helmut Kistler
Seminarlehrer und Fachberater für die Seminarausbildung im Fach Geographie in Bayern, Erasmus-Grasser-Gymnasium, Waldgartenstr. 5, 8000 München 70

Oberschulrat Karlheinz Lau
Senator für Schulwesen, Berufsausbildung und Sport, 1000 Berlin 19

StDir. Dr. Dieter Richter
Fachleiter für Erdkunde am Staatlichen Studienseminar 1, 2. Vorsitzender des Verbandes Deutscher Schulgeographen, Rhadener Weg 16, 3006 Burgwedel 1

Prof. Dr. Walter Sperling
Institut für Geographie und ihre Didaktik an der Universität Trier, Tarforster Plateau 4, 5500 Trier

Polnische Autoren

Prof. Dr. hab. Anna Dylikowa
Institut für Physische Geographie, Al. Kościuszki 21, 90–418 Łódź

Prof. Dr. habil. Irena Dynowska
Geographisches Institut, 31–044 Krakau, ul. Grodzka 64

Mgr. Maria Baścik
Geographisches Institut, 31–044 Krakau, ul. Grodzka 64

Doz. Dr. habil. Jan Falkowski
Geographisches Institut, 84—100 Thorn, ul. Fredry 68

Doz. Dr. habil. Bronisław Górz
Geographisches Institut, 30—081 Krakau, ul. Smoluchowskiego 1

Mgr. Henryk Górski
Kartographischer Verlag GEOKART, ul. Jasna 2/4, 00—950 Warszawa

Doz. Dr. habil. Gzesław Guzik
Geographisches Institut, 31—044 Krakau, ul. Grodzka 64

Prof. Dr. habil. Bronisław Kortus
Geographisches Institut, 31—044 Krakau, ul. Grodzka 64

Dr. Roman Kulikowski
Geographisches Institut, 00—927 Warschau, ul. Krakowskie Przedmiescie 72

Dr. Krzysztof Mazurski
Wirtschaftsgeographisches Institut, 53—345 Breslau, ul. Komandorska 118

Dr. Andrzej Mizgajski
Geographisches Institut, 61—701 Posen, ul. Fredry 10

Prof. Dr. habil. Tadeusz Olszewski
91—058 Łódź, ul. Zachodnia 12 a m 35

Prof. Dr. habil. Jan Rajman
Geographisches Institut, 30—081 Krakau, ul. Smoluchowskiego 1

Dr. Roman Szczęsny
Geographisches Institut, 00—927 Warschau, ul. Krakowskie Przedmiescie 72

Doz. Dr. Jerzy Szukalski
Geographisches Institut, 81—713 Zoppot, ul. Zamkowa Gora 11

Dr. Wiesława Tyszkiewicz
Geographisches Institut, 00—927 Warschau, ul. Krakowskie Przedmiescie 72